Documents sur la Province du Perche
3ᵉ Série, n° 2 (Chartes ou pièces justificatives)

Cartulaire de Marmoutier pour le Perche, par M. l'abbé Barret (323 p.)

[Ouvrage entièrement terminé, & complet.]

5898/17

GLÜCK (Christian Wilhelm). — Die bei Caius Julius Caesar vorkommenden keltischen Namen in ihrer Echtheit festgestellt und Erläutert von Christian Wilhelm Glück. — München, J. B. Cotta, 1857. In-8°, XXIII-192 p. [J. 18625

[Noms celtiques qui se rencontrent dans Caius Julius César, leur authenticité et leur explication.]

—— Der deutsche Name Brachio, nebst einer Antwort auf einen Angriff Holzmanns, von Christ. Wilh. Glück. — München, Finsterlin, 1864. In-8°, 15 p. [8° X. Pièce. 1634

[Le nom allemand Brachio. Avec la réponse à une attaque de Holzmann.]

—— Geschichtliche Darstellung der kirchlichen Verhältnisse der katholischen Schweiz von den frühesten Zeiten bis zur Helvetik, von Chr. W. Glück. — Mannheim, F. Bassermann, 1850. In-8°, 609 p. [M. 33766

(Pragmatische Erzählung der kirchlichen Ereignisse in der katholischen Schweiz von der helvetischen Revolution bis auf die gegenwart. Ein Beitrag zur Kirchengeschichte des XIX° Jahrhunderts... von Dr. Ludwig Snell, Chr. W. Glück und Dr. A. Henne. Erster Band. Bis zur helvetischen Revolution.)

[Exposé historique des affaires de l'Église dans la Suisse catholique depuis les temps les plus reculés jusqu'à la Confédération helvétique.]

—— Die neueste Herleitung des Namens Baier aus dem Keltischen beleuchtet von Christian Wilhelm Glück. — Landshut, J. Thomann, 1864. In-8°, 17 p. [8° M. Pièce. 3099

(La nouvelle dérivation du mot bavarois du celtique.)

(Extrait de : Verhandlungen des historischen Vereines für Niederbayern, X.)

GLUCK (Christophe). — Lettres de Gluck et de Weber, publiées par M. L. Nohl,... traduites par Guy de Charnacé,... — Paris, H. Plon, 1870. In-18, 279 p., portr. et fac-sim.

a st. [8° Z. 14034 et 49970

—— Musiker-Briefe, eine Sammlung Briefe von C. W. von Gluck, Ph. E. Bach, Jos. Haydn, Carl Maria von Weber und Felix Mendelssohn-Bartholdy, nach den Originalen veröffentlicht von Ludwig Nohl,... — Leipzig, Duncker und Humblot, 18 . In-8°, 1-354 p. [V. 47853

GLUCK (E. G.). — Maurice de Mar... E. G. Gluck. Les Héritiers Cha... ..., vaudeville en 4 tableaux. [Pa... . Bobino music-hall, 1er novembre.

CARTULAIRE
DE
MARMOUTIER POUR LE PERCHE

DOCUMENTS SUR LA PROVINCE DU PERCHE
3e Série. — No 2.

CARTULAIRE

DE

MARMOUTIER POUR LE PERCHE

(N.-D. DU VIEUX-CHATEAU

COLLÉGIALE DE St-LÉONARD DE BELLÊME

ET

PRIEURÉ DE St-MARTIN-DU-VIEUX-BELLÊME)

PUBLIÉ ET ANNOTÉ PAR

M. l'Abbé BARRET

Curé de N.-D. de la Place

MORTAGNE
IMPRIMERIE GEORGES MEAUX, PLACE D'ARMES
—
M. DCCC. XCIV.

PRÉFACE

Depuis le xvII^e siècle, le riche fonds des archives de Marmoutier a tenté la curiosité des érudits et des historiens. Ses nombreuses possessions, comme le constate M. Emile Mabile (1), « étaient disséminées depuis l'Orléanais jusqu'aux extrémités de la Bretagne, depuis la Gascogne jusqu'en Angleterre. Nul n'ignore quelle était la richesse de ses archives, où, à l'exception du Midi, se trouvaient des titres pour tous les pays ». Baluze, Dom Mabillon, Martène, les auteurs du Recueil des historiens des Gaules, y ont puisé une partie des documents qui enrichissent leurs précieuses publications. Gaignières, Duchesne, ont pris à cette source les matériaux de ces nombreux manuscrits, composés de copies ou d'extraits de chartes, qui sont comptés parmi les plus riches sources de notre histoire et les plus précieux trésors de la Bibliothèque nationale.

Ces innombrables pièces, confisquées par la Révolution, ont été dispersées depuis lors. Les archives de chaque département ont reçu les documents relatifs aux prieurés situés dans leur circonscription. C'est ainsi que les archives du prieuré de Bellême sont aujourd'hui dans notre dépôt départemental.

L'accueil bienveillant dont on m'a honoré aux Archives de l'Orne, l'obligeance de notre érudit archiviste, M. Louis Duval, m'ont facilité le dépouillement des nombreuses liasses et la copie de leur contenu sur lequel son Inventaire des Archives de l'Orne, série H, fournissait déjà de précieuses indications.

Il n'y a pas pour les biens de Marmoutier situés dans le Perche de cartulaire ancien proprement dit : on ne trouve pas transcrites sur un registre unique toutes les chartes rentrant dans ce cadre, mais il y a deux longs rouleaux de parchemin, l'un de 8 mètres 10^c de longueur, composé de copies de pièces des XIIe et XIIIe siècles (2) ; l'autre de 4^m 84^c,^m de longueur, contenant 44 chartes des XIIIe et

---

(1) *Cartularium Dunense Majoris Monasterii*, par Emile Mabille, pp. v et vII.

(2) La copie de ce rouleau et plusieurs chartes originales, qui avait été faite par M. le v^{te} de Romanet, a été collationnée avec la mienne.

XIV⁰ siècles ; puis les différentes liasses renferment de nombreuses chartes originales.

Les manuscrits de la Bibliothèque nationale, pour l'étude desquels les plus gracieuses facilités m'ont été données, ont permis de remplacer, par des copies modernes, certaines pièces qui ont disparu ; quelques autres enfin ont été empruntées aux publications normandes de M. Léopold Delisle et de la Société des Antiquaires de Normandie.

Je me suis ainsi efforcé de reconstituer ce cartulaire et de le rendre aussi complet que possible.

Je remercie M. le Vicomte de Romanet et M. Tournoüer de vouloir bien offrir l'hospitalité de leur Revue percheronne à la publication de ces documents. Il n'en est pas qui intéressent davantage notre province, et par l'antiquité des pièces et par les noms des personnages qui y figurent. C'est là en effet qu'on peut étudier les origines de la maison de Bellême, la générosité des comtes du Perche, et rassembler quelques lignes pour refaire le tableau de la réorganisation du pays après l'invasion normande.

Une introduction résumera les faits, les institutions, les mœurs, les usages les plus importants et les plus curieux. Les notes au bas des pages seront aussi sobres que possible et l'identification des personnes et des lieux renvoyée à la table alphabétique qui terminera le cartulaire : identification pour laquelle M. le V⁺⁰ de Romanet, qui a fait une étude toute spéciale de la géographie du Perche, a bien voulu me promettre son concours.

Enfin je veux avant de terminer payer la dette de ma respectueuse gratitude à M. l'abbé Blin, pour le prêt de ses riches manuscrits, et à M. l'abbé Lefaivre, bibliothécaire du Grand-Séminaire ; à M. de La Sicotière, à M. le Comte de Contades et à M. J. Appert, pour leurs encouragements et leurs communications.

Voilà, Dieu aidant, l'entreprise : au lecteur bienveillant de la juger.

I.

NOTRE-DAME-DU-VIEUX-CHATEAU
ET LA COLLÉGIALE SAINT-LÉONARD-DE-BELLÊME

N° 1.

Charte notice : 1° De la fondation par Yves I de Bellême à l'« a basilique » de N.-D. de Bellême, à laquelle il donne : dans le Sonnois, l'église de St-Martin d'Ivo(?); dans l'Exmois, celles de St-Martin-du-Vieux-Bellême, de St-Jean-de-la-Forêt, de Berd'huis, de St-Jouin, de Dancé, de Courthiou et de Corubert; 2° De la confirmation par Guillaume, fils d'Yves et Godehilde, mère de Guillaume, des donations précédentes en faveur de l'église de la Sainte-Mère de Dieu et de St-Léonard, à laquelle ils donnent à leur tour, l'église de St-Aubin-de-Boëcé, les deux chapelles de St-Sauveur et de St-Pierre-de-Bellême ; Vilers et « Ruiamart » dans la forêt de Perseigne et l'église de Louzes ; 3° Du don par Yves de Bellême, évêque de Sées, de plusieurs terres et vignes à Bellême et à Dancé ; 4° Du don par le comte Roger et Mabile sa femme de la Haie d'Aunai, dès lors nommée la Haie St-Léonard.

[940-997] Quisquis perpetue retributionis supernorum civium existere desiderat esse particeps, necesse est ex rebus transitoriis, quas in hujus peregrinationis miseria possidet, superno eas remuneratori largiendo sanctæque Aecclesie et digne ei servientibus delegando, indeficientis felicitatis sibi premium mereri studeat ; quod etiam scripturarum serie taliter oportet alligari quatenus nequeat per futura tempora violari.

Quam ob rem, ego Ivo (1), in Dei nomine labentis evi deceptiones considerans, meorumque peccaminum enormitatem perpendens, atque districti examinis debitas injurias metuens, futurorum quoque bonorum gaudia adipisci desiderans, in castro meo

---

(1) Yves, premier seigneur connu de Bellême depuis environ l'an 940 à l'an 997. (*Art de vérifier les dates*, t. XIII, p. 142.)

Delismo, in honore sancte Dei genitricis Marie et sancti Petri atque aliorum Apostolorum et omnium sanctorum veneratione, basilicam a novo construxi (1), et pro anime mee, conjugisque mee Godehildis, sive filiis meis vel genitoribus meis remedio, secundum canonicæ auctoritatis institutionem, prefatam basilicam per nostram auctoritatem de beneficio et de alodo dotaremus, hoc est : in pago Cenomannico (2), in vicaria Sagonensi (3), æclesia in honore sancti Martini, sita in villa que dicitur Ivo; et in pago Oximense (4), post obitum hodie tenentium æclesia nobiliter edificata in villa que nuncupatur a circummanentibus Vetus-Belismo ; itemque æclesia alia in honore sancti Johannis Baptiste (5), in silva que vocatur Bodolensis, nuper œdificata ob amorem mei desiderii; similiter aetiam in villa que dicitur Berzillis (6) aeclesia in honore sancti Martini, supra fluvium qui vocatur Edra, simili tenore. Trado denique ad prefatum locum jam nominatum, post heredum possidentium, in ipsa vicaria, supra fluviolum supra nominatum, in villa Danciaco (7), aeclesiam in honore S. Jovini dedicatam. Cedo etiam tibi, o sancta Aeclesia, jure perpetuitatis, villam que dicitur Curtiolt (8), et aliam que vocatur Curte Perpedum (9), cum appenditiis eorum, id est, terris, pratis, silvis, exitibus et regressibus, cum omnibus ad id pertinentibus. Omnia nominata prefate Aecclesiae perpetualiter trado, ad opus clericorum ibi Domino militantium, ut jugiter pro me exorare illis delectet et pro uxore vel filiis meis; nemoque ex illis, pro his omnibus a me datis, aliquod servitium exigat, nisi quod canonum sanctorum patrum sanxit auctoritas.

Ut autem hoc nostre auctoritatis testamentum per omnia tempora inviolabiliter ab omnibus conservetur, veriusque credatur, in manus nostras, annuente Deo, accepimus, manibusque bonorum

---

(1) Aujourd'hui *chapelle de St-Santin*, dans l'enclos de l'ancien château, qui est présentement la propriété de M. le marquis de Chennevières, directeur honoraire des Beaux-Arts, membre de l'Institut.

(2) Le *pagus Cenomannicus* avait la même extension et les mêmes limites que l'ancien diocèse du Mans.

(3) La vicairie du Sonnois, ancienne division du *pagus Cenomannicus* dont le chef-lieu paraît avoir été Saosnes (Sarthe). Voy. Cartulaire de Perseigne par Gabriel Fleury, introduction, page XII.

(4. Le *Pagus Oximensis* avait encore au Xe siècle la même extension et les mêmes limites que l'ancien diocèse de Sées.

(5) St-Jean-de-la-Forêt, canton de Nocé (Orne).

(6) Localité identifiée par tous les traducteurs jusqu'à ce jour avec Berd'huis. Cependant Berd'huis est situé sur le ruisseau de la Chèvre et non sur celui de l'Erre.

(7. Dancé, paroisse et commune (canton de Nocé, Orne).

(8. Courtbioust, anc. paroisse réunie à Colonard (canton de Nocé, Orne).

(9) Corubert, paroisse et commune (canton de Nocé, Orne).

virorum, in consecratione hujus aeclesiae adfirmare curavimus, et impressione anuli regis nostri subter insigniri desideramus.

Si autem aliquis fuerit homo, aut ego, aut ex filiis meis, vel ex parentibus meis seu ex alienigenis, instigante diabolo, qui huic facto mercedis nostre aliquod scrupulum inferre voluerit, iram omnipotentis Dei incurrat et, cum Dathan et Abiron et Juda traditore Domini, demergatur in profundum inferni et juxta legem seculi, auri libras centum, argenti pondera totidem coactus exsolvat, et ejus repetitio nichil valeat, sed omnimodo scissa et frustrata permaneat.

Actum Belismo Castro (1).

(On a ajouté à la suite, d'une écriture plus grosse, plus noire et postérieure, ce qui suit) :

[997 - 1038]. Post obitum autem Ivonis, ego Willelmus (2) et Godehildis mater mea, cupientes adcrescere beneficia ecclesie sancte Dei Genitricis Marie et sancti Leonardi abbatis (3), exemplo patrum precedentium, concessimus : in pago Corbonensi (4), de nostro alodo, basilicam in honore sancti Albini dedicatam de Buxedo (5), atque Girardum unum ex colibertis nostris nomine, cum omnibus filiis et filiabus suis ; in castro Belismo, duas capellas, Sancti scilicet Salvatoris et Sancti Petri apostoli (6) ; in pago Sagonense, in silva que vocatur Persognia (7), Vilers et Ruiasnast, et ecclesiam Sancte Marie de Lodosis (8), terramque que adjacet veteri castro de Belismo.

(1) C'était le vieux château sur l'emplacement appelé aujourd'hui St-Santin. Cette charte est citée *in extenso* par Bry de la Clergerie, p. 34. Il ajoute à la fin : « Ceste chapelle est à demy ruinée, néanmoins fort hantée du peuple du pays : et croit-on qu'y sont les sépultures de cest Yves de Bellesme et de sa femme Godehilde. »

(2. Guillaume Ier du nom, deuxième seigneur de Bellême de 997 à 1028 environ.

(3) L'église de N.-D.-du-Vieux-Château, bâtie par Yves de Bellême et dans laquelle les reliques de saint Léonard furent sans doute tout d'abord déposées.

(4) Le Corbonnais, qui avait fait partie du *pagus Oximensis*, en avait été démembré et formait un *pagus* indépendant dès le IXe siècle; voy. la *Géographie du Perche* du v^{te} de Romanet, p. 17. Il fut compris plus tard dans le comté du Perche.

(5) Boëcé, ancienne paroisse réunie à la Mesnière (canton de Bazoches-sur-Hoëne, Orne).

(6) St-Sauveur et St-Pierre de Bellême furent les deux anciennes églises paroissiales de la ville. L'église de St-Sauveur seule a été conservée et sert aujourd'hui d'édifice paroissial.

(7) La forêt de Perseigne.

(8) Louzes, paroisse et commune (canton de la Fresnaie-sur-Chédouet, Sarthe).

Temporibus Roberti regis, ipsoque favente et vidente, Avesgaudus episcopus (1) dedit, in vita sua, vineam juxta murum Belismi castri.

[1050-1070]. Post mortem autem Rotberti, filii Wilelmi, Ivo (2) suus avunculus, succedens hereditati dedit, pro anima sui nepotis Rotberti suum viridarium et vineas juxta burgum positas, ipseque, pro suis peccatis, adjecit unum canonicum servientibus sancte Marie sanctique Leonardi, pro quo dedit terram et silvam de Domziaco quam tenebat in sua propria manu, et molendinum in eadem villa supra fluviolum Edre positum, atque Herveum cum omni suo honore. Acardus (3) vero de Damfronte moriens dedit prefate Eclesiae terram que vocatur Tusca prope castrum Belismi.

[1070-1082]. Rogerius comes (4), quando Deus illum attulit ad nostros fines, et sua uxor Mabilia, atque suus filius Rotbertus, sicuti nostri naturales seniores, dederunt Eclesie supra nominate particulam silve Burse (5) que a vicinis circummanentibus nuncupabatur Haia Alneti, modo jussu illorum vocitatur: Haia Sancti Leonardi.

Episcopus de Lisoris vidit et Balduinus archidiaconus et plures. Deus, pro cujus amore hoc fecerunt, indulgeat illis peccata!

Arch. de l'Orne, série H, liasse 2150. Original en parchemin.

La membrane a 433 m/m de hauteur et 426 m/m de largeur et contient 28 lignes dont la première est en écriture très allongée; les lettres ont 7 m/m de hauteur. Le parchemin très blanc a été rayé avec le poinçon sur le verso. Au dos, on en lit l'analyse, d'une très belle écriture du XVIII siècle, et de la main d'un savant qui avait très sérieusement étudié le cartulaire de Bellême. Presque toutes les pièces ont été pareillement analysées et annotées par lui et il serait curieux de chercher, par la comparaison des écritures, le nom de cet ancien archiviste; je n'ai pu le faire moi-même à cause de mon éloignement des dépôts publics. Voici comme spécimen l'analyse de notre premier document:

« Circa 1090. Notice de la fondation de l'église de N.-D. et de St-Pierre de Bellême, par un nommé Yves, où appert que ce même fondateur la dotta de plusieurs biens, entre autres des églises de St-Martin-de-Yvo, du Vieil-Bellême, de St-Jean-de-la-Forêt, St-Martin de Berzillis, de St-Jouin de Dancé, avec les villes de Curtult et de *Curte Perpedum*, avec leurs

---

(1) Avesgaud, évesque du Mans de 1034 à 1055, fils de Yves de Bellême et frère de Guillaume Ier.
(2) Yves de Bellême, fils de Guillaume Ier, évêque de Sées de 1033 à 1070, seigneur de Bellême et du Sonnois après la mort de son neveu.
(3) Achard de Domfront, prévôt de Bellême.
(4) Roger de Montgommeri et Mabile de Bellême, son épouse, seigneurs de Bellême de 1070 à 1082.
(5) Aujourd'hui les Ventes-de-Bourse et les bois d'Aunai (canton du Mesle-sur-Sarthe, Orne).

dépendances et appartenances; qu'après la mort dudit Yves, Guillaume, son fils, y adjouta l'église de S¹-Aubin, les chapelles de S¹-Sauveur et de S¹-Pierre de Bellême, l'église de N.-D. de *Lodosis* et plusieurs autres droits et biens, etc. — A divers temps, et sans aucune note chronologique; le temps moyen de son époque vers 1000. »

Ibid. même série et même liasse : second exemplaire tout semblable au premier et du même temps, au bas duquel est transcrit un acte (relatif à une contestation entre les religieux de Bellême et un nommé Chrétien, prévôt de Robert de Bellême, relativement aux droits à percevoir pour la foire de la Saint-Léonard, qui sera publié à sa date. Cette seconde membrane a 444^m/m de hauteur sur 428^m/m de largeur. Elle compte 39 lignes d'écriture. On lit au dos en caractères gothiques de l'époque : 1º Notitia de ecclesia S¹ Leonardi quam fecit Ivo et Willelmus de Belismo filius ipsius Yvonis et de rebus quas ipso dederunt; 2º Cette note chronologique écrite au xviiiᵉ siècle : Epoque moyenne, vers 1000; 3º D'une main contemporaine, ces dates : 943. 990. 1027.

B. N. ms. lat. 5441, t. II (anc. fonds Gaignières), fol. 204. Copie.

Publié en partie par Bry de la Clergerie, p. 34.

Nº 2.

[Entre 1023 et 1027] (1). — *Charte notice de la construction de l'église S¹-Léonard de Bellême, de la dédicace, de ses privilèges et exemption de toute autre juridiction que celle de la Cour de Rome.*

Quia fides sine operibus mortua est, summa ope niti decet omnes christianos quatenus, cum fide quam habent, bonis operibus non careant; hoc est enim quod scriptum est « Quiescite agere perverse discite bene facere ». Sed, quia raro invenitur ut qui secularibus divitiis occupati sunt salvari possint, debent ex eorum opulentia sustentari qui, nocte et die, Deo in ecclesiis serviunt. Quod ego, Guillelmus de Belismo, verum esse considerans, reminiscensque mearum iniquitatum fluctus et scelera, cogitare cepi quomodo penas evaderem et peccatorum meorum remissionem promereri possem. Placuit ergo mihi Romam ire, beatum Petrum suppliciter deprecari quatenus, quod ego non poteram, ipse erga Dominum mihi veniam impetraret. Quo deveniens, confessus sum peccata mea beate memorie pape Leoni (2), qui tunc temporis Romanam Ecclesiam sancte et religiose regebat; ille vero mihi compaciens, intuitusque corporis mei delicationem et meam generositatem, cognovit quia magnam abstinentiam

(1) Les bénédictins et l'Ancien Bréviaire de Séez la datent de 1026.

(2) Léon VIII, élu le 4 décembre 963, mort entre le 20 février et le 13 avril 965. Il est compté parmi les antipapes. *(Bullar. roin.)*

facere nequirem ; sed ne tristis sine penitentia ab eo discederem, injunxit mihi ut in penitentiam ecclesiam quandam construerem, soli Romane Ecclesie subjectam, jurisque mei rebus opulentissime ditarem, quod ego gratanter accepi. Rediens autem Roma, opportunum tempus quod id peragere possem expectabam. Tandem, misericordia Dei inspirante, contigit ut corpus sancti Leonardi (1), cum plurimis aliorum Sanctorum reliquiis de alio loco in castellum meum Bolismum asportarem ; quo facto valde gavisus, ecclesiam edificare cepi, in honorem beate Marie semper Virginis et sanctorum apostolorum Petri et Pauli, proprie autem in honorem beatissimi Leonardi, cujus corpus in eadem ecclesia honorificentissime collocavimus ; qua constructa, volui eam ab omni episcopali et laicali consuetudine esse liberam et solutam, quatinus nulli potestati subjaceret; quapropter, tempore quo supra, dictam ecclesiam dedicari ex more volui : dominum meum Francie regem adii Rotbertum, eumque, ut ad eamdem dedicationem veniret, suppliciter exoravi, qui, petitioni mee libenter annuens, devotus advenit adduxitque secum comitem Odonem, et Senonensem archiepiscopum, necnon et Carnotanum pontificem beate memorie domnum Fulbertum, cum multis aliis episcopis et comitibus, quorum nomina propter prolixitatem tacuimus. Addidi etiam ad eamdem dedicationem invitare gloriosum Normannorum comitem Rikardum et Rotomagensem archiepiscopum, Rikardumque Sagiensem episcopum ad cujus diocesim locus ipse pertinebat, et Fulchonem comitem Andegavorum, cum episcopo Huberto, cum quibus etiam advenit metropolitanus Turonice sedis archiepiscopus, Arnulfus; adfuit cum his Herbertus Cenomannensis comes, cognomento vocatus Evigila-Canem, et cum eo Avisgaudus, ejusdem civitatis episcopus; hi omnes devote et religiose, sicut orthodoxis et catholicis christianis moris est, supra dictam ecclesiam dedicaverunt. Quo peracto, dominus meus rex Francie et comes Normannorum Richardus et Richardus Sagiensis episcopus, cum ceteris omnibus episcopis et baronibus supra memoratis, fecerunt eam solutam et quietam ob omni subjectione, secundum id quod me velle noverant; sic enim mihi concesserat apostolicus Leo, cujus imperio sepe dictam ecclesiam edificaveram. Istam liberationem et solutionem auctorizaverunt et confirmaverunt rex et pontifices omnes suprascripti et comites cum omni clero et populo. qui cum illis erant, ut stabilis et firma in perpetuum per-

(1) Saint Léonard, célèbre solitaire du vi⁶ siècle, se retira dans un lieu sauvage et désert appelé Vandœuvre, sur les bords de la Sarthe ; il y fonda un monastère ou il fut enseveli et auquel on donna ensuite son nom. Ce lieu s'appelle aujourd'hui : *St-Léonard-des-Bois* (canton de Fresnai-sur-Sarthe, Sarthe).

maneret et si quis in posterum archiepiscopus, sive episcopus, ipsam ecclesiam quocumque modo inquietare presumeret, ex apostolica auctoritate, et omnium qui aderant, anathematis vinculo sine recuperatione teneretur. Cujus auctoramenti summam sic diffinierunt ut crisma et oleum et ordines et omnia necessaria ipsa ecclesia requireret a quocumque episcopo vellet, ita dumtaxat si episcopus Sagiensis gratiam et communionem Apostolice Sedis non haberet et si hec gratis et sine pravitate exibere nollet et si canonibus contrarius esset, et ut eam, in eaque Deo servientes, nullo modo distringere, interdicere, aut excommunicare posset, ad sinodum autem ire, aut aliquem talem conventum, cogere eos non valeret. † † † †

† Signum Rotberti regis Francorum (1) † Signum Richardi (2) comitis, † Signum Rodulfi (3) Rothomagensis archiepiscopi, † Signum Richardi (4) Sagiensis episcopi, † Signum Arnulfi (5) Turonensis archiepiscopi, † Signum Odonis comitis (6), † Signum beate memorie domni Fulberti (7) Carnotensis episcopi, † Signum Fulchonis (8) Andegavorum comitis, † Signum Huberti Andegavensis episcopi (9). † Signum Herberti (10) Cenomannensis comitis † Signum Avisgaudi Cenomannensis episcopi (11), † Signum Gilduini (12) Senonensis archiepiscopi.

(1) Robert II le Pieux, roi de France, 24 oct. 996-20 juillet 1031.
(2) Richard II, duc de Normandie de 996 à 1027.
(3) L'archevêque de Rouen était alors Robert, fils de Richard Ier, duc de Normandie (989-1037). Il vécut en comte féodal et non pas en évêque, et eut trois fils, Richard, Rodolphe et Guillaume, auxquels il fit de son vivant le partage de ses titres et bénéfices. Le Rodolphe de notre charte était-il l'un de ses fils, décoré par le bon plaisir paternel du titre d'archevêque, ou bien faut-il voir là une mauvaise lecture ou une faute de copiste ? Je laisse à de plus habiles le soin de résoudre le problème.
(4) Richard, évêque de Séez, n'est connu que par sa présence à cette consécration. On ne peut placer l'époque de son pontificat, qui paraît avoir été de très courte durée, qu'entre ceux de Sigefroi ou Sifroi et de Radbod. C'est d'ailleurs l'ordre que lui assigne Dom Maria Prouverre, l'un de nos plus érudits historiens, (Hist. du diocèse de Séez, ms.).
(5) Arnoul, archevêque de Tours du 25 nov. 1023 au 20 sept. 1052.
(6) Eudes II, comte de Blois puis de Champagne, 1004-nov. 1037.
(7) Fulbert, évêque de Chartres de l'an 1007 à l'an 1028.
(8) Foulques le Noir, comte d'Anjou de 987 à 1040.
(9) Hubert de Vendôme, évêque d'Angers, 11 juin 1010-2 mars 1047.
(10) Herbert Éveille-Chien, comte du Maine de 1015 à 1036.
(11) Avesgaud de Bellême, évêque du Mans, 1000-24 oct. 1036.
(12) Gilduin ne fut promu à l'archevêché de Sens qu'après le décès de Léothéric, vers l'an 1032. Il ne put donc être présent à la cérémonie de la dédicace et ne dut signer la charte que plusieurs années après, sans doute à l'occasion de quelque fête anniversaire, selon un usage très communément reçu alors. La place même de sa signature qui est la dernière, malgré sa dignité d'archevêque, vient à l'appui de cette observation.

Contigit olim carte istius per incursionem Normannorum et per incuriam male observantium sigillum deperisse, sed tamen litteras inviolatas remansisse. Ne igitur tanta auctoritas remaneret, Rotbertus dominus de Belismo adiit regem Philippum, qui tertius ab ipso Rotberto eo tempore regebat imperium, et petiit ab eo ut cartam istam, quam suus avus auctoravit, auctorizaret et sigillum ejus, quod comminutum erat, suo sigillo restauraret. Placuit igitur hoc Philippo regi, qui et cartam istam auctorizavit et sigillo suo sigillare precepit.

Arch. de l'Orne, H. 2151. Original scellé du sceau plaqué du roi Philippe. Parchemin très blanc, rayé au verso avec le poinçon. Haut. 713m/m, larg. 522m/m, 32 lignes d'écriture. Le sceau d'un diamètre de 95m/m est en cire jaunâtre. Le roi, assis sur un *scabellum*, tient dans la main gauche le sceptre et sans doute une fleur de lis dans la main droite, car les détails sont peu visibles. La partie inférieure est fruste. On lit en exergue : PHILIP. DI. GRA. FRANORV. REX.

Ibid. Copie sur parchemin, de la même époque, commençant par : Si scriptura testante, fides sine operibus, etc. ; finissant par : Signum Gilduini Senonensis archiepiscopi.

B. N. ms. lat. 5441 (Cart. Maj. Mon), t. II, p. 291. Copie.

Ibid. Cart. Duchêne, vol. 54.

Ms. de Courtin (*Hist. du Perche*, p. 161 à 165), dans la bibliothèque du feu docteur Libert, à Alençon, appartenant aujourd'hui à Mme de Saint-Hilaire.

Ms. de D. Marin Prouverre dans la bibliot. du Grand-Séminaire de Séez.

Publié par Bry, p. 45, seulement jusqu'aux mots : « *Contigit olim* ».

Voir la critique de cette charte : dans le P. Anselme, t. III, p. 284 ; — Mabillon : *Annal. Bénéd.*, an. 1028 ; — Odolant-Desnos, t. I, p. 111 ; — *Art de vérifier les dates*, éd. in-8°, t. XIII, p. 144 ; — *Orne pittoresque*, p. 254.

L'authenticité de cette charte a été très contestée, et présente en effet plusieurs difficultés. Seulement il ne faut pas oublier que le document que nous avons n'est pas la charte originale, mais un *vidimus* authentique, fait sous le règne du roi Philippe, l'an 1002, et scellé par lui. On a donc pu facilement intercaler dans le texte primitif l'hommage de vénération en l'honneur de l'évêque Fulbert.

Le long espace de temps entre le vœu (964) et la dédicace (1026) s'explique, et par le délai qu'apporta Guillaume à en commencer l'exécution, et par le temps considérable consacré à la construction de la magnifique basilique de Saint-Léonard.

J'adopterai donc cette conclusion de M. H. Géraud, élève de l'école des Chartes. (Bib. écol. des Chartres, 1re série, t. I, p. 542.)

« La charte dans laquelle sont relatés tous les faits relatifs à la fonda-
« tion de St-Léonard de Bellême a été publiée par Bry..... Mais la leçon
« fournie par cet historien n'est pas exacte, et surtout elle est défectueuse
« en ce qu'elle ne renferme pas une formule qui se lit sur une copie du
« XIe siècle, déposée aux Archives d'Alençon. D'après cette formule, toutes
« les difficultés, que D. Mabillon, les auteurs de l'*Art de vérifier les*

c *dates*, Odolant-Desnos et d'autres historiens avaient relevées dans ce
c diplôme disparaissent entièrement. »

Telles sont aussi les conclusions adoptées par Dom Ed. Martène dans
son *Histoire de l'abbaie de Marmoutier*, publiée par M. l'abbé C. Chevalier (t. Ier, p. 494). Ce document est encore confirmé par cinq ou six
chartes subséquentes qui en font mention.

N° 3.

Vers 1074. — *Charte notice de la sentence obtenue à la Cour de
Jean, archevêque de Rouen, en présence de Guillaume roi
d'Angleterre, et de Mathilde, sa femme, en confirmation des
privilèges d'exemption de l'église de St-Léonard de Bellême, à
l'encontre des prétentions de Robert, évêque de Sées.*

Quia memoria hominum sicut homines cito pertransit, quedam
facta eorum, que cum memoria fugiunt, necesse est scribendo
retineri. Unde nos, huic ecclesie providentes, quod volumus
successores non nescire carte huic decrevimus inserere. Contigit
itaque cuidam festivitati Sancti Leonardi comitem Rogerium
interesse et cum eo nonnullos utriusque ordinis non mediocris
fame quos cum se invitaverat ad sui honorem et hujus ecclesie
exaltationem; ex quibus Sagiensis pontifex Robertus ea die, nostro
et comitis hortatu, missam cantavit, cujus etiam misse offerturam
sibi per cupiditatem retinere temptavit. Quod nos videntes et velut
monstrum exhorrentes, a quodam ejus clerico, cui eam reservandam commiserat, vi et non sine contumelia offerturam illam
recepimus. Iratus propter hoc episcopus ecclesiam et nos excommunicare se dixit. Quo facto, post clamorem quam fecit comes
Rogerius, de Sagiensi episcopo, ad Johannem Rothomagensem
archiepiscopum (1), die constituta, exinde placitam devenimus
Rothomagum. Ibi, in palatio et in presentia regis et regine Anglorum comes Rogerus conquestus est super Sagiensi episcopo quod
ecclesiam Sancti Leonardi sine causa excommunicare presumpsisset. At contra episcopus nos inculpabat quod manum, quam
sanam et integram habuisset, habendo offerturas per totum episcopatum suum, nos ei accidissemus auferendo ab eo nostram offerturam. Ad hec rex et regina sciscitati sunt a comite Rogerio de
statu ipsius ecclesie. Comes vero et nos qui aderamus dilucide
enarravimus quomodo Guilelmus de Belismo supradictam ecclesiam ob peccatorum suorum veniam edificasset, et quomodo eam
ex precepto beate memorie Pape Leonis liberam et solutam

---

(1) Jean, archevêque de Rouen (1069-1079).

fecisset, et quod a die dedicationis ejusdem, archiepiscopus sive episcopus nullam omnino in ea consuetudinem habuisset, nec eam ullo modo excommunicare potuisset. Affuerunt etiam antiquissimi homines qui hec viderant et audierant, parati probare secundum judicium regis quod nos edisseramus. His auditis rex et regina jusserunt Johannem archiepiscopum et Rogerium de Bello-Monte et plures alios barones ut, secundum quod audierant, facerent inde judicium. Et illi, abito consilio, judicaverunt ecclesiam, que tanta auctoritate et tot tantorumque procerum confirmatione liberata esset et tam longo tempore in liberalitate perseverasset, debere deinceps in perpetuum sic permanere, episcopum injuriam fecisse non solum comiti Rogerio, verum etiam regi de quo ipse ecclesiam tenebat. Dixit eciam Johannes archiepiscopus quasdam ecclesias in diocesi sua esse, in quibus ipse nullam omnino consuetudinem haberet. Hoc pacto Sagiensis episcopus Robertus emendavit, rectum faciendo regi et comiti Rogerio, injuriam quam eis fecerat predictam ecclesiam invadendo. Diffinitum est etiam ibi ut, si archiepiscopus sive episcopus eam amplius inquietare presumeret, apostolica et regia auctoritate à consortio fidelium usque ad satisfactionem alienus existeret. Hoc viderunt : Guillelmus rex et Mathildis regina, Johannes Rothomagensis archiepiscopus, Rotbertus Sagiensis episcopus, comes Rogerius, Robertus de Belismo, Rogerius de Bello-Monte, Warinus curvisus, Guillelmus et Bassuinus, canonici, Amellandus et multi alii.

Arch. de l'Orne, H. 2156. Original. Parchemin réglé au poinçon au verso, 26 lignes écrit. goth. d'un beau caractère. Haut. 322m/m sur 242m/m larg. Au dos on lit : *De oblatione ecclesie S¹ Leonardi quum ibi erant canonici. Sagien. de Belismo.* Circa 1074.

Publié dans les *Mém. Soc. Ant. de Norm.*, t. XV. p. 190. *(Appendix ad Scacarium Normannie.)*

N° 4.

Vers 1074. — *Charte notice relative au même sujet que la précédente.*

Propter aliquorum improbitates episcoporum, qui sancte matris Ecclesie libertatem adnulare cupientes, clericos vel monachos in sinu ipsius Ecclesie Domino militantes infestare non metuunt, placuit nocioni posterorum literis mandare quod Robertus, Sagiensis Ecclesie pontifex, tentavit ecclesie Sancti Leonardi de Belismo consuetudines, quas non debuit, imponere. Eo namque tempore, quo domnus Rotgerius de Montgommerici, jure hereditario Belismum regebat, accidit ut supradictus episcopus, sicut et alii, Ernaudus scilicet Cenomanensis et episcopus de Lisoiis et plures abbates ad festivitatem Sancti Leonardi veniret. Et quare mos episcoporum est in festis diebus missam celebrare, placuit ut Sagiensis episcopus, in cujus diocesi ipsa ecclesia erat, quamvis libera et ab omni episcopali sive laicali consuetudine absoluta, missam cantaret. Qui avaritia victus, temptavit sibi retinere ejusdem oblationes misse, quod nullus ante eum episcopus fecerat. Sed canonici, qui tunc aderant, et nuncquam hoc viderant, privilegium suum infringere non patientes, vellet nollet episcopus, acceperunt sibi oblationem, sicut consuetudo eis fuerat.

Qua de re idem episcopus commotus adversus canonicos in iram, vocavit eos inde ad placitum. Illi vero, conductu Rogeri comitis venerunt Rotomagum, ante regem W [illelmum] et reginam Anglorum. Qui, diligenter rem discutientes, interrogaverunt Sagiensem episcopum quid in acclesia S. Leonardi quereret ? Ille autem, sicut in omnibus sue diocesis ecclesiis, dixit in ea se habere. Canonici vero privilegium suum ostenderunt, et antiquos homines secum adduxerunt qui ipsam ecclesiam ad dedicationem, ita regi Gallie Retberto et Normannorum comiti R[icardo] et Sagiensi episcopo Ricardo et multis cum eisdem episcopis et abbatibus et comitibus et baronibus franchire et ordinare viderunt, ut nullus christianus in ea aliquam consuetudinem haberet ; inter quos Johannes Rottomagensis archiepiscopus et Rotgerius de Bellomonte, jussu regis fecerunt judicium et dixerunt quod quidem Rex et principes, qui ipsam terram cum eo gubernabant, ordinaverunt et statuerunt non posse infringi, presertim cum ipse archiepiscopus multa in suo episcopatu ecclesias haberet, in quibus nichil accipiebat. Huic judicio consenserunt Rex et Regina et qui cum eis erant : Rotgerius de Monte-Gomerici, Realbertus de Veteri-Ponte(1), W. de Feritate(2), Mathelinus de Axe (3), Basunius et Willelmus, canonici, Garinus Curvis, Ameslandus et multi alii quorum nomina propter prolixitatem tacuimus.

(1) Robert de Vieux-Pont, l'un des plus illustres membres de la célèbre famille de ce nom, mérita la confiance de Guillaume le Conquérant. Il fut envoyé au secours de Jean de la Flèche en 1078. Il fut tué, vers l'an 1084, au siège de Sainte-Suzanne. Une branche de cette famille s'établit de bonne heure au château de Chailloué, près Sées ; elle a donné un évêque à l'église de Meaux. Une autre branche hérita de la seigneurie de Courville, où elle résidait dès le XIIIe siècle. Il reste plusieurs chartes de ses libéralités au prieuré de Chaumes. (B. N., ms. lat 5441, t. II.)

(2) C'était très probablement Guillaume II, seigneur de la Ferté-Macé (Orne). Voyez Essai sur le prieuré et la baronnie de la Ferté-Macé, par MM. J. Appert et P. Renier, ap. Rev. cath. de Normand, t. Ier, p. 171.

(3) Masselin d'Essai, près Sées. Axis ou Axedum etc t bien le nom latin de ce lieu à cette époque. On le trouve sous la dernière forme dans Orderic Vital, t. III, p. 294.

Arch. de l'Orne, H. 2156. Original en parchemin. La membrane a 622m/m de haut, sur 410m/m de larg. Ecriture gothique de l'époque, d'un très beau caractère. Il y a peu d'abréviations. Cette membrane contient trois pièces. Celle-ci, qui est la première ; la seconde est la reconnaissance et confirmation des libertés de St-Léonard, par jugement rendu en cour plénière, à Sées, du temps de l'évêque Girard ; la troisième contient la confirmation, par jugement rendu à Bellême, des droits des moines de St-Léonard sur les revenus de la foire de la St-Léonard, que leur contestait Payen de St-Quentin, prévôt du comte Rotrou. Cette troisième pièce est d'une écriture postérieure et présente plus d'abréviations.

B. N. ms. lat 5441, t. II, fol. 296v°. Copie.

Bry a publié cette charte, moins les noms des témoins, p. 70.

II.

FONDATION DU PRIEURÉ

DE SAINT-MARTIN-DU-VIEUX-BELLÊME

N° 5.

1050-1064. — *Charte de la fondation du prieuré de St-Martin-du-Vieux-Bellême, membre dépendant de Marmoutier, par Hugues de Rocé, avec l'approbation de Ives de Bellême évêque de Sées, de Eudes, frère du roi de France, de Geoffroi, comte d'Anjou, et le concours de plusieurs seigneurs du voisinage qui ajoutent leurs libéralités à celles du fondateur.*

Quod auditum sepe est, Doctor ille Gentium in fide et veritate : « Dum tempus, inquit, habemus, operemur bonum ad omnes, maxime autem ad domesticos fidei »; ego quidem, Hugo de Roceto (1) filius Johannis, sub fidei titulo christiane homo militie secularis, putavi michi obtemperandum tam salutifero monitori, obediendum preceptori tam utili, bonum utique operando ad quosdam fidei sancte tota devotione domesticos.

Pateat igitur universorum notioni mortalium donasse me Sancto Martino, cujus excellentia nominis nulla eget adjectione cognominis, atque in suo Majori Monasterio Deo sibique famulantibus monachis, mei juris ecclesiam quamdam prope castrum quod

---

(1) Rocé, écrit aussi par corruption Rossay et Rezay, jadis seigneurie mouvante du château de Bellême, sise autrefois paroisse St-Martin-du-Vieux-Bellême, aujourd'hui ferme de la paroisse du Gué-de-la-Chaîne, qui est un démembrement de St-Martin. On voit encore à Rocé les traces des fossés d'enceinte et les restes d'une construction du XIe siècle. Une cave souterraine, aujourd'hui hors d'usage, communiquait par un couloir avec la paroi du puits; on voit encore l'ouverture qui y donnait accès. La légende parle d'un souterrain qui, de là, se dirigeait sur la forêt et allait aboutir au Chêne-Saint-Louis. Cette seigneurie appartint aux XVIIe et XVIIIe siècles aux Le Breton et aux de Tascher.

Bellissimum nuncupatur, in honorem ipsius sacratissimi Martini constructam. Hanc itaque isti beatissimo confessori, suisque supra taxatis famulis, integritate tota dono, cum terra scilicet omni quæ ad altare pertinet ipsius, atque cum sepultura, cum oblatione, cum decima, ea tantum excepta parte decime, interim scilicet dum vivo, quo prenditur ab ulteriore, hoc est, occidentali ripa fluminioli ut dicitur Sperantia. Unam præterea terræ mansuram apud Rocetum videlicet sitam, quae, ex nomine cujusdam cultoris pristini, nuncupatur Mansura Gunbaldi, cum pertinente ad se mansionatico, sito in monte supra eandem, in ipso plessitio meo; pro qua tamen XX⁵ solidos a monachis supradictis accipio. Dono et vinee duos apud Rocetum arpennos, ac prati duos. Homo quidam meus, nomine Restaldus, vineam donat eisdem, sitam ibidem apud Rocetum, scilicet quartario minus ab arpenno; sed et alii duo, Beraldus (1) Minternis atque Hugo, homo Beraldi ipsius, integrum arpennum; quorum ego quoque et auctorizo donationes et insuper quas ex rebus eisdem prius accipiebam dono consuetudines. Quod et de terra altaris superius memorata facio, omnes videlicet ex illa consuetudines dono. Meo perinde auctoramento confirmo, si quid unquam meis donationibus istis addere de suo voluerint homines mei, quod confirmationem mei expectet auctoramenti.

Favit autem his omnibus dominus meus Ivo nomine, Sagiensis episcopus; Odo quoque, regis Francorum Henrici germanus, et Gauffredus comes Andecavensis, de quorum erant omnia fevo. At vero predictus dominus episcopus, ut vir nobilissimus et erga Dei famulos plurimum liberalis, non tantum donationibus nostris assensum prebuit suum, verum et ipse ista pro sue suique patris ac matris anime redemptione donavit; terram scilicet totam Rainerii Cementarii, sitam inter castrum Bellissimum et supra dictam ecclesiam, supra fluviolum quem Maximum (2) nominant; et in eodem fluviolo molendinum unum, quem solet vulgus vocitare Butinum. E suis quoque fidelibus unus, Guaiterius nomine, cognomine Rufus, terram ad caput sepe dicto ecclesie sitam, quanta est inter fluviolum nomine quoque Fluminiculum (3) et veterem viam; sed et alter, vocabulo Fulcodius de Crapone (4), ibidem apud Crapo-

---

(1) Au nord de Bellême, à l'extrémité sud-est de la forêt est un lieu dit : *Le Haut-Brault.*

(2) *La Mesme*, petite rivière qui prend sa source près du château du Tertre, au nord-ouest de Bellême, et qui, après avoir reçu *La Coudre*, se jette dans l'*Huisne* au-dessous de la Ferté-Bernard.

(3) *Le Petit-Ruisseau*, prend sa source à la Calabrière et se jette, après un très faible parcours, dans *la Mesme.*

(4) *Crapon*, ancien lieu avec moulin, paroisse de St-Martin-du-Vieux-Bellême, tout près de la gare actuelle d'Igé.

nem, mansuram terre que dicitur Aldefredi, et arpennos duos desertarum vinearum ac duos prati; alius nichilominus Ingelbaldus, hic est de Curtiello, eque apud Craponem, arpennum unum vince peroptimum; alius etiam, vocabulo Fulcherius, cognomento Digladiatus, mansuram de Monte Ade, cum universis consuetudinibus et medietate pratorum ad mansuram eandem pertinentium : post istos et alius Guarinus, Johannis Presbiteri filius, terram exercendam quatuor bubus ; quorum omnium dona suo firmat auctoramento noster ille dominus pontifex venerantissimus Ivo, hoc idem faciens de donis omnium ceterorum si qui deinceps suorum donare quicquam santo Martino voluerint, atque monachis Majoris Monasterii quod ad confirmationem sui spectet auctoramenti. Ut autem haec omnia probate veritatis attestatione signata imperturbatum obtineant, mundo perseverante, vigorem, tam sepedictus venerabilis ac reverentissimus presul, quam ego et parens etiam quidam meus, qui et ipse ad omnia favit, Herveus de Braiviardo (1), istam munivimus cartam singuli, in ea sacratissime crucis effigiato vexillo, quo adversus omnem sit perpetuo tuta calumniam; atque muniendam testificationibus suis, stipulatoribus tradidimus super ascriptis :

Odoni archidiacono (2)
Haimerico de Condeello (3)
Widoni de Jaillia
Walterio Rufo
Giroio Fortino
Odoni de Clincampo (4)

Normanno, filio Rodulfi
Fulcoio de Crapone
Girardo Infante
Willelmo Vicario
Fulcherio Digladiato
Ursoni Scabioso

✝ Signum Ivonis Sagiensis episcopi.

Testes de auctoramento comitis Gauffredi :
Comes Eudo
Odo, frater regis Henrici
Hungerius, drudus ejus (5)
Haimericus juvenis de Faia
Hugo, filius Patricii

(1) *Bréviard* et par corruption *Bréval*, ancien fief, à la limite méridionale de la forêt de Bellême, dépendant aujourd'hui de la commune du Gué-de-la-Chaine.
(2) Eudes était archidiacre de Mortagne.
(3) *Condeau*, paroisse sur l'Huisne (arr. de Mortagne, Orne).
(4) *Clinchamp*, chef-lieu d'une ancienne et illustre seigneurie, dans la paroisse de Chemilli, entre Bellême et Mamers. Sur la célèbre famille de ce nom, voyez M. Noulens, *Maison de Clinchamp*. L'auteur n'a pas pris la peine de s'informer de la situation de Clinchamp qu'il place dans le Maine, quoique cette seigneurie fût un des grands-fiefs du Perche.
(5) Ce mot veut dire : ami, *fidèle, conseiller*, d'après du Cange art. *Drudus*, qui cite précisément ce passage de la présente charte d'après Mabillon.

Wallerio de Montibus † Signum Ugonis de Rocheto.
Walterio de Contrellis (1)
Herveo Longo De auctoramento Odonis :
Drogone de Soiri
Willelmo de Malchiniaco Comes Gauffredus
Ulgerio, teloneario comitis Bernardus de Sancto Aniano
Seifredus de Merula Hungerius, drudus Odonis
 † Signum Hervei.

Arch. de l'Orne, H 2205. Original en parchemin. La membrane, très blanche, est rayée au trait; bonne écriture, très lisible, peu d'abréviations. La première ligne est en lettres très allongées. Sur le verso on lit ce titre en grandes lettres :

PRECEPTUM DE ECCLESIA SANCTI MARTINI DE BELLISSIMO, SAGIENSIS.

Au-dessous de ce titre, en écriture du XVe siècle, cette note très curieuse :

« *Cecy vault mieux teu que dict; affin qu'autre que le Roy ne soit recogneu fondateur de St Martin du Vieil Bellesme.* »

B. N. ms. lat. 5441, fol. 204vo. Analyse.

Publié dans le recueil de Baluze, t. III, p. 64.
Id. par D. Mabillon: *Annales Ordinis S. Benedicti*, t IV, 306. Extrait.
Id. par Bry : *Histoire du Perche*, p. 50. Extrait.
Id. analysé par D. Martène, Hist. de Marmoutier, t. I.

N° 6.

1067. — *Charte notice de la confirmation, en faveur de Marmoutier, par Hugues de Rocé, à l'occasion de son entrée en religion, de ses donations précédentes pour la fondation du prieuré de Saint-Martin-du-Vieux-Bellême, avec la concession d'Ives de Bellême, évêque de Sées, seigneur suzerain; — et de l'accord intervenu avec Hervieu de Bréviard, parent du dit Hugues de Rocé, qui prétendait avoir droit, en vertu d'un contrat précédent, d'hériter de tous les biens du susdit Hugues.*

Nosse debetis, si qui eritis posteri nostri Majoris scilicet habitantes monasterii S. Martini, Hugonem de Rocet., post annos plures ex quo donaverat nobis ecclesiam Sancti Martini de Bellissimo, cum voluntatem postea insumpsisset ut monachus apud nos fieret, totum ex integro rursum donasse nobis quidquid tunc ad illam ecclesiam pertinens retinuerat. Fecit hoc apud eamdem ecclesiam, anno ab incarnatione Domini, MLXVII, presidente nobis anno quarto domno abbate Bartholomeo, mense

(1) La donation à St-Vincent du Mans d'une terre sise à Montgaudri, par Sigefroi des Biars, passée à Bellême, en présence de l'évêque de Sées, Ives, fils de Guillaume, eut entre autres témoins trois de ceux qui figurent ici : Gautier « *de Contrellis* » (peut-être de Contres ?), Gautier du Mont et Guillaume le Vayer. (Cart. de St-Vincent, col. 327.)

decembris, octavo idus ejusdem mensis, presentibus tunc ibidem atque vice omnium nostrum suscipientibus hanc donationem domno Odone, nostro tunc priore, domnoque Beraldo ecclesie ipsi rebusque preposito; presente quoque atque favente domno Ivone Sagiensi episcopo, de cujus erant ea omnia fevo, cum testibus pluribus aliis, nominibus his : Warino Bastardo, Hugone de Colentiis, Villelmo fratre ejus, Warino filio Johannis presbyteri, Drogone filio Hilgodi, Walterio Traverso fratre ejus, Hugone de Monte Lotharii, Roberto filio Rainbaldi, Bernardo Loridone, Walterio filio Seimfredi, Alberio theloneario, Seimfredo clerico de Livariaco, Huberto de Valroisa, Girardo bastardo filio ipsius Hugonis de Roceto, qui et donationes supradictas patris sui, quantum ipsius esse poterat auctorizavit.

His peractis, die mox eadem Herveus de Breviardo, parens quidem Hugonis ejusdem, donationi ipsius calumniator insurgens, quia scilicet pactum jam olim cum ipso haberet ut quilibet ipsorum prior obiret, alteri sua possessa dimitteret, satagentibus statim supradictis fratribus nostris, Odone atque Beraldo, ipse quoque die nichilominus eadem hoc modo sue imposuit calumnie finem. Ad presens quidem spoponderunt ei memorati fratres denariorum quatuor libras ; ex quo autem Hugo monachus factus foret ac mortuus, quamdiu postea viveret ipse Herveus acciperet decem solidos quotannis. Haberet etiam servitium militum de rebus ipsis quas Hugo tunc donabat nobis fevatorum. Nullus autem suus heres reclamaret ista post ipsum.

Atque ita calumniam illam ex integro guerpivit et donationem nobis Hugonis auctorizavit, coram ipso supradicto Ivone episcopo, coramque aliis testibus plurimis, his nominibus aliquantis : Warino et Willelmo nepotibus Ivonis episcopi, Ernaldo Gruello, Hugone de Monte Lotharii, Hugone de Sperreia, Sigemfredo de Esbiarcio, Herveo de Monte-Guaidrici, Willelmo de Villa Iulena, Willemo Longo, Warino filio Johannis Presbiteri, Walterio Traverso, Lamberto filio Lancelini.

S. Philipi Francquorum regis.
S. Husgonis Melandis comitis.
S. Husgonis de Puteolo.
S. Frederici de Curbeio.
S. Gauterii constabularii.
S. Guillelmi prepositi Carnotensis ecclesie.
S. Bauduini dapiferi.
S. Galeramni camerarii.
S. Gillelmi Comitis Nivernensis (1), ipsa die qua filiam suam donavit Usberto vicecomiti Cenomannorum.

(1) Sur l'original, sans doute par une erreur du copiste, on lit : Nvercensis.

Marque du sceau de Philippe Ier. Le sceau était un grand sceau plaqué dont il reste l'empreinte sur le parchemin, et, sans aucun doute, semblable à celui de la charte de Saint-Léonard. Les signatures sont d'une encre plus noire et d'une autre main que le corps de la charte.

Arch. de l'Orne, H, 2206.

Très belle membrane de parchemin de 545 m/m de hauteur sur 445 m/m de largeur.

On lit au dos en écriture du xviiie siècle : « Notice autentique de la donation faite aux religieux de Marmoutiers par Hugues de Rocé, de l'église de Saint-Martin de Bellême, avec tous ses droits et appartenances, en se faisant moine audit Marmoutier, l'an IVe du gouvernement de l'abbé Barthelemy et de grâce 1067, le 8 des ides de décembre. »

Et plus bas : « Prieuré de Bellême, scellée du sceau de Philippe Ier, roy de France. »

En caractères gothiques : « De his que Hugo de Roceio dedit nobis apud Bellissimum F. Sagiens. »

Il y a un double en parchemin, moins les signatures.

Collection Gaignières, B. Nat. ms. lat., 5441, fo 293. Au bas de la copie se lit cette note : « Scellé en cire brune rougeâtre, à plat sur le parchemin dudit acte. C'est le sceau de Philippe Ier dessiné ailleurs. »

No 7.

Avant 1064. — *Charte de donation faite à Marmoutier par Gautier du Pin, chevalier, à l'occasion de son entrée en religion, de la moitié de l'église du Pin, de la moitié des terres arables placées au chevet de l'église, et du bois de Villereuil sur le ruisseau d'Eperrais* (1).

Nosse debetis si qui eritis posteri nostri Majoris scilicet hujus habitatores Monasterii Sancti-Martini, militem quemdam qui dicebatur Gualterius de Pinu, circa suum obitum, nostre congregationis devenisse monachum atque donasse Sancto Martino et nobis, sub regimine nunc agentibus domni Abbatis Alberti, integram medietatem ecclesie nichilominus de Pinu, sive scilicet oblationis sive decime, sive sepulture atque universarum redhibitionum ipsius, et ut quicumque ex eadem ecclesia fevum tenent, similiter de nobis teneant, sicut de illo qui alteram habuerit ipsius ecclesie medietatem : medietatem quoque culturarum suarum, quas habebat ad capitium ipsius ecclesie, hoc est terram unius carruce ; boscum etiam de Willeriolo, qui est super

(1) Cette donation de l'église du Pin, paroisse de l'arrondissement de Mortagne, fut unie au prieuré de Bellême, bien qu'il n'en soit pas fait mention dans l'acte. Voy. D. Marténe, Ibid., t. I.

fluviolum Sperreitum vocabulo, et de alio suo bosco quantum opus fuerit ibidem manentibus monachis ad necessaria omnia, atque ad constructionem officinarum suarum, et ipsius ecclesie; tres quoque arpennos pratorum super idem fluviolum sitorum, que dicuntur Prata Rotberti.

Que omnia sita sunt in Castri Bellissimi pago, in quo quiquid daretur loco nostro Sagiensis episcopus auctorizaverat Ivo. Gauffridus quoque Comes Andecavensis, ea que memorata sunt superius nobis auctorizavit (1). Horum itaque firmo auctoramento donavit illa nobis supranominatus homo, annuentibus filiis suis, hoc est; Gualterio et Haloissa matrimonialibus; Gradulfo et Hugone cognomento Taleboto, atque Roberto bastardis.

Testibus istis : Fulcodio filio Friderici de Laziaco; Odone archidiacono de Mauritania ; Gualterio de Montibus, Aigardo? presbitero, Galterio presbitero de Berlavilla, Odone Bothardo, Girbaldo bastario, Odone Mathone, Galterio Freinderico (2).

Nepos etiam donatoris illius, Gerogius nomine, cognomento Fortinus, eadem donata nobis auctorizavit pariterque donavit, testibus nichilominus istis :

> Gualterio Rufo;
> Constantino de Baladone, nepote Gradulfi;
> Gualterio de Montibus ;
> Normanno filio Ascelini;
> Herberto Haironc;
> Hugo de Foriniaco;
> Herberto filio Gausmeri;
> Radulfo filio Joannis Presbiteri ;
> Normanno filio Radulfi;
> Herveo de Breviardo ;
> Guillelmo Vicario.

Ms de l'abbé Blin, p. 776.
B. N. L. 5441, t II, f° 301. Copie abrégée.
Analysé par D. Martène, *Hist. de Marmoutier*, t. I, p. 398.

---

(1) Les seigneurs de Bellême, Guillaume II et Yves II, évêque de Sées, semblent avoir tenu certaines terres du Sonnois et peut-être même du Bellêmois sous la suzeraineté des comtes d'Anjou. Eux-mêmes avaient sous-inféodé une portion de leurs droits sur le Sonnois aux vicomtes du Mans. Voyez pour plus amples renseignements sur cette question le Cartulaire de Saint-Vincent du Mans, n°ˢ 490, 545, 546 et suivants.

(2) Sindrerio dans la copie de la Bibliothèque Nationale.

N° 8.

Avant 1064. — *Notice de la donation faite par Gautier et Guillaume, frères, de la terre qu'ils avaient à Bellême.*

Nosse debetis si qui eritis posteri nostri, Majoris scilicet hujus habitatores Monasterii Sancti Martini fratres duos Gualterium et Guillelmum, filios Huberti et Hodierne, in societatis nostre beneficium susceptos, donasse pro ejusdem matris sue anima et animabus suis, sancto Martino et nobis, sub regimine nunc agentibus domni Abbatis Alberti (1), terram quamdam apud Bellissimum, quam appellant Mansum Girardi et Johannis; donasse vero eam solidam et quietam, sicut ipsi tenuerant, annuente Odone de Clino-Campo, avunculo eorum, de cujus erat foevo et per quem ex ea ipsi erant casati; de qua terra, dum post acceptam societatem, in capitulo et super altare quodam fuste, ut moris est, fecit donationem unus eorum.

Hii interfuere testes : Constantius Taillaferrum, Michel Rufus, Petrus Quocus, Herveus Quocus, Archembaldus nepos Guarini Cleri, Aldoardus Trossaboth, Raimbaldus monachus, qui, pro hoc unicuique eorum unum scutum dedit et alterum eorum in capitulum adduxit.

Arch. de l'Orne, H. 2154. Original.

Au dos du parchemin on lit ces mots en écriture gothique : « Notitia de terra quam dederat Galterius et Guillelmus frater ejus apud Bellissimum. Sagiens F.

N° 9.

Avant 1064. — *Notice de la donation faite par une pauvre femme nommée Berthe, à Saint-Martin-du-V.-Bellême, d'un arpent de terre et d'un arpent de pré, sis près du moulin de Foucher.*

Nosse debebitis, si qui eritis posteri Majoris scilicet hujus habitatores Monasterii Sancti Martini, pauperculam quamdam nomine Bertam, in burgo Bellissimi castri manentem, donasse Sancto Martino et nobis, sub regimine nunc agentibus domni Abbatis Alberti, unum arpennum terre et alterum prati, sitos apud molendinum Fulcherii (2), cognomento Digladiati, reddentes censum denariorum octo, annuente Lamberto filio suo.

Testibus istis : Rodulfo clerico filio Johannis Presbiteri,

(1) Albert, abbé en 1058, † 1064.
(2) Un lieu dit *la Fouquerie* existe sur les bords de la Mesme, au nord de Bellême.

Restaudo, Johanne Meliorest, monacho, Ingeiranno molendinario, Hugone filio Guarini Crœrii.

Ms. de M. l'abbé Blin, p 787.

N° 10.

Vers 1067. — *Notice d'acquêt de plusieurs terres et prés à Bellême achetés de Gautier Le Roux par Beraud, moine de Bellême, pour le prix de vingt sols.*

Notum sit fratribus, nostris Majoris scilicet Monasterii monachis, quod Beraldus monachus noster dum esset prepositus obedientie de Bellissimo, emit ibi a Galterio Rufo xx solidis quandam terram cum pratis simul junctis que terminatur ab oriente ad molinum Odonis de Sancto Martino, ab occidente ad Alnetum Sancti Martini. A meridie autem terminatur quodam rivulo qui dicitur Flumetius, ab Aquilone ad terram de Meso Johannis. Uxori autem ipsius Gualteri, de cujus dote terra illa erat dedit II solidos pro auctoramento, filio eorum Gualterio nomine unas botas. Horum omnium testes :

Odo de Sancto Martino, Salustius homo ipsius Galterii, Johannes famulus, Warinus de Sancto Martino, Hugo filius Stephani de Curtiel, Odo famulus, Odo monachus.

Arch. de l'Orne, H. 2209. Original parchemin.

Au dos, en lettres gothiques : « Noticia de quadam terra quam emit Beraldus de Gualterio Rufo. Sagiens. Bellissim. F: »

N° 11.

Vers 1067. — *Notice d'acquêt d'une terre contenant un demi-muid de semence, par Beraud, moine, de Guerin, frère d'Eudes, autrefois prieur de Bellême.*

Circa 1067. — Noverint universi maxime nostri presentes et posteri Beraldum monachum nostrum rebus nostris prepositum apud Castrum Bellissimum, emisse a Guarino fratre Domni Odonis nostri quondam monachi et prioris (1) terrulam quandam ad dimidium fere modii sementem, sitam inter boscum Gualterii

---

(1) Cet Eudes est le premier prieur connu de Saint-Martin-du-Vieux-Bellême. Il devait en même temps faire fonctions d'écrivain, car c'est lui sans aucun doute qui a signé d'une façon originale le numéro précédent relatif à l'acquêt des terres de Guillaume Le Roux.

Rufi et viam que ducit ad Esperantum Villam, solidis xx" precio constantem, annuente Adelaide Guarini ipsius uxore et filio Guillelmo atque Aremberge filia. Fratrem autem quemdam habebat nomine Gualterium, qui quia presens non erat, eum idem Guarinus ita spopondit annuiturum venditionem illius et nostram emptionem libere concessurum, ut si hoc facere nollet, terram pro illa alteram tantumdem valentem Guarinus nobis redderet. De qua sponsione dedit fidejussores qui etiam omnium supra dictorum sunt testes ita vocati :

Guarinus de Calumniis, Hugo frater, Hugo de Veteri Bellissimo, Hubertus de Valnoisia, Hildebertus Pellitarius.

Arch. de l'Orne, H. 2209 Original parchemin.

Au dos en lettres gothiques : « De terra quam vendidit Guarinus Bellismii. »

N° 12.

Vers 1074. — « *Notice par laquelle Robert, évêque de Sées, reconnoit l'indépendance de l'église de Saint-Martin de Bellême et renonce d'y rien prétendre, moyennant une livre d'encens de rente à son église, et une livre de poivre à son évêché, le jour des SS. Gervais et Protais.* »

Circa 1074. — In nomine Sancte et Individue Trinitatis. Notum sit omnibus tam posteris quam presentibus quod Rotbertus Sagiensis ecclesie episcopus æcclesiam Sancti Martini, que in territorio Bellismi sita est, omni redditu qui ad episcopatus censum pertinet liberam absolutamque fecit, tali scilicet tenore ut, per singulos annos, in una solemnitate sanctorum Gervasii et Protasii, libram turis Sagiensi ecclesie rependat et in usibus episcopi libram resolvat piperis. Hujus cartule testes et autores sunt canonici ecclesie : Bauduinus et Normannus archidiaconi, Rotbertus, Ricardus, Hugo, Raginaudus, Hugo scolasticus, alius Rotbertus, Rotgerius, Godefridus, Gausfridus capellanus. Hanc cartam fecerunt canonice firmari a predicto Rotberto episcopo monachi Wilelmus frater Wilelmi Pagani, Beringerius, Herchenbaldus cum famulis suis Warino Guillelmo filio ejus, Gauffrido, Ernaudo, Auberto. Quicumque eam violare presumpserit anathema sit.

Arch. de l'Orne, H. 2207. Original parchemin.

Au dos, en caractères gothiques : « Quod ecclesia Sancti Martini de Belesmo libera sit ab omni redditu. Sagien. » En écriture du xviii siècle : « Cotte 2. Prieuré de Bellême. Droits honorifiques. »

III.

UNION DE SAINT-LÉONARD
ET DE SAINT-MARTIN-DU-VIEUX-BELLÊME

§ Ier.

Privilèges, Exemptions et Chartes diverses intéressant l'Histoire générale du Prieuré.

N° 13.

1092. — « *Charte de la donation faite à Bernard, abbé, et aux moines de Marmoutier, par Robert de Bellême, fils du comte Roger, de l'église de Saint-Léonard dudit Bellême, en exemption de tous droits épiscopaux, suivant la fondation autorisée du Pape, à la prière de Guillaume, quatrisaïeul dudit Robert, — de l'introduction des moines de Marmoutiers en remplacement des chanoines qui y demeuroient depuis la fondation qui avait été faite en leur faveur, — de la donation de quelque espace de terrain pour se construire des logements, d'un verger, pour cimetière, d'autres terrains pour se faire des hôtelleries, des étables et granges et enfin d'un certain bourg de l'autre côté du château, auprès du grand étang* (1). »

(1) La substitution des moines aux chanoines réguliers fut presque générale aux Xe et XIe siècles. Dès 965 elle avait eu lieu au Mont Saint-Michel. En 1101, Richard II, duc de Normandie, remplaçait par des moines les chanoines de Fécamp. Marmoutier, qui était alors dans sa période de ferveur et d'accroissement et très en faveur dans l'opinion, profita tout particulièrement de cette disposition des esprits.

Notum sit omnibus posteris nostri Majoris scilicet Monasterii monachis quod Rotbertus de Belismo filius Rotgerii comitis et Mabilie donaverit monachis Sancti-Martini, ecclesiam Sancti Leonardi in Belismo sitam cum omnibus de quibus saisita erat, eo die quo eam dedit et deinceps acquisierit, pro anima sua et pro animabus antecessorum et sucessorum suorum, ita solutam et quietam ut nullus episcopus, nullus clericus, nullus laicus, nulla persona consuetudinem aliquam in ea requirere possit. Istam enim ecclesiam construxit Willelmus, attavus Rotberti, ita ab omni consuetudine liberam ut supra dictum est, misitque in ea canonicos qui regulariter et religiose Deo in ea deservirent. Qui nimis ordinem suum prevaricati sunt seculariter et inordinate contra canones vivendo. Et hoc passum est usque ad tempus Rotberti, qui providens ecclesie Sancti-Leonardi, placuit ei quod malum erat emendare.

Tradiditque supradictam ecclesiam Bernardo (1), Abbati Majoris Monasterii et monachis ejus, Deo ibidem servientibus, ad cellam jure perpetuo possidendam. Dedit etiam eis, ad officinas suas faciendas, plateam que est inter ecclesiam sancti Leonardi et terrale turris, et viridarium, quod ibi est, ad cimiterium faciendum, Arraldo concedente, cujus erat; et ad hospitalia facienda et stabulas et grangias dedit quamdam terram inter ecclesiam Sancti Leonardi et Sancti Petri sitam, et ex altera parte Castelli, juxta magnum stagnum, quemdam burgum jure perpetuo possidendum solutum et quietum.

De omnibus his misit ipse Rotbertus donum in capitulum Sancti Martini Majoris-Monasterii per Rainaldum de Coleto et Richardum de Rochella. Per ipsos etiam misit domnus Abbas Bernardus, de eodem capitulo, Sancto-Leonardo donum de ecclesia Sancti-Martini Veteris-Belismi. Quod donum posuit Wilelmus monachus de Vivonio (2) super altare Sancti Leonardi, jussu Bernardi Abbatis. Talisque convenientia est inter ipsum Rotbertum et abbatem et monachos Majoris Monasterii, quod eo vivente nichil inde ad Majus Monasterium deferetur, nisi licentia ipsius Rotberti. Post mortem autem illius, prior Sancti-Leonardi, singulis annis, decem libras denariorum, aut decem libratas, eo non indigente, si monachi Majoris Monasterii indiguerint; sed et hoc nullo debito aut consuetudine requiretur.

(1) Bernard, abbé de Marmoutier, élu l'an 1083, mort l'an 1107.
(2) Vivoin, canton de Beaumont-sur-Sarthe. Le prieuré de ce lieu, fondé au XIe siecle, compte parmi ses principaux bienfaiteurs plusieurs évêques du Mans, les vicomtes de Beaumont, Guillaume de Vallegeast, plusieurs membres des familles de Doucelle et Riboult. Il existe un extrait du cartulaire de ce prieuré à la Bibliothèque nationale, ms. lat. 5441, t. 2. ff. 249 et suiv.

UNION DE SAINT-LÉONARD ET DE SAINT-MARTIN.

Si vero deinceps aliquis surrexerit qui nequitia sua aut injusticia Beato Martino quod dictum est auferre voluerit, quod absit, non habeat potestatem id faciendi. Quod vero, si diabolo instigante, acciderit, Majoris Monasterii monachi Veterem Belismum non perdant, quem prius habuerunt. Et si aliquis consentiri voluerit ut monachi Majoris Monasterii perdant, ex auctoritate Apostolica et omnium episcoporum, quorum auctoritate pretaxata ecclesia dedicata est, et ab omnibus consuetudinibus absoluta, sicut in aliis litteris continetur, anathemate perpetuo feriatur.

Hoc vero noverint monachi Majoris Monasterii quos in castellum suum ad habitandum recepit, quia, de omnibus injuriis sibi factis, non vult Rotbertus ut aliam justiciam nisi suam requirant. Si enim facerent, postquam abbati et capitulo Majoris Monasterii monstraret, si non cessarent, quidquid eis donaverat perderent.

Testes qui hoc viderunt et audierunt sunt isti : de monachis : Willelmus Cochia, Radulfus, Harduinus de Islo, Stephanus et Rainaldus, Wicherius decanus Cenomanensis. De famulis : Giraldus moccolus, Hubertus celerarius. Ex parte ipsius Rotberti : Gulferius de Villareto (1), Rainaldus de Coleto, Rainaldus de Non estante-Villa, Radulfus de Pratis, Radulfus Malaherba, Odo de Quincenno, Guido de Jailla, Rotbertus Carrellus (1).

Hec omnia super scripta concesserunt et auctorizaverunt fratres ipsius Rotberti, Hugo, Rotgerius, Arnulfus. Cujus rei testes sunt : Gulferius de Villareto, Rainaldus de Coleto, Rainaldus de Non estante Villa, Odo de Poilleo, Guillelmus de Calce, Gauterius Quesnellus, Morinus de Merlai, Hugo Goscelini filius, Guillelmus de Belfai et Rotbertus frater ejus, Gausfridus Alisus, Guinebaldus de Baleone, Hugo Francus, Gaudinus(Carp...), Rainaldus Oiardus, Martinus Camerarius.

Ego Hubertus, regis Philippi cancellarius scripsi et subscripsi.
Signum † Regis Philippi.
Signum Guidonis dapiferi. † Huberti.
Signum Milonis buticularii. Signum Roberti capellani.
Signum Pontii Huberti camerarii. † Signum Rotberti de Belismo.
Signum Gridlonis constubularii.

---

(1) Villeray, siège de l'un des fiefs les plus importants du Perche, dans la paroisse de Condeau, près Rémalard (Orne), fut longtemps possédé par la famille de ce nom et érigé plus tard en baronnie en faveur de Gilles de Riants. Voy. *Antiquités du Perche*, par Bar des Boulais, publié et annoté par M. Henri Tournoüer, p. 79 et 80.

(2) Sur la famille Carrel, l'une des plus anciennes du Bellêmois et du Sonnois, Voy. *Cartulaire de l'abbaye de Perseigne*, par M. G. Fleury, p. 248, et *Cartulaire de Saint-Vincent du Mans*, p. 327 et suiv.

Signum Simonis de Nielpaa (1). Signum Huberti cancel-
Signum Ivonis Carnotensis episcopi.   larii.
Signum Fulconis Belvacensis episcopi.

Actum quando rex obsideret castrum quod dicitur (Breherval?) (2) anno ab incarnatione Domini M° Nonagesimo II°.

Signum Huberti cancellarii.

Cette charte portait un grand sceau plaqué du roi Philippe, dont il ne reste que la trace.

Nota : La croix du roi Philippe est d'une encre plus noire que le reste de l'écriture.

Arch. de l'Orne, H. 2152.

Grande membrane de parchemin, de 635m/m de haut. sur 538 de larg. La signature du chancelier paraît autographe et c'est lui pareillement qui a ajouté les noms et les titres aux seings des autres signataires. Ces *seings*, ou parafes de formes bizarres et variées, n'ont pu être reproduits.

Il y a de cette notice un double en écriture du temps sans les signatures.

Cette charte a été publiée par Bry, p. 100, d'après René Courtin, *Histoire du Perche*, liv. IV, chap. V.

N° 14.

1092. — *Charte du roi Philippe Ier confirmant la donation faite par Robert II de Bellême, à Marmoutier, de l'église de Saint-Léonard de Bellême.*

In nomine sancte et individue Trinitatis, Philippus Dei gratia Francorum rex.

Conditor noster et reparator Deus, inter multimoda documenta preceptorum suorum exemplo suo justis petitionibus presto esse nos debere instituens, nulli petenti quod justum est precipit denegare, cujus precepto tanto devotius nos expedit obedire, quanto majora quam ceteri ab ipso videmur possidere. Unde ergo notum fieri volo omnibus proceribus, qui in regno meo sunt vel futuri erunt, quod quidem vassalus meus, nomine Robertus de Bellismo, filius Rogerii comitis et Mabilie, adiit Serenitatem nostram, eam obnixe deprecans, ut regie dignitatis auctoritas donationem illius firmaret, quam de ecclesia Sancti Leonardi fecerat beato Martino Majoris Monasterii et suis monachis. Est

---

(1) Simon de Neauphle-le-Chastel, connétable de France, fonda en 1128 l'abbaye de Vaux-de-Cernay. *Gall. Christ.* Sammarth, t. IV, p. 901.

(2) Ce nom est d'une lecture douteuse sur l'original. Il doit s'agir du siège de Bréheval, par abréviation Bréval, sur lequel on peut consulter Guillaume de Jumièges, liv. VIII, p. 266, édit. Guizot, et Orderic Vital, t. III, p. 415. La date de ce siège est fixée par les annotateurs d'Orderic Vital à l'année 1094. Il faudrait, d'après notre document qui d'ailleurs semble mieux d'accord avec le contexte, le faire remonter à l'an 1092.

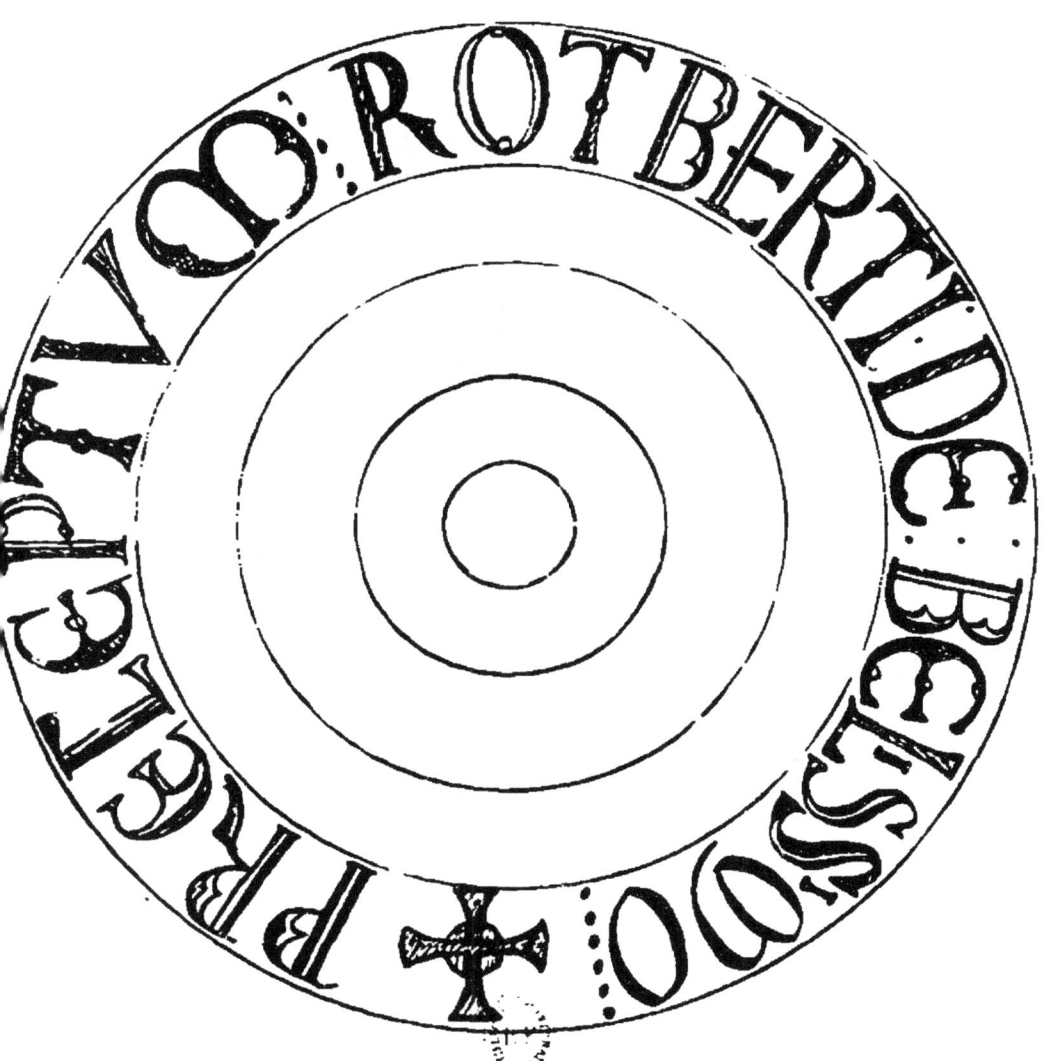

Titre au dos de la Charte de 1092
donnée par Robert de Montgommery, dit Talvas, seigneur de Bellême.

*Dans l'original (Arch. de l'Orne, H. 2152),
qui est de même grandeur que la présente gravure, les cercles sont en minium
et les lettres aussi rehaussées de la même couleur.*

Dessiné par M. l'abbé S. L. Barret

autem ipsa ecclesia sita in castello Bellismo, quam Guillelmus atavus suus in honorem supradicti sancti edificaverat, qui eamdem de rebus suis honorifice ditaverat, et quietam et liberam ab omni exactione laïcali seu episcopali fecerat. Constituerat etiam in ea canonicos qui regulariter et religiose Deo in ea deservire deberent, sed cum ipsi ordinem suum minus religiose tractantes, opus Domini negligere et bona supradicte ecclesie dissipare viderentur, hoc attendens iste Robertus, moleste tulit et ne elemosina majorum suorum deperiret sollicitus, religiosioribus viris eam commendare studuit, videlicet Majoris Monasterii monachis, qui eam ad cellam haberent, et ibidem Deo in perpetuum suo religioso more deservirent. Nos itaque supradicte ecclesie compatientes et regalis esse sublimitatis scientes procerum suorum justis petitionibus libenter obtemperare, donationem illius Roberti concedimus et pro salute animarum, mee scilicet et antecessorum nostrorum, ecclesiam illam et quecumque ad eam pertinent, vel ei a fidelibus quocumque modo, dono vel pretio conferentur, beato Martino et suis monachis assignamus, autorizamus et confirmamus. Et ut certa et inconcussa bona illius ecclesie permaneant, preceptum hoc illi dedimus, quod nostro sigillo sigillari precepimus, ut si unquam, quod absit, aliquis illud violare voluerit, iram Dei et beatorum Martini et Leonardi incurrisse et regiam dignitatem contempsisse se sciverit.

Sur le repli du parchemin est écrit : « Confirmatio regis Francorum Philippi de ecclesia Sancti Leonardi (1). »

Cette charte a été copiée par René Courtin, p. 186 et suiv. (Ms. Blin), et publiée par Bry, p. 102.

N° 15.

1092. — *Charte notice de la sentence de confirmation obtenue en cour épiscopale, à Sées, de l'exemption et privilèges des églises de Saint-Léonard et de Saint-Martin du Vieux-Hellême.*

Noverint fratres nostri Majoris scilicet Monasterii monachi, ecclesiam Sancti Leonardi, in Belismo sitam, ita ab omni episcopali vel clericali sive laïcali consuetudine liberam et solutam, ut nullus christianus in ea aliquam consuetudinem requirere possit. Eodem namque anno quo Robertus de Belismo nobis eam dedit, temptavit Girardus (2) Sagiensis episcopus sue subjectioni sicut

(1) « Cette charte était encore à Marmoutier dans le courant du XVIII° siècle. » M. H. Beaudouin, *Notice sur le prieuré de Saint-Martin-du-Vieux-Bellême*, p. 15.

(2) Girard I°r, évêque de Sées, de 1082 à 1091 d'après la Chronique

ceteras parochianas ecclesias in suo episcopatu sitas subjicere et ne eam secundum consuetudinem monachorum aptaremus, prohibere. Qua de re, advenimus apud Sagium ad placitum et ostendit ibi Dominus Rotbertus de Belismo, qui eam nobis dedit, per privilegia et precepta ipsius ecclesie, et per auctoritatem eorum qui eam ita solutam et quietam fecerunt, ut nichil in ea episcopus haberet. Similiter et de ecclesia Sancti-Martini Veteris Belismi, in qua inquirebat sanguinem et infracturam, definitum est, ut in ea, preter censum et unam libram piperis et libram turis nichil haberet, et hoc pro caritate, non pro consuetudine.

Hi testes qui interfuerunt : Radulfus (1) abbas de Sagio, Hernulfus prior, W[illelmus] de Vivonio, Rodulphus monachus de Belismo ; de clericis : Raginaudus cantor, Rotgerius, Guilelmus, Hugo, Godefridus, Herbertus presbiter ; de laicis : Mathelinus de Axe, Ricardus de Rochella, Rotbertus Quarellus, Evanus de Sagio, Rotbertus Rufus, Rainfredus et Œlelmus de Sagio, Fulcherius de Sagio, Radulfus de Rotomago.

Arch. de l'Orne, H. 2156.
Bibl. nat., ms. lat., 5441, t. II, f° 297, copie un peu abrégée.

N° 16.

1092-1100. — *Concession par Hugues IV, vicomte de Châteaudun, en faveur de Marmoutier, de l'église de Saint-Léonard de Bellême et de toutes ses possessions.*

Auctoramentum Hugonis vice comitis de Castroduno et fratrum suorum de ecclesia Sancti Léonardi de Bellisemo.

Notum fieri volumus Majoris Monasterii monachis, quod Hugo vicecomes de Castroduno (2) auctorisavit ecclesiam Sancti

---

d'Ouche et les annotateurs d'Orderic Vital. Il est difficile de concilier cette chronologie avec notre document puisque c'est en 1092 que Robert de Bellême unit Saint-Léonard à l'abbaye de Marmoutier ; il faudrait donc reculer d'une année la date de la mort de l'évêque Girard.

(1) Raoul d'Escures, de l'illustre famille de ce nom, l'un des personnages les plus remarquables, avec saint Osmond, qui soient issus du pays de Sées en cette lointaine époque pourtant féconde en hommes. Deuxième abbé de Saint-Martin de Sées, il passa en Angleterre avec Serlon, évêque de Sées, y devint peu après évêque de Roffec, puis archevêque de Cantorbéry, où il mourut, le 20 octobre 1120.

(2) Hugues, vicomte de Châteaudun, deuxième fils de Rotrou IV, surnommé *Capellus*. Le P. Anselme dit qu'il vivait encore en l'année 1101 ; il vécut encore plus longtemps. Il avait épousé Agnès, dite Comtesse, sœur de Nevelon et fille de Foucher, seigneur de Fréteval. Voyez la *Géographie du Perche* du vte de Romanet, p. 43, note 2, et le tableau généalogique placé entre les pages 48 et 49 du même ouvrage.

Leonardi Sancto Martino Majoris Monasterii cum omnibus possessionibus seu rebus ad eamdem ecclesiam pertinentibus, acceptis quadraginta quinque libris denariorum Carnotensium a monachis Sancti Martini, scilicet a Gualterio priore Sancti Leonardi et a Gausberto preposito de Cammarcio, annuentibus istis : Gausfredo comite fratre ejus (1), Roberto Mandaguerran fratre ejus (2), Comitissa uxore ejus Gausfredo filio ejus (3), Matilde filia ejus (4). Hujus rei testes sunt hii : Tetbaldus filius Herbaldi, Herbertus filius Bonelli, Enardus Neptunus, Rodulfus Oculus-Canis, Lautbertus Part in Prada, Gauterius filius Guarini, Ebrardus de Plasicie, Hugo filius Gaulteri, Ebrardus capellanus, Odo camerarius, Girardus de Monte Foleto, Fulcoius de Membriola, Rotrocus de Pataico, Gausfredus de Pataico, Girardus Rufus, Girardus Guina, Ansaldus de Carnoto. Isti sunt fidejussores quos Hugo vicecomes dedit monachis Sancti Martini pro fratribus suis Gausfredo et Rotroco (5), tali ratione ut si Gausfredus et Rotrocus non annuerint, fidejussores reddant precium monachis Sancti Martini : Tetbaldus filius Herlebaldi, Girardus Rufus, Fulcoins de Membriola, Guarinus Guina, Ansaldus de Carnoto (6).

Arch. de l'Orne, H. 2152. Original parchemin, sans sceau, 300 m/m haut., 150 m/m larg. 22 lignes. Au dos, en caractères gothiques : « Aucteramentum Hugonis vicecomitis de Castro Duno et fratrum suorum de ecclesia de Sancti Leonardi de Belismo. Segien. F: »

Bibl. nat., ms. lat. 5441, t. II, f° 306.

Publiée dans le *Cartulaire dunois de Marmoutier*, par M. Emile Mabille, 1874, p. 138, n° 64. Je lui ai emprunté les notes qui accompagnent cette charte.

N° 17.

1092-1100. — *Charte notice de la confirmation, accordée par Robert II de Bellême aux moines de Saint-Léonard, de franchise de tout droit de vente, dans leur enclos de Saint-Léonard.*

Agnoscant cuncti presentes et secuturi quod prepositus domni

(1) Geoffroi IV, 4er comte du Perche, fils aîné de Rotrou, mort au mois d'octobre de l'an 1100.

(2) Voyez sur *Manda Guerram*, frère de Hugues III de Châteaudun, la *Géographie du Perche*, p. 44, n. 3.

(3) Geoffroi, IIIe du nom, qui succéda à son père dans le vicomté de Châteaudun, en 1111. Voyez la *Géographie du Perche*, p. 45.

(4) Mathilde de Châteaudun, mariée : 1° à Robert, vicomte de Blois ; 2° à Geoffroi Grisegonnelle, comte de Vendôme.

(5) Rotrou, seigneur de Montfort, près le Mans.

(6) Martène, *Histoire de Marmoutier*, V, 50. et Bibl. nat., collect Moreau, 74, p. 213.

Rotberti de Belismo, nomine Christianus, ex hominibus qui annonam vel aliquam rem in claustro Sancti Leonardi vel in domibus que circa ecclesiam sunt emebant, exitum accipere voluit, in die sabbati, propter mercatum domni Rotberti. Quapropter monachos B. Martini Majoris Monasterii ante domnum Rotbertum ad placitum ire oportuit. Quem invenerunt monachi Guillelmus eo tempore prior et Gauffredus et milites qui cum eis erant, Albertus videlicet de Spereia, Guido de Jallia et Lancelinus in silva que Bursa nuncupatur, ubi porcum magnum acceperat, ibique deraisnaverunt homines quietos omnibus diebus abire, qui aliquam rem in claustro Sancti Leonardi vel in domibus que circa ecclesiam sunt comparaverunt, si ipso die, extra vieriam Belismi exierint. Hoc audierunt monachi : Guillelmus prior et Gauffredus et milites qui cum eis erant, Albertus de Spereia, Guido de Jallia, Lancelinus, Guillelmus famulus, Christianus domni Rotberti prepositus, Gauterius domni Hugonis Castrodunensis prepositus, et alii quamplures qui cum domno Rotberto erant milites, pueri et venatores, quos nominare nescimus omnes.

Arch. de l'Orne, H. 2150. Original parchemin.
Publiée par Bry, p. 103.

N° 18.

1092-1100. — Charte notice du jugement rendu par Serlon, évêque de Sées, qui confirme à Guillaume, prieur de Saint-Léonard, le droit de doyenné et de toute justice épiscopale dans le cimetière et le bourg de Saint-Martin-du-Vieux-Bellême.

Sciant cuncti presentes et posteri sequuturi quod Guillelmus prior Sancti Leonardi seu B. Martini Veteris Belismo ex viro quodam uxorem habente, Ulrico nomine, qui cum alia muliere similiter virum habente concubuerat, justitiam ut decanus fecit, videntibus et audientibus cunctis qui hoc videre et audire voluerunt. Quapropter in iram commotus Johannes Belismi decanus ad placitum eum fecit invitare coram Sagiensi episcopo, domino videlicet Sarlone, qui apud S. Frogentium erat ipsa die. Prior vero invitatus ad episcopum perrexit ; ibique decaniam, sanguinem, et infracturam, et omnem episcopalem justitiam ex cymiterio vel villa B. Martini-Veteris-Belismi per censum unius libre turis et unius piperis quam reddunt monachi B. Martini in festivitate sancti Gervasii deraisnavit. Ea tamen ratione fecit deraisnamentum per episcopi respectum, quatinus si usque ad primum diem dominicum vidisset prior episcopi nuntium, decebat eum venire ad placitum ; sin autem justiciam suam faceret ad libitum. Hec audierunt : Ex parte episcopi : ipse Johannes decanus, Odo de

Clino Campo, Fulco episcopi clericus, Hugo episcopi propositus et alii plures clerici sive laici. Ex parte Guilelmi prioris : ipse Guilelmus, Gaufredus presbiter, Beringerius Canutus, Albertus de Spereia, Lancelinus et Guilelmus famulus. Preterea vero ante supradictum diem dominicum mandavit episcopus priori per donnum Albertum et Lancelinum ut justiciam suam faceret secundum suam voluntatem, quod et fecit. Accepit enim ex habere mulieris adultere unum bovem et vaccam cum vitula, ne alii qui hec audissent talia deinceps facere presumerent.

Arch. de l'Orne, H. 2158. Au dos : « Quod infractura cymiterii beati Martini Veteris Belismi et Serguis et decania pertinet ad monachos et de aliis rebus. Sagien. Belism. » — Notice sur une bande de parchemin en long, écr. goth. assez fine. Deux autres notices à la suite : 2º Recognitio domni Gulferii de terra de Douceio. 3º Hii sunt testes auctoramenti Odonis de Clino Campo de terra Vaideron

N° 19.

1117. — « *Accord fait entre les Religieux de Marmoutier et l'archidiacre de Sées, touchant la juridiction épiscopale, par lequel le seigneur évêque de Sées adjuge ladite juridiction aux religieux moyennant une livre de poivre et une livre d'encens à la Saint Gervais, et 20 sols audit archidiacre.* »

Notum sit successoribus nostris quod ego Serlo episcopus Sagiensis feci hanc concordiam fieri subtus notatam inter domnum Abbatem Wilelmum Majoris Monasterii et Fulconem archidiaconum meum. Predictus enim Fulco reclamabat terciam partem archidiaconatus cimiterii Sancti Martini Veteris Belismi. Monachi autem Majoris monasterii totum archidiaconatum ipsius cimiterii predicteque ecclesie suum esse dicebant. Ad hoc itaque finis hujus cause perductus est ut monachi singulis annis reddant michi et successoribus meis unam libram piperis ad opus archidiaconi ad festum sancti Gervasii in estate, pro illa tertia parte archidiaconatus unde tota lis surrexerat, et ita in pace obtinerent quod reclamabant. Pro duabus enim partibus aliis ipsius archidiaconatus reddebant monachi duas libras, unam piperis et alteram incensi michi et ecclesie Sancti Gervasii ad idem festum. Insuper ipsi archidiacono Fulconi dederunt viginti solidos Cenomanenses ut libentius annueret. Quod ut firmum permaneret concessum est a capitulo nostro, presente ipso archidiacono coram me, in aula mea apud Sagium, presente Ranulfo cancellario, et Grimaldo medico, et Hugone filio Segifredi, et Hugone archidiacono, et Johanne cantore, et Johanne thesaurario, et Wilelmo de Molins, et pluribus aliis clericis nostris. Monachis etiam his presentibus : donno abbate Wilelmo (1) et priore Fromundo, Evano sacrista, Rivallonio, Nicholao, Laurentio, Wilelmo tunc temporis priore Belismi. Actum hoc anno ab incarnatione Domini M C XVII.

Arch. de l'Orne, H. 2157.

Charte originale, parchemin. Au bas, deux coupures par où passaient les queues de parchemin, sceaux perdus. Ecriture assez grosse mais serrée et presque sans interlignes, sauf pour les trois premières lignes.

Au dos : « Carta cimiterii Sci Martini. » L XXX II.

N° 20.

1112-1114. — *Charte de Guillaume, comte de Ponthieu, par laquelle il confirme aux religieux de Marmoutier l'église de Saint-Léonard de Bellême, immédiate au Saint-Siège, suivant qu'il est porté par les Lettres émanées du Saint-Siège, celle de Saint-Martin de Bellême, et plusieurs autres, avec tous leurs droits, privilèges, immunités, dépendances et appartenances, enfin tout ce qu'ils peuvent avoir et posséder justement et canoniquement.*

In nomine sancte et individue Trinitatis, Amen.

Nos quicumque christiani sumus debemus omnes bonos actus nostros inchoare, mediare et consummare, utpote qui non solum de actibus et de locutionibus, immo et de cogitationibus sumus rationem reddituri et pro bonis bonum pro malis vero penas justa meritum recepturi. Quapropter ego Wilelmus comes Pontivi (2) cogitans penam malorum et premium bene agentium, elemosinas feodi mei, quas qui me tempore precesserunt religiosis locis contulerunt, studui conservare et confirmare, ut eas conservando et confirmando possim premiorum participationem promereri. Igitur ecclesiam Sancti Leonardi Belismensis cum omnibus ad eam pertinentibus, tam ecclesiis quam altaribus et decimis, tam villis quam servis et liberis, tam terris quam pratis et vineis cultis et incultis, boscho et plano, ecclesiam ergo illam soli Romane ecclesie subditam et ab ea Majori Monasterio confirmatam, sicut carta inde facta et privilegia a Romana Sede monachis indulta

---

(1) Guillaume, abbé, l'an 1104, mort en 1124.

(2) Guillaume Talvas, petit-fils de Roger de Montgommery et de Mabille de Bellême et fils de Robert Talvas et d'Agnès de Ponthieu, fut comte de Ponthieu du chef de sa mère morte en 1100, seigneur de Bellême, en 1112, par suite de l'emprisonnement de son père par Henri roi d'Angleterre. Il ne put conserver cette seigneurie, car le roi Henri Ier après s'être emparé de Bellême, le 3 mai 1114, en fit don à son gendre Rotrou III. Voyez *Géographie du Perche*, par le vicomte O. de Romanet, p. 49 et 103.

plenissime testantur, ecclesiam quoque Sancti Martini Veteris Belismi, in cujus parrochia illa Sancti Leonardi sita est, cum omnibus rebus supra nominatis et cum omnibus que de feodo meo tenent monachi prefati monasterii, seu omnia que adquisita sunt, concedo et confirmo eis in pace et quiete imperpetuum possidenda. Et ut plenior inde noticia habeatur ecclesias quas concedimus nominatim exprimendas decernimus : Ecclesiam Sancti Salvatoris Belismensis : Ecclesiam Sancti Petri extra murum : Ecclesiam B^e Marie de Curthiot : Ecclesiam Sancti Johannis de Foresta : Ecclesiam Sancti Jovini de Domciaco : Ecclesiam Sancti Albini de Buxcello : Ecclesiam Sancti Martini de Curte Leonart : Ecclesiam Sancti Quintini : Ecclesiam Sancti Audoeni de la Curte : Ecclesiam Sancti Audoeni de Pinu. Ecclesiam Beate Marie de Berle Viler : Ecclesiam Sancti Mauricii de Evreciaco : Ecclesiam Sancti Petri de Oreniaco. Et in pago Sagonense, in silva que vocatur Persognia : Ecclesiam de Rohelers et ecclesiam beate Marie de Lodosis. Rogerius vero comes, quum dominus illum attulit ad nostros fines, et sua uxor Mabilia et filius ejus Rotbertus sicuti naturales seniores dederunt ecclesie supranominate Beati Leonardi particulam silve Burso que a vicinis nuncupabatur Haia Alneti, modo vero jussu illorum vocitatur Haia Sancti Leonardi. Episcopus de Lysoüs vidit hoc et Balduinus archidiaconus et plures alii (1).

Sur le repli †; et un reste de queue en parchemin.
Arch. de l'Orne, H. 2159.
16 lignes d'écriture, la première en écriture allongée.
Bibl. nat., ms. lat. 5441, t. II, f° 335ro (copie très abrégée).

« Cet acte de Guillaume est scellé en cire brune sur lacs de parchemin dessiné cy-dessus. »

N° 21.

1126. — *Charte de Rotrou, comte du Perche et seigneur de Bellême, fils de Geoffroy, confirmative de la donation de l'église de Saint-Léonard de Bellême, des églises, biens et privilèges qui en dépendent, en faveur des religieux de Marmoutier immédiats au Saint-Siège.*

In nomine sancte et individue Trinitatis, Patris et Filii, et Spiritus sancti, nos quicumque Christiani sumus debemus omnes bonos actus nostros inchoare mediare et consummare utpote qui non solum de actibus sed et de locutionibus immo et de cogi-

(1) Les dernières lignes de cette charte à partir de : *Rogerius vero comes*, sont la reproduction littérale de la fin de la *Notice* imprimée sous le numéro 1.

tationibus sumus rationem redditari, et pro bonis bonum, pro malis vero penas juxta meritum recepturi. Quapropter ego Rotroldus comes Perticensis et dominus Belismensis (1), filius Gaufredi comitis Perticensis et comitisse Beatricis, cogitans penam malorum et premium bene agentium, elemosinas feodi mei, quas qui me tempore precesserunt religiosis locis contulerunt, studui conservare et confirmare, ut eas conservando et confirmando possim et premiorum participationem promereri.

Igitur ecclesiam Sancti Leonardi Belismensis cum omnibus sibi pertinentibus, tam ecclesiis quam altaribus et decimis; tam villis quam servis et liberis, tam terris quam pratis et vineis cultis et incultis, bosco et plano, ecclesiam ergo illam soli Romane Ecclesie subditam, et ab ea Majori Monasterio beati Martini confirmatam, sicut carta inde facta et privilegia a Romana Sede monachis indulta plenissime testantur ; ecclesiam quoque Sancti Martini Veteris Belismi in cujus parrochia illa Sancti Leonardi sita est, cum omnibus rebus supra nominatis, et cum omnibus que de feodo meo tenebant monachi prefati monasterii eo die quo in manum meam devenit dominatus Castri Belismi, seu omnia que postea adquisierunt, concedo et confirmo eisdem monachis in pace et quiete in perpetuum possidenda, tam pro me quam et pro antecessoribus earumdem elemosinarum auctoribus, sed et pro uxore mea Hauvisa, et pro omnibus tam predecessoribus nostris quam et eis qui de nostra consanguinitate nobis sunt in perpetuum successuri. Et ut plenior inde notitia habeatur, ecclesias quas concedimus nominatim exprimendas decrevimus : Ecclesiam Sancti Salvatoris Belismensis : Ecclesiam Sancti Petri extra murum : Ecclesiam beate Marie de Curtioh : Ecclesiam Sancti Johannis de Foresta : Ecclesiam Sancti Jovini de Danciaco : Ecclesiam Sancti Albini de Buxcello : Ecclesiam Sancti Martini de Curte Leonart : Ecclesiam Sancti Quintini : Ecclesiam Sancti Audoeni de la Curte : Ecclesiam Sancti Audoeni de Pinu : Ecclesiam beate Marie de Ber le Viler : Ecclesiam Sancti Mauricii de Evreciaco : Ecclesiam Sancti Petri de Oreniaco. Et ut firma et inconvulsa stabilitate hec omnia sub jure monachorum supradictorum permaneant, cartulam presentem sigillo nostre auctoritatis firmavimus et in ea signum dominice crucis depinximus, et nostris confirmandam et consignandam tradi precepimus.

Eorum autem qui hec viderunt et audierunt seu concesserunt nomina hec sunt : Rainardus presbiter, Hardreus capellanus, Johannes presbiter, Gervasius dapifer, Hugo de Sisiaco, Robertus

---

(1) Rotrou III dit le Grand, comte du Perche, devint seigneur de Bellême par la donation que lui fit le roi d'Angleterre Henri Ier. Voyez la charte précédente.

de Culteleeno, Lancelinus de Belismo, Bauduinus Fortinus, Guillelmus Rufus, Bazardus famulus, Herbertus Oiardus, Mahias, Rainerius Rufinus, Gualterius cocus, Reboginus (1). Hoc autem ab omnibus sciri volumus quod hanc concessionem seu confirmationem salvo dominatu et justitia nostra, quam antecessores nostri in ecclesia Sancti Leonardi et in omnibus supradictis ad eam pertinentibus habuerunt facimus. Hoc quoque in ecclesia Sancti Martini Veteris-Belismi et in omnibus aliis ecclesiis ad eam pertinentibus, preterea et in omnibus que predicti monachi de nostro feodo possident retinemus.

Comitis † signum.
Signum † comitisse.

Actum anno ab incarnatione Domini M C XXVI.

Arch. de l'Orne, H. 2153.

Parchemin très blanc de 525 m/m de haut. sur 340 m/m de larg., 23 lignes d'écriture, très belle et très régulière. La première ligne est en lettres allongées de 25 m/m de haut. Les noms des témoins, les seings, la date sont d'une encre plus jaune. Il est probable que le corps de la charte était préparé à loisir par le copiste, de façon que lorsque le personnage attendu était présent l'on n'avait plus à ajouter que les noms, les seings, la date et le sceau. Le nom de l'épouse de Rotrou, Hauvise, a aussi été ajouté en même temps que ceux des témoins.

Au dos : « Autoramentum comitis Perticensis Rotroldi de ecclesia Sancti Leonardi de Belismo et omnibus que ad ipsam pertinent. » Sagien. (Écrit. goth.)

Bibl. nat., ms. lat. 5441, t. II, f° 298 v°.

A la fin on lit : « Scellé en cire brune, sur un ruban de tresse large meslé de soye, rouge, vert et blanc. » Et au-dessous croquis informe des deux sceaux qui n'ont pas été dessinés à cette place.

Publiée par Bry, p. 178.

Copiée in extenso par R. Courtin.

N° 22.

Vers 1126. — *Charte notice de la sentence rendue en cour plénière à Bellême, sur la contestation entre Guillaume, prieur, et Payen de Saint-Quentin, prévôt du comte Rotrou, relativement aux droits de la foire Saint-Léonard, et restitution par ledit prévôt de seize deniers qu'il avait perçus au détriment des moines.*

Pateat presentibus et futuris quia in tempore Rotroci comitis, Paganus de Sancto Quintino, qui tunc prepositus ejus de Belismo

(1) A la suite de ces noms vient, sur le parchemin, un blanc de six lignes.

aderat, monachis Majoris Monasterii in honore Sancti Leonardi, nocte dieque, apud Belismum morantibus, feriam quam instructores loci, pro salute animarum suarum servitoribus ecclesie dederant, eisdem voluit debilitare, dicens ex quo in die solemnitatis sancti nona sonaret, nichil ex toto monachos in feria capere. Prior vero, Willelmus nomine, qui tunc res sancti regebat, hec audiens, eum caritative rogavit ne instituta antecessorum titubaret, sed ut primitus fuerant concederet; et insuper nobilibus, et illis qui perfecte hoc sciebant, si ita adesset, ostenderet. Nobilibus itaque omnibus insimul convocatis, totam feriam, a nona sonante in vigilia sancti usque ad occasum lucis festivitatis ejus, ad opus sancti et ad suos servitores, ut prius in usu erat, ex toto judicaverunt. Prepositusque, nomine Paganus, sexdecim denarios quos injuste de feria acceperat, justo judicio procerum et burgensium Belismensium constrictus, Willelmo priori reddidit. Quod viderunt et audierunt isti : Rotrocus comes, Juliana soror ipsius, Willelmus de Pratellis, Willelmus de Pinu, Willelmus Malaherba, Geronimus cognomine Fortinus, Balduinus ejus frater (1), Hugo de Sissiaco, Lancelinus, Gaufredus de Curtiel, Robertus de Clincampo, Robertus Abbafer, Herveus Burgensis, Goslenus Vivaridarius, Robertus ejus frater et alii plures.

Arch. de l'Orne, H. 2156. Original parchemin, pas de sceau.
Bibl. nat., ms. lat. 5441, t. II, f° 297.

N° 23.

1126. — *Accord intervenu, par la médiation de Henri Ier, roi d'Angleterre, entre Jean, évêque de Sées, et les moines de Marmoutier, relativement aux deux églises de Dancé et Saint-Martin du Vieux-Bellême, dont les moines établissent la possession en leur faveur depuis plus de trente-trois ans; — où ils avaient coutume de placer des chapelains pourvus seulement d'un boisseau de blé, ce que l'évêque jugeait insuffisant; — permission donnée aux moines de continuer la jouissance de leur droit de nomination, à condition qu'ils fourniraient par eux-mêmes à leurs chapelains des moyens d'existence suffisants.*

Ad presentium memoriam seu futurorum notitiam presentis pagine scripto notandum duximus qualiter, Domino auxiliante, querela que inter nos Majoris scilicet Monasterii monachos et

(1) Dans la charte n° 29, ce témoin est en effet : Balduinus Fortinus.

donnum Johannem Sagiensem episcopum (1), super quibusdam duobus territorii Belismensis ecclesiis, Danciaco videlicet et S^{to} Martino de Veteri-Belismo, diutius agitata fuerat, agente tandem et mediante Anglorum rege, glorioso ac reverendo Hanrico, anno ab incarnatione Dni M C XXVI sedata fuerit et definita. Querebat enim predictus pontifex in jam dictis duabus ecclesiis quas legitima possessione atque canonica annis triginta tribus vel multo amplius quiete possederamus, capellanos nostros, ad modiationem unius modii frumenti inibi semper ponentes, ut in omni illarum decima ecclesiarum, unde totus pene victus monachorum ecclesie Sancti Leonardi deservientium proveniebat, ipsi nostri earum presbiteri tertiam aut ad minus quartam reciperent, dicens quod nec honeste, nec sufficienter de modio illo ipsi sacerdotes vivere poterant; nec ecclesias ipsas, que semirute videbantur, ut dignum fuerat, restaurare.

Que nimirum episcopi postulatio, cum nobis gravissima videretur, et rex ipse, utpote ecclesie Majoris Monasterii pater et frater, res nostras seu possessiones, unde in Dei servitio vivere debemus, minorari nullatenus vellet; post multas inde habitas placitationes, statuit tandem atque precepit ut episcopus ille ab hac deinceps querela quiesceret; ita duntaxat ut et nos de presbiteris ipsis taliter per nos ipsos ordinaremus, quod et ipsi in illis ecclesiis sufficienter vivere possent, et ab hujus modi adversum nos querela ultra silerent.

Actum in presentia regis apud S^{tm} Gauburgem, prope Rothomagum, et ab episcopo ipso Sagiense, donno Johanne, concessum, presentibus istis : Gaufredo Rothomagense archiepiscopo, Audo Ebroicense episcopo, Bernardo Sancti Detuini episcopo, Gaufredo regis cancellario, Galerano archidiacono, Rotberto de Sigillo. De laicis : Rotberto de Haia, Grimaldo medico, Rotberto de Dangu, Rotberto de Chandos, Rogerio fratre ejus, Hugone de Braitello. De nostris : Donno Odone abbate, Gaufredo priore, Guillelmo de Paciaco, Evano sacrista, Nicholao, Gilduino, Radulfo Mordente, Johanne de Vivonio, Guilelmo priore Belismense, Rainaldo de Castro Gunterii, Gaufredo de Braitello, Guilelmo Petrariarum priore. De clericis : Fulcherio Sancti Martini precentore, Hugone proposito Carnotense, Matheo ejus nepote, Simone de Aurelianis, Harpino submagistro Scolarum Sancti Martini, Lancelino de Vindocino. De famulis : Petro Burdonio, Hilduino famulo precentoris, Landrico de Turre, Johanne mariscalpo.

Arch. de l'Orne, H. 2159.

Notice sur membrane de parchemin, encre jaune, caractères assez fins.

(1) Jean, fils d'Hardouin de Neuville, neveu et filleul de Jean, évêque de Lisieux, frère d'Arnoul, fut nommé au siège de Sées par le roi d'Angle-

Au dos en lettres gothiques : *De his que acta sunt in presentia regis cum episcopo Sagiensi. Belism. Sagiens.* En écriture du xviiie siècle, 1127, indiction 8, a joindre à une charte de Jean, évêque de Séez.

 Bibl. nat., ms. lat. 10,065 (Lechaudey d'Anisy), p. 66. Copie.
  Id. ms. lat. 5,441 (t. II), f. 306 v°. Copie.
 Publication dans les *Mém. Soc. Ant. Normand*, t. XV. *(Appendix ad Scacarium Normanniæ)*, p. 197.

N° 24.

1127. — *Sentence de Girard, évêque d'Angoulême et Légat du Saint-Siège, sur le différend d'entre l'Evêque de Sées et les religieux de Marmoutier, touchant l'investiture de l'église de Saint-Léonard de Bellême, laquelle, après plusieurs raisons alléguées de part et d'autre, a été adjugée auxdits religieux, au préjudice dudit Evêque, sur le rapport de trois témoins seulement, suivant qu'il avait été jugé par ledit délégué.*

Ego Girardus Engolismensis episcopus et sancte Romane ecclesie legatus, presentibus et futuris notum facio quod Dominus Honorius, Papa, causam Sagiensis episcopi et monachorum Majoris Monasterii super ecclesiis de Belismo nobis commisit. Nos itaque precepto majestatis obtemperantes apostolice, et fatigationi utriusque partis parcentes, in civitate Ceno[ma]nnica termino competenti, ante nos evocavimus. Ibi itaque, utraque parte ante nos assistente, episcopus Sagiensis in hunc modum causam exorsus est. Quesivit equidem investituram Belismensis ecclesie, in honore Sancti Leonardi constructe, in qua canonicos fuisse asseruit, qui antecessoribus suis sicut canonici episcopo suo obedire debent, plene obedierant ; quos per monachos expulsos esse dicebat.

Monachi autem, licet de introitu suo in ecclesiam illam et de libertate ejusdem ecclesie, que per primi fundatoris dispositionem solummodo Apostolice sedis potestati et defensioni rationabiliter subjecta erat, se sufficienter racionem posse reddere assererent ; se tamen tricenali posessione, cui omnes ecclesie canonica auctoritate innituntur, defendere maluerunt. Affirmaverunt itaque quod ecclesiam Belismensem per triginta annos absque legitima reclamatione possederant, et testes idoneos ad hoc probandum se habere dixerunt.

terre Henri Ier, après la mort de Serlon. Consacré par son oncle, l'évêque de Lisieux, il fit son entrée à Sées, le 21 mars 1124, termina la construction de la cathédrale d'Yves de Bellême, et la fit consacrer solennellement par Geoffroi, archevêque de Rouen, en présence de Henri Ier et de nombreux évêques et seigneurs.

Episcopus vero Sagiensis respondit quod de ecclesia illa in concilio, quod Donnus Petrus Leonis Sancte Romane Ecclesie cardinalis et legatus Belvaci habuit, clamorem fecit; et ab introitu monachorum in ecclesiam illam usque ad concilium illud, triginta annos non elapsos fuisse asseruit. Addidit etiam quod, infra triginta annorum possessionem, canonici illius ecclesie Belismi in camera cujusdam archidiaconi se de ecclesia illa expoliatos esse clamaverunt.

Nos autem quesivimus utrum aliquis de canonicis qui ecclesiam illam habuerant superesset et se expulsum esse conquireretur. Est autem a nobis compertum nullum de canonicis illis superesse. Nos itaque raciones utriusque partis diligenter inspicientes, necnon et perpendentes quod clamor canonicorum qui nec supererant nec conquirebantur ad episcopum non pertineret, una cum venerabilibus fratribus nostris, Galone Leonensi episcopo et Hugone et Wilelmo Cenomanensis ecclesie archidiaconibus, et Roberto ecclesie Sancti Petri precentore, et nonnullis aliis sapientibus personis, judicavimus quod si Abbas et monachi Majoris Monasterii tres legitimos testes producerent, qui jurejurando super sacrosancta evangelia firmarent quod ecclesiam illam Belismensem ipsi monachi Majoris monasterii per triginta annos, absque legitima reclamatione, possedissent, antequam episcopus Sagiensis in concilio Belvacensi de eadem ecclesia clamorem fecisset, ecclesiam illam in perpetuum quieto haberent et possiderent, ita tamen quod episcopus Sagiensis de his, quo decessor suus tempore monachorum in ecclesia habuerat, si quid forte habuerat, investiretur. Abbas vero et monachi Majoris Monasterii ad probandum quod a nobis judicatum fuerat, tres idoneos testes et eo amplius protulerunt. Episcopus vero Sagiensis probationem eorum suscipere noluit.

Sane hujus judicii recitationi interfuere: Gaufridus abbas Vindocinensis, Wilelmus abbas Carnotensis, Fromundus abbas Meldensis, Odo abbas Majoris Monasterii, et plures ejusdem monasterii monachi: Gaufridus prior, Wilelmus de Paciaco, Evanus sacrista, Wilelmus de Valle, Durandus camerarius, Johannes de Corbornio, Bernardus de Belismo, Garnerius notarius, Paganus Alarici, Odo de Sancto Serenico. Clerici vero interfuerunt: Fulcherius Sancti Martini precentor, Drogo Mala Musca, Fulcherius, Sancti Martini canonici; Tebaudus scolasticus, Fulcodius de Montforti. Laici vero: Fulcodius primicerius Cenomanensis, Drogo Mala Musca frater ejus, Hubertus nepos donni legati, Paganus de Chemiliaco, Petrus Marani, Radulfus miles, Costantius, Christianus et plures alii, tam clerici quam laici.

Et ut hoc judicium firmius et certius teneatur ego Gerardus

Engolismensis episcopus et sancte Romane ecclesie legatus, in hac Karta, propria manu subscripsi et sigillo meo muniri feci.

Ego Girardus, Engolismensis epicopus et sancte Romane Ecclesie legatus (1).

Factum est hoc judicium Cenomanni, anno ab incarnatione Domini M C XX VII, regnante Lodovico rege Francorum.

Arch. de l'Orne, H. 2159.

Parchemin, écriture assez fine. Le sceau pendait à des lacs de cuirs passés dans deux trous qui sont restés dans le repli du parchemin. 24 lignes y compris la signature, qui est autographe.

Au dos : « Placitum quod fuit inter nos et episcopum Sagiensem de Belismo, in presentia Gi(rardi) Engolismensis episcopi et Legati. » (En caract. goth.) (L'an 1127).

Bibl. nat., ms. lat. 5441, t. II, f. 339 (abrégé).

« Scellé en cire brune sur lacs de cuir. Dessiné aux évesques d'Angoulème. »

N° 25.

1127. — *Transaction entre Jean, évêque de Sées, et les religieux de Marmoutier, par l'entremise et à la sollicitation de Henri, duc de Normandie, et de Geoffroy, archevêque de Rouen, sur un différend mû entre lesdits religieux et ledit évêque, touchant les droits qu'il prétendoit avoir sur le prieuré de Bellême et sur les églises qui en dépendent, dont il se désiste à perpétuité en leur faveur, moyennant une livre d'encens et une livre de poivre qui lui sont dues, et une livre de poivre à l'archidiacre.*

Johannes, Dei gratia Sagiensis episcopus, Odoni, eadem gratia Majoris Monasterii abbati, suisque successoribus canonice substituendis, perpetuam in Domino salutem. Quum super Belismensi et aliis in episcopatu nostro ecclesiis longuam satis ad invicem controversiam habuerimus, Domini nostri Regis Anglorum et Ducis Normannie Henrici et domni Gaufridi Rotomagensis archiepiscopi consilio, vobiscum pacem facere disposuimus. Quapropter

---

(1) 1136 Tunc Girardus Engolismensis episcopus, vir eruditissimus migravit, qui magni nominis et potestatis in Romano senatu tempore Paschalis Pape et Gelasii Calixti et Honorii fuit. (Orderici Vitalis, Lib. XIII, n° XXVIII. T. I. p. 78.)

Arnoul, archidiacre de Séez et frère de l'évêque Jean, a écrit contre Girard, évêque d'Angoulème, à l'occasion du schisme de Pierre de Léon, un pamphlet violent, mais qui est cependant très curieux, surtout au point de vue de la question juive à cette époque. Voyez *Recueil des Historiens des Gaules*, t. XIV, p. 240, et d'Achery *Spicilegium*, in-f°, p. 152.

id quod ante eos de pace dispositum est vobis, vestrisque successoribus concedere et litteris assignare decrevimus, ne rei veritas in posterum aliqua oblivione turbetur. Concedimus itaque vobis perhenniter possidendam ipsam Belismensem Sancti Leonardi ecclesiam, ut, sicut a canonicis, sic amodo a monachis vestris ibidem Domino serviatur; nobis tamen et ecclesie nostre obedientiam et debitam reverentiam retinentes, salva tamen hac ecclesie dignitate, ut si ecclesia vel ecclesie cimiterium, vel officine monachorum, que in illo cimiterio sunt, modo aliquo fuerint violate, ipsi priori vel monachis liceat reconciliare, excepto adulterio et homicidio, et omnium forisfactorum vobis emendas concedimus. Et si castrum ipsum interdictum fuerit, monachis ipsis, more solito signisque pulsantibus, divinum officium facere liceat, sibi et manupastui suo, absque interdictorum receptione.

Preter hoc etiam, tam in castro, quam in pago Belismensi, has vobis ecclesias concedimus possidendas : In ipso castro, ecclesiam Sancti Salvatoris et ecclesiam Sancti Petri extra castrum; ecclesiam de Curte, et eam de Pinu, et eam de Berlerviler, et eam de Buxcello, et eam de Curtleonart, et eam de Orinniaco, et eam de Ivriciaco, et eam de Curtcolt, et ecclesiam Sancti Martini de Valle; salvo ecclesie nostre consuetudinario reddilu, scilicet in festivitate Sancti Gervasii, una libra thuris ecclesie, et una libra piperis episcopo, et alia archidiacono. Concedimus etiam vobis omnia forifacta cimiterii ejusdem ecclesie et hominum in vestro burgo manentium. Concedimus quoque vobis ecclesiam de Dontiaco. In hac vero ecclesia et ecclesia Sancti Martini de Valle, habebit unusquisque sacerdos duos modios bladi, preter illa que de altariis participabit. Et de ecclesia de Curtcolt habebit totam terciam partem decime, preter propriam carrucam monachorum.

Nobis vero et ecclesie nostre, de his pro quibus controversia erat, remanserunt ecclesia Sancti Johannis de Foresta et ecclesia Sancti Quintini, et omnes res infra parrochias earum vel extra ad eas ecclesias pertinentes.

In pago vero Oximensi, concedimus vobis ecclesiam Sancti Vigeris de Petrariis (1), et ecclesiam Sancte Marie de Curmesnil,

(1) Le prieuré de Saint-Viger de Perrieres, dont il est question dans notre charte, était situé dans la paroisse de ce nom, qui fait aujourd'hui partie du canton de Coulibœuf (Calvados). Avant la Révolution, elle était du doyenné de Falaise et du diocèse de Sées.

Ce prieuré, fondé en 1076, par Richard de Courcy, protégé et augmenté, dans la suite des temps, par les descendants de cette noble famille, entre autres par Guillaume de Courcy, sénéchal du roi d'Angleterre, avait droit de présenter aux églises et bénéfices du dit Perrières, Epaney, Bernières, Pomainville, Courmesnil, Saint-Arnoul-sous-Exmes, Saint-Christophe-du-Jajolet, proche Argentan.

On trouve à la Bibl. nat. ms. lat. 5441, t. II, f. 88 et suivants, un extrait du et ecclesiam Sancti Arnulfi et de juxta Oximas, et eam de Berneriis et eam de Espanaio. Et in his duabus ultimis, habebit unusquisque sacerdos quatuor sextaria bladi preter id quod antea habebant.

Ad synodum autem, Belismensis prior vel unus e monachis ejus veniat. In ecclesia Sancti Salvatoris de Belismo habebit sacerdos totam terciam partem oblationum et privatas missas defunctorum, et dimidias confessiones Quadragesime et ceteras omnes infirmorum et omnes orationes mortuorum. Et presbiter Sancti Petri reddet decem solidos Cenomanenses priori. In omnes autem has parochiales ecclesias et in presbiteros earum consuetos redditus et servitia et potestatem, quam huc usque habuimus nobis et successoribus nostris retinemus. Quicquid vero in terris et aliis elemosinis et decimis huc usque habuistis vobis perpetualiter habendum confirmamus.

Data Sagii, anno ab incarnatione Domini M C XX VII indictione VI, Regnante Ludovico rege Francorum, duce autem Normannorum Henrico rege Anglorum, presidente Rotomagensi ecclesie Gaufrido archiepiscopo.

Signum Johannis
Sagiensis † episcopi.

Signum † Johannis
Cantoris Sagii
Signum † Roberti
Cabod Canonici.

Signum Fulconis
Scolasti † ci.

Signum Hamerici
Belis † mensis
Archiaconi.

Signum Joh[ann]is
Thesaurarii.

Signum.
Henri † ci.
Regis
Anglorum,

quando dedit filiam suam Gaufredo comiti Andegavensi juniori.

Arch. de l'Orne, H. 2159. Original parchemin, écriture gothique d'un très beau caractère.

Le sceau paraît avoir été arraché.

Au dos, en lettres gothiques : « Auctoramentum Johannis Sagiensis episcopi de ecclesia Belismi et pertinentibus quam de aliis que in episcopatu suo habemus. C III. »

Bibl. nat., ms. lat. 5441, t. II, f. 338. « Scellé en cire blanche, sur lacs de cuir, le sceau rompu. »

Bry a publié cette charte, p. 104. Item, ap. D. Marin Prouverre.

Cartulaire de ce prieuré. Un certain nombre de chartes et de registres ayant fait partie des archives de cette maison, sont aussi conservés aux Archives de l'Orne, H. 2005 et numéros suivants. L'inventaire en doit tout prochainement paraître par les soins du laborieux et érudit archiviste de l'Orne, M. Louis Duval.

Ce document et le précédent sont aussi analysés, très au long, dans l'*Histoire de Marmoutier*, t. II, p. 64.

La signature du roi Henri Ier, apposée à cette charte et cofermée d'une façon très originale dans un cercle ou couronne à pointes rayonnantes, avec la mention du mariage de sa fille Matilde à Geoffroi d'Anjou a fait croire à notre vieil historien, Dom Marin Prouverre, que ce mariage avait été célébré à Sées même.

Cette transaction a dû être signée à la fin de l'année 1127, après la fin de septembre, autrement le chiffre de l'indiction ne correspondrait pas avec le millésime de l'année.

Il existe, aux archives de l'Orne, une copie notariée de cette charte, sur papier au timbre de la généralité de Tours (1 feuille), au bas de laquelle on lit ce qui suit :

« Collationné la présente coppie à son original en parchemin étant en forme et duement scellé, représenté par le R. frère Dom Anthoine Quinquet, religieux garde chartes de l'abbaye de Marmoutiers, et à l'instant à luy remis. Par les Conseillers du Roy, notaires à Tours soussignés, le cinq septembre mil sept cent cinquante-trois. Et a signé,

Fr. A. QUINQUET, garde chartes.

GAUDIN, avec paraphe.   PAUMIER, avec paraphe.

Controllé à Tours, le six septembre 1753. Reçu six sols.

DOLLEANS ?

Item : Il y en a encore une autre copie du XVe siècle faite aussi à Tours « par manière de vidimus soubs le seel royal estably et dont l'en use aux contraz dessus dits, le XIIIIe jour de septembre, l'an de grâce mil CCCC et cinquante. »

Dans le repli : *Collation fête par nous à l'original.*

Signé : ANCEAUME, avec paraphe.   BRICONNET, avec paraphe.

N° 26.

Avant 1145. — *Attestation adressée par Guillaume, comte de Ponthieu, à Jean, évêque de Sées, de la donation, faite jadis par ses ancêtres aux moines de Marmoutier, de l'église de Sainte-Marie de Bellême et de celle de Saint-Léonard.*

J[oanni], Sagiensi episcopo Dei gratia, Willelmus, comes Pont[ivi] salutem.

Testificor hanc ecclesiam B[eate] Marie de Belismo, de qua placitum est inter monachos Majoris Monasterii et canonicos Andegavenses, datam monachis prefatis in elimosinam a patre meo cum ecclesia Beati Leonardi. Ita quod concessi et concedo et ubicumque opus fuerit ostendam et disrationabo et factum confirmabo.

Bib. nat., ms. lat. 5,441, t. II, f° 320 v°.

« Non daté; scellé en cire brune sur queue de parchemin. »

Sceau fruste, portant l'image d'une dame à cheval, probablement d'une comtesse de Ponthieu. Il est dessiné dans le ms.

Bry a publié cette charte, p. 118.

N° 27.

1145. — *Concession faite aux religieux de Marmoutier par Girard, évêque de Sées, de l'église de N.-D. de Bellême avec toutes ses dépendances et appartenances.*

Omnia que in tempore fiunt cum tempore transeunt, et sicut ipsi homines, ita etiam dilabuntur et excidunt memoria facta eorum. Sicut enim sapiens ait : quum generatio vadit et generatio advenit, solent que fiunt, nisi litteris annotentur, multociens oblivisci. Hugus rei gratia ego Girardus, Dei misericordia Sagiensis episcopus, commendo memorie presentium et transmitto ad posteros noticiam, per presentis pagine monimentum, quod ecclesiam Beate Marie infra Castrum Belismense sitam, cum vineis, et bosco, et terris et pratis, et omnibus ad eam pertinentibus, Sancto Martino et ecclesie ac conventui Majoris Monasterii donavi et in perpetuam possessionem habere concessi. Et ut ratum et irrefragabile futuris generationibus perseveret, per presentem cartulam sigilli nostri impressione signatam pontificali auctoritate firmavi. Actum anno incarnati Christi MCXLV, pontificatus nostri primo.

Arch. de l'Orne, H. 2,100.

Parchemin, pas de trace de sceau. Au dos, en lettres gothiques : « De ecclesia Belismensi Concessio G[irardi] Sagiensis episcopi. »

Bibl. nat., ms. lat. 5441, t II, f° 306 v°.

N° 28.

1145. — *Concession faite aux Religieux de Marmoutier par Girard, évêque de Sées, de l'église de Notre-Dame de Bellême avec toutes ses appartenances et dépendances*

Omnia que in tempore fiunt, cum tempore transeunt et sicut ipsi homines ita et dilabuntur et excidunt memoria facta eorum. Quapropter ego Girardus Dei gratia Sagiorum episcopus per presentis pagine monimentum, memorie presentium commendo et noticie posterorum quod ecclesiam Sancte Marie Belismensis, in qua quondam seculares canonici, et postmodum regulares conversati fuerant, ipsam inquam ecclesiam cum terris, pratis, bosco et omnibus aliis possessionibus, tam in feria Sancti Lau-

rentii, quam in terris, reditibus ad eam pertinentibus, beato
Martino Majoris Monasterii, et ecclesie Sancti Leonardi Belismensis, et fratribus in eadem servientibus donavi, immo quia jus
ipsorum erat et ad eos proprie pertinebat, potius reddidi et
concessi, et episcopali auctoritate, et presenti privilegio sigilli
nostri munimine roborato, libere et quiete possidendam in
perpetuum confirmavi. Feci autem hoc consilio et assensu Haimerici, Rogerii, Hainrici, Guilelmi, ecclesie Sagiensis archidiaconorum; videntibus et audientibus quorum nomina subscripta
sunt : Alberico presbitero Sancti Cirici et decano, Goffredo Sancti
Petri Belismensis et Roberto de Rubea presbiteris, Guilelmo de
Capella et Simone clericis, Goffredo milite archidiaconi et Guerrico
fratre decani, Haimerico de Biardis, Hilgodo de Ferraria et pluribus aliis. Actum anno Incarnati Verbi MCLV indictione III^a, regni
Francorum gubernacula moderante Ludovico filio Ludovici et
fratre ipsius Roberto, Belismensi Domino et comite Perticensi (1).
Amen.

Arch. de l'Orne, H. 2160.

Charte originale, écriture d'un très beau caractère et d'un bon style.
Du sceau il ne reste que l'ouverture, au bas du parchemin, par où passait
la queue de parchemin. Au dos : « Privilegium Girardi Sagiensis episcopi
de ecclesia Sancte Marie de Veteri Castello apud Bellismum, C. IIII. »

Bibl. nat., ms. lat., 5,441, t. II, f° 335. Analyse suivie de ces mots :
« Le sceau est perdu. Le mesme sceau de Girard, évesque de Sées, est
dessiné ailleurs. »

N° 29.

1145. — *Charte de Girard, évêque de Sées, portant concession à
perpétuité de l'église de N.-D. du Vieux-Chateau de Bellême
en faveur de Garnier, abbé de Marmoutier.*

Girardus Dei gratia Sagiensis ecclesie humilis minister, Garnerio
eadem gratia Sancti Martini Monasterii abbati salutem.

In nomine sancte atque individue Trinitatis ego Girardus
Sagiensis ecclesie quamvis indignus episcopus, monachis Sancti
Martini Majoris Monasterii, et tibi frater Garneri, abbas, omnibusque
successoribus tuis canonice sustituendis ecclesiam Sancte Marie de
Veteri Castello apud Belismum in perpetuum concessi. Facta autem
est hec concessio, anno ab Incarnatione Domini M C XLV, residente

(1) Robert de France, troisième fils de Louis le Gros, comte de Dreux,
épousa la veuve de Rotrou, Harvise, fille d'Edouard d'Evreux, baron de
Salisbury. Pendant la minorité de son beau-fils, Rotrou IV, il porta le titre
de comte du Perche et en exerça les droits. Voyez : *Géographie du Perche*,
par le Vte de Romanet, p. 50.

piissimo P. P. Eugenio, Hugone Rotomagensi archiepiscopo, Francorum rege Ludovico, fratre ejus Roberto Belismensi domino. Si quis vero hanc donationem nostram temerario ausu irritare aut atenuare presumpserit perpetuo anatemate feriatur. Super hoc vero testes sunt : Heinricus archidiaconus, Rogerus archidiaconus, Heimericus archidiaconus, Wilelmus archidiaconus, Hugo canonicus, et Albericus Decanus, et Gaufridus presbiter. Ego Girardus sancte Sagiensis Ecclesie episcopus signum hoc feci.

Arch. de l'Orne, H. 2,160.

Charte originale en parchemin, écriture large et d'un très beau caractère; sceau perdu.

Au dos, en lettres gothiques : « Preceptum Girardi Sagiensis ep[iscop]i de eccles'a sancte Marie de Veteri Castello apud Belismum. »

En écriture du XVIIIe siecle : « L'an 1165. » Faute dans cette pièce, mais bien 1145. Les lettres L et X ayant été transposées.

Il en existe aux archives, même liasse, une copie sur papier libre du XVIe siècle problement, au bas de laquelle on lit : « Scellé à double queue d'un grand seel de cire fort antique, avec l'impression d'un évêque, à l'entour duquel sont escrits ces mots : Sigillum Girardi Sagiensis episcopi. »

N° 29 bis.

Saint-Cyr, 1145. — *Il y a un second exemplaire de cette charte avec les variantes et additions suivantes :*

1re ligne : Garnerio eadem gratia Beati Martini Majoris monasterii, *adde :* Abbati totique capitulo ejus, salutem in Domino.

5^e ligne : Substituendis.

9^e ligne : Anno ab incarnatione Domini M C XLV.

12^e ligne : Adde post : Anatemate feriatur : tenentibus vero et fideliter conservantibus, necnon et in perpetuum digna retributio concedatur. Porro ut hec donatio sive concessio intemeratam possit habere firmitatem, nostra manu nostrique sigilli munimento firmata est et testibus idoneis roborata, quorum nomina hec sunt : Haimericus archidiaconus, Rogerius archidiaconus, Henricus archidiaconus, Wilelmus archidiaconus, Albericus decanus et Hugo canonicus, Gaufridus presbiter Sancti Petri, Robertus capellanus Sancti Cirici, Wilelmus presbiter capellanus de capellania de Capella, Simon diaconus et clericus archidiaconi. De laicis : Hamelinus de Biharnis, Guerin miles Sancti Cirici, Gaufredus de Avescio, Mainerius de Aveseio, Hilgodus de Ferreria. Factum est hoc apud Sanctum Ciricum, Roberto tenente Belismensis obedientie prioratum. S. ep[iscop]i ✝ S. Hamrici Archidiaconi ✝ S. Wilelmi archidiaconi ✝

Arch. de l'Orne, H. 2160.

Charte originale, parchemin ; le sceau passé dans le repli inférieur du parchemin paraît avoir été arraché.

Au dos, en lettres gothiques : « Preceptum, etc. », comme dans la première.

Bibl. nat., ms. lat. 5,441, t. II, f° 334v°. Analyse suivie de ces mots : « Sceau dessiné aux évesques de Séez. »

N° 30.

1145. — *Accord entre les moines de Marmoutier et les chanoines de Toussaint d'Angers, au sujet des églises du château de Bellême et du château de Beaufort* (1).

ANNO M C XLV.

Presentis monimento cirographi presentium memoria successorumque notitia voluimus commendari quomodo controversia inter monachos Majoris Monasterii et canonicos Omnium Sanctorum, qui sunt Andecavis..... pacifico fine quievit. Ecclesiam Sanctæ Mariæ in Castro Belismensi canonici possidebant quam infra parrochiam suam et juri suo pertinere monachi perhibebant. In pago itidem Andecavensi super eosdem canonicos, monachi reclamabant ecclesiam de Jumellis..... Monachi quingentos solidos Andecavenses prebuerunt et presentationem in ecclesiis de Bello-Portu quæ suæ erant. Actum anno incarnationis Christi M C XLV, Hugone Turonensi episcopo, Ulgerio Andecavensi, Girardo Sagiensi episcopis, præsentibus ; Garnerio Majoris Monasterii, Roberto Ecclesie Omnium Sanctorum Abbatibus.

Arch. de l'Orne, H. 2160.

Copie avec ces indications : Bibl. nat., ms. lat. Cartul. Marm., vol. I, p. 401, et coll. Gaignières, n° 164, p. 61. « Faite par extrait sur l'original scellé en cire blanche sur las de cuir. »

Copie par extrait sur papier libre, sans date, mais du XVIIIe siècle d'après l'écriture. Dans le haut, ce titre latin : « Concordia inter monachos majoris monasterii et Canonicos Omnium Sanctorum Andegav. de Ecclesiis Castrorum Belismi et Belli Fortis, anno M C XLV.

(1) On peut consulter, sur cet échange, l'historien de Marmoutier, Dom Martène ; t. II, p. 97. Sévère pour l'évêque Jean, « qui inquiéta les les religieux de Marmoutier de toutes ses forces », il est heureux de constater que Girard « fut animé d'un esprit tout différent ».

N° 31.

Rome ; 28 octobre 1178. — *Bulle d'Alexandre III, qui confirme à l'abbé de Marmoutier le droit de juridiction ecclésiastique sur les paroisses dépendantes du prieuré de Bellême.*

Alexander episcopus servus servorum Dei dilectis filiis Her[berto] abbati et capitulo Majoris Monasterii salutem et apostolicam benedictionem. Quum ex pastorali officio nobis divina dignatione commisso specialius nobis incumbit paci ecclesiarum providere et quieti, et non solum contentiones in eis suscitatas ad regulam equitatis componere, verum etiam ne suscitentur, quacumque de causa, omni cautela providere, religiosum et salubre ducimus vos divine intuitu caritatis et nostre pacis et quietis intuitu, quos sincere dilectionis affectu complectimur, ecclesias, que ad vos ex prioratu Belismensi spectare dignoscuntur, ipsam scilicet ecclesiam Sancti Leonardi de Bellismo, ecclesias Sancti Salvatoris et Sancti Petri de Bellismo, ecclesiam Sancti Petri de Oriniaco, ecclesiam Sancte Marie de Belenviler, ecclesiam Sancti Audoeni de Pinu, ecclesiam Sancte Marie de Veteri Castro, ecclesiam Sancti Martini de Veteri Bellismo, ecclesiam Sancti Audoeni de Curia, ecclesiam Sancte Marie de Cortiolt, ecclesiam Sancti Martini de Corto Leonardo, ecclesiam Sancti Mauricii de Yvriaco, ecclesiam Sancti Jovini de Danceio, ecclesiam Sancti Petri de Capella Soeph, universas has ecclesias cum omnibus appendiciis suis, et earumdem presentationes, ecclesie vestre Bellismensi et vobis Majoris Monasterii monachis, absolute in perpetuum possidendas, benigne concedimus; et ne deinceps super hiis omnibus aut earum qualibet aliqua ratione cujuslibet presumptione molestemini, vel cujuscumque calumpniam incurratis, eas vobis auctoritate apostolica confirmantes earum confirmationem presentis scripti patrocinio communimus. Statuentes ut nulli omnino hominum liceat hunc paginam nostre confirmationis infringere vel ei aliquatenus contraire. Si quis autem hoc attemptare presumpserit, indignationem omnipotentis Dei et beatorum Petri et Pauli apostolorum se noverit incursurum.

Datum Laterani anno ab incarnatione Domini M°° C°° LXX°° VIIII, V° Kal. novembris.

Arch. de l'Orne, H. 2155.
Petite membrane de parchemin de 116c/m de haut. sur 180c/m de larg., 13 lignes d'une écriture fine et régulière. Sur le bord du repli : † Dans le repli étaient passés des lacs de soie rouge et jaune dont il reste quelques débris. Elle a été copiée sous le n° 63 du Rouleau coté 3, qui faisait partie de l'ancien cartulaire.

Bibl. nat., ms. lat. 5441, t. II, f° 339. Analyse suivie de ces mots : « Scellé en plomb : Alex PP. III. »

N° 32.

Charte de Lisiard, évêque de Sées, confirmant au prieuré de Bellême, toutes ses possessions.

Universis Christi fidelibus ad quos presens scriptum pervenerit L[isiardus], Dei gratia Sagiensis episcopus salutem in Domino. Ad universitatis vestre noticiam volumus pervenire quod nos divine pietatis intuitu, ad perpetuam et inviolabilem firmitatem concedimus, et presentis scripti testimonio confirmamus abbatie Sancti Martini Majoris Monasterii et prioratui Castri Belismensis, ecclesiam Sancti Leonardi cum omnibus sibi pertinentibus, tam ecclesiis quam altaribus et decimis, et omnibus aliis, quiete et pacifice imperpetuum monachis Belismi, salvo in omnibus jure episcopali, possidendis, sicut ea debent juste et canonice possidere. Inter hec autem nominative duximus hec exprimenda : Ecclesiam Sancti Salvatoris Belismensis : Ecclesiam Sancti Petri extra murum : Ecclesiam Sancte Marie de Veteri Castro : Ecclesiam Sancti de Veteri Belismo : Ecclesiam Beate Marie de Cortiout : Ecclesiam Sancti Jovini de Danciaco : Ecclesiam Sancti Albini de Buxcello : Ecclesiam Sancti Martini de Curia Leonardi : Ecclesiam Sancti Audoeni de Curia : Ecclesiam Sancti Audoeni de Pinu : Ecclesiam Beate Marie de Bellavilers : Ecclesiam Sancti Mauricii de Yvreciaco : Ecclesiam Sancti Petri de Oriniaco : Ecclesiam Sancti Petri de Capella Suavi. Preterea ea que largicione principum, oblatione fidelium, seu alio modo juste et canonice adepti sunt, vel imposterum, largiente Domino, poterunt adipisci; et sigilli nostri auctoritate, salvo ut dictum est jure pontificali, roboramus. Valete.

Arch. de l'Orne, H, 2161.
Original en parchemin, sceau perdu. Au dos, en écriture gothique :
« Carta de confirmacione ecclesiarum, IV. »
Copié dans le Rouleau du Cartulaire sous le n° 61.
Bibl. nat., ms. lat, 5,441, t. II, f° 340, v°. Analyse suivie de ces mots :
« Sans datte, le sceau est perdu. »

N° 33.

1185-1190. — *Charte de Lisiard, évêque de Sées, qui règle la part que les religieux de Bellême et le prêtre desservant de Saint-Martin-du-Vieux-Bellême doivent avoir, chacun en droit, des oblations qui se font en la dite église, à raison pour les dits religieux des deux tiers, et l'autre tiers pour le dit prêtre, sauf quelques menues oblations qui sont spécifiées.*

Universis sancte Matris Ecclesie filiis qui presentes litteras inspexerint, L[isiardus] Dei gratia Sagiensis episcopus, salutem in Domino. Noverit universitas vestra quod cum inter priorem et monachos de Belismo ex una parte et Nicholaum de Vaunoise ex alia controversia verteretur super portionibus quas monachi debent percipere in ecclesia Sancti Martini de Veteri Belismo, tandem ex utraque parte compromissum est in presbiteros qui ante institutionem ejusdem Nicholai in eadem celebraverant, per quorum testimonium didicimus, et hoc idem memoratus Nicolaus coram nobis recognovit; quod monachi in eadem ecclesia duas partes in omnibus oblationibus que de altare ad manum Sacerdotis veniunt percipere debent, exceptis vi denariis de sponsalibus, et in die dominica, denario de Caritate, denario et candela baptizatorum, et denario et pane purificacionum que omnia ad sacerdotem pertinent. In ceteris vero omnibus oblationibus que ad altare ad manum sacerdotis veniunt integre et libere monachi habent duas partes et presbiter tertiam. Et ne forte inter partes scrupulus recidive questionis valeat inposterum suboriri, id coram nobis solempniter factum presenti scripto et sigilli nostri testimonio duximus roborandum.

Arch. de l'Orne, H. 2161.
Charte originale, parchemin, sceau disparu.

N° 34.

Charte de confirmation par Rotrou, comte du Perche, de l'abandon consenti par Héméri de Vilerai, en faveur des moines de Bellême, de tout droit de coutume et de justice dans leur terre de Dancé, en échange de trente-cinq livres angevines, payées audit Héméri, et de cent sols donnés à son frère Geoffroi.

In nomine Jhesu Christi, ego R[otrodus] (1) Perticensium comes et dominus notum facio universis, tam presentibus quam futuris, quoniam Hemericus de Vilereio vendidit pro xxxv libris

---

(1) Rotrou IV, comte du Perche, de 1144 à 1191. Son fils Geoffroi lui succéda au comté du Perche; Etienne fut duc de Philadelphie. Voyez *Géographie du Perche*, page 51. M. le Vte de Souancé, dans la *Sigillographie du Perche*, travail qui a été publié par les *Documents sur la Province du Perche*, dans le fascicule de janvier 1895, a donné les sceaux de Rotrou IV, de Geoffroi et d'Etienne. J'en ai aussi relevé le dessin dans le manuscrit de Gaignières.

Andegavensibus sibi et fratri suo centum solidos Gaufrido, in presentia mea, cum assensu Gaufridi fratris sui et sororum suarum, monachis de Belismo, quicquid juris et consuetudinis et justicie ipse habebat in tera eorum apud Dancé, ita quod prefatus Hemericus nichil unquam reclamabit, nec in terra, nec in hominibus, nec heredes sui, et hoc resignavit in manu mea, et ego monachos investivi. Hanc venditionem firmiter tenendam assecuravit predictus H[emericus] et G[aufridus] frater ejus, fide eorum corporaliter prestita et juramento prestito super altare apud Vilereil.

Testes sunt isti : Gatho de Vicheris, Guillelmus de Voire, Nicholaus d'Amillei, Nicholaus Le Viandier, Guillelmus de Bevreria, Adam de Loseel, Nicholaus de Vaunoise, Johannes de Rupe, Willelmus de Villereil, Garinus Bouleaus, Roger Ignard, Aub[ertus] de Jarriei, Barrachin de Tilio, Hugo Le Viandier, Hubertus Ignard, Johannes d'Ivrece, Robin Ignard, Gefrein de Vilereil.

Ut autem predicta venditio stabilis et firma habeatur, sigilli mei et sigillorum filiorum meorum muninine roboratur.

Actum anno gratie M C nonagesimo, mense junio.

Bibl. nat. ms. lat. 5,441, t. II, f° 322, v°.

Copie, suivie de ces mots : « Scellé de trois sceaux sur lacs de parchemin, les deux premiers en cire verte, le troisième en cire blanche. »

N° 35.

Vers 1203. — *Charte de Sylvestre, évêque de Sées, par laquelle il cède aux religieux de Saint-Léonard de Bellême, en reconnaissance de leurs bons offices et eu égard à leur pauvreté, l'église de Saint-Martin de Bellême avec tous ses droits, fruits, profits et émoluments, et leur mande d'y mettre pour la desservir un prêtre qui percevra pour pension sept livres angevines.*

Universis Sancte Matris Ecclesie filiis ad quos presentis scripture pagina pervenerit S[ilvester] Dei gratia Sagiensis episcopus salutem in Domino.

Quum domus monachorum Sancti Leonardi de Belismo de jure et antiqua consuetudine nos et antecessores nostros sepius recipere et honorem consuevit plurimum exhibere, ejus nobis inconbit utilitati specialius providere et profectibus insudare. Considerata igitur domus paupertate et fratrum ipsius domus honestate pariter et bona quam erga nos gerunt voluntate, ecclesiam Sancti Martini de Veteri Belismo, quam dicebant a lungo tempore possidere, cum altaragio et omnibus ad eandem ecclesiam pertinentibus, eis inperpetuum concessimus in usus proprios convertendam. Ita quod ipsi omnes fructus ecclesie illius cum omni percipientes integritate, idoneum nobis ad eamdem vicarium perpetuum, sacerdotem scilicet, presentabunt, qui curam geret animarum et per manum prioris dicte domus VII libras Andegavenses, ad vite sue sustentationem, percipiet : scilicet in natalis Domini xxxv solidos Andegavenses, in festo Pasche xxxv sol. Andeg., in festo Pentecostem, xxxv solid. Andeg., in festo Sancti Martini hiemalis xxxv sol. And., et monachi eum, his quatuor festis in domo ipsorum annuatim procurabunt. Prior vero per eumdem vicarium vel per suam manum, de his que ad jura episcopalia pertinent, secundum antiquam consuetudinem, integre respondebit. Ut autem hec nostra donacio perpetua et inconcussa vigeat firmitate, priori et monachis dicte domus litteras nostras et sigilli nostri testimonium super hoc duximus indulgendum. Valete.

Arch. de l'Orne, II, 2,161.

Charte originale, parchemin, sceau perdu. Il existe un deuxième exemplaire de cette charte, de même époque, auquel restent pareillement les queues de parchemin du sceau.

Ajoutez-y une autre charte, en tout semblable, qui porte en tête : « Circa 1230 », et ce titre : « Universis..... I. Dei gratia Sagiensis episcopus..... » Quant au reste pas un mot n'est changé.

N° 36.

Vers 1203. — *Charte de Guillaume, archevêque de Rouen, par laquelle il donne et accorde aux religieux de Saint-Léonard de Bellême l'église de Saint-Martin du Vieux-Bellême avec tous les droits, profits et émoluments appartenant à l'autel du dit lieu, et leur ordonne d'y mettre un prêtre pour desservir auquel il sera payé pour pension sept livres angevines, en quatre termes.*

Omnibus sancte Matris Ecclesie filiis ad quos presens scriptum pervenerit W[ilelmus], Dei gratia Rothomagensis archiepiscopus, salutem in Domino. Cupientes ecclesiis adesse earumque indepnitati providere et utilitatibus consulere, considerata domus monachorum Sancti Leonardi de Belismo tam honestate quam paupertate necnon et bona, quam erga nos gerunt, voluntate, ecclesiam Sancti Martini de Veteri-Belismo quam longo tempore possederunt cum altalagio et omnibus ad eandem ecclesiam pertinentibus, eis in perpetuum concessimus in usus proprios convertendam integre et quiete. Ita quod ipsi, omnes fructus ecclesie illius cum omni percipientes integritate, idoneum et perpetuum inibi habebunt vicarium qui curam geret animarum et per manum prioris dicte domus septem libras Andegavenses ad vite sue sustentationem annuatim percipiet, scilicet in Natali Domini xxxv solidos Andegavenses, in festo Pasche xxxv solidos Andegavenses, in festo Pentecostes xxxv solidos Andegavenses, in festo Sancti Martini hiemalis xxxv solidos Andegavenses, et monachi eum hiis quatuor festis in domo ipsorum annuatim procurabunt. Ut autem hec nostra donatio concessio et confirmatio perpetua et incussa vigeat firmitate priori et monachis dicte domus litteras nostras et sigilli nostri testimonium super hoc duximus indulgendum. Valete.

Arch. de l'Orne, H. 2,161.
Charte originale sur parchemin. Sceau perdu, pendant sur lacs de parchemin.
Bibl nat., ms. lat. 5,441 t. II., f° 328v°. Copie, suivie de ces mots : « Scellé en cire brune, sur lacs de parchemin; dessiné ailleurs. »

N° 37.

Rome; 31 janvier, 1203. — *Bulle d'Innocent III qui confirme et approuve toutes les cessions, présentations d'églises, biens et libertés, faits par l'archevêque de Rouen et les évêques du Mans et de Sées.*

Innocentius episcopus servus servorum Dei, dilectis filiis priori et monachis de Belismo salutem et apostolicam benedictionem. Solet annuere sedes apostolica piis votis, et honestis petentium precibus favorem benevolum impertiri. Eapropter, dilecti in Domino filii, vestris justis precibus inclinati, libertates, ecclesias et alia bona vobis a venerabilibus fratribus nostris, Rothomagensi archiepiscopo..... Cenomanensi..... Sagiensi episcopis pietatis obtentu collatas, sicut ea juste et pacifice possidetis, auctoritate vobis apostolica confirmamus et presentis scripti patrocinio communimus. Nulli ergo omnino hominum liceat hanc paginam nostre confirmationis infringere, vel ei aliquatenus contraire. Si quis autem hoc attemptare presumpserit, indignationem Omnipotentis Dei et beatorum Petri et Pauli apostolorum se noverit incursurum.

Datum Rome, apud Sanctum Petrum, II° Kalend. februarii.
Pontificatus nostri anno septimo.

Arch. de l'Orne, H. 2155.
Le repli porte la trace d'un arrachement violent allant de gauche à droite, depuis le milieu jusqu'au bord. On a dû enlever le sceau de plomb.
Haut. 165m/m, 12 lignes d'écriture. Le nom d'Innocent est en capitales;

l'J initial plus grand et orné. Le parchemin est très blanc, l'écriture n'est pas du même type que les précédentes et pourrait bien être d'une main italienne. Un blanc a été laissé pour les initiales des noms de l'archevêque et des évêques.

N° 38.

Mortagne. Juillet 1205. — *Compromis passé devant l'abbé de Tiron, Henri, archidiacre de Chartres, et Hugues, archidiacre de Coutances, entre Silvestre, évêque de Sées, et Renaut, prieur de Bellême, au sujet des procurations que l'évêque réclamait des religieux, lesquelles d'un commun accord sont réduites à deux par an.*

Abbas Tironensis, Henricus Carnotensis et Hugo Constanciensis archidiaconi, universis presentis pagine notitiam habituris salutem in omnium Salvatore. Cum semel decisa expediens sit scripto perpetuare autentico ne in recidivam veniant questionem, ex testificatione presentium tam universis quam singulis volumus palam esse quod cum causa, que inter R[everendum] Patrem S[ilvestrem] Sagiensem episcopum ex una parte, et viros venerabiles R[aginaldum] priorem et capitulum de Belismo ex alia, super procurationibus quibusdam et ecclesiis vertebatur, nobis apostolica fuisset auctoritate commissa, in nostra demum presentia inter eos amicabilis in hunc modum compositio intercessit : quod cum dictus episcopus a priore et monachis de Belismo plures consuetudinarias procurationes sibi deberi assereret annuatim, et prior monachique prefati unam solam de jure communi et de consuetudine etiam dicto episcopo se debere responderent; statutum est de consensu partium coram nobis ut quolibet anno idem episcopus duas tantum procurationes in prioratu habeat memorato, ita tamen quod nullam earum tenebitur episcopo exhibere eo termino quo apud Belismum Sacrum Chrisma consecrabit aut sacros Ordines aut synodum celebrabit. Concessit etiam et confirmavit prefatus Sagiensis episcopus priori et monachis de Belismo de sui Capituli conivencia et assensu ecclesiam Sancti Martini de Belismo-Veteri ad usus proprios monacorum et capellam de Valnosa cum utriusque pertinenciis universis

Sentenciam quoque quam ob dictam querelam in eosdem monachos tulerat et ecclesias monacorum, et in quosdam etiam presbiteros qui ad monacos pertinebant, relaxavit omnino ; omnem rancorem, indignationem et iram remittens penitus priori et monachis de Belismo. Liberavit etiam prenotatus episcopus ecclesiam Sancti Martini de Belismo Veteri ab impetitione Benedicti clerici qui eam de donatione episcopi repetebat. Et ut compositio ista perpetua possit stabilitate gaudere eam presenti scripto annotavimus et sigillorum nostrorum fecimus impressione muniri. Actum apud Mauritaniam in ecclesia Beate Marie, anno ab incarnatione Domini millesimo ducentesimo quinti, mense julio.

Arch. de l'Orne, H. 2,162.

Charte originale, parchemin. Dans le repli inférieur du parchemin, trois coupures pour les trois sceaux dont il ne reste pas d'autre trace.

Au dos : « Reconnaissance faite par les religieux de Bellême au profit de Sylvestre, évêque de Séez, de deux procurations sur ledit prieuré, aucune desquelles il ne pourra exiger dans le temps qu'il viendra consacrer les Saintes Huiles, ou ordonner, ou tenir synode audit Bellême, et luy leur confirme l'église de Saint-Martin et la chapelle de Vaunoise avec toutes leurs appartenances et se désiste de toutes ses procédures. » (Écriture XVIIIᵉ siècle.)

En lettres gothiques : « Carta de procuratione espiscopi Sagiensis, LXXX. »

Au-dessous, en écriture du XVIIIᵉ siècle : « Concession de l'église parochial de Saint-Martin. Cecy servira contre l'archidiacre. Cotté 10. »

Droits honorifiques.

Prieuré de Bellême

N° 39.

Mortagne. Juillet 1205. — *Charte de Silvestre, évêque Sées, notifiant l'accord fait entre lui et le prieur de Bellême, par lequel, du consentement des parties, ledit prieur et ses religieux doivent deux procurations sur le prieuré de Bellême, et ledit évêque leur confirme l'église de Saint-Martin du Vieux-Bellême et ses appartenances avec la chapelle de Vaunoise et se désiste de toutes ses procédures sur les églises et les prêtres en dépendants, en faveur desdits religieux.*

Silvester Dei gratia Sagiensis episcopus. Universis ad quos presens scriptum pervenerit, salutem in vero salutari. Universitati vestre presenti scripto duximus significandum quod cum contentio verteretur inter nos et priorem de Belismo, auctoritate apostolica coram judicibus delegatis Abbate Tironii, Magistro Henrico, Carnotensi, et Magistro Hugone Neiret, Constantiensi, archidiaconibus, nobis asserentibus quod prioratus de Belismo quatuor aut plures procurationes consuetudinarias nobis singulis annis deberet, priore econtra respondente quod unam solam secundum jus consuetudinarium communem deberet, tandem per sollertiam bonorum virorum amicabili compositione sopita est in hunc modum : constitutum est communi assensu utriusque partis ut quolibet anno, in predicto prioratu duas procurationes habeamus tantummodo; ita quod nullam tenebitur nobis exhibere eo termino quo Ordines vel sinodum apud Belismum celebrabimus aut Sanctum Crisma consecrabimus. Nos autem concessimus et confirmavimus priori et monachis de Belismo ecclesiam Sancti Martini de Veteri-Belismo ad proprios usus suos, com assensu Capituli nostri, com capella de Valnosia et aliis pertinentiis ejusdem ecclesie. Sentenciam queque quam propter prenotatam querelam tuleramus in ecclesias monachorum et quorumdam Sacerdotum ad eos pertinentium relaxamus. Omnem etiam rancorem et iram et indignationem priori et monachis Belismensibus omnino remisimus. Preterea dictam ecclesiam Sancti Martini de Veteri-Belismo memorato priori et monachis contra quemdam clericum Benedictum nomine, qui ex donatione nostra ipsam repetebat liberavimus. Et ut hec compositio futuris temporibus firma et inconcussa permaneat, nos eam presenti scripto annotatam sigilli nostri impressione fecimus communiri. Actum apud Mauritaniam in ecclesia Beate Marie. Anno ab incarnatione Domini M° CC° V°, mense julio.

Arch. de l'Orne, H. 2,162.

Charte originale, parchemin, sceau pendant à doubles courroies de cuir qui sont seules restées. Au dos, en lettres gothiques : « Carta de procuratione Sagiensis episcopi LXXIX.

Il en existe un double absolument semblable à la première et scellé de même.

Bibl. nat., ms. lat. 5,441, t. II, f° 333. Copie, suivie de ces mots : « Scellé en cire verte sur lacs de cuir. Dessiné aux évêques de Seez. »

N° 40.

Mortagne. Juillet 1205. — *Confirmation par Jean, prieur, et le Chapitre de Sées de l'accord précédent.*

Johannes prior Sagiensis et totum ejusdem ecclesie Capitulum universis presentem cartam inspecturis salutem in vero salutari. Noverit universitas vestra quod cum Venerabilis Pater noster Silvester, episcopus Sagiensis, peteret a priore et monachis Belismensibus quatuor aut plures procurationes sibi exhiberi singulis annis ; priore et monachis contrario affirmantibus se unam tantum procurationem debere consuetudinariam, tandem interventu bonorum virorum discordia illa amicabiliter sopita est coram judicibus a DD. Papa Innocentio tertio delegatis, scilicet abbate Tironii, Magistro Henrico, Carnotensi, et magistro Hugone, Constantiensi, archidiaconibus, in hunc modum : Ut episcopus Sagiensis, quicumque sit, contentus sit duabus procurationibus tantum singulis annis in prioratu illo ; sed eo termino quo ierit episcopus versus Belismum ad celebrandum sinodum sive Ordines, sive etiam ad Sanctum Crisma consecrandum, non tenebitur prior Belismensis ei procurationem exhibere. Ecclesiam etiam Sancti Martini de Veteri Belismo, quam antecessor suus Lisiardus nomine, bone memorie Sagiensis episcopus, eis donaverat ad proprios usus, ipsis com capella de Valnosia et aliis pertinentiis ejusdem ecclesie confirmavit. Nos autem eandem compositionem concessimus et ratam habuimus et habemus et sigilli nostri appositione in perpetuum valituram confirmamus. Actum apud Mauritaniam in ecclesia Beate Marie, anno gratie M° CCV°, mense julio.

Arch. de l'Orne, H. 2,162.

Charte originale, sceau pendant à deux courroies de cuir, débris du sceau. Le sceau ou contre-sceau du chapitre de Sées, à cette date, portait comme empreinte, ainsi qu'il paraît par les débris restés au bas de cette charte, les têtes affrontées des saints Gervais et Protais. Ce sceau est très rare.

N° 41.

1205 ou 1206. — *Lettre pastorale de Sylvestre, évêque de Sées, par laquelle il relève l'église de Saint-Léonard de l'interdit, et avertit les fidèles de l'archidiaconé du Bellesmois de renouveler la procession annuelle, qui avait coutume de se faire en l'honneur de ce grand saint, et les exhorte à d'autres œuvres de piété.*

Silvester Dei gratia Sagiensis episcopus, Dilectis in Christo filiis omnibus, tam clericis quam laicis in archidiaconatu Bellesmensi constitutis, salutem et Dei Omnipotentis benedictionem.

Quum in hac fragili vita positi, velut negotiatores margarite celestis, latronum insidias frequenter incurrimus, nisi divine majestatis propitiatores suis nos muniant patrociniis et juvent intercessionibus, tanto eos expedit honoribus prevenire quanto eorum presidium nobis amplius credimus profuturum. Quia vero summi Regis benignitas electorum suorum nobis concedit auxilium contra impetus et assultus hostis antiqui, illius munificentiam assidue debemus collaudare qui celestium castrorum vexilla ad hostium nostrorum terrorem nobis elargiri dignatur. Ne itaque gratiam ejus in vanum recipiatis vos plurimum exhortamur, sed collatum vobis divinitus patrocinium, videlicet preciosi confessoris Christi Leonardi corpus sanctissimum, sicut debetis, attentissime venerantes, illi assidue gratias referatis, quia vobis de thesauris suis hanc pretiosissimam margaritam dignatus est largiri, unde patria vestra illuminata, corroborata, honorem perpetuum et nomen meruit sempiternum. Cum itaque ad hujus sanctissimi corporis presentiam frequenti recursu vos expediret convenire, ad corporis et animarum commoda optinenda, negligentiam plurimorum qui rebus terrenis assidue occupantur attendentes, predecessores nostri prudenti consilio statuerunt ut presbiteri de archidiaconatu de Bellesmo, cum processionibus suis et parochianis, patrem suum et patronum videlicet beatum Leonardum, apud Bellismum, adirent semel in anno, et illius memoriam pro posse suo honorarent. Hec itaque institutio, cum longuo tempore firmiter observaretur, occasione cujusdam interdicti a nobis super ecclesiam de Bellesmo positi, duobus transactis annis, non fuit more solito observata, nec vobis donatum celitus defensorem visitastis.

Universitatis itaque vestre commodum et utilitatem attendentes, vobis duximus monendum et consulendum ut debitam sancto corpori visitationem nullatenus pretermittentes, ipsum adeatis, ejus protectioni et defensioni animas et corpora vestra sumittentes, ne si, quod absit, neglexeritis, a vobis requiratur, et ne tanti patris iram pro gratia incurratis. Presbiteris eciam de Beslesmo firmiter precipimus ut, ex parte nostra, parochianis suis denuntient et injungant ut cum ipsis in die festi beati Leonardi, apud Beslesmum conveniant, sicut soliti sunt in vigilia Ascensionis Domini illic convenire cum sollempnibus processionibus, absentiam suam duorum annorum restaurantes. Nos vero omnibus qui illuc presentiam suam exhibuerint, ad predicti sancti honorem et reverentiam, et elemosinas suas attulerint, vel transmiserint, quindecim dies imminute sibi penitentie, vota fracta, si ad ea observanda redierint postquam se meminerint transgressos, peccata oblita, offensas in patres et matres absque manuum injectione, transgressiones Fidei et Sacramentorum in quibus proximus et Ecclesia non est lesa, misericorditer relaxamus. Hec etiam beneficia concedimus omnibus qui predicto sancto, infra adventum Domini, beneficia sua attulerint vel transmiserint (1).

Arch. de l'Orne, H. 2,162.

Lettre originale, parchemin, scellée à double queue de parchemin, traces du sceau. Au dos, en écriture gothique : « Carta de processionibus. LCXXXVIII. »

(1) Il y a lieu de remarquer le style oratoire de cette pièce. C'est bien, dans toute la précision du terme, une lettre pastorale de l'évêque Silvestre, le premier document connu en ce genre dans l'histoire des évêques de Sées. L'expression est correcte, la période, ample et nombreuse, ne manque pas d'élégance. Elle témoignera de la culture intellectuelle du clergé de Sées, au commencement du XIII siècle, en même temps qu'elle fournit un argument en faveur du dogme catholique de l'intercession des Saints et de la piété de nos ancêtres pour le culte des saintes Reliques.

N° 42.

1212. — *Accord entre les religieux de Bellême et Guillaume de Lonré touchant les fours de Bellême et le bois nommé le Val-aux-Clercs, en vertu duquel lesdits religieux n'auront point de four audit lieu; mais ils prendront sept deniers par chaque fournée qui se fera dans le four dudit Guillaume, qui leur donne, en outre, cinq arpents de bois, le plus proche de leur terre.*

Ego Guillelmus de Longo Radio, miles, notum facio universis hanc paginam inspecturis quod cum inter abbatem et conventum Majoris Monasterii et Rag[inaldum] priorem et monachos de Belismo, ex una parte, et me, ex alia, verteretur contencio super furnis de Belismo et super nemore quodam, quod appellatur Le Val as Clercs; tandem in curia domni Regis apud Belismum, coram Fulcone Quarrel, milite, et Bartholomeo Drogon, qui tunc temporis erant ballivi de Belismo, sedata est predicta contencio in hunc modum; scilicet quod abbas et monachi furnum quem habere volebant non habebunt apud Belismum, nec alibi aliquem furnum habebunt, infra metas divisas, scilicet inter Belismum et Serigni; inter Belismum et Sicam Terram, nec inter Belismum et Mesine, usque ad molendinum de Ausneel. Sed in furno meo de Belismo habebunt septem denarios Perticensis monete, in una quaque furneia decimo septimane. Insuper eisdem concessi quinque arpenta terre nemoris mei de Looneio, ubicumque habere poterunt propinquiora juxta terram illorum. Hanc pacis compositionem jamdictus R[aginaldus] prior Belismi et ego fidem corporaliter prestitimus et supra sacrosancta juravimus firmiter ad tenendam. Hoc firmum esse volens et inconcussum, presentis scripti annotatione sigilli mei munimine roboravi. Actum anno Dni M CC duodecimo.

Arch. de l'Orne, H. 2,166. Charte originale, sceau pendant à des lacs de fil rouge et vert dont il reste une partie. Au dos : « Carta Guillelmi de Longo Radio XXXI.

Bibl. nat., ms. lat. 5,441, t. II, f° 313. Copie suivie de ces mots : « Scellé en cire brune, sur lacs de soye verte et rouge. »
Le sceau est dessiné dans le ms. de Gaignières.

N° 43.

Février 1214. Nouveau style : 1215. — *Charte de Thomas, comte du Perche, déterminant les cas où ses chevaliers de la châtellenie de Bellême lui doivent la taille.*

Thomas, comes Pertici, omnibus, ad quos presentes littere pervenerint, salutem in Domino.

Ad universorum noticiam volumus pervenire quod milites nostri de Castellario Bellismensi talliam de feodis suis et hominibus suis nobis debent tantummodo feodaliter pro hiis quatuor rebus que sequuntur : Pro prima militia nostra; pro prima captione nostra de guerra; pro militia filii nostri primogeniti viventis, et pro prima filia nostra maritanda. Preter, has tallias, nec a militum feodis nec ab eorum hominibus tallias possumus feodaliter extorquere. Et ne hujus modi libertas ab aliquo heredum nostrorum in posterum infringatur, eam sigilli nostri caractere fecimus communiri.

Actum anno gratie 1214, mense februario.

Arch. de l'Orne, H. 2,164. Original en parchemin.

Bibl. nat., ms. lat. 5,441 f° 325. Copie, suivie de ces mots : « Scellé en cire brune, sur lacs de parchemin. »

Cette charte a été publiée par M. le Vte de Romanet dans les *Chartes du Perche*, p. 6.

La copie du ms. de la Bibl. nat. nous a conservé le dessin du sceau qui a disparu sur l'original.

Cette Charte figure aussi dans l'*Histoire des Comtes du Perche*, par M. O. des Murs.

N° 44.

Marchainville, 1217. — *Charte de Thomas, comte du Perche, par laquelle il donne aux religieux de Saint-Léonard de Bellême le droit d'usage du bois mort dans la forêt dudit lieu, à raison de la charge de quatre ânes chaque jour.*

Universis fidelibus presentem paginam inspecturis, Thomas, comes Pertici, salutem in Domino.

Ad universorum noticiam volumus pervenire quod cum prior et monachi Sancti Leonardi de Belismo Majoris Monasterii, in foresta mea de Belismo, que dicitur Hermufeti, se habere dicerent, ad usagium domus dicte, omne nemus mortuum, quantum quatuor asini, ter in die, apud Belismum et Sanctum Martinum adportare possent; et hoc, in tempore antecessorum nostrorum, dicte domus prior et monachi per multa tempora possedissent, licet id a nobis aliquando eisdem fuerit contradictum : Nos tamen, salutem anime nostre et antecessorum nostrorum tandem misericorditer attendentes, volumus, concedimus, et imperpetuum in puram elemosinam confirmamus quod prior et monachi predicti, in predicta foresta nostra, percipiant, pacifice et quiete, quercum et fagum sicas stantes, et boulum et salicem et marem salicem, et alnum et arrablum et boldenam et omne genus mortui nemoris, preter charmum et trenblium et fraxinum, quantum quatuor asini ad predicta loca, ter in die, poterunt adportare. In venditionibus autem nostris novis, nichil percipient, donec decem anni a venditionis tempore sint elauxi. Si autem contigerit quod prefati monachi, in predicta foresta, non possint de predictis generibus nemorum usagia sua more prescripto sufficienter invenire, forestarius noster, ab eisdem vel eorum nuntio propter hoc requisitus, in ipsa foresta eis tenebitur demonstrare et providere de alio nemore unde quatuor asini ter in die sufficienter valeant honerari. Si autem forestarius ibidem assignatus id malitiose distulerit sive noluerit providere, dicti monachi vel famuli eorum asinos suos, juxta numerum pretaxatum in predicta foresta de alio nemore poterunt honerare.

Cum autem prior et monachi sepedicti in predicta foresta, in predecessorum nostrorum temporibus habuissent pascua libera ad usum duarum equarum et sex boum, nos eisdem idipsum concedimus libere et pacifice ad assignationem forestarii nostri perpetuo possidendum. Ne autem hoc possit alicujus malitia in posterum perturbari, sed imperpetuum obtineat firmitatem, in confirmationem predictorum et testimonium presentem paginam fecimus sigilli nostri munimine confirmari.

Actum est hoc anno gratie M CC XVII. Apud Marchevillam.

Arch. de l'Orne, H, 2,153.
Le sceau perdu.

Il y a deux exemplaires de cette charte, de même forme et grandeur et de même date. Le second était scellé sur queue de parchemin.

Au dos, on lit en écriture gothique : « Carta de ussagio foreste de Bell »,
et en écriture du XVIII siècle : « Usages et Panages. Domaines. — Prieuré de Bellême.

Bibl. nat., ms. lat., 5,441, t. II, fº 326. Copie abrégée suivie de ces mots : « Scellé en cire brune, sur une tresse ou ruban de soye blanc et rouge, dessiné cy-devant. »

Nº 45.

1217-1226. — *Lettre de Gouffier de Villerai, gouverneur du château de Bellême, à Guillaume, évêque de Châlons et comte du Perche* (1), *où il lui rend compte du compromis passé avec le prieur de Bellême, du temps de son frère Geoffroi, aux fins de construire une écurie pour loger ses chevaux.*

Reverendo Patri ac Domino suo, G[uillielmo], Dei gratia Catha-

(1) Guillaume, quatrième fils de Rotrou IV, comte du Perche, d'abord archidiacre et trésorier de Bruxelles, ensuite trésorier de Saint-Martin de Tours, prévôt de Chalestre, prévôt et chancelier de l'église de Chartres, en 1211, fut nommé évêque de Châlons en 1215. Il fit, en 1217, hommage

laumensi episcopo, et Comiti Perticensi Goserus (1) de Villereio suus devotus miles et ad omnia que voluerit promptum pro salute.

Noverit Reverencia vestra quod ego, de voluntate et mandato G[aufridi], comitis, fratris vestri felicis recordacionis, accessi Belismum, custoditurus castellum suum, et cum non invenissem stabulam (2), in qua mei equi potuissent jacere, volui ibi construere stabulam sed nullatenus potui sine mandato prioris; et cum haberem mandatum prioris, prior, ex voluntate sua, mihi tradidit ligna et lapides ad predictam stabulam faciendam. Et hoc vobis certifico et hujus rei bene reminiscor. Valete.

Arch. de l'Orne, H. 2,164. Original parchemin, sceau disparu.

Bibi. nat., ms. lat. 5,441, t. II, fo 312 vo. Copie suivie de ces mots : « Scellé en cire brune dessus, blanche en dedans, sur queue de parchemin. » Le sceau dessiné par Gaignières, fruste et sans exergue, représente, au droit, une femme à cheval.

Copie dans le Rouleau du Cartulaire coté 3, sous le no 59. *Arch. de l'Orne,* H. 2,170.

N° 46.

Saint-Martin ; 1222. — Nouveau style : 1223. — *Nomination par Gervais, évêque de Sées, sur la présentation de Renaud de Villerai, prieur de Saint-Léonard-de-Bellême, de Nicolas d'Aunai, prêtre, au titre de vicaire de Saint-Martin-du-Vieux-Bellême.*

Fidelibus Christi presentes litteras inspecturis, Gervasius, divina miseratione dictus espiscopus sagiensis, salutem in omnium Salvatore.

Scire volumus universos quod ad presentationem Renaldi de Vileroi, prioris Sancti Leonardi de Belismo, vicariam ecclesie Sancti Martini de Veteri Belismo, dilecto nostro Nicholao de Alneto, presbitero, divine pietatis intuitu duximus conferendam.

---

au roi pour le comte du Perche, dont il devient l'héritier par la mort de son neveu, Thomas, mort sans postérité. Insigne bienfaiteur des églises et des monastères du Perche, il sut allier le courage à la générosité. Nous aurons l'occasion de retrouver plus d'une fois son nom dans le Cartulaire. On peut consulter sur la partie de sa vie, qui intéresse notre contrée, M. le Vte de Romanet, *Géographie du Perche,* p. 58; M. O. des Murs, *Histoire des Comtes du Perche;* et M. l'abbé Fret, *Chroniques Percheronnes,* t. II, p. 363 et suiv.

(1) Ms. Bibl. nat. : *Goterus;* probablement pour *Goferus,* mauvaise traduction de Gouffier dont la forme latine est *Vulferus.*

(2) Ms. Bibl. nat. : *tabulam.*

Super qua donatione, ut perpetuam habeat firmitatem, presentes litteras emisimus, sigilli nostri appensione munitas.

Datum XVI calendas aprilis, anno gratie 1222.

Bibl. nat., ms. lat. 5,441, t. II, f° 391. Copie suivie de ces mots : « Scellé en cire verte sur lacs de parchemin ; le sceau rompu. »

N° 47.

1232 — *Charte de Hugues, évêque de Sées (1), réglant le différend soulevé entre le prieur de Bellême et les bourgeois de Bellême, relativement à la dîme du vin de leurs vignes, aux droits de coutume dans les marchés et sur les terres des dits bourgeois dépendants du prieuré ; par laquelle charte, franchise de tous droits est accordée aux dits bourgeois, qui, de leur côté, s'engagent à payer, à titre de dîme, la treizième partie du vin de leurs vignes.*

Hugo, miseratione divina dictus episcopus Sagiensis, universis presentes litteras inspecturis salutem in omnium Salvatore.

Ad notitiam singulorum volumus pervenire quod cum inter venerabiles viros et religiosos abbatem et conventum Majoris Monasterii et priorem eorum de Belesmo ex una parte, et burgenses de Belesmo ex altera, super hoc quod idem prior de Belesmo, pro dictis abbate et conventu, a dictis burgensibus petebat decimam vini vinearum suarum, et super hoc quod ipse prior de Belismo pro dictis abbate et conventu, a dictis burgensibus, in omnibus nondinis et terris ad prioratum de Belismo pertinentibus, costumas petebat, contentio verteretur, tandem de bonorum virorum consilio, post multas et longuas altercationes, amicabilis compositio intervenit in hunc modum, quod dicti abbas et conventus et dictus prior voluerunt et concesserunt burgenses de Belesmo et eorum heredes permanere in perpetuum liberos et inmunes ab omnibus costumis in omni feodo et donmannio et in universis nondinis ad prioratum de Belesmo pertinentibus et pertinere valentibus, in futurum; ita tamen quod ista libertas quantum ad dictos abbatem et conventum et priorem pertinet, in comitatu Perticensi penitus extendatur. Dicti vero burgenses juraverunt se annuatim reddituros, pro decima, domui prioratus

---

(1) Hugues II, d'abord prieur du Chapitre de Sées, dut à l'élection de ses confrères de prendre rang parmi nos évêques (1228). Il fut, en 1231, l'un des prélats consécrateurs, avec Maurice, évêque du Mans, de l'église de Tironneau. Il mourut l'an 1240.

Cette charte peut fournir une nouvelle preuve de l'existence de larges libertés communales, au XIII° siècle.

de Belesmo tertiam decimam partem vini vinearum suarum, quas modo possident et in posterum possidebunt, in decimatione dicti prioratus constitutas, ad tertiam decimam [partem] reddendam se ex heredes suos in perpetuum obligantes. Ne autem contra superius annotata malignus quispiam venire valeat in futurum, ad peticionem partium presentes litteras scribi fecimus sigilli nostri testimonio roboratas. Actum anno Domini 1232.

Bibl. nat., ms. lat. 5,441, t. II, f° 330. Copie suivie de ces mots : « Scellé en cire verte sur un ruban de soye rouge meslé de blanc : dessiné aux évêques de Sées. »

N° 48.

1250. — *Suplique de Geoffroi, abbé de Marmoutiers, à la reine Blanche, afin d'être autorisé à transporter dans l'église de Saint-Martin-du-Vieux-Bellême les reliques de saint Léonard* (1).

Universis presentes litteras inspecturis, fratres Capituli Majoris Monasterii Turonensis, et frater Gaufridus, permissione divina, minister humilis eorumdem salutem in Domino.

Cum populus Cristianus commode ad corpus sancti Leonard et quasdam alias reliquias, que sunt reposite causa venerationis in quadam capella nostra, sita in fortricia de Belismo, accedere non posset, supplicari fecimus illustrissime domine B[lanche], Dei gratia Francorum Regine, ut permitteret nos dictum corpus et reliquias defferre ad ecclesiam Sancti Martini de Veteri Belismo, et monachi in dicta capella commorantes, in eadem ecclesia Sancti Martini morari valerent, et ibidem Deo et supradicto Sancto devote famulari. Que ex benignitate sua nostris annuit postulatis.

Nos autem prioratum nostrum predictum Sancti Martini de Belismo ad hoc obligamus, firmiter promittentes quod, quandocumque a dicta domina Regina, seu domino Rege, vel ejus heredibus, seu a mandato ipsorum requisiti fuerimus, predictum corpus, sicut in cassa argentea continetur, et reliquias, ad dictam capellam reportabimus, et dictos monachos vel alios, prout fieri consuevit, ad dictam capellam remittemus, ut morentur ibidem.

In cujus rei memoriam, presentes litteras fecimus sigillorum

(1) La date de cette supplique marque le point de départ de la décadence du prieuré de Saint-Léonard de Bellême. Celui de Saint-Martin du Vieux-Bellême, au contraire, va reprendre sa primauté, et nous verrons les donations et les contrats divers se faire de plus en plus à son profit. Bientôt même, Saint-Léonard perdra son titre de prieuré et n'aura plus que le titre d'une humble chapellenie et sacristie.

nostrorum munimine roboravi. Actum anno Domini M CC quinquagesimo, mense septembri.

Arch. nat., J. 176 (Trésor des Chartes. Tours, II), n° 12. Original scellé sur double queue. Indiquée dans le registre XXXI, f° LXI bis, verso, c. 1, n° CVI.

Cette supplique a été publiée dans les *Mémoires de la Société des Antiquaires de Normandie*, t. XVI, p. 82, n° 486.

N° 49.

Latran; 11 février 1254. — *Vidimus d'une bulle d'Innocent IV par laquelle il défend aux commissaires délégués ou exécuteurs de ses ordres et décrets, et même aux Légats, de prononcer de sentence d'excommunication contre l'abbaye de Marmoûtier, les prieurés en dépendants, ni contre les religieux de ladite abbaye et ses membres. Devant l'official de Tours, le samedi avant la saint Barthélemy 1332* (1).

Universis presentes litteras inspecturis et audituris, Officialis Curie Cenomanensis salutem in Domino. Noveritis nos vidisse et diligenter inspexisse de verbo ad verbum quasdam litteras vera bulla plumbea, more curie romane, bullatas, ut primo apparebat, non carcellatas, non abolitas, non abrasas, nec in aliqua sui parte viciatas, sed omni suspicione carentes. Quarum tenor talis est :

Innocentius episcopus, servus servorum Dei, dictis filiis abbati et conventui Majoris Monasterii Turonensis, ordinis sancti Benedicti, ad Romanam ecclesiam nullo medio pertinenti, salutem et apostolicam benedictionem.

Apostolice Sedis benignitas sincere obsequentium vota fidelium amore benevolo prosequi consuevit et personas illorum quos in sua devocione promptos invenit et ferventes, quibusdam titulis decencius decorare. Ut igitur ex speciali devotione, quam ad Nos et Romanam ecclesiam habere noscimini, et etiam obtentu dilecti filii Guillelmi magistri scolarum Parmensium, Sancte Romane ecclesie vice cancellarii, qui vos et monasterium vestrum affectione plena prosequitur, sentiatis vobis favorem apostolicum non modice accrevisse, auctoritate vobis presenciarum indulgemus ut nullus delegatus vel subdelegatus, executor aut eciam conservator auctoritate litterarum apostolice sedis vel legatorum ipsius in vos vel aliquem vestrum, seu monasterium vestrum, et prioratum ad id monasterium pertinentem eorumque per-

(1) Ce privilège, n'appartenant que par extension et communication au prieuré de Bellême, est cependant utile à conserver pour faire connaître quel crédit et quelles exemptions extraordinaires possédaient les moines de Marmoutier.

sonas, excommunicationis, suspensionis vel interdicti sententiam promulgare, aut interdicere vobis vel personis corumdem prioratuum ingressum ecclesie valeat, absque speciali mandato Sedis ejusdem, faciente de hac indulgentia ejusque toto tenore de verbo ad verbum plenam mencionem, et si in eisdem litteris contineatur expresse ut aliqua ipsius Sedis indulgencia, cujus tenorem in eis totaliter inseri opporteat, non obsistat. Nulli ergo omnino hominum liceat hanc paginam nostre confirmacionis infringere, vel ei, ausu temerario, contraire. Si quis autem hoc attentare presumpserit, indignationem Omnipotentis Dei et beatorum Petri et Pauli, apostolorum ejus, se noverit incursuum.

Datum Laterani, in idibus februarii, pontificatus nostri anno undecimo.

Quod autem vidimus testamur. Datum teste sigillo curie Turonensis die Sabati ante festum beati Bartholomei anno Domini M CCC tricesimo secundo. J. PAUMIER.

Facta est collatio per me J. Paumier et Steph. Guillon, clericum.

Arch. de l'Orne, H. 2,155. Original parchemin. Le sceau à disparu.

N° 50.

Février 1275; nouv. style, 1276. — *Donation par Hugues de Nocé, seigneur de Rocé (1), au prieur et au couvent de Saint-Martin-du-Vieux-Bellême, de toutes les tailles, exactions, redevances et autres services, de tout le domaine, fief, droit, justice et ressort, de tous les profits et émoluments qu'il peut avoir sur les différentes censives sises en son fief, à Saint-Martin-du-Vieux-Bellême, à charge par ledit prieur de lui rendre chaque année une paire de gants, d'une valeur de six deniers tournois.*

Universis presentes litteras inspecturis, Ego Hugo de Noccio, armiger, dominus de Roza, salutem in Domino.

Noveritis quod ego, de assensu et voluntate heredum meorum, quitavi, dedi, concessi et tradidi viris religiosis, priori et monachis prioratus Sancti Martini de Veteri Bellismo, et suis successoribus omnes talias, exactiones, redebentias et omnia quecumque alia servitia, omne dominium, feodum, jus, justitiam et districtum et omnia emolumenta et explectamenta, que ego et heredes mei habebamus seu habere poteramus in censiva heredum defuncti Juliani Nihart, in censiva Guillermi Levilain, in censiva heredum defuncti Gir[ardi] Levesque, in censiva Guillelmi Coenet, in

(1) Il est curieux de constater à deux cents ans de distance, et tout juste au moment où le prieuré de Saint-Martin reprend son importance, cette nouvelle générosité du seigneur de Rocé, successeur du premier fondateur de la maison.

censiva Colini Chazemoene, in censiva presbiterii Sancti Martini, in censiva Durandi Dessol, in censiva *à la Barbette*, in censiva Roberti Dessæ, in censiva Amauri de Cortiout, et in censiva Colini Borgère, prout dicte censive, in terris, ortis, domibus et rebus aliis se proportant, et site sunt in meo feodo, in villa Sancti Martini ; de quibus omnibus supradictis dictos religiosos in plenam posui possessionem, omnia predicta in jus et proprietatem eorum convertendo, volens et concedens quod predicti religiosi et sui successores omnia predicta, de me et meis heredibus, imperpetuum teneant et possideant, libere et quiete, reddendo exinde ab ipsis michi et meis heredibus, seu meo et heredum meorum alecato, apud Rozae, in crastino Sancti Leonardi, seu infra Octabas dicti festi annuatim imperpetuum, unum par cerotharum, valore sex denariorum turonensium annui et perpetui redditus, tantummodo pro omni talia, rachato, exactionibus, redebentiis, et pro omnibus aliis serviciis quibuscumque ad me et heredes meos, et ad quoscumque alios pertinentibus quoquo modo, salvo tamen jure capitalium dominorum.

Si forte contigerit aliquem in dictis censivis in manifesto reatu latrocinii deprehendi per dictorum religiosorum homines, ipsum deprehensum alocatus dictorum religiosorum et homines dictarum censivarum et alii homines terre mee, quos serviens meus ab alocato predicto super hoc requisitus [vocaverit], ad domum meam de Rozae ducere tenebuntur, nisi vi vel impetu manifesto manus alocati dictorum religiosum evaserit, seu per vim capitalium dominorum. Ita tamen quod omnia mobilia presentia dicti deprehensi cum suo forefacto, et alia mobilia in dictis censivis forefacta vel inventa, que mea vel heredum meorum esse deberent, predictis religiosis, sine mei vel heredum meorum contradicto pacifice remanebunt.

Insuper ego, prefatus Hugo, volui et concessi quod ego et heredes mei in predictis censivis nullam possimus vel poterimus exercere justitiam, nisi tantummodo pro non soluto redditu et emenda. Ad hec autem omnia et singula tenenda firmiter et fideliter observanda, contra omnes garantizanda et erga capitales dominos defendenda, me et heredes meos et bonorum meorum possessores ante dictis religiosis et suis successoribus perpetuo obligavi, per presentes litteras sigillo meo sigillatas, quas eisdem contuli, in hujus rei testimonium et sessinam.

Actum anno Domini M CC LXXV, mense februario.

Arch. de l'Orne, H. 2,212. Charte originale parchemin, sceau arraché.
Au dos, en caractères gothiques : « Littere Hugonis domini de Roceio. »
Plus bas : « Lettre comme nous sommes tenuz au seigneur de Rossay d'une père de guants du pris de six deniers à payer à la Saint Léonard ou dedans les ottaves. » (Ecriture du XVᵉ siècle.)

N° 51.

Alençon; 4 mai 1300. — *Sentence de l'échiquier d'Alençon adjugeant au prieur de Saint-Martin-du-Vieux-Bellême comme seigneur haut-justicier de Dancé les biens confisqués sur Jean le Barbier de Dancé, accusé du meurtre de Robert Raut, écuyer, et condamné par contumace.*

A tous..... le Baillif d'Alençon, salut.

Comme Johan le Barbier, de Dancé, eust esté accusé qu'il avoit multri Robert Raut, escuyer, et ledit Johan eust esté apelé à droyt Monseigneur le Conte pour le fet dessusdit, lequel Johan ne vint point, ainz fut forbenny; et religieus homme le prieur de Saint Martin de Vieil Bellesme nos eust requis que nos li rendisson les biens dou dit benni, que nos tenions en la main nostre seigneur le Conte, quar icelui banni est de sun fyé de Dancé, où il aveue à avoir toute haute justice, dou don as ancessours de Villerail qui le dit fyé donèrent à ladite priourté..... et illi avoient haute justice en celui fyé..... et puis le don fet, qui fut fet cent et nuef ans a, avoient usé en celuy fyé de haute justice en plusieurs cas qui haute justice touchoient..... à la parfin, en l'eschiquier qui fut à Alençon, le mercredi après la Sainte Croix de May, l'an de grâce 1300..... li fut ajugié que les biens doudit benni..... li seraint délivrez, come sun droit.

En tesmoing avons mis le sael de la baillie d'Alençon.

Bib. nat., ms. lat. 5,441, t. II, f° 319.

N° 52.

Sées; mai 1322. — *Accord entre Guillaume, évêque de Sées, Jean, abbé, et les religieux de Marmoutiers, Olivier, prieur de Saint-Martin-du-Vieux-Bellême, Etienne, prieur de Perrierres, touchant les droits de procuration que ledit évêque prétendait avoir sur lesdits prieurés, par lequel, après avoir consulté leurs amis et délibéré entre eux, ils ont statué qu'il sera payé annuellement audit évêque par le prieur de Saint-Martin-du-Vieux-Bellême la somme de 14 l. pour tenir lieu desdits prétendus droits sur ledit prieuré, s'il arrive qu'il aille aux prieurés de Sainte-Gauburge, de Dame-Marie, ou à l'église paroissialle de Saint-Martin, et celle de 7 livres par celui de Perrières, s'il arrive qu'il aille aux monastères de Falaise ou de Saint-Pierre-sur-Dive, une fois chaque année.*

Ratifié par le Chapitre de Sées et par le Chapitre général de Marmoutiers au mois de mai 1302.

Universis presentes litteras inspecturis, Guillermus, permissione divina Sagiensis episcopus (1), et frater Johannes, eadem permissione humilis abbas Majoris Monasterii Turonensis, totusque ejusdem loci conventus, et fratres Oliverius Beati Martini de Veteri Belismo, et Stephanus de Petrariis prioratuum priores, dicto Majori Monasterio subjectorum, salutem in Domino.

Noveritis quod cum inter nos Guillelmum dictum episcopum ex una parte, et nos Abbatem et conventum et priores predictos, ex altera, verteretur seu verti speraretur materia questionis super eo quod nos, dictus episcopus, dicebamus duas procurationes in prioratu Sancti Martini predicti et unam in prioratu de Petrariis et a prioribus prioratuum predictorum debere habere, ratione dictorum prioratuum et ecclesiarum ad dictos prioratus spectantium tam de jure communi et antiqua et approbata consuetudine et observata, a tempore a quo memoria non existit, quam per plures alias rationes, dum nos prefatus episcopus ad dictos prioratus causa visitationis plebis faciende, seu procurationis habende descendere curaremus; et maxime quia nos et ecclesia nostra Sagiensis, a tempore a quo memoria non existit, per predecessores nostros fueramus et eramus et adhuc sumus in quieta possessione juris habendi et percipiendi dictas procurationes in dictis prioratibus vel a prioribus eorumdem; — Nobis,

(1. Guillaume Mauger, successeur au siège de Sées de Richard de Scutilly, mort le 21 novembre 1319, montra beaucoup de bienveillance et d'affection pour la chapelle de Saint-Léonard de Bellême. Il lui fit, raconte D. Marin Prouverre, « de grands dons et largesses ; en sorte que ce fut lui qui renouvela le décret qu'avait fait son prédécesseur touchant les processions des doienués et paroisses de Bellême et de Corbonnois, à être faites le mercredi des Rogations, mais, d'abondant, il désira que son corps y fût inhumé après son trépas ; ce qui arriva. Car après avoir dignement gouverné cette église, l'espace de 37 ans, il mourut à Sées, plein de jours et d'honneur, l'an 1356 ; et son corps fut solennellement porté à Saint-Léonard et posé dans un tombeau élevé de trois pieds de terre, avec son effigie en relief dessus. Les os et les cendres de ce vénérable prélat reposèrent paisiblement en ce lieu jusqu'en 1562, que la rage et les fureurs de l'hérésie, qui ne pardonnait alors ni aux lieux sacrés, ni aux cendres des morts, pilla ce temple, brisa ce sépulchre, en arracha les os, et, par une barbare inhumanité les prophana et brûla pour en jeter les cendres au vent. » *Histoire du diocèse de Sées*, ms.

René Courtin ajoute : « Il se plaisait au Perche ; il y fit bâtir un logis à La Perrière qui fut ruiné durant la guerre des Anglais. Le lieu où il était est encore appelé de présent : *La Place de l'évêque Mauger*. Plusieurs qui vivent encore ont vu son tombeau, lequel fut rompu en même temps que les reliques de saint Léonard furent brûlées et la châsse d'argent, où elles étaient, volée. Ce tombeau était couvert d'une lame de cuivre, en laquelle était gravée la figure d'un évêque. »

abbate et conventu et prioribus predictis, et contrario dicentibus
et asserentibus nos priores et prioratus predictos ad procurationem eidem episcopo quoquomodo non teneri, et nos priores
prioratum predictorum per privilegia Romanorum Pontificum
fore penitus liberos et immunes a prestatione procurationum
predictorum et nos esse specialiter in quieta possessione
libertatis vel immunitatis dictarum procurationum non pres-
tandarum, multisque allegationibus supra hoc habitis vel
quampluribus tractationibus prolocutis ; tandem attendentes
quod bonorum est hominum et precipue ecclesiasticarum personarum lites execrari, voluimus obviare periculis, dampnis et
incomoditatibus, que ex hujusmodi contentionibus et contro-
versiis in futurum possint nasci, ac nostrum et ecclesie successorumque nostrorum pacem acquirere cuperemus, Nos proinde
episcopus, cum capitulo nostro et aliis consiliariis nostris, et nos
abbas et conventus ac priores predicti, cum sociis et fratribus
nostris, et aliis consiliariis in capitulo nostro super hiis habitis
deliberationibus diligentibus, de bonorum virorum consilio ad
pacem et concordiam super premissis contentionibus et contro-
versiis devenimus unanimiter ad invicem in hunc modum,
videlicet : Quod dum nos episcopum vel successores nostros
quoslibet pro tempore, in propriis personis, seu per alium ex
privilegio Sedis Apostolice, ad prioratus Sancte Gauburgis, vel de
Domna Maria seu ad ecclesiam, seu ad ecclesiam parochialem
Sancti Martini predicti vel ad aliquam ipsorum causa visitationis
faciende seu procurationis habende declinare continget, semel
tamen dumtaxat in anno, prior Sancti Martini sepedicti, qui pro
tempore fuerit, nobis vel successoribus nostris, cuilibet pro
tempore, quatuordecim libras monete currentis, seu in moneta in
qua domini temporales recipient suos redditus annuales, pro predicta procuratione solvere tenebuntur, infra mensem a tempore
quod eidem priori, per nos vel successores nostros, quemlibet
pro tempore, significatum extiterit, nos et successores nostros,
quemlibet pro tempore, pro predictis causis ad dicta loca seu
eorum aliquem accessisse. Simili modo, dum nos episcopum vel
successores nostros quemlibet pro tempore, apud Falesiam seu
Monasterium Sancti Petri Supra Dyvam, pro causis predictis,
semel tamen dumtaxat in anno, contigerit accessisse, prior de
Petrariis, qui pro tempore fuerit, solvere tenebitur nobis et successoribus nostris, cuilibet pro tempore, septem libras monete
predicte, infra mensem, a tempore quo eidem significatum fuerit,
nos ad dicta loca vel eorum alterum accessisse, prout superius
est plenius expressum. Nosque sepedictus episcopus et successores nostri, quilibet pro tempore, contenti erimus et erunt

predictis sommis pecunie pro omnibus que ratione cujuscumque procurationis, a dictis religiosis vel eorum successoribus possemus vel possint quoquomodo petere vel exigere in futurum, nec ipsis prioribus seu prioratuum predictorum custodibus invitis resistentibusque seu expresse contradicentibus poterimus vel poterunt domos ipsorum seu grangias intrare vel eorum bona invadere seu etiam occupare ratione procurationum predictarum.
— Nos etiam predictus Abbas, conventus et priores, qui ex tota animi nostri intentione in pace et concordia vivere cupimus et tranquilla devotione Domino famulari, promittimus bona fide quod istam concordiam observabimus et eam observare faciemus inviolabiliter et quod contra eam non veniemus aliqualiter in futurum.

Actumque fuit expresse inter nos episcopum, abbatem et conventum et priores predictos quod per presentem compositionem exemptioni seu privilegiis et libertatibus dictorum Abbatis et conventus, priorum ac prioratuum predictorum in aliis non fiat prejudicium; nec etiam dicto episcopo vel suis successoribus in futurum. Fuit etiam actum quod ex utraque parte constituentur procuratores ad impetrandum et consentiendum in Curia Romana quod ista compositio a Sede apostolica confirmetur, et quod ab eadem Sede dentur executores in diocesi Sagiensi, qui auctoritate apostolica per censuram ecclesiasticam compellere valeant observare compositionem hujus modi recusantes.

Et ad omnia singula premissa observanda et de non veniendi contra aliqualiter in futurum, Nos predictus episcopus obligamus nos et successores nostros et bona episcopatus nostri. Nosque abbas et conventus et priores predicti ad omnia et singula premissa [solide?] obligamus nos et successores nostros et omnia bona prioratuum predictorum. In cujus rei testimonium Nos sepedictus episcopus et nos abbas et conventus et priores prefati presentibus litteris sigilla nostra duximus apponenda. Nos etiam Nicolaus prior et Capitulum Sagiense predicte huic presenti compositioni de nostris voluntate et assensu facte et quam in quantum in nobis est ratificamus, laudamus et etiam approbamus, sigillum nostrum commune apponi fecimus in testimonium premissorum.

Datum anno Domini millesimo trecentesimo vicesimo secundo, mense Maii apud Sagium et apud Majus Monasterium in capitulo generali.

        Signé : HAREL.   BRICIUS? avec paraphes.

Arch. de l'Orne, H. 2,207. Copie sur parchemin du 4 avril 1490, commençant par ces mots : « Datum per copiam, sub signis manualibus nostrum notariorum infrascriptorum et sigillo curie episcopalis Sagiensis, anno Domini Millesimo quadrengetisimo nonagesimo nono, die veneris quarta mensis aprilis post Pascha, illud quod sequitur. » L'écriture est fine et serrée, elle a souffert de l'humidité et certains passages sont d'une lecture difficile.

Bibl. nat., ms. lat., 5,441, t. II, f° 329. Extrait très abrégé suivi de ces mots : « Scellé de six sceaux de cire brune sur lacs de soye rouge et verte et ne reste que ceux-ci. » En effet, au bas de l'extrait on voit sur le manuscrit le dessin d'un fragment du sceau de l'évêque de Sées, avec cette mention : Dessiné ailleurs ; et les dessins du sceau et du contre-sceau de frère Jean, abbé de Marmoutier.

N° 53.

Paris ; juillet 1328. — *Lettres d'amortissement, concédées par Philippe VI, roi de France, de certains biens acquis dans le comté du Perche et sis dans les paroisses de Gémages et Condeau.*

Philippe, par la grâce de Dieu, Roy de France, nous faisons savoir à touz.... que comme les Religieux, les Prieur et Couvent de St-Martin du Viez-Belesme aient acquis, en noz fiez..... censives ou alleus du Perche, les choses qui s'ensuivent : c'est assavoir la métaierie de La Claye, qui fust Gieffroy de Sissé, escuyer, sise en la paroisse de Gémayges, ou fyé ou seigneur de Gémayges..... Item cinq soubz..... ou fié feu Gieffroy Daiville (1), chevalier, en ladite paroisse de Condel.....

Nous octroyons de grâce espécial, que lesdits religieux puissent à perpétuité retenir lesdiz acquez sans en finer et estre contrainz à les mettre hors de leurs mains..... Avons fait mettre nostre seel en ces présentes lettres.

Donné à Paris, l'an de Grâce 1328, au mois de Juillet.

Bibl. nat., ms lat. 5,441, t. II, f° 327. Extrait suivi de ces mots : « Scellé en cire verte du grand sceau sur lacs de soye rouge et verte ; dessiné ailleurs. »

N° 54.

Alençon ; 20 janvier 1333. — Nouveau style : 1834. — *Droit de colombier accordé par le comte du Perche au prieur de Saint-Martin-du-Vieux-Bellême.*

Nous, Charle de Valois, frère du Roy de France, conte d'Alençon et du Perche, faisons savoir à touz ceus qui ces lettres

---

(1) Il nous semble plus que probable que le texte original était *d'Amillé* ou *d'Amilli* et que le copiste qui a fait l'extrait conservé dans le ms. 5,441 a pris l'm pour un i et un v.

verront, que nous de grâce espetial avons ottroyé à notre amé le Prieur de Saint Martin du Viez Belesme que il puist audit lieu faire et avoir un colombier sur le sien lieu propre.

Donné à Alençon, le xxe jour de janvier, l'an de grâce mil ccc trente-trois.

Arch. de l'Orne, H. 2,529. Original parchemin, sceau perdu.

N° 55.

Vieux-Bellême; 26 avril 1341. — *Permission accordée par le comte du Perche, au prieur de Saint-Martin-du-Vieux-Bellême, de faire venir l'eau de la Fontaine-des-Noës dans l'enclos du prieuré.*

A touz..... Charles de Valoys, frère du Roy de France, conte d'Alençon et du Perche, faisons savoir que nous avons ottroyé de notre grâce espécial à notre bien amé le Prieur de Saint Martin du Viez-Belesme, qu'il puisse faire venir, par conduit couvert, l'eaue de la fontaine dicte des Noës jusques dedans le prieuré, pour l'aisement de l'ostel; sauf notre droit et l'autrui, se aucun en va. Mandons à touz nos justiciers et subgets que au contraire [ils ne viennent].

Donné au Viez Belesme, le xxvie jour d'avril, l'an de grâce mil ccc quarante et un.

Arch. de l'Orne, H. 2,223. Original parchemin, sceau perdu.

N° 56.

14 mai 1336. — *Confirmation par le Chapitre et l'abbé de Marmoutiers de la fondation par Nicolas Le Roi, chevalier, et dame Jacquette, sa femme, d'une chapellenie, dans le prieuré de Saint-Martin-du-Vieux-Bellême, avec charge de trois messes chaque semaine, par le prieur et les religieux conventuels, et assignation d'une rente annuelle de quinze livres, dont l'amortissement a été fait.*

Universis presentes litteras inspecturis et audituris Fratres, capituli Majoris Monasterii Turonensis et Frater Symon, permissione divina, minister humilis eorumdem, salutem in Domino. Ad illa decet favorem et consensum benevolum liberaliter impertiri que divini cultus et animarum salutis respiciunt incrementum. Cum itaque nobilis et potens vir dominus Nicolaus Regis, miles, et domina Jaqueta ejus uxor, ad hoc ducti pie devocionis ardore, quandam capellaniam perpetuam fundaverint et instituerint in prioratu nostro de Bellismo, de cetero in perpetuum singulis septimanis, de tribus missis, videlicet quandiu vixerint, una de Sancto Spiritu, alia de Beata Virgine Maria, et alia de deffunctis, et post eorum obitum, omnibus de *Requiem*, per priorem et claustrales dicti prioratus, qui sunt et erunt pro tempore deserviendam, pro animarum ipsorum conjugum, et animarum deffunctorum Gaufridi Regis avi, Colini Regis patris et Allicie uxoris quondam dicti militis remedio et salute; et ad ejusdem capellanie fundationem, institutionem et dotationem dederint, contulerint, et assignaverint quindecim libras annui et perpetui redditus, amortizatas prout in litteris inde confectis latius continetur : Noveritis quod nos fundationi et institutioni predictis, nostrum tenore presentium prebemus assensum; premissaque omnia et singula, quatemus possumus et ad nos pertinet, laudamus, ratificamus, approbamus et perpetuam obtinere volumus firmitattem.

Et nolentes sicuti nec decet quod pia ipsorum fundatorum intentio in posterum defraudetur, immo illo quo possumus remedio super hoc providere volentes, Priori et claustralibus ipsius prioratus qui sunt et erunt pro tempore in futurum, exinc in virtute Sancte Obedientie districtius injungimus et mandamus, quod dictas missas de cetero singulis ebdomadis, modo et forma predictis celebrent in ecclesia prioratus ejusdem loci absque negligentia et deffectu; ipsosque ad hec tenore presentium condempnamus

In quorum testimonium sigillum nostrum presentibus litteris apponi fecimus et appendi.

Datum in nostro capitulo generali die martis post festum Sanctorum Nerei et Achillei. Anno Domini millesimo ccc tricesimo sexto.

Arch. de l'Orne, H. 2,220. Original parchemin, sceau perdu.

N° 57.

11 juin 1362. — *Confirmation par le comte du Perche de l'aumône de plusieurs rentes à l'église et au sacristain de Saint-Léonard de Bellême.*

Robert d'Alençon, comte du Perche, à touz ceuls qui ces présentes lettres verront salut. Saichent tous que comme plusieurs personnes aient ou temps passé lessié donné et aumosné à

(1) Sur Robert, comte du Perche, voyez M. le Vte de Romanet, *Géographie du Perche*, p. 84.

l'église de S. Lonart en notre chastel de Bellême, plusieurs rentes et héritaiges tant pour estre enterrez en la dicte église comme pour leurs anniversaires, lesquelles sont et appartiennent au segretain de la dite église, et sont assises sur plusieurs personnes, si comme plus applain apprès est contenu et descript en dessous. C'est assavoir : Cinq souls de rente que fait Macé le Tondeur, sur la maison du Fort : Item douze deniers de rente que fait Colin Sdené l'ainzné : Item sept souls six deniers de rente que font les hoirs feu Gervèse Leschepoys : Item cinq souls de rente que font Colin Sdenet le jeune et ses parçonniers : Item deubs souls de rente que font Regnault du Moulin et sa femme ; item vingt souls de rente sur Johan Guestre, donez de feu Giliot le Courtiller et sa fame ; Item cinq souls six deniers de rente sur Philippot Leschepoys l'ainzné : Item cinq souls sur Hamery Malherbe : Item treze souls de rente sur Colette la Chomarde, à cause de certains héritaiges que elle tient aumosnés de feue Ligon fame feu Colin Baudoin, et deux deniers de rente sur Guillaume Chomart à cause de partie d'iceux héritaiges : Item six souls de rente sur Pierre Cussart à cause de certains héritaiges qui sont assis aus Mares : Item deubs souls de rente que fait Denis de Coustart a cause de Reimonde sa fame sur sa meson du fort : Item troys souls de rente sur Gervese Feugeray donnez de feu Jehan Feugeray son père : Item deubs souls de rente que fait Guillaume le Brayer sur sa mesou du Fort : Item deubs souls de rente sur Hamon Chevalier : Item sept souls de rente que font Robert Bougot et ses frareschaux. Item cinq souls de rente sur Pierrot Mouchart iessiez de feu Guillaume du Plessels : Item vingt souls de rente sur le sire du Fay et ses frareschaux delessiez de feu messire Johan du Fay son père : Item vingt souls de rente sur Johan Rotrou lessiez de feu Eudin et Gillet les Guyoz : Item vingt souls de rente sur Marie d'Illers dame de Franvillers iessiez de feu Johan d'Illers son frère ; Item cinq souls de rente sur Guillaume de la Bretonnière pour feu Johan de Croisilles : Item quinze souls de rente que fait Johan du Fay fils feu Guillemet du Fay lessiez de feue Agate sa mère. Item troys souls six deniers sur Robine fame feu Guillaume Chauvet lessiez de feue Macée de Pomeray : Item vingt souls de rente que fait Robin Malenfant comme garde de ses enfants lessiez de feue Jehenne sa fame, mère de Gervese fils du dit Robin, pour elle et pour feue Macée sa fille et lessiez de feu Olivier Malenfant fils dudit Robin : Item cinq souls sur Johan Guybourch lessiez de feue Eudeline la Galerande et Alix sa sueur : Item six souls de rente sur Thomas Pasquier : Item deubs souls de rente sur Johan Tuaust à cause de sa fame : Item troys souls de rente sur Colin Chevalier et Robert Marchant lessiez de feue la mère dudit Colin : Item cinq souls de rente sur Girart des

Gardes dit Loigne, sur Colin son fils et leurs fames lessiez de Jehenne fame jadis Macot le Chastellain : Item dix souls de rente sur Johan Jambuef et Eudelline sa femme lessiez de feue Jehenne jadis fame feu Johan Feugeray : Item vingt souls de rente sur le sire de Valnoyse, lessiez de feuz Macot Huroz et sa fame : Item quatre souls de rente sur Johan Goaillart et Colin son frère lessiez de feue Jehane fame feu Gillebert Boulier ; Item cinq souls quatre deniers sur Johan Gaignart et seze deniers de rente sur les hoirs feu Colin Ribouleau lessiez de feu Philippot Chemin : Item deubs souls six deniers de rente sur Johan Marinis dit Georget lessiez de feu son père. Item troy souls sur Johan Aubin dit Pelletier ; Item deubs souls de rente que fait Johan le Viandier sur sa meson : Item six souls de rente sur Johan Pipon lessiez et donnez de feu Johan Louet : Item cinq souls sur Pierrot Bechebien lessiez de feu Johan Aliot l'ainzné : Item une pièce de terre en la paroisse de Saint-Martin de Viez-Bellême, si comme l'en vet de Bellême au moulin de la Ritoere, aboutant d'un bout aus terres Colin de Pigne et de l'autre bout aus terres feu Gervese du Pré, prisée valoir troys souls de rente : Item dix souls de rente sur Robin Olivier à cause de sa fame et Johan Beaumont lessiez de feu Perrot Gaignart. Toutes lesquelles chouses dessus dites sunt assises en notre contée du Perche et sunt prisées et assommées valoir 14 l. uit souls uit deniers de rente héréditaulx.

Frère Michel Bouys, segretain de la dite église a finé avecques noble homme et puissant messire Johan de Carrouges, chevalier, cappitaine de Bellême, et honorable homme et discret le viconte du Perche, pour toutes les chouses dessus dictes et desclarées a quarante-troys livres six souls ; desquels nous de notre bonne volenté donnons et ottroions audit Segrétain et à ses successeurs, pour le salut de notre âme et pour prier Dieu pour nous, en pure et perpétuelle aumône, la moitié entièrement ; et de l'autre moitié nous nous tenons entièrement pour bien poiez dudit Segretain, pour la finance de toutes les chouses dessus dictes, et l'en quittons et ses successeurs, et voulons et ottroions que ledit segretain et ses successeurs et ceulx qui aront cause de eulx, tiengent poursient et esploettent, puissent tenir pourssoair et esploetter peziblement à touz jours mes des ores en avant, toutes les chouses dessus dictes et chascune d'icelles et en facent puissent faire plenièrement leur volenté, sans ce que nous, ou nos hairs ou ceulx qui auront cause de nous, les puissent pourforcier et les mestre hors de leurs mains ne prendre ne mettre en nostre main pour ceste cause, ne les pourforcier ne contraindre à plus en finer ou temps à venir, retenu à nous et à ceulx qui aront cause de nous : la justice, le destroit, la seigneurie, l'obéissance et le ressort et tout notre autre droit, qui à nous appartient et sauf tout autruy droit. En tesmoing de laquelle chouse, nous avons donné audit segrétain et à ses successeurs ces présentes lettres scellées de notre seel.

Ce fut fet et donné l'an de grâce mil trois cenz sesante et dez le mardi xi° jour de juing.

Signé dans le repli J. Busnel avec paraphe.

Arch. de l'Orne, H. 2,165. Charte originale parchemin, sceau perdu.

N° 58.

23 juin 1386. — *Composition passée sous le sceau de Robert de Bourges, curé de Berd'huis, notaire, par laquelle Gillebert-Ade, recteur de Saint-Sauveur de Bellême, et Michel Le Dérablé, serviteur deladite église, se mettent à la merci de frère Michel Houys, moine de Marmoutier et sacristain de Saint-Léonard de Bellême, pour avoir sonné les cloches de Saint-Sauveur, au mépris du privilège qu'avait l'église de Saint-Léonard de sonner la première.*

Universis presentes litteras seu hoc presens instrumentum inspecturis evidenter pateat et sit notum quod, anno Domini millesimo trecentesimo ottuagesimo sexto, secundum usum curie romane, indictione nona, die vero sabbati in vigilia Beati Johannis Baptiste, que fuit vicesima tercia mensis junii, pontificatus SS^{mi} in Christo Patris ac Domini nostri Domini Clementis, superna providentia Pape septimi, anno ottavo, in mei publici notarii testiumque infra scriptorum presencia, fuerunt personaliter constituti venerabiles et discreti viri Gillebertus Ade, presbiter rectorque parochialis ecclesie Sancti Salvatoris, Sagiensis diocesis, et Robertus Baumel cappellanus et firmarius predicte ecclesie Sancti Salvatoris, die et tempore pretensis, et Michael le Derrablé familiaris et clericus cappellani prefati. Qui quidem rector et capellanus et clericus ejusdem, propter rationem et causam quam predictus Le Derrablé clericus, ut prefertur, pulsaverat seu sonnuerat pro vesperis, die veneris immediate precedente ante diem sabbati superius annotati, campana sive tympana in ecclesia Sancti Salvatoris predicte existentia, antequam pulsaretur seu pulsatum fuisset, pro tempore et hora vesperarum, in ecclesia Sancti Leonardi de Bellismo, et frater Michael Houys, commenachus Majoris Monasterii, ordinis Sancti Benedicti, sacrista ecclesie prefate Sancti Leonardi, personaliter accessisset seu venisset ad ecclesiam predictam Sancti Salvatoris die, tempore, et hora quibus prefatus Michael Le Derrablé, clericus cappellani prelibati, pulsabat campana in ecclesia antedicta Sancti Salvatoris, antequam pulsaretur seu pulsatum esset pro vesperis in Sancto Leonardo prout premittitur, et predictus frater Michael Houys sacrista Sancti Leonardi, ut predicatur, secum detulisset et deportasset bastalia campanorum sive tympanorum prefate ecclesie Sancti Salvatoris, propter rationem et causam videlicet quod campana pulsari non debebant in predicta ecclesia Sancti Salvatoris, donec primitus et antea pulsaretur in ecclesia Sancti Leonardi; predicti propter illum deffectum seu inobedientiam gagiaverunt emendare et reparare predictum deffectum omnino et omnimode ad voluntatem et plenariam bonam dispositionem et ordinationem predicti fratris Michaelis Houys, sacriste prefati. De quibus omnibus et singulis prefatus religiosus et honestus vir frater Michael Houys peciit publicum instrumentum sibi fieri per me notarium publicum infra scriptum.

Acta fuerunt hec in fortalicio de Bellismo, ante domum Johannis castellani, anno, mense, indictione, pontificatu et die predictis, presentibus ad hec discretis viris Nicolao Hugot, et Johanne Peterel presbiteris, Johanne Castellani receptore de Bellismo, Hamone millitis et Johanne ejus filio et Johanne Bruière antiquiore et Johanne de Moulons et Nicolao Nepotis, tam clericis quam laicis, Sagiensis diocesis, testibus ad premissa vocatis specialiter et rogatis.

Et ego Robertus de Bourges presbiter, rector parochialis ecclesie de Berduix, Sagiensis diocesis, publicus imperiali auctoritate notarius, omnibus et singulis premissis, ut prefertur presens interfui eaque sic fieri vidi et audivi una cum prenominatis testibus. Et in testimonium premissorum presenti publico instrumento, manu mea scripto, signum meum solitum, consuetum apposui requisitus et rogatus illud interlinear ubi *dictus noster* et illud ubi *dictis viris* fideliter aprobando.

Arch. de l'Orne, H. 2,168. Original parchemin. Pas de traces de sceau. Au dos quelques annotations contemporaines.

N° 59.

Mortagne; 24 juin 1455. — *Mandement de Jean, duc d'Alençon et comte du Perche*(1), *au Maître des Eaux et Forêts, de laisser jouir les prieur et religieux de Saint-Martin du Vieux-Bellême de leurs droits d'usage dans la forêt de Bellême.*

Jean, duc d'Alençon, Per de France, comte du Perche, vicomte

(1) Sur Jean II dit Le Beau, duc d'Alençon, comte du Perche, voyez M. le Vte de Romanet, *Géographie du Perche*, p. 87.

de Beaumont et seigneur de la Guierche, au maître des Eaux et Forêts de notre conté du Perche..... salut.

Pour ce que .... les Prieur et Religieux de S.-Martin du Vieil-Belesme, ont usage en nostre forest de Belesme de chesne sec et bois mort tant comme quatre asnes en peuvent porter par chacun jour..... vous mandons que dudit usage et droit vous les laissiez joyr..... car tel est mon plaisir.

Donné en nostre ville de Mortaigne, le 24 juin 1455.

Bibl. nat., ms. lat. 5,441, t. II, f° 327. Extrait suivi de ces mots : « Scellé en cire rouge, sur queue de parchemin. »

N° 60.

Bellême; 14 janvier 1473. (n. st.) — *Sentence rendue aux assises de Bellême, qui maintient le prieur et le couvent de Saint-Martin du Vieux-Bellême en possession de leur droit de haute justice, en leur fief de Dancé.*

Es assises de Bellesme tenuz par nous Jehan Denisot, lieutenant de noble homme Louys Labbé, seigneur de Bouchigny, bailly du Perche et cappitaine de Mortagne, le 14° janvier 1472 : comme les prieur et couvent de Saint-Martin du Viez-Bellesme maintensissent avoir droit de haulte justice en leur fié, terre et seigneurie de Dancé, du don d'un seigneur de Villeray, duquel droit ilz disoient avoir jouy en temps de paix, par tel et sy long temps qu'il devoit suffire, et que d'icelle justice le merrain ancien estoit encore sur le lieu, choist en ruyne, par le temps de la guerre ; et pour ce..... nous eussent requis en avoir congié d'icelle justice patibullaire, remettre sus et réédiffier, offrans informer de leurs droitz, jouissance et possession, et nous eussent présenté certaine lettres données en l'échiquier d'Alençon le mercredy d'après la Sainte-Croix en may l'an 1300 ; veu lesdites lettres, auctorizons lesdits religieux de faire et rééditfier ladite justice patibulaire audit lieu de Dancé..... Avons fait sceller ces présentes des sceaux dudit bailliage.

Bib. nat., ms. lat. 5,441, t. II, f° 322v°.

§ II.

Actes relatifs aux biens situés à Bellême ou à Saint-Martin-du-Vieux-Bellême.

N° 61.

Vers 1067. — *Donation par Robert de Pernant, à Marmoutier, de la terre de la Charavière, jouxtant leurs vignes de Rocé, et de la moitié de la dime de Vaunoise.*

Notum sit omnibus quod Robertus de Pernanto, dedit Sancto Martino et nobis monachis ejus terram de Charaveriis, que jungitur vineis nostris de Roceio (1) et medietatem decime de Valnoisia, concedente uxore ejus Hildesinde et filio ejus Herveo et filiabus suis. Concesserunt quoque hanc donationem Theodericus de cujus casamento erat et Girardus sororius ejus.

Testes sunt Warinus de Sancto Martino, Theodericus de Burccent, Odo frater Theoderici.

Bibl. nat., ms. lat. 5,441, t. II, f° 302v°.

N° 62.

1124-1137. — *Notice d'une donation faite aux religieux de Marmoutiers par Geoffroy, fils de Lambert de Braival, de 18 deniers de cens qu'ils lui devaient, chacun an, sur un certain moulin.*

Pateat omnibus, maxime nostris presentibus et futuris quod quidam miles de Belismo, Gaufredus nomine, filius Lamberti de Braival, in capitulum nostrum aliquando veniens, beneficii nostr, se participem fieri postulavit. Quod postquam accepit Dei amorei et anime sue mercede, decem et octo denarios Cenomanenses census nobis donavit atque concessit, quos ei monachi nostri pro quodam molendino et aliis que ab eo tenebant persolvebant, singulis annis. Hoc dono cum quadam virga domnum abbatem investivit camdemque postea super altare posuit audien-

---

(1) Les vignes de Rocé portent encore ce nom sur la carte d'État-Major, entre Rocé et Pernon, paroisse du Gué-de-la-Chaîne.

tibus et videntibus istis : Ex parte sua: Buchardo, Enjelbaldo Herbranno ; e nostris : Christiano, Martino utrisque de Hospicio et Gaufredulo Nannetensi. Affuit et Adam de Buri, qui in ipso capitulo nobis quamdam decimam dedit.

Actum est hoc tempore Odonis Abbatis (1), Bernardo domni Belismensi presidente.

Arch. nat., H. 2,209. Original parchemin bien conservé en beaux caractères.

Au dos, en lettres gothiques : « *De censu quem dedit nobis Gaufredus de Bravial. F. Sagien. — Belism.* :

En écriture du xviiie siècle : Circa 1130 et le titre ci-dessus

Bibl. nat., ms. lat. 5,441, t. II, fº 302ʳº.

N° 63.

1137-1155. — *Charte-notice de l'accord passé entre Robert, prieur de Bellême, et Robert Mâchefer, pour liquidation de quelques dettes dues audit Mâchefer par la maison et l'église de Saint-Léonard de Bellême, moyennant concession audit Mâchefer de la moitié des grosses dîmes des églises du Pin, de Colonard et de Dancé, pendant sa vie seulement.*

Quum generatio vadit et generatio advenit, solent que fuerunt nisi scripto retineantur multotiens oblivisci. Hujus rei gratia memorie presentium successorumque notitie presentis cartule veracitate mandamus quod Robertus prior Belismensis de debitis que domus et ecclesia Sancti Leonardi Roberto Maschefer debebat, et pro quibus de decimis ipsius ecclesie quasdam, jam aliquot annis invadere (forte ; tentaverat) tenuerat, de ipsis inquam debitis cum eodem Roberto ad hanc finalem concordiam venit, quod sepedictus Robertus dimidium de decimis annonarum de Pinu, de Curte-Leonardi et de Daunceio in vita sua tantummodo habebit, ejus siquidem conditionis tenore, quod omnia prius debita, pro quibus vades habuerat dimissa et condonata erunt. Et eo defuncto decime nostre ad nos libere et quiete sine cujuscumque contradictionis objectione redibunt. Fecit hoc siquidem prenominatus prior ex precepto ac voluntate domni Gar[nerii] (2) Majoris Monasterii Abbatis et consilio et assensu fratrum qui eo die morabantur in ecclesia Belismensi, et aliorum amicorum ecclesie nostre et sapientum qui erant in partibus illis, sciente et idipsum approbante Rotroco Comite Perticensi, Roberto Roberti Maschefer primogenito et aliis infantibus suis concedentibus et

(1) Eudes Ier fut abbé de Marmoutier depuis 1124 jusqu'à 1137.
(2) Garnier, abbé de Marmoutier, 1137-1155.

matre eorum Neptia quam idem Robertus pro uxore habebat. Preter hoc quoque dedit ei Robertus prior decem libras Cenomanenses ut et concordia hec firmior esset et ut erga ecclesiam nostram ejus affectum ac benevolentiam provocaret. Copiose autem multitudinis que ex utraque parte huic affuit actioni dignum duximus aliquos ad testimonium subnotari : Jarnigonius, Garnerius, Molo, Normannus, Isembardus, Andreas, omnes hii monachi; de laicis : Hugo de Noceio et filii ejus Gaufredus et Ogerius, Paganus, Guilelmus de Lonreio, Hugo de Roterio, Paganus Balduini et frater ejus Robertus, Guilelmus filius Dodonis, Tebaldus filius Garnerii, Guilelmus Pios, Guilelmus Rosel, Hubertus Evigilat-Canem, Hubertus Balbin, Robertus Graphart, Hernaldus famulus, Herbertus Oart, Guilelmus Sarazin, Bazardus famulus, Valterius propositus, Girboldus Esgareiz, Vuilelmus Basseir et alii multi.

Arch. de l'Orne, H. 2,154.

Charte netice sur une longue bande de parchemin; haut. 335m/m sur 94c/m larg. 28 lignes d'écriture gothique fine et se rapprochant de la cursive.

Au dos, en écriture gothique : « *De concordia cum Maschefer. Belismo Sagien.* »

Bibl. nat., ms. lat., 5,441, t. II, f° 301.

N° 64.

1194. — *Confirmation par Geoffroy, comte du Perche, de la donation faite par Guillaume de Gémages aux religieux de Marmoutiers de ce qu'il avait en la paroisse de Saint-Martin-du-Vieux-Bellême, consentie par tous ses parents qui peuvent y avoir intérêt.*

Laudabilis est scripture memoria, preterita enim deducit in presentem notitiam et que in presenti fiunt derivat in cognitionem posterorum et actiones humanas conservat et incommutabili loquitur veritate. Eapropter ego Gaufridus, Perticensium comes, ad conservationem memorie, ad robur negocii et perpetuam firmitatem ut dissolvi non possit presentibus et futuris beneficio hujus scripture notum fieri curavimus quod Guillelmus de Gemmagiis, miles, assensu et concessione Guilelmi Majoris de Corniis, dedit et concessit, accepta caritate centum et decem librarum conventui Majoris Monasterii et obedientie ipsorum de Belismo, totum tenementum et generaliter quidquid habebat apud S Martinum de Veteri Bellemio in perpetuam elemosinam; scilicet quidquid ibi habuerat Hugo de Praellis miles. Hoc autem concesserunt pater ejus et omnes fratres, uxor ejus et filius et omnes sorores, et alii amici et proximi ejus quorum assensus erat necessarius. Ego autem eandem elemosinam presenti pagina ad opus predictorum monachorum confirmavi et concessi in perpetuam possessionem, ut habeant eam, quiete, honorifice et pacifice, ut nullus eos super elemosina eadem audeat inquietare aut molestiam sive fatigationem aliquam inferre. Coram me enim data est elemosina et ego auctoritatem prebui et garantiam promisi, et garantizabo ego et omnes heredes mei. Testes sunt : Guillelmus de Lonreio senescallus; et Gervasius de Lonreio patruus ejus, Guilelmus Fortin, Gaufredus Trichart, Raginaldus Pesat, Hugo Maufe, Nicholaus de Valnosia, capellanus monachorum, Hugo de Crucifixo et plures alii. Actum est hoc sollempniter apud Belismum in ecclesia monachorum. Anno ab incarnatione Domini M° C° nonagesimo IIII°.

Arch. de l'Orne, H. 2,163. Charte originale parchemin, sceau fruste en cire verte pendant à une double queue de parchemin, sans contre-sceau. Il y a de cette charte un autre exemplaire en parchemin qui semble aussi avoir été scellé.

N° 65.

1194. — *Confirmation par Lisiard, évêque de Sées, de la donation précédente.*

Universis sancte Matris ecclesie filiis, ad quorum notitiam presens scriptum pervenerit, L[isiardus], miseratione divina Sagiensis espiscopus, salutem.

Universitati vestre presentibus litteris innotescat quod Willelmus de Gemmagiis miles, assensu Willelmi Majoris de Cormis et concessionne eorum quorum assensus necessarius erat, dedit et concessit, accepta caritate C et X^{em} librarum, conventui Majoris Monasterii et obedientie ipsorum de Belismo, totam terram et generaliter quicquid habebat apum Sanctum Martinum de Veteri Belismo, in perpetuam elemosinam, sicut ex rescripto G[aufridi] comitis Perticensis quod vidimus nobis innotuit : Nos vero volentes donationem illam ratam haberi et illesam, eam presenti scripto confirmamus, et sigilli nostri munimine communimus. Valete.

Bibl. nat., ms. lat. 5,441, t. II, f. 330. Copie avec cette mention :
« *Scellé en cire verte sur lacs de cuir.* »

N° 66.

Vers 1194. — *Confirmation par Geoffroy, comte du Perche, de la donation faite par Robert Chevreuil, aux moines de Saint-*

Léonard de Bellême, de Robert le Chien avec tout son tènement.

Universis Christi fidelibus ad quos presentes littere pervenerint G[aufridus], comes Pertici, salutem in Domino. Noverit universitas vestra quod Hubertus Capreolus coram nobis dedit et concessit in puram et omnino liberam elemosinam, excepto servitio nostro monachis Sancti Leonardi Belismensis Robertum Canem et totum tenementum ejus. Quod ut fidelius in perpetuum observetur presentem paginam sigilli nostri testimonio fecimus roborari.

Arch. de l'Orne, H. 2,163.

Charte originale parchemin, sceau fruste pendant à double queue de parchemin, avec contre-sceau aux armes des comtes du Perche.

Au dos, en lettres gothiques : « *Carta Huberti Capreoli de R. le Chien.* »

Bibl. nat., ms. lat. 5,441, t II, f° 332 v°. Copie suivie de ces mots : « Scellé en cire brune, sur lacs de parchemin, dessiné ailleurs. »

N° 67.

Bellême; 18 juillet 1210. — *Accord passé devant Robert, archevêque de Rouen, entre l'abbé et le couvent de la Trappe, le prieur et les moines de Bellême, relativement à la dime de deux clos de vigne.*

Universis Christi fidelibus, ad quos presens scriptum pervenerit, Rob[ertus], Dei gratia Rothomagensis archiepiscopus, salutem in Domino.

Noverit universitas vestra quod cum controversia verteretur inter abbatem et conventum de Trappa, ex una parte, et priorem et monachos de Belismo, ex altera, super duobus clausis vinearum, quarum unum vocatur Vinea Comitis, et alterum vocatur Vinea Garboudi, quia prior dicebat decimas vinearum illarum ad ecclesiam suam pertinere, eo quod decimatio illius territorii in parochia sua esset; e contrario abbas dicebat ecclesiam suam a prestatione decimarum esse immunem, auctoritate privilegii sibi a Domino Papa indulti, prior vero privilegio privilegia opponebat, dicens sua potiora esse, et ob id debere obtinere, controversia illa taliter per gratiam Dei coram nobis sopita est : Abbas et conventus debent solvere annuatim priori et monachis de Belismo, de prenominatis vineis que fuerint tempore transactionis, duas summas vini quod crescet in illis vineis vel altera earum pro decima earumdem vinearum, et illud vinum intra continentiam vinearum illarum solvetur.

Nos vero eamdem compositionem ratam habentes confirmamus

et eam, ad majorem securitatem, presentis scripti et sigilli nostri munimine dignum duximus roborandam.

Datum apud Belismum, anno Verbi Incarnati M° CC° decimo (XIV calendas Augusti.).

Cette charte a été publiée *in extenso* dans le *Cartulaire de l'abbaye de Notre-Dame de la Trappe*, p. 312, sauf le quantième du mois qui a été omis.

Bibl. nat., ms. lat. 5,441, t. II, f° 332v°. Extrait très abrégé suivi de ces mots : « Scellé en cire brune sur lacs de parchemin. » Le sceau a été dessiné ailleurs.

N° 68.

Août 1221. — *Charte de Guillaume, comte du Perche, évêque de Châlons, par laquelle il donne à Agnès la Brète, en récompense de ses services, les prés qu'il a entre Bellême et Saint-Martin, sous la redevance de quelques éperons dorés à Pâques pour tous services et devoirs.*

Universis Christi fidelibus presentem paginam inspecturis Willmus Dei gratia Kathalaunensis episcopus et comes Pertici salutem in Domino.

Ad universitatis vestre noticiam volumus pervenire quod nos dilecte nostre Agneti la Breite donavimus et concessimus pro suo servicio omnia prata nostra, que inter S. Martinum de Veteri Belismo et villam nostram de Belismo habebamus (1), eidem Agneti et Raginaldo et Wilelmo filiis ejus et eorum heredibus jure hereditario perpetuo possidenda, nobis et nostris successoribus vel ballivo nostre terre, si in terra nostra non fuerimus, quedam calcaria deaurata in Pascha pro omnibus serviciis et exactionibus et relevationibus et rebus omnibus annuatim exinde persolvendo. Et ne dicta Agnes et dicti ejus filii vel eorum heredes super dictis pratis molestari valeant in futurum eidem Agneti presentem dedimus paginam predicte donationis nostre testimonialem, sigilli nostri auctoritate roboratam. Actum anno ab incarnatione Domini M° CC° XX° primo, mense Augusti.

Arch. de l'Orne, H. 2,165.

Charte originale parchemin; elle a dû être scellée sur lacs passés dans le repli du parchemin par deux trous faits au poinçon.

N° 69.

1222. — *Charte de Guillaume, évêque de Châlons, comte du*

---

(1) Ces prés ont passé par la suite dans le domaine du prieuré qui est devenu ainsi propriétaire des titres de donation.

Perche, réglant la part qui doit revenir à Guillaume de Théval, fils de Julien, jadis époux en secondes noces d'Agnès La Brète, à laquelle le comte Guillaume avait donné des prés, sis à Saint-Martin-du-Vieux-Bellême.

Universis presentes litteras inspecturis Willelmus, Dei gratia Cathalaunensis episcopus et comes Pertici salutem. Universitati vestre notum facimus quod cum nos donavissemus dilecte nostre Agneti La Brete, de Belismo, et Raginaldo et W[ilelmo] filiis ejus et eorum heredibus, pro suo servicio, omnia prata nostra, que habebamus inter Sanctum Martinum de Veteri Belismo et villam nostram de Belismo, jure hereditario perpetuo possidenda, nobis et nostris successoribus vel balivo terre nostre, si in terra nostra non fuerimus, quedam calcaria deaurata in Pascha, pro omnibus serviciis et exactionibus et relevationibus et omnibus aliis rebus, annuatim exinde persolvendo, vivente tunc temporis Juliano de Tesval (1) marito dicte Agnetis; et post obitum ejusdem Juliani contencio verteretur inter dictam Agnetem et Raginaldum et Wilelmum filios ejus ex una parte, et Wilelmum filium predicti Juliani ex altera, super predictis pratis, dicta Agnete et dictis filiis ejus asserentibus dictum Wilelmum de Tesval nichil debere habere in dictis pratis; tandem post multas altercationes amicabilis compositio intervenit in hunc modum quod dictus W[ilelmus] de Tesval et heredes sui habebunt partem suam in dictis pratis sicut et in aliis acquisitionibus quas fecerunt dictus Julianus de Tesval et dicta Agnes relicta dicti Juliani, videlicet terciam partem omnium predictorum pratorum et terciam partem tercie partis pratorum eorumdem jure hereditario perpetuo possidenda. Et dicta Agnes et filii sui predicti et eorum heredes residuum jure hereditario perpetuo possidebunt, nobis et nostris successoribus vel balivo terre nostre, si in terra nostra non fuerimus, dicta calcaria ad dictum terminum pro omnibus serviciis et exactionibus et omnibus rebus aliis annuatim persolvendo. Ita quod dictus W[ilelmus] de Tesval et heredes sui secundum quod percipient in dictis pratis de dictis calcaribus persolvent; et dicta Agnes et filii sui dicti et eorum heredes residuum persolvere tenebuntur. Et nos dictam compositionem volumus, approbamus et ad instanciam utriusque partis presenti carta nostra confirmavimus et dicto Wilelmo de Tesval et ejus heredibus concessimus dictam partem pratorum predictorum sub forma notata jure hereditario perpetuo possidendam; et ne predicti vel eorum heredes a nobis vel a nostris successoribus vel ab aliis

---

(1) Probablement *Théval* jadis paroisse et commune réunie pour le spirituel à Notre-Dame de Mortagne et pour le temporel à Saint-Langis.

molestari possint in futurum ipsis tradidimus presentem paginam predictorum testimonialem sigilli nostri munimine roboratam. Actum anno ab incarnatione Dni M° CC° XX° tercio.

Arch. de l'Orne, H. 2,165.
Charte originale, parchemin, scellée sur double queue de parchemin, sceau perdu.
Au dos, en lettres gothiques : « Lettre des esperons qui sont deuz à Pasques. »
En écriture du XVIII° siècle : « Charte de Guillaume, évêque de Châlons et comte du Perche, narrative de la donation faite par luy à Agnés la Brète de Bellème en récompense de ses services et de ses enfants, pour des éperons dorés à Pasques, que Julien de Tesval, son mari, étant venu à décéder, Guillaume de Tesval, son fils, auroit voulu être cohéritier en la dite donation, et qui enfin ils s'accordèrent ainsy que ledit Guillaume de Tesval auroit le tiers des prés entre S.-Martin et la ville de Bellème qui font ladite donation et le 1/3 du 1/3 des autres prés qui leur appartiennent héréditalement. »
Il y a de cette charte une copie collationnée sous le scel de Jehan Chevalier, garde du scel de la chastellenie de Bellème, par Godin Chevalier, tabellion en ladite chastellenie, du 20 nov. 1390.
Ibid., parchemin, sceau perdu.

N° 70.

Bellème ; octobre 1222. — *Donation par Geoffroi Trichart, à l'église de Saint-Léonard de Bellème de quatre deniers mansois, de rente, sur la fontaine d'Esglessoem.*

Fidelibus Christi presentes litteras inspecturis, Gaufridus Trichart miles salutem temporalem et eternam.
Ad noticiam singulorum desidero pervenire me pro mea et amicorum meorum salute, Domino inspirante in elemosinam mise[ricorditer] contulisse ecclesie Sancti Leonardi de Belesmo quatuor denarios Cenomanenses annuatim in perpetuum ad festum eiusdem confessoris in fonte de Esglessoem per manum molendinarii de Esglessoem percipiendos. Si vero aliquo casu contingente fons arcerit, statui confirmavi dictos denarios reddituales percipiendos fore quiete in parte mea molendini de Esglessoem per manum molendinarii de Esglessoem in perpetuum annuatim.
In cujus rei testimonium monachis de Belesmo litteras istas dedi, sigilli mei inpressione munitas.
Actum Belesmi, mense octobris, anno gracie millesimo ducentesimo vicesimo secundo.

Arch. de l'Orne, H. 2,166. Charte originale, parchemin, scellée sur queue de parchemin ; sceau perdu.
Au dos, en écriture du XVIII° siècle : « Donation faite par Gefroy Trichart

à l'église de S.-Léonard de 4 deniers de rente annuelle à prendre sur la fontaine d'Esglessoëm, des mains du meunier, et au cas que ladite fontaine vint à se tarir, il y affecte sa part dudit moulin d'Esglessoëm. »

En écriture gothique : « *Carta Gaufredis Trichart.* »

Bibl. nat., ms. lat. 5,441, t. II, f° 313. Copie suivie de ces mots « Scellé sur lacs de parchemin. » On voit en effet au bas de la copie le dessin du sceau de Geoffroi Trichart. L'écu en cœur de... ., à la bande de....., est entouré de cette légende : « *S. Galfridi Trichar.* »

N° 71.

Avril 122... — *Donation par Geoffroy Gerbout de deux deniers.*

Ego Gaufridus Jerbout notum facio universis presentes litteras inspecturis, quod ego de assensu et voluntate uxoris mee et heredum meorum elemosinavi pro salute anime mee et heredum meorum necnon et antecessorum meorum domui Sancti Leonardi de Belismo duos denarios Cenomanensis monete censuales cum omni jure et dominio quod habebam in duobus dictis denariis, dicte domui libere quiete et pacifice ab omnibus serviciis in perpetuum possidendos, unum quem percipiebam in Nativitate Domini, in dicta domo, et alterum situm supra perrinam et super virgultum Nicholai prepositi de Veteri-Bellismo in festo Sancti Leonardi annis singulis persolvendum.

Ne vero alicujus malignitas contra elemosinationem factam et concessam ire possit in posterum, presentem paginam dicte elemosine testimonialem sigilli mei munimine confirmavi.

Actum anno gracie millesimo ducentesimo vicesimo septimo, mense aprilis.

Arch. de l'Orne, H. 2,165. Charte originale parchemin; sceau perdu.

N° 72.

Août 1231. — *Donation par Jean de Lonré, chevalier, au prieuré de Saint-Léonard de Bellême, de dix sols de rente annuelle, assis sur une ouche de terre joùtant leur vigne de Bellême et appelée la Vieille-Vigne.*

Johannes de Lonreio, miles, universis presentes litteras inspecturis, salutem in Domino. Noverint universi quod ego dedi et concessi prioratui Sancti Leonardi de Belismo, pro salute anime defuncti Guilelmi de Lonreio, condam bone memorie patris mei, et in remissionem omnium peccatorum suorum, decem solidos

annui reditus in quadam oscha terre que jungit vinee nostre de
Belismo desuper, que oscha Antiqua Vinea nominatur, in crastino
Sancti Leonardi annuatim percipiendos in puram et perpetuam
elemosinam et ab omni servitio quietam possidendos. Hoc addito
quod quicumque dictam terram possidebit tenetur reddere prioratui de Belismo et monachis ibidem Deo servientibus, in crastino
Sancti Leonardi, dictos decem solidos Turonenses. Et si ad dictum
terminum non reddiderit, dicti monachi dictam terram sine
conditione in manu sua capient quousque universum redditum
supradictum eis plenarie persolvatur. Ut hoc stabile et firmum
permaneat in futurum, presentes litteras sigilli mei munimine
roboravi.

Actum anno gratie M° CC° tricesimo primo, mense Augusti.

Arch. de l'Orne, H. 2,166. Charte originale, sceau perdu, et H. 2,170,
rouleau n° 6.

Bibl. nat., ms. lat. 5,441, t II, f° 318. Copie au bas de laquelle
est dessiné le sceau de Jean de Lonré. Il représente un chevalier armé
passant à gauche, couvert de son écu armorié à deux lions passants, chargé
d'un lambel à cinq pendants.

N° 73.

Septembre 1226. — *Donation par Geoffroy Gerbout, au prieuré
de Saint-Léonard de Bellême, de la maison Nihard* (1).

Ego Gaufridus Gerbout notum facio universis presentes litteras
inspecturis quod ego, de assensu et voluntate uxoris mee et heredum meorum, dedi et concessi in perpetuam elemosinam ecclesie
Sancti Leonardi de Belesmo domum defuncti Nihardi, sitam apud
Sanctum Martinum de Veteri Belesmo, non retinendo aliquid juris
in eadem mihi vel heredibus meis in futurum, nisi tres denarios
Cenomanensis monete censuales mihi et heredibus meis annuatim
in Nativitate Domini ab habitatoribus dicte domus persolvendos, et
duos denarias Cenomanenses de racionabili taliia quando evenerit
et costumas meas de ementibus in eadem, excepto hoc quod
habitatores dicte domus de rebus venditis et emptis in illa domo
nullas mihi vel heredibus meis costumas reddere tenebuntur. Ut
hec autem mea donacio rata permaneat in perpetuum, dicto
ecclesie presentes dedi litteras sigilli mei testimonio confirmatas.

Actum anno gratie M° CC° XX° sexto, mense septembris.

Arch. de l'Orne, H. 2,166.

Original parchemin, sceau perdu. Au dos, ce titre : « Carta Gaufrid
Gerbot. »

(1) Cette charte, par suite d'un oubli, n'est pas à sa place, elle devrait
figurer avant le n° 71.

N° 74.

1235. — *Charte de Gautier, abbé de la Trappe, notifiant l'accord intervenu entre lui et le prieur et les moines de Saint-Martin-du-Vieux-Bellême, relativement à une vigne joignant la vigne Le Comte* (1).

Universis..... frater G[alterus] dictus abbas et conventus domus Dei de Trappa salutem.

Notum fieri volumus quod cum religiosi viri Prior et monachi Sancti Martini de Veteri Belismo traherent nos in causam super decima vinee que jungitur vinee nostre que dicitur Vinea Comitis....., compromisimus ex utraque parte super causa in magistrum Robertum de Tesval et J[ohannem] cantorem Omnium Sanctorum de Mauritania..... [reddendo] dictis priori et monachis Sancti Martini de Veteri Belismo duas summas vini, annis singulis, in vinea nostra juxta vineam de la Bretesche et est de feodo domni Hugonis de Nocé..... presentem cartam dedimus eis sigilli nostri munimine roboratam

Datum anno Dni M° CC° XXX° V°.

Bibl. nat., ms. lat. 5,441, t. II, f° 321 v°. Extrait suivi de ces mots. « Scellé en cire brune sur lacs de parchemin; le sceau cassé par le haut. »

N° 75.

1238. — *Charte de frère Regnault, prieur de Bellême, notifiant l'arbitrage rendu par Robert de Tesval et Jean, chantre de Toussaints de Mortagne, sur le différend qui s'était élevé entre lui et l'abbé de la Trappe au sujet de la dîme d'une vigne nouvellement plantée, joignant la vieille vigne de la Bretèche.*

Universis presentes litteras inspecturis, frater Raginaldus prior de Belismo et ejusdem loci monachi salutem in Domino.

Universitati vestre notum fieri volumus quod cum nos traheremus in causam abbatem et monachos de Trappa, super decima cujusdam vinee que jungitur vinee de La Bretesche, consilio bonorum virorum compromisimus ex utraque parte super illa causa in viros discretos, videlicet in magistrum Robertum de Tesval et Johannem, cantorem Omnium Sanctorum de Mauritania.

(1) Cette charte ne figure pas dans le Cartulaire de Notre-Dame de la Trappe.

Qui, compromissionem recipientes, statuerunt, pro bono pacis, ut, anno quo facta est compromissio, redderent monachi de Trappa priori de Belismo dimidiam summam vini, et anno subsequenti unam summam, de cetero duas summas singulis annis in vinea de novo plantata, que est juxta antiquam vineam de la Bretesche, et est de feodo domini Hugonis de Nocé recipiendas.

Et ut hoc firmum sit et stabile in perpetuum, presentes litteras dedimus monachis de Trappa, sigilli nostri munimine roboratas.

Actum anno Domini M° CC° tricesimo octavo.

Cette charte a été publiée dans le Cartulaire de l'abbaye de N.-D. de la Trape, p. 311. Je ne l'ai rencontrée ni aux Arch. de l'Orne, ni dans le ms. de la Bibl. nat.

N° 76.

Janvier 1257 (n. s.). — *Donation faite par Pierre de Bonne-Fille et sa femme aux religieux de Bellême de tous leurs biens meubles et* ~~immeubles~~ *et acquêts, avec leurs appartenances.*

Universis presentes litteras inspecturis Petrus Bone Filie et Richeudis uxor, salutem in omnium salvatore. Noveritis quod nos bene mentis nostre compotes, animarum nostrarum remedium attendentes, nos et nostra bona mobilia et acquiramenta nostra, tam presentia quam futura, Sancto Leonardo de Bellismo et viris religiosis priori et monachis dicti loci dedimus et concessimus in puram et perpetuam elemosinam, divino intuitu pietatis, ab eisdem possidenda et tenenda libere et quiete et pacifice post decessum nostrum in perpetuum et habenda. Dicti vero prior et monachi nos in Fratres receperunt, nobis fraternitatem, orationes et elemosinas et participationem bonorum spiritualium concedentes. Dicti autem prior et monachi mihi Petro concesserunt medietariam quam ego et Richeudis uxor mea tenemus, solvendo procurationem annuam, in litteris dictorum prioris et monachorum contentam, possidendam, tenendam dum vixero et habendam. Et quod hoc sit firmum et stabile, nos dicti Petrus et Richeudis dictis priori et monachis nostras dedimus presentes litteras sigillorum nostrorum munimine roboratas.

Actum anno Dni M° CC° L° sexto, mense januario.

Arch. de l'Orne, H. 2,167. Charte originale, parchemin. Des deux sceaux pendant à queues de parchemin, l'un est perdu; l'autre conservé mais fruste laisse lire encore cette légende : S. PETRI BONE FIL[IE].

Au dos, en écriture gothique : « Carta Petri Bona filia de Cortione LXXXXV. Prieuré de Bellême. »

N° 77.

Janvier 1261 (n. s.). — *Donation faite par Thibault Françays, aux religieux de Bellême, de deux sols tournois de rente annuelle à prendre sur un minot de terre.*

Ego Theobaldus dictus Francays notum facio universis presentes litteras inspecturis quod ego, de assensu et voluntate omnium heredum meorum, dedi et concessi priori de Bellismo et ejus fratribus duos solidos Turonenses annui et perpetui redditus, dicto priori et ejus fratribus a me et meis heredibus annuatim in festo sancte Gauburgis apud sanctum Martinum persolvendos, pro quodam estagno de quo me et heredes meos dictus prior et ejus fratres de cetero (differunt?), quod estagnum predictum debebam facere in terra de Alneto, quam dictam terram dictus prior et ejus fratres emerunt de Agneta Lapoyl lle; quos dictos duos solidos annui et perpetui redditus ego assignavi percipiendos in perpetuum dicto priori et ejus fratribus et ejus successoribus super quodam minotum terre site..... (1) terre domne Lucete ex una parte et terre mee ex altera. In cujus rei testimonium et munimen, ego dictus Theobaldus dicto priori et ejus successoribus dedi meas presentes litteras in sigillo meo sigillatas, per quas me et heredes meos obligo et obligavi, volo in futurum ad omnia predicta tenenda fideliter et firmiter imperpetuum observanda.

Datum anno Domini millesimo ducentesimo sexagesimo, mense januarii.

Arch. de l'Orne, H. 2,167. Charte originale, parchemin, sceau en pâte pendant sur queue de parchemin. Autour du champ où s'étale un bouquet d'épis, est cette légende : † S. THEOBALDI. LEFRANCAIS. Au dos, en écriture gothique : « Thebbaldus Franciscus de II S. census. LXXXVII. »

N° 78.

Juillet 1263. — *Echange entre Pierre Le Drapier et Robert Calabre de prés et pièces de terre.*

Universis presentes litteras inspecturis, Petrus Le Drapier et Richeudis ejus uxor salutem in Domino.

Noverint universi quod nos de assensu et voluntate omnium heredum nostrorum excambiavimus pratum nostrum de Sise, quod pratum vocatur arpentum defuncti Guiberti, et unam petiam

(1) Lacune dans le texte.

terre nostre site juxta vadum de Sise, quod pratum et que terra tenentur a priore de Bellismo ad vinginti denarios Turonenses annui et perpetui census; et etiam excambiavimus quandam petiam terre nostre site in valle Roelle, que petia terre tenetur a Huberto Hay milite, ad quatuor denarios Turonenses annui et perpetui census, et est juncta terre Guilelmi Durant ex una parte, et medietarie heredum defuncti Roberti de Logis ex altera; Roberto Kalabre militi et Johanne ejus uxori, pro prato suo de Foinart sito juxta villam de Petraria, quod pratum tenetur ad fidem et homagium a domino de Clincampo; dictum pratum habendum tenendum et jure hereditario perpetuo possidendum nobis et nostris heredibus, faciendo servicia capitalium dominorum; et omnia predicta, videlicet pratum de Sise et due pecie terre predicte tenenda, et habenda, et jure hereditario perpetuo possidenda predicto Roberto et Johanne ejus uxori, et ejusdem Johanne heredibus, reddendo dominis feodalibus universa servicia et auxilia que super dictis rebus fuerint facienda. In cujus rei testimonium, nos dicto Roberto Kalabre militi et Johanne ejus uxori dedimus presentes litteras sigillis nostris sigillatas.

Datum anno Domini M° CC° LX° tertio, mense julio.

Arch. de l'Orne, H. 2,256. Original parchemin. Les deux sceaux sont perdus. Au dos, cette cote : « Carta Petri Le Draper de escambio. LXXII. »

N° 79.

Juillet 1264. — *Vente par Robert Calabre à Geoffroi, prieur de Bellême, d'un pré sis à Sissé* (1).

Ego Robertus Kalabre (2) miles et ego Johanna uxor sua notum facimus universis presentes litteras inspecturis quod nos de assensu et voluntate omnium heredum nostrorum vendidimus et concessimus Gaufrido priori de Bellismo, pro vinginti et novem libris Turonensibus nobis integre persolutis, pratum nostrum de Size, quod pratum vocatur arpentum defuncti Guiberti et quamdam terre nostre peciam sitam juxta vadum de Size; omnia predicta, videlicet pratum et terram com pertinenciis suis habenda, tenenda et jure hereditario perpetuo possidenda dicto Gaufrido et ejus successoribus, libere, quiete, pacifice ab omnibus serviciis pertinentibus ad quoscomque, salvis serviciis capitalium dominorum. Nos vero, tactis sacrosanctis Evangeliis, juravimus

(1) *Sisé, Sizé, Sissey, Cicey, Cicé*, ancien fief, sis aujourd'hui paroisse du Gué-de-la-Chaîne.

(2) On trouve ce nom écrit tantôt Calabre, tantôt Klabre.

quod in predictis prato et terra et eorum pertinenciis, ratione dotis
vel alia, nichil reclamabimus in futurum. Immo nos et heredes
notri dicto Gaufrido et ejus successoribus predicta pratum et
terram et pertinencia eorumdem tenemur defendere contra omnes
ad usus et consuetudines Bellismenses. In cujus rei testimonium,
nos Robertus et Johanna dicto Gaufrido priori de Bellismo dedimus presentes litteras sigillis nostris sigillatas per quas nos et
heredes nostros obligamus ad omnia predicta firmiter observanda.

Datum anno Domini M° CC° LX° quarto, mense julio.

Arch. de l'Orne, H. 2,256. Parchemin original. On lit au dos, en
caractères gothiques : « Carta Roberti Calabre. Prati de Sise. LXXIII. »
Bibl. nat., ms. lat., 5,441, t. II, f° 320.

Le sceau de Robert Calabre, qui pend encore sur queue de parchemin
à la charte originale, est sur pâte blanche et d'une impression faible et
sans netteté. L'écu est triangulaire, au chef chargé de trois annelets. On
ne distingue pas bien si le champ est d'hermines ou chargé de losanges,
4, 3 et 2. Le dessinateur de Gaignières a cru y reconnaitre les hermines.
L'exergue se laisse deviner plutôt que lire : † S. ROBERTI CALABRE
MILITIS. Le sceau de Jeanne Calabre est perdu. Gaignières l'avait fait
dessiner. Il présentait, dans son cadre ovale, une fleur de lys florencée,
avec la légende : † S. IOHE : VXORIS : ROBERTI KLABRE.

N° 80.

Octobre 1264. — *Reconnaissance par Gervais Guibert, envers les
religieux de Saint-Léonard de Bellême, d'une rente annuelle
de 19 sols tournois, amortissable pour la somme de 19 livres
tournois.*

Ego Gervasius dictus Guibert notum facio universis presentes
litteras inspecturis quod ego teneor reddere, fide media, priori et
fratribus Beati Leonardi de Belismo decem et novem solidos Turonenses, infra festum Beati Remigii primo venturum. Preterea
notum facio universis quod ego vel heredes mei tenemur reddere
predictis priori et fratribus, infra festum Beati Remigii proximo
sequens, decem et novem solidos Turonenses annui et perpetui
redditus, tenendos et habendos predictis priori et fratribus
liberos et immunes ab omnibus serviciis, redevanciis, talliis,
exactionibus causa servicii, relevcio, racheto a nobis et aliis, et
juro hereditario ex tunc in perpetuum annis singulis possidendos,
vel reddere predictis priori et fratribus decem et novem libras
Turonenses pro predicto redditu et pro quitacione predicti redditus.
In cujus rei testimonium et munimen, dedi eisdem priori et fratribus presentes litteras sigilli mei munimine roboratas, per quas

obligo me et heredes meos ad omnia predicta fideliter et firmiter observanda, et contra omnes defendenda.

Actum anno Dni m° cc° lx° quarto, mense octobris.

Arch. de l'Orne, H. 2,167.

Charte originale parchemin, sceau en pâte pendant sur queue de parchemin; caractères pour la plupart mal venus et illisibles.

N° 81.

Mars 1265 (n. s.). — *Accord fait entre les religieux de Bellême et Geoffroy Taillebois, touchant la succession de Aceline, sa femme, par lequel il est dit que, vu l'illégimité de sa dite femme morte sans hoirs, la moitié des acquêts faits durant leur mariage resteront audit Taillebois, et qu'après sa mort ils demeureront unis au domaine des religieux suivant la coutume du pays.*

Universis presentes litteras inspecturis, Gaufridus dictus Taillebois salutem in Domino.

Noverint universi quod cum contencio intervenit inter me, ex una parte, et viros religiosos et honestos priorem et fratres Beati Leonardi de Belismo, super eo videlicet quod ipsi petebant a me medietatem omnium acquisitionum sive acquiramentorum factorum in feodo suo, inter me et defunctam Acelinam condam uxorem meam, et dicebant dictam medietatem suam esse et ad ipsos debere pertinere de usu et consuetudine patrie communi, ea ratione quod nata non fuerat de matrimonio nec etiam habebat heredes; et ego dictam medietatem dicebam meam esse et ad me pertinere, ea racione quod dicta medietas acquisita fuerat constante matrimonio inter me et dictam Acelinam defunctam, et quod michi dictam medietatem in sua ultima voluntate legaverat, michi et heredibus meis jure hereditario in perpetuum possidendam; tandem de bonorum virorum consilio compositum fuit in hunc modum inter me et predictos priorem et Fratres Beati Leonardi de Belismo, quod predicta medietas michi remanebit quamdiu vixero pacifice possidenda. Post vero decessum meum, predicta medietas tota et integra, sicut se possidet, predictis priori et fratribus remeabit et eciam remanebit jure hereditario in perpetuum possidenda, sine contradictione aliqua a me vel heredibus meis super hoc de cetero facienda. In cujus rei testimonium et munimen, dedi predictis priori et fratribus presentes litteras sigilli mei munimine confirmatas, per quas obligo me et heredes meos ad omnia predicta fideliter et fimiter observanda.

Actum anno Dni m° cc° lx° quarto, mense marcii.

Arch. de l'Orne, H. 2,167.

Charte originale parchemin, sceau en pâte blanche pendant sur queue de parchemin. Le sceau offre une fleur de lys dans le champ avec cette légende : † GAVFRIDVS D ? ? ?

Au dos, en caractères gothiques recouverts par une analyse du XVIIIe siècle : « Carta Gaufredi Taillebois de curia. LXXXXV. »

N° 82.

Avril 1266. — *Vente par Robert Calabre à Mathieu Borgerée, prêtre, d'une vigne sise à Saint-Martin-du-Vieux-Bellême, dans le fief du prieur.*

Ego Robertus Kalabre et ego Johanna uxor sua notum facimus universis presentes litteras inspecturis quod nos, de assensu et voluntate omnium heredum nostrorum, vendidimus et concessimus Matheo Borgeree presbitero, pro sexaginta et quinque libris Turonensibus nobis integre persolutis, quandam vineam nostram in parochia Sancti Martini de Veteri Bellismo in feodo prioris de Bellismo sitam, et jungitur ex uno latere vinee Odonis Fcquaut et vinee Guillelmi Lefrilous, et chemino regali ex alio, et abotat superius vineis Guillelmi Lebret et heredum Gaufridi Pelliparii defuncti, et reuelle pratorum inferius, totum et integrum sicut se possidet com sepibus, et fossatis, et omnibus aliis pertinentiis suis, habendam et jure hereditario perpetuo possidendam dicto Matheo et ejus heredibus libere, quiete et pacifico ab omnibus serviciis, exceptis serviciis capitalium dominorum. Nos vero, tactis sacrosanctis Evangeliis, juravimus quod in dicta vinea seu ejus pertinentiis, ratione dotis vel alia nichil reclamabimus in futurum. Immo nos et heredes nostri dicto Matheo et ejus heredibus dictam vineam, com omnibus pertinentiis suis tenemur defendere contra omnes ad usus et consuetudines Bellismenses. In cujus rei testimonium, nos dicto Matheo dedimus presentes litteras sigillis nostris sigillatas.

Datum anno Domini M° CC° LX° sexto, mense aprilis.

Nos vero Gaufridus prior de Bellismo, dominus feodi, volentes et approbantes omnia supradicta, presentibus litteris sigillum nostrum apposuimus in ipsius rei testimonium et munimen. Datum ut supra.

Arch. de l'Orne, H 2,256. Parchemin original. Les trois sceaux sont perdus. Au dos on lit cette cote : « Lettre d'une pièce de vingne. Saint-Martin. »

N° 83.

Février 1267 (n. s.). — *Donation au prieuré de Bellême par Geoffroy Lacorche et sa femme, de tous leurs biens meubles et immeubles, où qu'ils soient, à condition d'en avoir l'usufruit pendant leur vie et d'être reçus frères condonnés.*

Universis presentes litteras inspecturis, Gaufridus Larcorche et Richeudis ejus uxor salutem in Domino.

Noveritis quod nos dedimus et concessimus Deo et prioratui de Bellismo omnia bona nostra mobilia et immobilia, presencia et futura, habenda, tenenda et jure hereditario perpetuo possidenda, post decessum nostrum, prioribus et sociis dicti prioratus qui pro tempore fuerint. Ita quod post mortem cujuslibet nostrum premorientis, ipsi habebunt totam portionem suam omnium bonorum mobilium, et survivens omnia bona immobilia possidebit et portionem suam mobilium quamdiu vixerit. Nos etiam quantum vixerimus et alter nostrum omnem hereditatem quam habemus ad presens et possidemus a dicto prioratu tenebimus, reddendo exinde nomine prioratus patribus ibi existentibus, annuatim in crastino Natalis Domini, decem solidos turonenses annui redditus et faciendo omnia alia servicia consueta. Et propter hujusmodi donationem, prior dicti prioratus et ejus socii in condonatos suos benigniter receperunt. In testimonium autem omnium predictorum, nos priori et sociis dedimus presentes litteras sigillis nostris sigillatas, per quas nos et heredes nostros obligamus ad omnia predicta firmiter observanda.

Datum anno Dni M° CC° LX° sexto, mense februarii.

Arch. de l'Orne, H. 2,167.
Charte originale, parchemin. En lettres gothiques : « de Belismo. Gaufridi Lachoge. LXXXXII. »
Bibl. nat., ms. lat. 5,441, t. II, f° 310 v°. Extrait.

N° 84.

Octobre 1269. — *Donation par Eudes Sirot, chanoine du Mans, au prieur de Bellême et à ses successeurs, de tout ce qu'il pouvait avoir à Bellême et dans la forêt, tant en prés, bois, cens, rentes, etc., moyennant une rente viagère de 15 livres tournois et un muid d'avoine à prendre chaque année sur les fermiers de Lortiouse, dans la paroisse de Saint-Côme-de-Ver, au diocèse du Mans.*

Universis Christi fidelibus presentes litteras inspecturis, Magister Odo Sirot, canonicus Cenomanensis, salutem in Domino.

Noverint universi me dedisse et concessisse religiosis viris, priori de Belismo et ejus successoribus, omnes possessiones quas ego habebam inter castrum Belismi et forestam, in quibuscumque rebus existant, videlicet in terris, pratis, censibus seu quibuslibet

rebus aliis, habendas, tenendas et possidendas a predicto priore
et successoribus ejus, salvo jure domini feodalis ; et idem prior,
in recompensationem predictorum, michi dedit et contulit quindecim libras turonensium et unum modium avene ad mensuram
Bellesmensem, habendum, tenendum et percipiendum, per manum meam quamdiu vixero, super terris et possessionibus suis
aliis de Lortiouse, in parochia Sancti Chosme de Ver, Cenomanensis diocesis. Et ex nunc me in possessionem predictarum rerum
posuit, et colonos earumdem michi atornavit, volens et concedens
pro se et successoribus suis quod exinde nichil percipiant, seu
percipere valeant, donec michi de predictis quindecim libris et
modio avene, quolibet anno, fuerit plenarie satisfactum ; et debet
fieri solutio predictarum quindecim librarum et dicti modii avene,
quolibet anno, in festo beati Leonardi vel infra ; et de hoc tenebuntur coloni seu habitatores de Lortiouse, qui pro tempore fuerint,
per litteras officialis Cenomanensis, michi quolibet anno quamdiu
vixero satisfacere ad terminum supradictum, ita quod in nullo
tenebuntur satisfacere dicto priori vel ejus successoribus, quousque de predictis fuerit plenarie satisfactum. In cujus rei testimonium dicto priori dedi presentes litteras sigillo meo sigillatas.

Datum anno Dni M° CC° LX° IX°, mense octobri.

Arch. de l'Orne, H. 2,120. Charte originale scellée sur queue de parchemin.

La charte et le sceau sont très bien conservés et d'un beau caractère. Le sceau gravé avec beaucoup de finesse représente la Vierge-Mère, à droite, tenant son Fils sur le bras gauche, vue seulement à mi-corps. La légende, en partie effacée, doit se lire : S. M?? ODONIS SIROT CANONICI.

N° 85.

Novembre 1271. — *Vente par Guillaume Achart, clerc, à Colin Haye et à Ligearde, sa femme, moyennant 40 sols tournois, de toute la portion à lui appartenant de l'héritage de sa mère, en maisons, terres et dépendances, sis paroisse de Saint-Martin-du-Vieux-Bellême, au fief du Prieuré et au fief de Guillaume d'Aulnay.*

Universis...... Guillelmus Achart, clericus, salutem in Domino.
Noverint universi quod ego de assensu et voluntate omnium
heredum meorum vendidi et concessi Colino Haie et Ligardi ejus
uxori pro quadraginta solidis turonensibus, michi ab eisdem integre persolutis, omnem portionem meam totius hereditatis matris
mee, ubicumque sit, quam habebat tempore quo decessit, videlicet in prato, domibus, terris cum pertinenciis suis, que omnia
predicta sita sunt in parochia Sancti Martini de Veteri Belismo, in
feodo prioris de Bellismo et in feodo Guilelmi de Alneto, haben-

dam, tenendam dictam portionem dicte hereditatis matris mee et
jure heditario in perpetuum possidendam dictis Colino et Ligardi
ejus uxori et suis heredibus, quiete pacifice et libere ab omnibus
servitiis pertinentibus ad quoscumque quoquomodo, salvis tamen
servitiis capitalium dominorum. Ego vero juravi, tactis sacrosanctis evangeliis, quod in dicta portione mea totius hereditatis
matris mee defuncte, ratione hereditagii seu alia ratione, nichil
de cetero reclamabo, nec faciam per alium reclamare. *(Etc.,
formule ordinaire de garantie.)*

Ego dedi dictis Colino et ejus uxori et eorum heredibus meas
presentes litteras sigillo meo si illatas.....

Actum anno Domini M° CC° LXX° primo mense novembris.

Arch. de l'Orne, H. 2,211. Original, parchemin, sceau perdu.

N° 86.

Janvier 1272 (n. s.). — *Vente par Jean Achart et Jeanne, son
épouse, à Colin Haie, de leur portion d'un clos, sis à Saint-
Martin-du-Vieux-Bellême, dans le fief du prieur.*

Universis ... Johannes Achart et Johanna ejus uxor salutem in
Domino.

Noverint universi quod nos de communi assensu nostro et
voluntate omnium heredum nostrorum vendidimus et concessimus Colino Haie et Ligardi ejus uxori, pro quadraginta tribus
solidis nobis ab eisdem integre persolutis, omnem porcionem
nostram cujusdam clausi sicut se possidet, videlicet prati, domus
et terre, que dicta portio dicti clausi sita est in villa Sancti Martini
de Veteri Bellismo, in feodo prioratus de Bellismo, juxta portionem dicti clausi dicti Colini Haie, quam idem Colinus emit a
Guillelmo Achart clerico, ex uno latere, et juxta portionem dicti
clausi heredum Stephani Gerbout, ex altero, et abotat superius
chemino per quod itur de villa Sancti Martini de Veteri Bellismo
apud nemus Foreste de Bellismo, et superius stagno prioris,
habendam..... quiete et pacifice ab omnibus serviciis ad quoscumque pertinentibus quoquo modo. Nos vero juravimus, tactis
sacrosanctis evangeliis, quod in dicta porticne dicti clausi ratione
hereditagii, seu dotis, vel alia ratione, nichil reclamabimus in
futurum nec faciemus per alium reclamari......... tenemur garantizare et defendere dictis Colino Haie ejus uxori et hujus heredibus
contra omnes ad usus et consuetudines Bellismenses.

In cujus rei testimonium nos dedimus dictis Colino Haie et ejus
uxori et suis heredibus nostras presentes litteras.....

Datum anno Domini M° CC° LXX° primo mense januario.

Arch. de l'Orne, H. 2,211. Original, parchemin, sceau perdu.

N° 87.

Janvier 1274 (n. s.). — *Compromis intervenu devant André Sirot, prêtre, Geoffroi Benoît, « recteur » de l'église du Pin, et Geoffroi, doyen de Bellême, arbitres choisis, sous caution d'une amende de cent livres de tournois pour celui qui appellerait de leur décision, entre Guillaume Gaigniart et le prieuré de Bellême, relativement aux biens et succession d'Eude Sirot, chanoine, réclamés par ledit Gaigniart, à titre d'héritier, par lequel arbitrage il est réglé que les biens resteront au prieuré qui versera au dit Gaigniart une somme de vingt livres tournois.*

Ego Guillelmus Gaigniart notum facio universis presentes litteras inspecturis quod cum contentio verteretur inter me, ex una parte, et abbatem et conventum Majoris Monasterii Turonensis, et priorem et monachos de Bellismo ex altera, super eo quod ego petebam omnes possessiones quas Magister Odo Sirot canonicus habuit et possedit inter Castrum Bellismi, et forestam, ubicumque existant, videlicet [in] terris, pratis, censibus seu quibuslibet rebus aliis, que omnia ad me et heredes meos dicebam jure hereditario perpetuo pertinere ex caduco predicti Odonis defuncti; dicto priore nomine suo, abbatis et conventus Majoris Monasterii asserente me nichil in predictis rebus et possessionibus posse petere de jure, ea ratione quod predictus Odo omnia predicta dedit et concessit predicto priori et ejus successoribus jure hereditario perpetuo possidendum, et idem prior in recompensationem predictorum contulit et concessit predicto Odoni Sirot quindecim libras Turonensium et unum modium avene ad mensuram Bellismensem, habendum et percipiendum eidem quamdiu viveret, super terris et possessionibus suis de Lortiouse in parochia Sancti Cosme de Ver, Cenomanensis diocesis, et ipsum in possessionem predictorum posuit, et colonos earum sibi atornavit, volens pro se et successoribus suis quod exinde nichil perciperent, donec de predictis quindecim libris et modio avene quolibet anno fuisset satisfactum in festo Beati Leonardi vel infra: Tandem post multas altercationes inter me et predictum priorem et monachos, nomine abbatis et conventus Majoris Monasterii Turonensis, de bonorum virorum consilio, super predictis compromissum fuit in arbitros, videlicet in Andream, dictum Sirot, presbiterum, et in Gaufridum, dictum Benedictum, rectorem ecclesie de Pinu, qui honus compromissi in se receperunt, ita quod si ipsi in unam summam concordare non possent, Gaufridum decanum Bellismensem tercium arbitratum, nominatum de consensu partium, convocarent; et fuit dictum arbitrium vallatum ad penam centum librarum turonensium, in curia Domini Comitis de Alençon apud Bellismum, coram Martino de Leloine tunc temporis ballivo de Alençon et de Corn[oto]. Predicti vero arbitri super predictis arbitraverunt et dictus decanus cum ipsorum altero concordavit, quod omnia predicta, videlicet possessiones, terre, prata census, de quibus inter nos erat contentio, predictis priori et monachis et suis successoribus nomine Abbatis et conventus remanerent jure hereditario perpetuo possidenda; et dicti prior et monachi michi pro bono pacis et heredibus meis propriis darent viginti libras turonenses. Ego vero dictus Guillelmus Gaignart dictum arbitrium et summam arbitrorum ratum habens et firmum, et de predictis viginti libris pro me et heredibus meis propriis teneo pro pagato. Et tenemur ego et heredes mei proprii predicto priori et ejus successoribus omnia predicta, de quibus erat contentio inter nos et ipsos, perpetuo defendere contra omnes, ex quocumque genere predicto Odoni pertinentia et etiam garantizare et deliberare. Et ad hec omnia supradicta fideliter et firmiter observanda obligo me et heredes meos et omnia bona mea mobilia et immobilia presentia et futura ubicumque existant.

In cujus rei testimonium et munimen, presentibus litteris sigillum meum proprium apponere dignum duxi. Auctum [anno] ab incarnatione Domini M CC LXX° tertio, mense januario.

Arch. de l'Orne, H. 2,110. Charte originale, parchemin, scellée sur queue de parchemin.

N° 88.

Janvier 1274 (n. s.). — *Sentence des arbitres sur le différend précédent.*

Constitutus in jure coram nobis Guillelmus Gaignart recognovit se pacificasse religiosis viris et honestis, priori Sancti Martini de Veteri Bellismo et monachis ejusdem loci, super quadam contencione mota inter ipsos, videlicet super quadam retractura ratione consanguinitatis quam idem Guillelmus intendebat facere contra priorem et monachos predictos, de quibusdam possessionibus existentibus in terris, pratris et censibus, sitis inter Castrum Bellismi et forestam ejusdem loci, que omnia supradicta magister Odo. dictus Sirot, clericus, contulerat eisdem priori et monachis et eorum successoribus, habenda et tenenda et in perpetuum possidenda a predictis priore, monachis ibidem et eorum successoribus, pro quindecim libris turonensibus et uno modio avene annue firme, quoad vitam ipsius magistri Odonis; et pro dicta concordia idem Guillelmus debet habere de bonis mobilibus ipsorum prioris et monachorum supra dictorum xx⁀ libras turonenses, et predictus Guillelmus per predictam concordiam omnia supradicta, prout superius sunt expressa, dictos monachos et priorem et eorum successores, per predictos denarios illi Guillelmo persolutos, defendere, garantizare, deliberare contra omnes, quicumque sint qui supradictis rebus dictos priorem et monachos et eorum successores, racione generis, in aliquo possent molestare. Et ad hec omnia et singula, prout superius sunt expressa obligat se idem Guillelmus et heredes suos, omnia mobilia et immobilia presencia et futura, et maxime quod corpus ejus capiatur et teneatur in prisione Domini Comitis, quocienscumque dicte concordie, prout superius est expressum, in aliquo vel in parte presumpserit resilire, seu in aliquo revocare, renuncians specialiter et expresse in hoc facto omni privilegio fori et auxilio juris, et omni privilegio crucis sumpte et sumende, et consuetudinibus omnibus et statutis, per que concordia predicta in aliquo possit impediri.

Et nos, ad peticionem partium, sigillum baillivie de Alenchon presentibus litteris apposuimus. Datum anno Domini M° CC° LXX° tertio, die martis pos sanctum Vincentium.

Arch. de l'Orne, H. 2,210. Original, parchemin. Cette pièce existe en double exemplaire.

N° 89.

Juillet 1274. — *Confirmation par l'official du Mans du précédent arbitrage.*

Universis presentes litteras inspecturis, officialis Cenomanensis, salutem in Domino. Quod cum contencio verteretur inter religiosos viros Abbatem et conventum Majoris Monasterii Turonensis, et priorem et monachos de Belismo ex una parte, et Guillelmum Gaignart de parochia de Campo Pascenti, juxta Varinum, Cenomanensis dyocesis, ex altera, super hoc videlicet quod dictus Guillelmus petebat a dictis religiosis quasdam possessiones quas defunctus magister Odo Syrot, quondam canonicus in ecclesia Cenomanensi, habuit et possedit, sitas ut dicitur, inter Castrum Belismi et forestam ejusdem loci, in dyocesi Sagiensi, consistentes in terris, pratis, censibus et rebus aliis, que omnia ad dictum Guillelmum jure hereditatis debebant pertinere, racione successionis dicti defuncti Odonis; dicto priore de Belismo, pro se et pro dictis Abbate et conventu et monasterio suo predicto, e contrario proponente et asserente quod idem Guillelmus nichil in dictis rebus debebat habere, jure hereditario, nec racione successionis dicti defuncti, ea videlicet racione quod dictus defunctus Odo

omnia supradicta dicto priori, et prioratui suo et successoribus
suis dederat et concesserat, ab eisdem religiosis perpetuo possidenda; et dictus prior pro se et monasterio suo et abbate et
conventu supradictis, ex una parte, et dictus Guillelmus, ex altera,
post multas altercationes, de prudentium virorum consilio, super
dicta contencione omnium rerum predictarum compromiserunt
in arbitros, videlicet in Andream dictum Syrot presbyterum, et in
Gaufridum Benedictum presbiterum, rectorem ecclesie de Pinu,
qui arbitri honus dicti compromissi in se receperunt, prout dicti
prior et Guillelmus confessi fuerunt in jure coram nobis, tali
conditione quod si ipsi duo arbitri non possent super premissis
unanimiter concordare, quod Gaufridus, decanus Belismensis,
esset tercius arbiter cum eisdem, qui decanus, cum uno dictorum
arbitrorum proferendo dictum suum, super eisdem contencionibus
taliter ordinavit, prout ipsi prior et Guillelmus recognoverunt in
jure coram nobis, videlicet quod dicte res, cum terris, pratis,
censibus et rebus aliis, de quibus erat contencio inter ipsos, in
quibuscnmque rebus consistant, dicto priori et ejus prioratui suc-
cessoribusque suis, nomine dictorum abbatis et conventus,
perpetuo et hereditarie remaneant, et dictus prior et monachi
predicti, pro bono pacis, darent dicto Guillelmo viginti libras
turonenses; quas pacem et concordiam dictas et concordatas per
dictum decanum et alium arbitrum, dictus Guillelmus ratam
habuit et firmam et habet ex jure coram nobis, et garantizavit et
promisit quod ipse, per se nec per alium, in dictis rebus de quibus
erat contencio inter ipsos nichil de cetero reclamabit, nec faciet
in futurum per se vel per alium reclamare. Recognovit etiam Guillelmus se recepisse et habuisse a dicto priore, ratione dicte pacis,
dictas viginti libras turonenses in pecunia numerata, omni exceptioni pecunie non numerate et non recepte renuncians specialiter
et expresse, tali conditione quod dictus Guillelmus et ejus heredes
teneantur dicto priori et ejus successoribus, et dictis abbati et
conventui, dictas res, de quibus erat contencio inter ipsos, garantizare, liberare et defendere contra omnes, per dictum dictorum
arbitrorum, et specialiter contra heredes dicti defuncti Odonis
quoscumque. Et transfert exinde idem Guillemus in dictum priorem et monasterium suum predictum omne jus suum, proprietatem, possessionem et omnem actionem personalem et realem,
que et quas ipse vel ejus heredes habebant vel habere poterant in
rebus superius nominatis. Et ad omnia premissa tenenda et in
perpetuum observanda, ut superius dicta sunt, dictus Guillelmus
obligat eisdem priori, abbati et conventui se et heredes suos et
omnia bona sua, mobilia et immobilia, presentia et futura, et
specialiter successoribus dicti prioris, renuncians in hoc facto

omni exceptioni, deceptioni, lesioni, omni privilegio impetrato et impetrando, omni auxilio juris et facti, tam canonici quam civilis, et omnibus rebus aliis et racionibus per que seu per quas posset venire contra premissa vel aliqua premissorum per se vel per alium in futurum. Et quod contra predicta vel aliqua predictorum non veniet idem Guillelmus per se vel per alium in futurum astrinxit se, fide in manu nostra prestita corporali.

Et nos omnia supradicta et singula ad petitionem dictorum prioris et Guillelmi ad invicem in perpetuum tenenda, et ea sigillo curie Cenomanensis duximus roboranda.

Datum die veneris ante festum beate Marie Magdalene mense julii, anno Domini M° CC° LXX° quarto.

Arch. de l'Orne, H. 2,210. Charte originale, parchemin, scellée et contre-scellée en cire jaune. Le sceau est très fruste. Il présentait au droit l'image d'un évêque en pied, avec l'exergue : S. CVRIE CENOMANENSIS ; à l'avers, un buste d'évêque avec l'exergue : SANCTVS JVLIANVS.

N° 90.

1274. — *Vente par Jeanne Achard au prieur de Bellême, pour 28 sols tournois, de sa portion d'un pré, sis à Saint-Martin-du-Vieux-Bellême.*

Ego Johanna l'Acharde, vidua, notum facio universis presentes litteras inspecturis, quod ego, de assensu et voluntate omnium heredum meorum, vendidi et concessi priori de Bellismo et ejus successoribus, pro viginti octo solidis turonensibus michi ab eodem priore integre persolutis, omnem portionem meam quam ego habebam et habere poteram ratione hereditagii, in quodam prato sito in feodo dicti prioris in villa Sancti Martini de Veteri Bellismo, quod dictum pratum sicut se possidet abotat superius vico dou Chevrier et inferius stagno Mali Consilii..... perpetuo..... sine aliquo contradicto. Ego vero juravi, tactis sacro sanctis evangeliis, quod in dicta portione mea dicti prati, ratione hereditagii vel alia ratione, nichil de cetero reclamabo..... ego et heredes mei tenemur garantizare..... Dedi dicto priori et suis successoribus meas presentes litteras sigillo meo sigillatas.....

Datum anno Domini M° CC° LXX° quarto mense aprilis.

Arch. de l'Orne, H. 2,211. Charte originale, parchemin, sceau perdu.

N° 91.

1275 (n. s.). — *Compromis entre frère Martin, prieur de Bellême, d'une part, et Arnoult Le Charron, Colin Becdeloce, Jeanne des Coutart, Guillaume Bachelier, d'autre part, à la suite d'une contestation sur le rachat d'un cheval de service, à raison du décès de Julien des Coutart, qui tenait dudit prieur la tierce partie du moulin des Coutart.*

Ego Hernulphus Le Charron et ego Gileta ejus uxor, ego Colinus Becdeloce et ego Agata ejus uxor, et ego Johanna des Coutart soror sua, et ego Guillelmus Bacheler notum facimus universis presentes litteras inspecturis quod cum contemptio verteretur inter nos ex una parte, et fratrem Martinum, priorem de Bellismo, ex altera, super eo videlicet quod ipse petebat habere a nobis rachetum equi servicii, pro tercia parte molendini des Coutart, cum suis pertinenciis, de morte defuncti Juliani des Coutart, qui tenebat a dicto priore dictam terciam partem dicti molendini, cum omnibus pertinenciis suis ad fidem et homagium, ut dicebat dictus prior; nobis hoc negantibus; tandem, de bonorum virorum consilio, composuimus inter nos et ipsum priorem in hunc modum : quod nos, pro bono pacis, dedimus dicto priori quatuor solidos turonenses annui et perpetui redditus, dicto priori et suis successoribus annuatim a nobis et heredibus nostris, apud Sanctum Martinum de Veteri Bellismo, in festo Omnium Sanctorum vel in crastino persolvendos, et tenemur annuatim facere dicto priori et suis successoribus terciam partem biennagii dicti molendini inferius et superius, usque ad exclusam stanni sui de la Bretinière, et tenemur omnia alia servicia et redditus ad dictum molendinum pertinentia facere et reddere dicto priori et suis successoribus, prout predecessores nostri facere et reddere consueverunt, et etiam omnia alia servicia extranea et redditus, prout predecessores nostri facere et reddere consueverunt.

Predicti vero prior et sui successores tenentur dictam terciam partem dicti molendini, com omnibus pertinenciis suis, guarantire et defendere nobis et heredibus nostris, ad usus et consuetudines Bellismenses, tali conditione apposita, quod si aliquis nostrum in portione sua solutionis dicti redditus in dicto festo, vel in crastino, et etiam in portione sua biennagii, annuatim defecerit dicto priori et suis successoribus, tenetur reddere portionem suam dicti redditus et dicti biennagii et quinque solidos pro emenda; et poterunt dicti prior et sui successores capere in dicto molendino et in pertinenciis dicti molendini, donec de portione sua dicti redditus et dicti biennagii et emenda, dicto priori et suis successoribus fuerit integre satisfactum.

In cujus rei testimonium nos dedimus dictis priori et suis successoribus nostras presentes litteras sigillis nostris sigillatas, per quas nos et heredes nostros obligamus ad omnia supradicta firmiter observanda.

Datum anno Domini M° CC° LXX° quarto, mense februarii.

Arch. de l'Orne, H. 2,425. Original, parchemin, sceaux perdus.

Après ces mots : « Stanni sui de la Bretinière, » une ligne d'écriture a été grattée et quatre lignes ont été ajoutées en renvoi, au bas de la page, par une main différente de celle qui a écrit le corps de la charte.

N° 92.

Février 1275. — *Ratification par frère Martin, prieur de Bellême, de l'accord précédent.*

Universis presentes litteras inspecturis frater Martinus, humilis prior de Bellismo, salutem in Domino.

Noverint universi quod com contemptio verteretur inter nos et consocios nostros, ex una parte, et Hernulphum Lecharron et Giletam ejus uxorem et Colinum Becdeloce et Agatam ejus uxorem et Johannam des Coutart Sororem suam, et Guilelmum Bacheler ex altera, super eo videlicet quod nos et consocii nostri petebamus habere ab ipsis rachetum equi servicii, etc..... (Le reste est répété mot à mot comme dans la charte précédente.)

Datum anno Domini M° CC° LXX° quarto, mense februarii.

Arch. de l'Orne, H. 2,425. Original, sceau perdu.

On a fait dans cette charte les mêmes renvois que dans la charte précédente. De plus, les mots : « consocii nostri » ont été ajoutés quatre fois en interligne. Sur une feuille jointe à ces parchemins on lit cette note : « Moulin neuf, mouvant de Clinchamp ». Et cette autre d'une main différente en écriture du XVIII° siècle : « Le moulin neuf, dont M. le Prieur de Saint-Martin est un homme de foy, qu'il reporte pour un vassal au seigneur comte de Clinchamps, avec le droit de Bannalité.

N° 93.

Juin 1275. — *Vente par Guillaume Achart, clerc, à Guillaume Galopin, pour 5 sols tournois, de deux oboles de cens, assis sur une vigne à Saint-Martin-du-Vieux-Bellême.*

Universis..... Guillelmus Achart clericus salutem.

Noverint universi quod ego vendidi et concessi Guillelmo dicto Galopin, cum assensu et voluntate omnium heredum meorum, pro quinque solidis turonensibus, de quibus mihi plenarie satisfecit in pecunia numerata, unum obolum annui census quod michi debebat Hubertus Cavus, situm super vineam suam sitam juxta domum suam, et quoddam obolum annui et perpetui census quod Matheus de Perrigneio michi debebat situm super vineam suam in valle Bellismi, inter vineam Huberti Cauvn ex una parte et vineam dicti Le Boidre ex altera..... dictam venditine n..... libere quiete et pacifice..... in perpetuum..... liberam et immunem ab omnibus serviciis et redevanciis, talliis, equo servitii, releveio, racheto et omnibus aliis serviciis ad quoscumque pertinentibus quoquomodo. Ego vero Guillelmus Achart juravi tactis sacrosanctis evangeliis Dei quod..... nichil reclamabo..... immo ego et heredes mei tenemur..... garantizare..... dedi..... presentes litteras sigilli mei munimine confirmatas.....

Datum anno gratie M° CC° LXX° quinto, mense junio.

Arch. de l'Orne, H. 2,211.

N° 94.

Février 1278 (n. s.). — *Vente au prieur de Saint-Martin, par Raoul de Beaumont, Garnier Gerbout, Jean Patæ, Jean du Col et Colin Gerbout, de huit sols, sept deniers et une obole de cens annuel et perpétuel, sur plusieurs maisons sises sur le fief de Rocé, dans la paroisse de Saint-Martin.*

Universis presentes litteras inspecturis, ego Radulphus de Beaumont et Odelina uxor ejus et Garnierus Gerbout et Juliana uxor ejus et Johannes Patae et Eremburgis uxor ejus, Johannes de Colle et Richeudis uxor ejus, Colinus Gerbout et Allitia uxor ejus salutem in Domino.

Noveritis quod nos de spontanea non coacta communi nostra voluntate, et heredum nostrorum consensu, vendidimus, concessimus quitavimus et tradidimus viris religiosis, priori et monachis prioratus Sancti Martini de Veteri Bellismo et suis successoribus, pro decem octo libris et dimidia turonensibus nobis in numerata pecunia integre persolutis, octo solidos et septem denarios cum obolo, turonenses, annui et perpetui census, quos sitos habebamus in feodo domini de Rosae, in villa Sancti Martini de Veteri Bellismo, videlicet super censivam heredum defuncti Juliani Nihart, unum denarium turonensem, super censivam Guillelmi Levilaen, duos denarios turonenses, super censivam heredum defuncti Girardi Levesque, duos solidos et sex denarios et obolum turonensem, super censivam Guillelmi Cœnnet novem denarios, super censivam Colini Chazemœre, sex denarios turonenses, super domum presbiterii dicte ville, sex denarios turonenses, super censivam Durandi Dessol, tres denarios, super censivam à la Barbete, tres denarios, super censivam Roberti Dessae, tres solidos et quatuor denarios, super censivam Amauri de Cortiout, unum denarium, et super censivam Colini Borgerée, duos denarios turonenses, prout dicte censive se porportant, tam domibus, terris, ortis quam rebus aliis.

Duobus vero terminis, ad Natale Domini et ad festum Sancti Leonardi, dictis religiosis et suis successoribus ad prioratum suum predicti census annuatim imperpetuum persolventur. Predicti autem religiosi et successores eorum, nomine sui prioratus, predictos census cum omni jure, justicia et districtu, quo in predictis censivis habebamus seu habere poteramus, in plenum jus et proprietatem eorum habebunt et imperpetuum possidebunt libere et quite, de rachato, tallia, auxiliis et omnibus serviciis, redebentiis, exactionibus et rebus aliis quibuscumque, ad nos, ad heredes nostros et ad quoscumque alios pertinentibus, salvis servitiis capitalium dominorum.

Nos siquidem predicti venditores, viri et uxores, non coacti non decepti, juravimus tactis sanctis evangeliis, quod in omnibus predictis seu aliquo predictorum, ratione hereditatis, ratione dotis, seu alia ratione, nichil juris per nos vel per alios reclamabimus in futurum, renuntiantes per predictum juramentum legi julie de fundo dotali, omnibus juribus et consuetudinis, auxiliis, exceptioni non numerate pecunie et omnibus aliis exceptionibus quibus ista venditio posset revocari seu in aliquo impediri.

Ad hec omnia et singula predicta tenenda, firmiter et fideliter observanda, et ad hanc venditionem secundum Bellismenses consuetudines garantizandam, prefatis religiosis et suis successoribus nos, heredes nostros et bonorum nostrorum possessores obligavimus per presentes litteras sigillis nostris sigillatas, quas eisdem dedimus in hujus rei testimonium et sessinam.

Actum anno Domini M° CC° LXX° V°, mense februario.

Arch. de l'Orne, H. 2,370. Original, parchemin, sceaux perdus.

N° 95.

Juillet 1278. — *Baillée par Michel Lefèvre, de Rémalart, gendre de Raoul de Beaumont, et par Denise, sa femme, à Etienne Chevecalle, pour le prix de huit sols de rente annuelle, d'une chambre sise paroisse de Saint-Sauveur de Bellême.*

Universis..... Michael dictus Faber de Remalart, gener Radulfi de Beaumont, et Dyonisia ejus uxor salutem in Domino.

Noverint universi quod nos, de communi assensu et voluntate omnium heredum nostrorum, vendidimus et concessimus Stephano dicto Chevecalle et Petronille uxori ejus et eorum heredibus, quandam cameram quam habebamus in parochia Sancti Salvatoris de Bellismo, quam dictus Radulfus de Beaumont nobis dedit in puro et libero maritagio, quo est sita inter domum dicti Radulfi ex una parte et domum heredum defuncti Ernaudi Le Rat ex altera, et abotat ex uno boto ad cheminum domni Comitis de Alenceio et ad fossata dicti comitis ex altero..... jure hereditario ..... reddendo inde nobis et heredibus nostris, annui et perpetui redditus, octo solidos monete cursalis, ad duos terminos assignatos, videlicet quatuor solidos in festo Nativatis Sancti Johannis Baptiste et quatuor solidos in festo Sancti Leonardi annuatim, pro omnibus serviciis..... salvis tamen serviciis capitalium dominorum. *(Promesse de garantie, avec serment. Lettres scellées.)*

Datum anno Domini M° CC° LXX° octavo mense julio.

Arch. de l'Orne, H. 2,212. Charte originale, parchemin. Sceaux perdus.

N° 96.

1281. — *Déclaration de Gervais du Coudrai, clerc, en vertu de laquelle Jean de Vaussé, prêtre, et Colin de Vaussé, clerc, tiendront de lui, à une seule foi et hommage, l'hébergement de Provencé avec le bois et la vigne y joints, l'ouche du Marnais, l'ouche et le pré de la Pichardière, sis à Saint-Martin-du-Vieux-Bellême, au fief de Mathieu Mercier, écuyer, à la charge par les héritiers des susdits Jean et Colin de payer trente-quatre deniers de taille.*

Universis....... Gervasius de Coudreto clericus salutem in Domino.

Noverint universi quod cum Johannes de Vause, presbiter, et Colinus de Vause, clericus, tenerent a me et meis predecessoribus, ad tres solidos turonenses annui et perpetui census, omne habergamentum suum de Provenceio cum nemore et vinea cum omnibus pertinenciis suis, et omnem oscham suam dou Marnais junctam dicto nemori, et hoscham suam et pratum suum de La Pichardière, cum sepibus et fossatis et cum omnibus pertinenciis suis, que omnia supradicta sita sunt in parochia Sancti Martini de Veteri Bellismo, in feodo Mathei Merchier armigeri, ego volo et concedo dicto Colino quod idem Colinus et sui heredes teneant de cetero, a me et meis heredibus, hec omnia supradicta cum omnibus pertinenciis suis, ad unam fidem et unum homagium, reddendo exinde mihi et meis heredibus, post mortem dicti Colini seu heredum suorum tenentium successive, triginta et quatuor denarios turonenses tallie rationabilis tantummodo. *(Formule de garantie.)* ..... Presentes litteras contuli..... sigillo meo sigillatas.

Nos vero Ballivus Domini comitis Alenconii et Pertici sigillum ballivie Alenconii et Pertici ad petitionem partium presentibus litteris, salvo jure Domini Comitis, apposuimus.

Datum anno Domini M° CC° LXXX° primo mense novembri, die lune ante festum Sancti Martini hyemalis.

Arch. de l'Orne, H. 2,213. Charte originale, parchemin. Sceaux disparus. Au dos, en caractères gothiques : « Lettre Colini de Vause »; en écriture du XVIII° siècle : « Fief de Provencé ».

N° 97.

Novembre 1282. — *Vente par Colin Levêque, à Guillaume du Bois, de cinq sols de rente sur sa maison, hébergement et autres héritages sis à Saint-Martin-du-Vieux-Bellême, au fief du prieur, pour 50 sols tournois.*

Universis.... Ego Colinus Episcopi et Burgina ejus uxor salutem in Domino.

Noveritis quod nos vendidimus et concessimus Guillelmo de Buxo clerico et suis heredibus, quinque solidos monete cursalis ad patriam Bellismi, annui et perpetui redditus, pro quinquaginta solidis turonensibus nobis a dicto Guillelmo integre persolutis, assignatos super omni parte nostra domus, herbergamenti et terre posterioris quod ad presens habemus et possidemus in villa Sancti Martini de V. Bellismo, in feodo prioris..... in Purificatione Beate Virginis annuatim.....

Datum anno Domini M° CC° LXXX° secundo, die jovis post festum beati Martini hyemalis.

Arch. de l'Orne, H. 2,211. Charte originale, sceaux perdus.

N° 98.

Janvier 1283 (n. s.). — *Vente par Jean de Chesates, écuyer, au prieur et moines de Bellême, de son contingent de la succession de défunt Gervais Le Bret, son oncle, à cause d'Agnès, sa femme, consistant en un pré nommé Les Prés-le-Comte, sis entre le château de Bellême et Saint-Martin, pour le prix de 6 livres 3 sols, sauf le droit du seigneur suzerain.*

Universis..... Johannes de Chesates armiger et Agnes ejus uxor, salutem.....

Noverint universi quod nos vendidimus et concessimus religiosis viris priori Beati Martini de Veteri Belismo et monachis ejusdem loci, pro sex libris et tribus solidis turonensibus nobis pre manibus integre persolutis in pecunia numerata, omnem partem nostram seu nos contingentem racione caduci, ex decessu Gervasii Lebret deffuncti, avunculi mei Agnetis, et que nos contingere poterit in futurum, post obitum Ysabellis relicte dicti Gervasii, in pratis que vulgariter dicuntur Prata Comitis, inter castrum de Belismo et Sanctum Martinum predictum sita, et etiam omnem partem liberos Leonardi Testart et defuncte Mathildis, quondam uxoris ejusdem Leonardi, contingentem in dictis pratis ex caduco dicti defuncti Gervasii, et que eos post obitum prefate Ysabellis, quondam uxoris dicti defuncti Gervasii, posset contingere in futurum, quam quidem partem tam presentem quam futuram per escambium acquisivimus ab eisdem..... jure hereditario..... possidenda eisdem religiosis..... libera et immunia ab omnibus servitiis..... salvis tamen servitiis capitalium dominorum..... dedimus presentes litteras sigillis nostris sigillatas ....

Actum anno Domini M° CC° LXXX° secundo, mense januarii.

Arch. de l'Orne, H. 2,212. Charte originale parchemin, sceaux perdus.

Cette charte existe en double exemplaire. Au dos de l'un on lit cette note en écriture du XVIII° siècle : « Acquest de partie des grands prez de Saint-Martin. »

N° 99.

Décembre 1283. — *Vente au prieuré de Saint-Martin, par Gervais de Nocé, écuyer, de tout le domaine situé dans la censive d'Etienne Jonchet, près la Calabrière.*

Universis presentes litteras inspecturis ego Gervasius armiger, dictus de Noceyo, salutem in Domino.

Noveritis quod ego, de consensu ac voluntate heredum meorum, vendidi et concessi, quitavi et tradidi viris religiosis priori et monachis prioratus Sancti Martini de Veteri Bellismo, pro decem et octo libris turonensibus mihi ab ipsis in numerata pecunia persolutis, omne dominicum feodum, jus, justitiam et districtum que ego et heredes mei habebamus et habere poteramus, in censiva Stephani dicti Jonchet, prout ipsa censiva in terra arabili, ortis, domibus et rebus aliis se proportat, una cum duobus solidis census annui et sex gallinis, que mihi idem Stephanus super ipsa censiva annis singulis faciebat. Que sita est in feodo meo juxta Kalabreriam, in parochia Sancti Martini predicti, ipsum feodum meum, com omni jure, justicia, domino et districtu in ipsis religiosis transferens, ab eisdem religiosis et suis successoribus, nomine sui prioratus, omnia predicta in jus et proprietatem eorum conversa, tenenda, habenda et imperpetuum jure hereditario possidenda, libera, quieta et immunia ab omni racheto, tallia et omnibus aliis serviciis, exactionibus et corveis, auxiliis et rebus aliis quibuscumque ad me et heredes meos, ad quoscomque alios pertinentibus quoquomodo.

Ego vero predictus Gervasius, non coactus nec deceptus, juravi tactis sacrosanctis evangeliis, quod in predictis, seu in aliquo predictorum, per me vel per alios aliquos, nichil juris imposterum reclamabo ; sed ad omnia predicta, ab ipsis religiosis ac cciam mansionariis et hominibus in dicto feodo existentibus quiete et libere ab omnibus serviciis, talliis, exactionibus, corveis, auxiliis et rebus aliis quibuscunque, ut dictum est, possidenda, me et meos heredes, hereditatem meam presentem et futuram ubiconque existentem, ac eciam ipsius hereditatis possessores et successores honero et astringo ad garantizandum et defendendum contra omnes et desserviendum pro ipsis religiosis et suis mansionariis, si deservire quoquomodo vel rachatare contigerit, vel necesse fuerit, ipsum feodum erga dominos capitales; hoc solum retinens in feodo predicto quod mansionarii ipsius feodi venient ad molendinum meum de Sisseyo molere bladum suum, prout faciunt alii homines in meo feodo existentes, et si de molendo alibi fuerint deprehensi, emenda que me posset contingere erit prioris predicti.

Si ego autem vel successores mei defecerimus in solucione seu satisfactione servitutum et rachatorum ipsius censive et feodi, seu aliarum censivarum et feodorum erga dominos capitales, et occasione hujusmodi sepedicti religiosi seu mansionarii expensas sustinuerint vel dampna incurrerint, tenemur ego dictus Gervasius et successores mei eisdem religiosis et suis mensionariis, ad solum dictum prioris qui pro tempore erit, expensas resarcire, dampna et deperdita restaurare. Et ad hec specialiter et similiter me obligo et successores meos et bonorum meorum possessores. In cujus rei testimonium eisdem priori et monachis presentes litteras contuli, sigilli mei munimine roboratas.

Datum anno Domini M° CC° octogesimo tertio, mense decembri, die mercurii ante festum beati Nicholai hyemalis.

Arch. de l'Orne, H. 2,256.
Rouleau coté 6, n° 38.

N° 100.

Décembre 1283. — *Vente par Jean des Chesates et Agnès, sa femme, au prieur et aux moines de Saint-Martin-du-Vieux-Bellême, pour le prix de six livres tournois, de toute la portion appartenant à Jeannette, fille de Raoul d'Osenel, dans les Prés-le-Comte, sis entre le château de Bellême et Saint-Martin-du-Vieux-Bellême.*

Universis........ Johannes des Chesates et Agnes ejus uxor salutem......

Noverint universi quod nos vendidimus et concessimus religiosis viris priori et monachis Beati Martini de Veteri Bellismo, pro sex libris turonensibus nobis pre manibus ab ipsis in pecunia numerata integre persolutis, totam partem Johannete filie Radulphi de Osenel ipsam contingentem, in pratis que dicuntur Prata Comitis, inter castrum de Bellismo et Sanctum Martinum predictum sita, ratione caduci ex decessu Gervasii Lebret defuncti avunculi ipsius Johannete, et que eam contingere poterunt in futurum post obitum Ysabellis relicte ipsius Gervasii, quam quidem partem per excambium acquisivimus ab eadem Johanneta et Radulpho fratre ejus predicto, tam presentem quam futuram, tenendam, habendam..... jure hereditario.... eisdem religiosis, priori et monachis dicti loci liberam et immunem ab omnibus serviciis..... salvis tamen serviciis capitalium dominorum..... Si autem predicta Johanneta, vel aliquis alius nomine suo, contra excambium predictum venerit, et partem in pratis predictis habere maluerit, volumus quod predicti religiosi gaudeant et utantur tota hereditate ubicumque existente tamquam propria sua, quam idem Johannete tradidimus pro excambio supradicto, et quod insuper in perpetuum habeant et jure hereditario possideant quinque solidos annui et perpetui redditus super tota hereditate nostra presenti et acquirenda si ipsa Johanneta excambio antedicto voluerit, vel alius ipsius nomine, contraire..... Dedimus presentes litteras sigillis nostris sigillatas.....

Actum anno Domini millesimo ducentimo octogesimo tertio, mense decembri.

Arch. de l'Orne, H. 2, 212. Charte originale en parchemin, sceaux disparus. Au dos : « Lettre d'acquêt des prés appelés : Les Prez du Comte. »

N° 101.

1er mars 1284 (n. s.). — *Donation, devant le doyen de Bellême, par Geoffroi d'Espagne et Odeline, sa femme, au prieur et au prieuré de Saint-Martin-du-Vieux-Bellême, de tous leurs biens meubles et immeubles, présents et futurs, de tous leurs acquêts, après la mort du dernier survivant.*

Universis ... Decanus Bellismensis salutem in Domino.

[Noveritis] quod in nostra presentia constitutus Gaufridus de Espaigne et Odelina ejus uxor recognoverunt in jure coram nobis se [dedisse] et concessisse se et [medietatem?] omnium bonorum suorum mobilium et immobilium, presentium et futurorum, acquisitorum et acquirendorum, ubicumque existentium, priori et fratribus et prioratui Sancti Martini de Veteri Bellismo, eisdem priori et fratribus post decessum eorumdem Gaufridi et Odeline habenda et possidenda, sine contradictione aliqua a dictis Gaufrido et Odelina vel ab alio aliquo super hoc facienda. Adjunctum fuit insuper et concessum predictis Gaufrido et Odeline, a predictis religiosis quod supervivens ipsorum utensilia, donec fuerit vita comite, possidebit. Post decessum vero illius qui supervixerit, ad predictos religiosos predicta ustensilia libere et sine diminutione aliqua verterentur. Nec poterunt predicti Gaufridus et Odelina alicui dare seu alienare de dictis bonis suis mobilibus et immobilibus, sine concessione et voluntate predictorum prioris et fratrum. In cujus rei testimonium et munimen dictis priori et fratribus, ad petitionem dictorum Gaufridi et Odeline, presentes litteras contulimus sigillo nostro curie sigillatas.

Datum anno Domini M° CC° octogesimo tertio, die mercurii, in festo sancti Albini episcopi.

Arch. de l'Orne, H. 2,212. Charte originale, parchemin, sceau perdu.

N° 102.

Décembre 1284. — *Reconnaissance par Colin Durand et Hersende, sa femme, d'une obligation de quinze sols de rente annuelle, payables à la saint Léonard, dans la halle de Bellême, au profit de Clément Gallepie et de ses héritiers, à raison d'une pièce de terre, d'un clos et d'un quartier sis à Saint-Martin-du-Vieux-Bellême, dans le fief du seigneur de Clinchamps.*

Ego Colinus Durant et Ego Hersandis ejus uxor notum facimus ..... quod nos et heredes nostri tenemur reddere Clementio dicto Gallepie crucifero et suis heredibus quindecim solidos monete currentis in castallania Bellismi, annui et perpetui redditus. ... in festo Beati Leonardi vel in crastino illius, apud Bellismum in Hala Bellismi..... ratione cujusdam pecie terre, et cujusdam clausi, et cujusdam pecie nemoris que nobis et nostris heredibus dictus Clementius tradidit ad redditum supradictum, que omnia cum omnibus pertinenciis suis sita sunt in parochia Sancti Martini de Veteri Bellismo, in feodo domini de Clinchamps ; ratione quinque solidorum turonensium annui redditus quos dicta La Guilloise et sui heredes dicto Clemencio et suis heredibus, in festo beati Andrei apostoli annuatim reddere tenebantur. ... Si contigerit quod nos vel heredes nostri, in toto vel in parte solucionis predicti redditus defecerimus ad dictos locum et terminum, dictus Clemencius et sui heredes in omnibus predictis et omnibus eorum pertinenciis capere poterunt, pro redditu supradicto et pro duobus solidis turonensibus pene pro qualibet septimana solutionis dilate..... dedimus presentes litteras sigillis nostris sigillatas.

Datum anno Domini M° CC° LXXX° quarto, mense decembris, in vigilia Circumcisionis Domini.

Arch. de l'Orne, H. 2 212. Charte originale, parchemin, sceaux perdus.

N° 103.

Janvier 1285 (n. s.). — *Vente par Jean de la Ranchère à Robert Chabu d'une pièce de terre et d'une noë, sises à Saint-Martin-du-Vieux-Bellême.*

Universis presentes litteras inspecturis, Johannes de la Ranchère et Agnes ejus uxor salutem in Domino.

Noverint universi quod nos de communi assensu nostro et voluntate omnium heredum nostrorum vendidimus et concessimus Roberto dicto Chabu et Hemburgi ejus uxori ac eorum heredibus, pro quatuor libris et dimidia turonensibus nobis ab eisdem integre persolutis, unam peciam terre nostre cum quadam noa, dicte pecie terre contigua, sitam in parochia Sancti Martini de Veteri Bellismo, in feodo Gervasii dicti Kalabre armigeri, que omnia junguntur ex uno latere (aus beit?) molendini de Eclopechart, et ex alio latere pratis defuncti Gervasii dicti Bonvallet, et abotat ex una parte terre predicti Roberti Chabu, et ex alia parte, pratis Leprosorum de Bellismo, predictam peciam terre cum noa sicut se possidet, predictis Roberto ac uxori sue et eorum heredibus habenda, tenenda et jure hereditario perpetuo possidenda, sine contradictione aliqua nostri aut heredum nostrorum vel alicujus alterius super hoc de cetero facienda. Nos vero juravimus, tactis sacrosanctis evangeliis Dei, quod in predictis terra et noa nichil reclamabimus in futurum nec faciemus per alium aliquem reclamari. Immo nos et heredes nostri predictis Roberto et ejus uxori ac suis heredibus, super omnem hereditatem nostram ubicumque existentem tenemur predictam terram cum noa garantizare et defendere contra omnes in perpetuum, et de omnibus serviciis et rebus aliis quibuscumque pertinentibus quoquomodo deservire, reddendo tamen exinde nobis et heredibus nostris, seu mandato nostro, duos denarios turonenses annui et perpetui census apud Bellismum, in vigilia Nativitatis Domini sive in die annuatim. Et ut hoc sit firmum et stabile in futurum, nos predictis Roberto et Hemburgi ac suis heredibus istas presentes litteras contulimus sigilorum nostrorum munimine sigillatas, per quas nos et heredes nostros quoscumque obligamus ad omnia predicta firmiter et fideliter observanda.

Actum anno Domini M° CC° octuagesimo quarto, mense januarii.

Arch. de l'Orne, H. 2,256. Original, parchemin. Les deux sceaux sont perdus.

N° 104.

Décembre 1286. — *Vente par devant Jean Pichard, vicomte de Mortagne, et Jean de La Ferté, par André Lemercier, à Guillaume du Bois, pour le prix de cinquante sols tournois, de cinq sols de rente annuelle payable à Noël.*

Universis...... Johannes Pichardi vicecomes Moritanie salutem.
Noveritis quod in presentia Johannis de Feritate ad hoc deputato, recognovit Andreas Lemercier clericus, de communi assensu et voluntate omnium heredum suorum, se vendidisse et concessisse Guillelmo dou Bois et Alicie uxori sue et suis heredibus, pro quinquaginta solidis turonensibus, dicto Andree a dicto Guillelmo integre persolutis, quinque solidos turonenses annui et perpetui redditus ad Natale Domini..... sita et assignata super omnem hereditatem suam qualicumque et cujuscumque temporis existentem..... renuncians omni privilegio crucis sumpte et sumendo ..... Nos predictus vicecomes, ad peticionem dicti Johannis de Feritate in cujus presencia omnia supradicta confessa fuerunt a partibus esse vera, sigillum de terra Pertici presentibus litteris de consensu parcium apposuimus, salvo tamen jure Domini Regis et aliorum.

Datum anno Domini M° CC° LXXX° sexto, mense decembris.

Arch. de l'Orne, H. 2,212. Charte orignale, parchemin, sceau perdu.

Au dos, en lettres gothiques : « Hec est carta Andree Lemercier, V sols in Natali Domini. »

N° 105.

Mars 1288 (n. s.). — *Donation à Saint-Martin-du-Vieux-Bellême, par Henri Le Cordier, d'une pièce de terre, sise dans le fief des religieux.*

Universis..... Henricus dictus Cordarius et Johanna uxor sua salutem in Domino sempiternam.
Noverint universi quod nos de communi assensu nostro dedimus et concessimus, in puram et perpetuam elemosinam et pro salute animarum nostrarum, religiosis viris priori et conventui Sancti Martini de Veteri Bellismo, quamdam terre peciam quam habebamus in parochia dicti loci, in feodo religiosorum dictorum; et jungitur dicta terre pecia juxta terram heredum defuncti Colini Borgerée, et ex alio latere jungitur terre heredum defuncti Johannis Britonis et superius et inferius terre Colini Hardoin albotat.....

Datum anno Domini M° CC° LXXX° septimo, mense marcii.

Arch. de l'Orne, H. 2,214 Charte originale, sceau perdu.
Rouleau coté 6, n° 34.

N° 106.

Novembre 1289. — *Vente par Hemeri de Provence, écuyer, et Julienne, sa femme, à Guillaume Leclusier, de Vaunoise, pour le prix de quinze livres de tournois, d'une pièce de terre sise paroisse de Sain-Martin-du-Vieux-Bellême, dans son fief.*

Universis..... Hemericus de Provenceio, armiger et Juliana ejus uxor salutem.....

Noveritis quod vendidimus..... Guillelmo Leclousier de Valnosia et Dyonisie ejus uxori et suis heredibus, unam peciam terre; ..... pro quindecim libris turonensibus nobis a dicto Guillelmo integre persolutis, que pecia terre fuit comparata a deffuncto Raginardo de [Chessis?] tempore quo vivebat, et est sita in parochia Sancti Martini de Veteri Beilismo, in feodo nostro juxta terram quam tenemus ad annuum et perpetuum redditum ex duobus lateribus et ex uno boto, et ex alio boto chemino per quod itur de domo dicti Lebigot adput molendinum de Crapon, et vocatur Lachat..... reddendo tamen ex ea a dictis Guillelmo et ejus uxore et suis heredibus sex denarias turonenses talie, cum domini feodales dicti loci de jure taliabunt, pro omnibus serviciis.....

In cujus rei testimonium, nos Johannes Pychart vicecomes de Mauritania et custos de terra Pertici, notum facimus universis quod in presentia Johannis de Feritate, ad hoc de mandato Domini Regis deputati, coram quo omnia et singula premissa fuerunt a partibus confessa, et ad eadem tenenda .... dicti venditores obligaverunt se et heredes suos et omnia bona sua mobilia et immobilia..... et maxime quod corpora sua capiantur et detineantur in prisione domini Regis.....

Et ad majorem confirmacionem et peticionem dicti Johannis sigillum de terra Pertici presentibus litteris cum sigillis eorundem salvo jure Domini regis, duximus apponendum.

Auctum anno Domini M° CC° LXXX° nono, die lune post festum Omnium Sanctorum.

Arch. de l'Orne, H. 2,214. Charte originale, parchemin, scellée de trois sceaux qui ont disparu.

N° 107.

Janvier 1295 (n. s.). — *Vente par Mathieu Horgerée, recteur de l'église de Roulée, à frère Guillaume, prieur de Saint-Martin, d'une pièce de vigne, sise à Rocé, pour le prix de cent dix livres.*

Universis..... Ballivus de Alenconio salutem in Domino.

Noveritis quod coram Johenne de Firmitate ad hoc deputato personaliter constitutus Matheus Borgerée, rector ecclesie de Rotulariis, recognovit se vendidisse et concessisse religiosis viris fratribus Guillelmo priori prioratus Sancti Martini de Veteri Bellismo et monachis ejusdem loci, pro centum et decem libris eidem rectori a dicto priore integre persolutis in pecunia numerata, vineam suam de Roceyo, prout se proportat, una cum logia ibidem existenti in feodo prioratus predicti, in parochia Sancti Martini, etc..... *(Formule ordinaire de garantie.)* In cujus rei testimonium sigillum castellanie de Bellismo una cum sigillo ejusdem rectoris, salvo jure domini Comitis, presentibus litteris duximus apponendum.

Datum anno Domini M° CC° nonagesimo quarto, die jovis in festo beati Hilarii.

Arch. de l'Orne, H. 2.215.
Rouleau coté 6, n° 23.

N° 108.

1295 (n. s.). — *Vente par Arnoul Le Charron, clerc, et Jeanne, sa femme, à Jean de Favet, prêtre, pour le prix de huit livres de tournois, de seize sols tournois de rente annuelle, assignés sur une pièce de terre sise paroisse Saint-Martin-du-Vieux-Bellême, au fief du seigneur comte d'Alençon.*

Universis.... Hernulphus dictus Le Charron clericus et Johanna uxor ejus salutem in Domino.

Noveritis quod nos de communi assensu nostro vendidimus et in perpetuum concessimus domino Johanni de Faveto presbitero et suis heredibus, pro octo libris turonensibus nobis pre manibus ab ipsis integre persolutis, in pecunia numerata, sexdecim solidos monete cursalis patrie annui et perpetui redditus, ad festum Sancti Remigii annuatim persolvendos, sitos et assignatos super quamdam prati peciam, prout se proportat in lato et longo, in parochia Sancti Martini de Veteri Bellismo, in feodo domini Comitis de Allenconio, inter pratum Rag[inardi] Testart clerici, ex uno latere et pratum Maltidis Borgerée ex altero..... dicto presbitero suis que heredibus ac suo mandato, presentes litteras propriis sigillis nostris, una cum sigillo de Castello Bellismensi dedimus sigillatas..... Nos vero Ballivus de Alenconio ad petitionem parcium et ad relacionem Johannis de Feritate ad hoc deputati, in cujus presencia omnia et singula premissa confessa fuerunt a partibus vera esse, presentes litteras sigillo de Castellania Bellismi una cum sigillis dictorum venditorum fecimus sigillari, salvo tamen jure domini Comitis et omnium aliorum.

Datum anno Domini M° CC° nonagesimo quarto die veneris post *Invocavit me*.

Arch. de l'Orne, H. 2,213. Charte originale, parchemin, scellée de trois sceaux qui ont disparu.

N° 109.

Juin 1296. — *Fieffe par Gervais N..... à Robert Hogot et à Julienne, sa femme, pour le prix de deux sols tournois de rente annuelle, d'une pièce de vigne, sise paroisse Saint-Martin-du-Vieux-Bellême, dans la censive du prieur.*

Universis..... Gervasius dict..... [uxor] sua, salutem.....

Noverint universi quod nos vendidimus..... Roberto Hogot et Juliane uxori sue et eorum heredibus pro viginti [solidis turonensibus], de quibus ab ipsis nos tenemus penitus pro pagatis, duos solidos [turonenses annui et] perpetui redditus, a nobis et nostris heredibus predicto Roberto et ejus uxori et eorum heredibus, in festo Sancti Remigii annuatim persolvendos, sitos et assignatos super quamdam vinee peciam, prout se possidet, sitam in parochia Sancti Martini de Veteri Bellismo, in censiva prioris ejusdem loci, juxta vineas Mathei Borgeree presbiteri ex uno latere, et juxta vineam Stephani Lefrilous ex alio... .

Datum anno Domini M° CC° nonagesimo sexto, die jovis ante natale Beati Johannis Baptiste.

Arch. de l'Orne, H. 2,214. Charte originale, parchemin, sceaux disparus.

Le parchemin a été rongé à l'angle supérieur de droite; les noms et quelques mots ont disparu.

N° 110.

Novembre 1296. — *Accord entre le prieur de Saint-Martin et Jean Millart et Bourgine La Rousse, sa femme, au sujet d'une maison sise à Saint-Martin.*

Universis..... Johannes Millart et Burgina dicta Rufa uxor sua, salutem in Domino.

Notum facimus quod cum contentio moveretur seu moveri speraretur inter nos ex una parte et religiosum virum priorem Sancti Martini de Veteri Bellismo ex altera, videlicet super eo quod nos dicebamus quod quedam domus existens in villa Sancti Martini, sita juxta domum presbiterii dicte ecclesie, cum pertinenciis ad dictam domum, et orto atque vinea posterius dictam domum sita, et juxta domum dicti Cortais et sue uxoris, cum suo orto posterius sito ad nos pertinebant et pertinere debebant ratione caduci seu descensionis de morte defuncti Nicholai dicti Regis, quondam vicarii Sancti Martini predicti, avunculi mei dicte Burgine; dicto priore contrarium asserente pro eo quod dictus defunctus Nicholaus, quondam vicarius dicte ecclesie, erat condonatus ejusdem prioris sociorumque ejus quantum ad bona mobilia et immobilia, prout apparebat per quasdam litteras super dicta donatione confectas; nosque habito de bonorum virorum consilio..... quitavimus .... pro qua quitacione recepimus a dicto priore decem solidos turonenses in pecunia numerata.....

Datum anno Domino M° cc° nonagesimo sexto, die lune post festum Omnium Sanctorum.

Arch. de l'Orne, H. 2,215. Rouleau coté 6, n° 39.

N° 111.

1296. — *Reconnaissance, en faveur du prieur de Saint-Martin, par Pierre d'Espagne et Agnès, sa femme, d'une rente annuelle de sept sols et quatre deniers, garantie sur tout leur héritage de la Forestie.*

Universis..... Petrus de Espanignis et Agnes sua uxor salutem in Domino.

Notum facimus quod nos et heredes nostri tenemur annuatim solvere et reddere, post mortem Odeline de Espanigneio, religioso viro priori Sancti Martini de Veteri Bellismo et suis successoribus, in festo Sancti Remigii, septem solidos et quatuor denarios monete cursalis annui et perpetui redditus, et septem solidos et quatuor denarios similiter ejusdem monete, annui et perpetui redditus, heredibus dicte Odeline, sitos et assignatos supra omnem hereditatem nostram quam habebamus apud la Forestie, juxta Espanigneium, in feodo et censiva supradicti prioris, et expectamus habere de morte Odeline predicte, quam hereditatem eadem Odelina, quondam relicta sive uxor defuncti Gaufridi d'Espanigne, condonati prefati prioris et sociorum suorum, de consensu eorumdem prioris et monachorum suorum nobis et nostris heredibus hereditarie tradidit ad redditum antedictum, habendum, tenendum, percipiendum cumdem redditum liberum ab omnibus et immunem supradictis priori et monachis, et heredibus dicte Odeline ac eorum heredibus imperpetuum; post mortem prefate Odeline, libere pacifice et quiete, in dicto termino et jure hereditario imperpetuum possidendum, prout supra divisum est a nobis et nostris heredibus pro hereditate predicta; quam hereditatem tenemur insuper nos et heredes nostri erga dictum priorem, ejusdem hereditatis capitalem dominum, et ante mortem dicte Odeline et post imperpetuum de censu et omnibus aliis serviciis et redibenciis quibusconque penitus deservire, exceptione aliqua non obstante : juramento a nobis super premissis fideliter ad implendum prestito corporali.

In cujus rei testimonium nos dedimus dictis priori et monachis, et heredibus dicte Odeline, istas presentes litteras nostris sigillis propriis sigillatas, per quas obligamus nos et nostros heredes ad omnia supradicta tenenda firmiter et fideliter observanda.

Nos vero Gaufridus Lovet, clericus, custos sigilli de terra Pertici et ad hoc specialiter deputatus, in cujus presencia dicti Petrus et Agnes sua uxor omnia premissa confessi fuerunt esse vera, ad peticionem eorumdem Petri et sue uxoris, sigillum de terra Pertici, salvo jure domini Comitis et alterius cujuslibet, ad majorem confirmacionem omnium predictorum, presentibus litteris apposuimus una cum sigillis eorumdem, ipsos Petrum et suam uxorem per sigillum curie Bellismensis finaliter ad predicta omnia fideliter et firmiter observanda condempnantes.

Datum anno Domini M° CC° nonagesimo sexto.

Arch. de . rne, H. 2.215. Rouleau coté 6, n° 40.

N° 113.

18 novembre 1296. — *Vente au frère Guillaume, prieur de Saint-Martin, par Gervais Lefrilous, d'une pièce de vigne sise à Rocé, en la paroisse de Saint-Martin, pour le prix de sept livres tournois.*

Universis...... Gervasius Lefrilous et Johanna uxor sua salutem in Domino.

Notum facimus quod nos de communi assensu nostro ac de voluntate Gaufridi dicti Monachi de Corula, fratris mei Gervasii, vendidimus et concessimus religiosis viris fratri Guillelmo, priori Sancti Martini de Veteri Bellismo, et monachis ejusdem prioratus, pro septem libris Turonensibus, nobis ab eisdem integre persolutis in pecunia numerata, quamdam peciam vinee cum omnibus suis pertinenciis, quam habebamus apud Rocetum, in parochia Sancti Martini predicti, in feodo ejusdem prioris, sitam in clauso quod jungitur clauso vinee que fuit Mathei Borgerée presbiteri, sitamque ex uno latere juxta cheminum per quod itur de Bellismo apud Mamertum, et ex alio latere jungitur dicto clauso vinee predicti Mathei et se albotat superius domui seu logie clausi predicti Mathei Borgerée.....

Datum anno Domini M° CC° nonagesimo sexto, die dominica in octabus beati Martini hyemalis.

Arch. de l'Orne, H. 2,370. Original, parchemin, sceaux perdus.

N° 114.

26 novembre 1296. — *Vente à frère Guillaume, prieur de Saint-Martin, par Etienne et Herbert Lefrilous de toutes leurs portions de vigne sises à Rocé, dans le fief du prieur, paroisse de Saint-Martin.*

Universis..... Stephanus Lefrilous et Agnes sua uxor, et Herbertus Lefrilous et Beatrix sua uxor salutem in Domino.

Notum facimus quod nos, de communi assensu nostro, vendidimus et concessimus religiosis viris fratribus Guillelmo, priori Sancti Martini de Veteri Bellismo, et monachis ejusdem prioratus, pro quatuor libris Turonensibus, nobis ab eisdem integre persolutis in pecunia numerata, omnes porciones nostras vinearum, quas habebamus in quodam clauso sito apud Roceyum, in parochia Sancti Martini de Veteri Bellismo, in feodo ejusdem prioris, inter vineam que fuit Mathei Borgerée presbiteri et cheminum per quod itur de Bellismo apud Mamertum .... reddendo tantummodo Mathildi de Pernant, pro dictis vineis, tredecim denarios cum obolo redditus perpetui annuatim.....

Datum anno Domini M° CC° nonagesimo sexto, die lune post festum beati Clementis.

Arch. de l'Orne, H. 2,215. Rouleau coté 6, n° 25.

N° 115.

28 novembre 1296. — *Vente à frère Guillaume, prieur de Saint-Martin, par Gervais Lefrilous de toute sa portion de vignes, sises paroisse de Saint-Martin, pour le prix de 44 sols tournois.*

Universis..... Gervasius Lefrilous et Alicia uxor sua salutem in Domino.

Notum facimus quod nos de communi assensu nostro vendidimus et concessimus religiosis viris fratri Guillelmo, priori Sancti Martini de Veteri Belismo, et monachis ejusdem prioratus, pro quadraginta quatuor solidis Turonensibus, nobis ab eisdem integre persolutis in pecunia numerata, omnem portionem nostram vinearum existencium in quodam clauso sito in parochia Sancti Martini de Veteri Belismo, in feodo ejusdem prioris, inter clausum vinearum que fuerunt Mathei Borgerée presbiteri et cheminum per quod itur de Belismo apud Mamertum, et se albotat dictum clausum superius logie vinearum dicti Mathei et inferius clauso Stephani Raoul.....

Datum anno Domini M° CC° nonagesimo sexto, in die Mercurii post festum beati Clementis.

Arch. de l'Orne, H. 2,370. Original, parchemin, sceaux perdus.

N° 116.

Mai 1298. — *Délivrance au prieur de Saint-Martin-du-Vieux-Bellême, par le bailli d'Alençon, d'un jardin sis près du château de Bellême.*

Cum nous, baillif d'Alençon, à la relacion de Johan de Bonneval, chastelen de Bellesme, eussions pris et mis en la main notre seigneur le comte d'Alençon un jardin qui siet au chastel de Bellesme, qui joint à la sale, parceque nous disions qu'il estoit mon seygnour; et le priour de Saint Martin du Viez-Bellesme deist le contrayre, et que à lui apartenoit pour cause de la prioré de Saint Leonart, et que autrefoiz, au tens que la terre estoit le Roy, ledit jardin li avoit été empeschiez par sire Vincent Tancre, baillif de Verneulg, et puis seuelon la vérité, par le dit ballif, par enqueste feste sus ce dou commandement de la cort, le dit ballif li avoit delivré le dit jardin, si comme le priour disoit :

Et sus ce que nous fut commendé de naus mestres que nous nous enformissions de la délivrance dou dit jardin, don le priour se vantoit, et pour miex savoir la vérité, nous envoyames à sire Vincent Tancre, ballif de Constantin (1) à cel tens, que il nous envoyast tesmognage de ce que par lui en avoit esté fet; lequex nous envoya les lettres pendanz sus ce fet, dont la forme est tele :

« A home honorable et sage à sire Gautier d'Aubigni, ballif d'Alençon, Vincent Tancre, ballif de Constantin, salut et bonne amour, et lui apresse de fere sa volonté. Comme le priour de Bellême nous ayt doné entendre que vous li avez empeschiez un jardin qui est ou chastel de Bellême, pour lenticement dou chasteleyn, et sus ce que vous nous aiez envoyé vous lettres, nous vous feyson à savoir que nous ledit jardin li empeschasmes ou tens que nous estions ballif de Verneulg, par le pourchacement dou dit chatelen.

« Et sus ce nous faimes une enqueste et trovames que c'estoit son droyt, et fut raportée l'enqueste à Paris, et, dou commandement

(1) Cotentin, ancien diocèse de Coutances, dépt de la Manche.

de noz mestres, nous li rendimes le dit jardin, comme son droit, et sus ce vous feroiz vostre volenté. Notre sire vous gart. »

Et nous, ballif d'Alençon desus dit, à la relation dou dit sire Vincent et par ses lettres, et par le raport de plusieurs personnes dignes de foy, qui ce nous ont tesmoygné, délivrâmes au dit prieur le dit jardin comme son droit, et par commandement de nouz mestres.

En tesmoing de ce, nous avons fet mestre en ces letres le sael de la chatelenie de Bellême, l'an de grâce mil deus cenz quatre vinz et XVIII, ou moys de may.

Arch. de l'Orne, H. 2,215. Rouleau coté 6, n° 43.

On lit dans la marge du parchemin cette note : « Le jardin du prieur, au dessoulz du donjon du chasteau de Bellême, joignant les salles à présent minées (1620), et le jardin occupé par M. de la Renière, gouverneur. »

N° 117.

28 mai 1298. — *Vente au prieur de Saint-Martin, par Jean Larne, clerc, Philippe Larne, Jean des Fossés, pour la somme de cent et huit sols, de quatorze sols de rente, assis sur une pièce de terre à Saint-Martin-du-Vieux-Bellême.*

A tous ceus qui verront ces présentes letres, Robert de Nuefville, escuier, vicomte de Mortaygne et de Bellême, garde dou sael de la châtelerie de Bellême, saluz.

Sachent touz que par devant Guillerme des Haes, notre clerc juré à ce establi, vindrent Johen Larne, clert, Phelipe Larne, Johen des Foussez et Johenne sa fame, et requennurent que il ont vendu et otroié au prieur et au couvent de Saint Martin de Viez-Bellême, et à leurs successeurs, pour cent et uit souz de tornays, à eux des diz acheteurs entérignement paez, et des quez il se tindrent pour bien poyez, en deniers nombrez, quatorze souz de tornays d'anuel et perpetuel rente, les ques Pierre le Deennel leur estoit tenuz par chacun an, à la Saint Lonnart, frans et quites de toutes choses, par reson d'une pièce de terre, laquele est assise en la paroisse de Saint-Martin de Viez-Bellême, ou fyé au dit priour, entre le chemin dont l'en vet de Bellême à Memerz d'une part, et le chemin dont l'en vet de Bellême à Saint-Martin de Viez-Bellême de l'autre, et aboute d'un bout au chemin dont l'en vet de Bellême au Melle-sus-Sarte et à la terre au hers feu Estienne Fouque, prestre, de l'autre.....

Ce fut fet l'an de grâce mille deus cenz quatrevinz diz et uit, le mercredi enprès la saint Urban.

Arch. de l'Orne, H. 2,215. Rouleau coté 6, n° 22.

N° 118.

29 juin 1298. — *Donation, par Colin de Vaussé, clerc, à l'église du prieuré de Saint-Martin-du-Vieux-Bellême, de tous ses biens meubles et immeubles, à charge d'être reçu par les moines à titre de frère condonné, nourri et entretenu dans leur maison jusqu'à sa mort, et acquitté des dettes qu'il peut avoir.*

Universis..... Colinus de Vauseyo clericus salutem in Domino sempiternam.

Attendens quod diem messionis extreme oportet quemlibet operibus misericordie prevenire ac eternorum intuitu seminare in terris quod, reddente Domino, con multiplicato fructu, recolligere possit in celis, firmam spem et fiduciam tenens quod qui parce seminat parce et metet, et qui seminat in benedictionibus, de benedictionibus et metet vitam eternam, notum facio quod ego, in bona sanitate existens, mea propria voluntate, dedi me irrevocabiliter, una con omnibus et singulis bonis meis mobilibus et immobilibus quibuscumque, et ubicumque existentibus presentibus et futuris, ecclesie prioratui Sancti Martini et monachis ibidem Deo servientibus, pro salute et remedio anime mee et parentum meorum, necnon et pro vite mee necessariis, in dicto prioratu a dictis religiosis michi quandiu vixero ministrandis, ac etiam pro solvendis debitis quibus eram pluribus creditoribus obligatus. Predictamque ecclesiam, prioratum et monachos heredes meos feci et constitui in premissis et singulis premissorum, et in omnibus et singulis bonis mobilibus et immobilibus quibuscumque, que in futurum poterunt, vel debebunt, et possent seu deberent ad me, si donationem hujusmodi non fecissem, ratione successionis, caduci, vel quocumque alio titulo seu causa, aut qualitercumque alias, pervenire; omne jus, dominium, actionem, proprietatem et possessionem ex nunc in predictam ecclesiam, prioratum et monachos, quantum ad omnia et singula supradicta presencia et futura totaliter transferendo. Et juravi, tactis sacrosanctis evangeliis, quod contra presentem donationem, quam in puram et perpetuam elemosinam feci religiosis predictis, ecclesie et prioratui, et ob causas predictas, non veniam in futurum. In cujus rei testimonium presentes litteras dedi supradictis ecclesie, prioratui et monachis sigillo meo proprio sigillatas, per quas me submisi et omnia bona mea supradicta presencia et futura ecclesie, prioratui et monachis sepedictis.

Datum die dominica, in festo Apostolorum Petri et Pauli, anno Domini M° CC° nonagesimo octavo.

Arch. de l'Orne, H. 2,213. Charte originale, parchemin, sceau perdu.

N° 119.

29 juin 1298. — *Enregistrement en la châtellenie et tabellionage de Bellême de la donation précédente.*

A touz ceus qui verront ces présentes lettres Robert de Nuefville, escuier, vicunte de Mortaingne et de Belesme, guarde dou sael de la chatelenie de Belesme, saluz.

Saichent tuit que par devant Guillame des Hays, clert, nostre jurez, fut en sa personne Colin de Vausé, clert en l'église de Saint-Martin de Viez-Belesme, en sa bonne santé et de sa propre volenté, et donna et otraia, sanz rapeler, soy et touz ses biens meubles et immeubles presenz et à venir, en quelcunque leu qu'eus saint, ou porraint estre trovez ou tens présent ou en celui avenir, et queus qu'il soint, à l'église et au prioré et au couvent de Saint-Martin devant dit, pour le salu de s'âme et de son père et de sa mère ; et pour avoir son vivre et touz ses nécessaires ou dit prioré, tant que ledit Colin vivra, et pour aquiter et paer toutes les destes es queles ledit Colin estoit tenu et obligé vers plusors personnes, tant par lestres comme en autre manière ; et fist et establit en ceu leu de sus dit, et par devant ledit Guillaume des Hays, lo devant dit Colin de Vausé l'église de Saint-Martin, et le prioré, et le couvent de sus diz, ses hayrs de tous ses biens meubles et immeubles devant diz, et de touz les biens meubles et immeubles qui li porront venir ou tens avenir ou peusent. Finé se fust donc soy et ses biens à l'église et au prioré devant dit, sauf servises à touz chiefs saingnors quant il avendront de coutume ou de droit. Et mist icelui Colin en possession et en sésine, et sessit la devant dite église et le prioré et le couvent de touz ses biens devant diz et de tout le droit, le destroit, la saingnorie, de l'esplet, de la propriété, de l'aucion réal et personal que il avoit et poait avoir ès meubles et ès immeubles de sus diz, ou arait et porait avoir, et devroit ou eut et peut en tens avenir, tant par reson de propriété, de posession, de héritaige, de succession, d'eschaaite, que par quelcunque autre reson, ou cause quele queu sait ou en quelcunque manière que ce sait, sans riens en retenir à lui ne à ses hayrs. Et jura ledit Colin, sus l'autel de la dite église et sus les saintes évangiles, que encontre la devant dite donaison qui ne vendroit par soy ne par autre ou tens avenir. Et en tesmoing et confirmacion des chouses de sus dites, le dit Colin a donné à la dite église, et au prioré, et au couvent, ces présentes lettres, saelés de son propre sael, ovesques le sael de la châtelenie desus dite. Et nous en tesmoing des choses devan dites, ces présentes lestres, à la requeste dou dit Guillaume des

Hays, du sael de la dite châtelenie avon saelés, sauf tout droit. Ce fu fet et donné présenz Gefray de Sissé, Robert de Sissé, Johan de Dancé, Renaut Kalabre, écuyers ; Gervese Trové, Gervèse Lepetit, Estienne Raoul, Denis Testu, Gervèse Lebiguot, André et Guillaume Floriaus, Guillaume Bovet, Guillaume Dyozée, Johan de Provencé, Johan Chauderon, Robert de Monlonts, Robin Raderay, Guillaume Leclousier. et ovesque Gervaise Dain de Belesmoys et plusors autres.

L'an de grâce mil cc IIII^{xx} XVIII, le jour de la feste aus apostres saint Pierre et saint Pou.

Arch de l'Orne, H. 2,213. Charte originale, parchemin, sceau perdu.

N° 120.

1298. — *Vente à frère Guillaume, prieur de Saint-Martin-du-Vieux-Bellême, par Robert Rognon, prêtre, pour la somme de trente-huit livres tournois, de soixante-seize sous tournois de rentes annuelles, assises sur diverses personnes.*

A tous ceus qui verront ces présentes letres Robert de Nuefville, escuier, viconte de Mortagne et de Bellesme, salut.

Sachez que par devant Guillerme des Hayes, notre clert jurez à ce establiz, vint monsour Robert Rognon, prestre, et requennut qu'il a vendu et otroié a frère Guillerme, priour de la priouré de Saint Martin de Viez-Bellême, et au couvent d'icelui, pour trente et uit livres de tornays à lui dou dit priour entièrement paez en deniers nombrez, c'est assavoir : sexante et seze souz de tornays ou de mounaie commune au pays, d'anuel et perpétuel rente, desquex Guillerme Lemere le Gemire et Mabile, sa fame, fesoint et estoint tenu fere audit monsour Robert, par chacun an, à la Saint Romi, trente souz de tornays, et Sevestre Lepleours et Margarite, sa fame, douze souz de tornays par chacun an, à la feste desus dite, et Robert André et Johenne, sa fame, diz souz de tornays par chacun an, à la Tousaintz, et Aliz, la fille Johen Lepleour, diz souz de tornays par chacun an, et Estienne le Pledcours et Herssant, sa fame, diz souz de tornays par chacun an, à la Saint Romi, derechief la dite Aliz, quatre deniers tornays, par chacun an, en la dite Saint Romi ; lesquex sexante et seze souz de tornays d'anuel et perpetuel [rente] les devandiz rentiers et hoirs d'iceus fesoint et estoint tenuz fere audit monsour Robert par chacun an, aus termes desus nommez, frans et quites de toutes choses, si comme il est contenu ès letres, les queles ledit monsour Robert avoit des diz rentiers, sélées de leur seaux, et dou sael notre sire le Comte, doquel l'en usoyt au temps, en la chatelerie de Bellême, et a atorné le dit vendeurs, par la bayllée de ces presentes lettres, les devandiz rentiers et leur hoirs de fere et de rendre audit priour, et au couvent, et à leur successours, les devandiz sexante et seze souz de tornays d'anuel et perpétuel rente, chacun pour sa porcion, par chacun an, au termes desus nommez, sanz ce que lui ne ses hoirs y puissent jamès rien reclemer ne demander au temps avenir, pour quelconque cause ou reson, et a baylié, par la bayllée de ces présentes lettres, audit priour et au couvent, et à leur successours tout le droyt et le destroyt, la segnorie, la propriété, la possession et l'aucion réal et personal, lequel ou laquele il avoyt ou poayt avoir, ou devoyt, es devandiz sexante et seze souz de tornays, d'anuel et perpetuel rente, ou peust avoir, ou deust, ou temps avenir, es héritages sur lesquex les dites rentes sunt assises, se les diz rentiers ou auquun d'iceus lessoint corre la sise pour la dite rente, ou temps avenir; nule chose de droit, de destroit, de segnorie, de propriété, de possession ne d'aucion envers lui ne vers ses hoirs retenant, par quelconque cause ou reson.

Et est tenuz le diz vendeur et ses hoirs les devandiz sexante seze souz d'anuel et perpétuel rente au dit priour et ou couvent, et à leur successours, garantir, délivrer de touz et défendre contre touz, tant comme droit dovra, et espéciaument vers tous ses hoirs au temps avenir, et touz les domages et les demps, lesquex il aurint euz eu soutenuz par défaut de garantie, de deffense, ou de délivrance, ou temps avenir, sus tout son héritage, de tout en tout, restorer. Et à toutes ces choses desus dites tenir, fere et acomplir bien et layaument, ou temps avenir, le dit vendeur oblige lui et ses hoirs, et tous ses biens meubles et immeubles, présents et avenir, en quelconque leu qu'il soint ou pourront estre trouvez ou temps avenir, par ces présentes letres, les queles il a donées audit priour et au couvent, et à leur successeurs, sélées de son sael, oveques le sael de la châtelerie de Belléme, en confirmacion des choses desus dites.

Et nous, en témoing de ce, à la requeste dou dit Guillerme des Hais, ces présentes avons sélées, sauf tout droit.

Ce fut fet l'an de grâce mil deus cenz quatre-vinz et diz uit.

Arch. de l'Orne, H. 2,215. Rouleau coté 6, n° 31.

N° 121.

23 Juin 1298. — *Donation au prieur Guillerme et au couvent de Saint-Martin, par Robert Hoygnon, recteur de l'église de Saint-Ouen-de-la-Cour, à l'occasion de sa réception comme*

frère condonné, de quatre livres tournois de rente, et de vingt livres après sa mort.

Universis...... Robertus dictus Roygnon presbiter, rector ecclesie Sancti Audoeni de Curia in Bellismensi, salutem in Domino.

Noveritis quod cum religiosi viri fratres Guilermus, prior prioratus Sancti Martini de Veteri Belismo, et monachi ejusdem prioratus, me benigniter receperint in condonatum et fratrem ipsius prioratus, tanti beneficii non immemor, attendens quod diem messionis extreme oportet nos nunc operibus prevenire, ac, eternorum intuitu, seminare in terris quod, reddente Domino, cum multiplicato fructu recoligere debeamus in celis, eisdem religiosis, de consensu heredum meorum, contuli et concessi quatuor libras monete communis, annui et perpetui redditus, de quibus eumdem priorem sufficienter per litteras assignavi et in possessionem induxi, volens insuper et concedens quod de bonis meis mobilibus, post decessum meum, supradicti prior et monachi viginti libras Turonenses habeant absque alicujus contradictione, et si bona mea mobilia non sufficiant, volo quod heredes mei de meis bonis immobilibus satisfaciant eisdem religiosis, usque ad summam pecunie antedictam. De residuo vero bonorum meorum testari potero et alias ordinare pro meo libitu voluntatis. Preterea sciendum est quod si in beneficio majoris valoris provisus fuero ab eisdem sufficienter, quod prefati religiosi mihi in necessariis providere ulterius minime tenebuntur.

In cujus rei testimonium, ego dedi supradictis priori et monachis istas presentes litteras sigillo meo proprio sigillatas, per quas me et meos heredes, et bona mobilia et immobilia obligo ad omnia supradicta fideliter adimplenda.

Datum anno Domini M° CC° nonagesimo octavo, die lune in vigilia beati Johannis Baptiste.

Arch. de l'Orne, H. 2,214. Original, parchemin, sceau perdu.
Id. H. 2215. Rouleau coté 6, n° 30.

N° 122.

Décembre 1298. — *Vente à Hémeri Chevalier, par Regnault Testart, clerc, pour le prix de vingt livres tournois, d'une pièce de vigne, sise paroisse de Saint-Martin.*

Universis..... Raginaldus dictus Testart clericus salutem in Domino.

Noveritis quod ego, de assensu meo, vendidi et nomine vendicionis imperpetuum concesssi Hemerico dicto (Chevalier?) et Amelete uxori sue et eorum heredibus, pro viginti tribus libris

Turonensibus, de quibus ab ipsis in pecunia numerata penitus me teneo pro pagato, quamdam vinee peciam prout se possidet et poterit possidere, cum domo vel logia ibidem existenti et cum omnibus aliis suis pertinenciis quibuscumque, que sita est in parochia Sancti Martini de Veteri Belismo, in feodo prioris de Belismo, juxta vineam de la Lormère et vineam presbiteri de Capella Suavi ex uno latere, et juxta vineam heredum defuncti Guillermi Salmont ex alio, et abotat superius vineis Guillermi Fouquaut et dictorum les Hamelins, et inferius vineis Guillermi Fouquaut et vineis Roberti Garrel..... Reddendo tamen exinde ab ipsis et suis heredibus priori de Belismo vel suo mandato, singulis annis in festo beati Leonardi, quatuordecim denarios turonenses annui et perpetui census, liberos ab omnibus et immunes pro omnibus tantummodo.....

Datum anno Domini M° CC° nonagesimo octavo, mense decembris, die jovis post festum beati Michaelis hyemalis.

In feodo nostro retraximus.

Arch. de l'Orne, H. 2,215. Rouleau coté 6, n° 28.

N° 123.

26 mars 1299 (n. s.). — *Vente au prieur de Saint-Martin, par Héneri de Provencé, pour le prix de quarante-sept sols six deniers, d'un chemin conduisant de la maison de Colin de Vaussé à la terre des hoirs de Hemmart des Chaises.*

A touz.... . Robert de Nuefvile, escuier, vicomte de Mortagne et de Bellême, saluz.

Sachez que devant Guillerme des Hays, notre clert jurez a ce establiz, vint Hémeri de Provencé et requennut qu'il a vendu et otroié au priour et au couvent de Saint-Martin de Viez-Bellême et à leur successeurs, pour quarante et sept souz et sis deniers tornoys, à lui dou dit acheteur enterignement paez, et des quex il se tint pour bien paez en deniers nombrez, une voye qui vient dou herbege Colin de Vausé droit à la terre au hers feu Hemmart des Cheses, et qui est entre le bois Colin de Vausé et la vigne, laquele voye, si comme ele se pourssiet en lonc et en lé, le dit Hemmart est tenuz au priour et au couvent dessus dit garantir.....

Ce fut fet l'an de grâce mil cc quatrevinz diz et uit le juedi enprès la saint Benoyt.

Arch. de l'Orne, H. 2,370.
Id. H. 2,215. Rouleau coté 6, n° 33.

N° 124.

17 mars 1300 (n. s.). — *Cession par Jeanne, veuve Arnoult Le Charron, au prieur et couvent de Bellême, d'un pré avec ses appartenances, sis paroisse Saint-Martin, au fief du Comte, moyennant quittance de seize sols de rente annuelle et de quatre livres d'arrérages que ladite Jeanne devait audit prieur, à cause dudit pré.*

A touz ceus qui verront ces présentes letres, Robert de Nuefville, escuier, viconte de Bellême et de Mortaigne, garde du sael de la chatelenie de Bellême, saluz.

Sachiez que devant Guillaume Galerant, notre clert jurez à ce establiz, vint Johenne, jadis femme feu Hernoul Le Charron, clert, et recognut sey avoir quité et délessié à tous jours mes, au priour et au couvent de Saint-Martin de Viez-Bellême et à lour successours, un pré, si comme il se poursiet o ses apertenances, assis en la paroisse de Saint-Martin-de-Viez-Bellême, ou fyé le Conte, et joint d'un cousté au prez Maheut Bourgerée, et de l'autre cousté au pré Regnaut Testart, clert, et aboute d'une part à la noé aus hers feu Chabu, et, de l'autre bout, Andrés de Tries les courtiz doudit Saint-Martin. Et fut fete ceste quitance pour seze sous de tornays d'anuel et perpétuel rente, les quex ladite Johenne et ses hairs estaint tenuz fere sus ledit pré audit priour et au couvent, par chacun an, frans et quites, et pour quatre livres de tornays que la dite Johenne leur devayt des arrérages de ladite rente. Et tendront et pourssaront ledit pré, si comme il se pourssiet o ses apartenances, ledit priour et le couvent et lour successours féaument, héritaument, sanz ce que ladite Johenne ne ses hairs il pessent jamès riens reclemer ne demander des hores en avant. Et est tenue ladite Johenne et ses hairs ledit pré, si comme il se pourssiet o ses apartenances, audit priour et au couvent, et à lour successours, garantir, délivrer de touz et défendre contre touz, en perdurableté, sauf les servises aus chiefs segnours, lesquex ledit priour et couvent et lour successours seront tenuz fere ou tens avenir; et promist en bone fey que encontre ceste quitance ne encontre les chouses desus dites ne vendra, ne ne rapelera, de par lé, ne par ses hairs, des hores en avant. Et à ce tenir bien, laiaument ou tens avenir, ele obliga sey et ses hairs, et touz ses biens meubles et immeubles présenz et à venir, renunçant à toutes chouses par lesqueles ele peus venir encontre les chouses desus dites, ou en contre auqunes d'iceles, ou tens avenir.

En témoing de ce, nou à la relacion doudit Guillaume, ces présentes letres avons sélées, sauf tout droit.

Doné l'an mil deus cenz quatre vinz et diz nuef, le jeudi enprès *Oculi mei*.

Arch. de l'Orne, H. 2,213. Charte originale, parchemin, sceau perdu.

N° 125.

3 novembre 1300. — *Compromis entre le prieur de Saint-Martin et Jean de Dancé, écuyer, en qualité de tuteur de l'héritier de Rocé, au sujet des droits de pressurage des vignes appartenant au prieur et à ses hommes, dans les environs de Rocé.*

Universis presentes litteras inspecturis Johennes de Danceyo armiger et Margarita uxor sua salutem in Domino.

Notum facimus quod cum contencio verteretur inter nos, ex una parte, et religiosum virum, priorem Sancti Martini de Veteri Bellismo, ex altera, super eo videlicet quod nos dicebamus, nomine et racione heredis de Roceyo, primogeniti nunc existentis in nostro baillio et tutela, pressoragium vinearum ejusdem prioris et hominum suorum, quas vineas habent et possident prior et sui homines prope Roceyum, inter cheminum per quod itur de domo dicti Garrel apud Mamertum, ex uno latere, et junguntur predicte vinee, ex alio latere, juxta vineas Egidii, nunc rectoris ecclesie de Capella Suavi, et Suhardi Fouquaut, prout predicte vinee in latitudinem et longitudinem se porportant, ac eciam costumas, factas in locis et vineis antedictis, pertinere, racione feodi et dominii, ad predictum primogenitum et heredem ; dicto priore contrarium asserente pro eo videlicet quod predicte vinee in suo feodo proprio atque prioratus predicti site erant et existunt, nec ipse prior et sui homines, vel dictarum vinearum possessores, pro dictis vineis censum annuum, vel duplum census seu vendicionis, aut aliqua servicia sive redibencias quasconque unquam domino de Roceyo, sive suis antecessoribus, retroactis temporibus, persolverunt, immo omnia predicta et singula servicia, redibencias, duplum census et vendicionis ab omnibus et singulis possessoribus earumdem vinearum, qui fuerint, priores prioratus predicti, quilibet pro suo tempore, tanquam capitales domini hactenus perceperunt, levaverunt et habuerunt : tandem de consilio magistri Gaufridi de Roceyo, clerici, advunculi predicti heredis, et nobilis viri Johennis de Vireleyo, militis, advunculi mei Johennis de Denceyo predicti, prius recepto per deposiciones testium fide dignorum feodi de Roceyo et hominum predicti heredis, ex parte mei dicti Johennis de Denceyo perductorum et examinatorum per predictum nobilem virum Johennem de Vireleyo militem, quod nos predictum priorem super premissis molestabamus indebite, inter nos et prefatum priorem amicabiliter intervenit compositio in hunc modum :

Quod nos, nomine predicti heredis, voluimus et concessimus quod predictus prior amodo habeat et habebit pressorium et habere poterit in loco predicto, sine nostri aut ipsius heredis, vel sucessorum, seu heredum ipsius contradicto, pro se et suis hominibus, atque aventiciis quibusconque ; illos autem qui de distractu ejusdem heredis fuerint non recipiet ad suum predictum pressorium, quod habebit in suo predicto feodo predictus prior aut successores, vel custodes ejusdem pressorii, nisi ab ipso herede habuerint super hoc licentiam et specialem consensum, super quo dictus heres poterit, si voluerit, a custode pressorii predicti prioris semel exigere juramentum, et ne predictus prior, aut successores, possit, aut possint super premissis et premissa tangentibus, a nobis vel a dicto herede, seu suis successoribus imposterum molestari, turbari, vel quomodolibet aliter impediri, dedit, concessit et assignavit idem prior, pro premissis et premissa tangentibus, nobis nomine et racione predicti heredis de Roceyo et successorum suorum, viginti solidos monete currentis, annui et perpetui redditus, liberos ab omnibus et immunes, sitos et assignatos super omnem hereditatem quanconque et in quibusconque locis et rebus existentem, quam habet Angotus dictus Blondel de Noceyo, ubiconque in castellania Bellismi, persolvendos in festo beati Martini hyemalis annuatim; ista tamen condicione apposita in premissis quod si dictus heres, cum ad legitimam aetatem pervenerit, vel alius quiconque predictum priorem vel ejus homines super premissis, vel premissorum aliquo, molestaverint, impediverint seu hujusmodi concordiam infregerint, predictus redditus viginti solidorum ad dictum priorem et suum prioratum immunis et liber ab omnibus libere revertetur; et tenemur nos et heredes nostri eidem priori, nomine prioratus predicti, dictum redditum reddere et instrumentum super hoc confectum et sigillo domini comitis sigillatum.

Sicut nostro nomine empcio predicti redditus facta fuerit, quare de pecunia ejusdem prioris predictus redditus extitit persolutus, nosque et heredes nostros et omnem hereditatem mee Margarete, matris predicti heredis, quoad hoc obligamus.

In cujus rei testimonium sigillis nostris propriis dedimus istas litteras dicto priori et suis successoribus sigillatas, per quas obligamus nos et nostros heredes ad omnia et singula supradicta tenenda et observanda, modo et forma supradictis.

Datum anno Domini M° CCC°, die jovis post festum Omnium Sanctorum.

Arch. de l'Orne, H. 2,215. Rouleau coté G, n° 29.

N° 126.

6 décembre 1302. — *Vente par Jean de Saint-Martin, à Guillaume du Pont, d'une pièce de terre, sise paroisse de Saint-Martin, dans le fief du prieur, moyennant 4 livres tournois.*

Universis presentes litteras inspecturis Johannes, dictus de Sancto Martino, salutem in Domino.

Noverint universi quod ego, de assensu meo, vendidi et nomine vendicionis in perpetuum concessi Guillelmo, dicto de Ponte, et Allessi, uxori sue, et eorum heredibus, pro quatuor libris turonensibus, de quibus ab ipsis in pecunia numerata penitus me teneo pro pagato, quamdam terre peciam, prout se possidet, sitam in parochia Sancti Martini de Veteri Bellismo, in feodo prioris de Bellismo, juxta becios molendini des Coutart ex uno latere, et juxta terram heredum clerici de Corrigüs ex alio, et abotat ex utraque parte terre predictorum Guillelmi et ejus uxoris, habendam et tenendam totam illam predictam terre peciam, cum omnibus suis pertinenciis quibuscumque, predictis Guillelmo et ejus uxori, et eorum heredibus, et jure hereditario perpetuo possidendam, quitam, liberam ab omnibus et immunem, absque reclamatione aliqua a me vel heredibus meis de cetero facienda. Ego vero et heredes mei tenemur predictam terre peciam, cum omnibus pertinenciis suis garantizare, deffendere predictis emptoribus et suis heredibus ab omnibus, contra omnes et erga omnes in futurum, et de omni impedimento penitus deliberare et deservire ab omnibus, salvis tamen serviciis capitalium dominorum, cum de jure evenerint in feodo supradicto.

In cujus rei testimonium, ego predictus Johannes dedi predictis Guillelmo et ejus uxori, et eorum heredibus, presentes litteras in sigillo meo proprio sigillatas, per quas me et heredes meos obligo ad omnia supradicta fideliter et firmiter observanda.

Ego vero Andreas de Sancto Martino, frater predicti Johannis venditoris, presentem vendicionem volens, concedens et approbans, renoncians quod in ea nichil de cetero reclamabo, ad petitionem dictorum parcium, sigillum meum proprium presentibus apposui, in testimonium et munimen omnium predictorum.

Datum anno Domini M° CCC° secundo, mense decembris, die jovis post festum Sancti Andree apostoli.

Arch. de l'Orne, H. 2,425. Original, parchemin, sceaux perdus.

N° 127.

3 avril 1302 (n. s.). — *Reconnaissance, en faveur du prieur de Saint-Martin, par Geoffroi Le Masnier, d'une rente annuelle de* *vingt-deux sols, moins quatre deniers, pour un pré sis paroisse Saint-Pierre de Bellême.*

Omnibus.... Gaufridus Le Masnier et Mariota ejus uxor, salutem in Domino.

Notum facimus quod nos et heredes nostri tenemur solvere et reddere, in festo beati Leonardi, annuatim et perpetuo, viginti duos solidos, quatuor denarios minus, liberos ab omnibus et immunes, communis monete, priori prioratus Sancti Martini de Veteri Bellismo, qui pro tempore fuerit in futurum, pro quodam prato una cum ortis seu terra juncta ex utroque boto aliisque pertinentiis ad dictum pratum, quod situm est in prato de Coudra, in parochia Sancti Petri de Bellismo, in feodo aus Haiz, quibus tenemur et heredes nostri, pro dictis prato et suis pertinenciis, quatuor denarios annui et perpetui census solvere annuatim.

Et poterunt priores dicti prioratus successive, qui fuerint pro tempore, capere, justiciare per seipsos vel per eorum mandatum pro parte seu toto redditus dicto termino non soluti. Tenemur etiam nos et nostri heredes in eque bono statu seu meliori dictum pratum cum suis pertinenciis, sicut nunc est tempore date presentis, tenere, excolere et reddere eidem priori qui erit pro tempore, si in futurum reddi contigerit a nobis vel nostris heredibus quibusconque. Si autem in solucione redditus, in toto seu parte, per annum et diem, nos vel heredes nostri defecerimus, dictum pratum cum suis pertinenciis et omni melioracione sua, sive predicta reddiderimus spontanei, non coacti, ad dictum priorem libere revertentur, tanquam hereditatas propria dicte domus, contradicto nostro vel heredum nostrorum in aliquo non obstante. In cujus rei testimonium.....

Datum anno Domini M° CCC° primo, die Martis post *Letare Jerusalem.*

Arch. de l'Orne, H. 2,215. Rouleau coté 6, n° 41.

N° 128.

Avril 1304. — *Reconnaissance en faveur du prieur de Saint-Martin, par Colin Le Laceur, de douze deniers de cens annuel et perpétuel, pour une pièce de terre, sise paroisse de Saint-Martin, au fief du prieur.*

Universis .... Colinus Lelaceour et Odelina ejus uxor salutem in Domino.

Notum facimus quod nos et heredes nostri tenemur annuatim solvere et reddere priori Sancti Martini de Veteri Bellismo et suis successoribus duodecim denarios turonenses annui et perpetui censua, in festo beati Leonardi, et quindecim solidos monete cursalis annui et perpetui redditus in festo Omnium Sanctorum, pro quadam terre pecia sita in parochia predicti Sancti Martini in feodo prioris prefati, et jungitur ex utroque latere inter terras Amelote, relicte quondam Radulphi de Bello Villari, clerici, et se albotat herbergamento relicte predicte, quam terre peciam frater Guilelmus, prior prioratus predicti, nobis et nostris heredibus hereditarie tradidit pro censu et redditu supradictis.....

Datum anno Domini M° CCC° quarto, mense aprilis.

Arch. de l'Orne, H. 2,216. Original, parchemin.
Id. H. 2,215. Rouleau coté 6, n° 42.

N° 129.

1304. — *Donation au prieur de Saint-Martin, par Hémeri Le Chevalier et Amelote, sa femme, pour la provision de leur fils Michel, de tout leur héritage de la Pranderie, d'une portion de vigne et d'une pièce de terre, et de la moitié des acquêts qui pourraient échoir au dit Michel.*

Universis. ... Hemericus militis et Amelota ejus uxor salutem in Domino.

Notum facimus quod nos provisioni cari nostri filii Michaelis, nunc existentis in mei Hemerici propria potestate, studentes, dedimus inter vivos pure et irrevocabiliter priori et prioratui Sancti Martini de Veteri Bellismo totam et integram hereditatem quam habebamus à la Pranderie, in parochia Sancti Martini predicti, et in feodo supradicti prioris existentem, in herbergamento, pratis, pascuis, reditibus et arabilibus terris, una cum porcione nostra cujusdam vinee communis inter nos et heredes defuncti Roberti Garrel, inter vineas Mathei de Labaee site ex utroque latere, et quadam terre pecia site in feodo ejusdem prioris, inter terras defuncti Radulphi de Bello Vilari quondam clerici; et quindecim libras monete communis in redemptionem alterius porcionis dicte vinee vel in redditibus aliis, ad augmentacionem prioratus predicti, specialiter convertendis pro provisione ejusdem Michaelis in vite necessariis, de bonis prioratus predicti, quamdiu vixerit competenter. Et si dictus Michael, vita comite, acquiramenta aliqua fecerit, medietas acquiramentorum ad dictum prioratum, una cum medietate bonorum mobilium ejusdem, post decessum ipsius remanebunt habenda, tenenda jureque hereditario perpetuo possidenda priori et prioratui supradictis, et predicta omnia et singula propter causam supradictam.

In cujus rei testimonium et munimen, nos, de communi

assensu nostro et voluntate omnium, Guillemi, Gervasii et Odeline filiorum nostrorum, et omnium et singulorum aliorum heredum nostrorum, dedimus dictis priori et prioratui istas presentes litteras sigillis nostris propriis sigillatas, per quas obligamus nos et heredes nostros, et omnia bona nostra mobilia et immobilia, presentia et futura firmiter ad omnia et singula premissa firmiter et fideliter observanda.

Nos vero Gaufridus Castellanus, clericus, custos sigilli castellanie Bellismi, ad relacionem Guillermi Galerand, clerici ad hoc deputati, in cujus presencia omnes predicte partes fuerunt, et omnia premissa recognoverunt esse vera, sigillum castellanie predicte, una cum sigillis eorumdem Hemerici et Amelote, in istis litteris presentibus duximus apponendum, in confirmacionem omnium premissorum et testimonium veritatis ; salvo tamen omni jure.

Actum anno Domini Mº CCCº quarto, die Ascensionis Domini.

Arch. de l'Orne, H. 2,215. Rouleau coté 6, nᶜ 44.

Nº 130.

2 février 1307 (n. s.). — *Vente par Jeannin Bellete et Laurence, sa femme, au prieur et au couvent de Saint-Martin-du-Vieux-Bellême, pour le prix de sept livres tournois, de dix sols de rente annuelle.*

A touz ceux qui verront ces presentes letres, Guillerme Gallerant, clerc, garde du seel de la chastelenie de Bellême, saluz.

Sachent touz que par devant Gefroy Lovet, clerc, tabellion juré à ce establiz, vindrent Johanin Bellete et Lorence, sa femme, et requenurent eux avoir vendu et otroié à homes religieux le priour et le couvent de Saint-Martin de Viez-Bellême et à leurs successours, pour le pris [de] sept livres tournoys, des quiex il se tindrent pour bien poiez, c'est assavoir diz soulz tournoys ou de monoye courante au pais, d'anuel et perpetuel rente, à rendre et à paier par chacun an, à la Chaire Saint-Pierre, frans et quites de toutes chouses, assis et assignéz sur une pièce de terre et sus un clous, lesquels chouses sont en la paroisse de Saint-Martin de Viez-Bellême, ou fyé ou priour dou dit leu; et joint la pièce de terre, d'un cousté à la terre aus hers feu André Leprevost, et de l'autre cousté, à la terre aus hers feu Jensel; et ledit clous joint, d'un cousté, au clous feu Perrot Levesque, et, de l'autre cousté, à la meson et au vergier Lucas Levillain. *(Garantie sur caution de tous leurs biens, et sous peine de prison.)*

En tesmoing de ce, nous, à la relacion doudit Gefroy Lovet, ces presentes letres avons seellés dou seel de ladite chastelenie, sauf le droit notre sire le conte et l'autruy.

Donné l'an de grâce mil III c et sis le jour de la Purification Notre-Dame.

Arch. de l'Orne, H. 2,216. Original, parchemin, sceau perdu.

N° 131.

29 février 1308 (n. s.). — *Abonnement par Robert de la Roche, écuyer, au prieur de Saint-Martin-du-Vieux-Bellême, de treize sols tournois de rente annuelle, assis au fief dudit Robert, pour « un denier de taille requérable toute fois que taille adviendra ».*

A touz ceux qui verront ces presentes letres, Guillerme Gallerant, clerc, garde du sael de la chastelenie de Bellême, saluz.

Sachent touz que par devant nous vint Robert de La Roche, escuyer, et requenut sez avoir franchi et aboné au prieur de Saint-Martin dou Viez-Bellême, au couvent d'iceluy leu et à leur successours, à un denier de talle réquérable, c'est à savoir treze souz de tournoys d'anuel et perpetuel rente, lesquexs il ont aquis, ou fyé doudit Robert, des hers feu monsieur Johan Robeline, jadis prestre, qui les avait aquis de Hemeri de Vauberont ; desquexs treze souz de rente ledit Robert ne nul de ses hers, ne autre par reson d'eux, ne poent demander n'avoir des diz religious le priour et dou couvent, ne de nul de lour successours, foy ne homage, ne rachat, ne nul autre servises ne obéissance nule, fors un denier de talle réquérable toute foiz que talle avendra de droit ou dit fyé. Et ne puet ledit Robert ne ses hers pourforcier ledit priour et le couvent, ne leur successours, de metre les diz treze souz de rente desus diz hors de leur mains, ainz est tenu ledit Robert et ses hers lesdiz treze souz de rente desus diz audit priour et au couvent et à leur successours, garantir, délivrer de touz et défendre contre touz, de foy et d'omage, et de rachat, de cheval de servise, de toutes auctions et exauctions, et de touz autres servitutes et redevances quexconques, apartenant audit Robert et à ses hers ou à quexconques autres, etc. *(Formule de garantie.)*

En tesmoing de ce, nous avons saelé ces présentes letres dou sael de la chastelenie de Bellême, sauf le droit notre sire le conte et l'autruy.

Donné l'an de grâce mil trois cens et sept, le jeudi emprès les Cendres.

Arch. de l'Orne, H. 2,216. Charte originale, parchemin, sceau perdu.

N° 132.

21 avril 1308 (n. st.). — *Désistement par Jean Belette et Laurence, sa femme, en faveur du prieur de Bellême, qui leur a donné trente sols tournois, de toute réclamation ultérieure pour raison de deux pilliers que le prieuré avait fait élever et « fonder » en leur courtil, sis en la ville de Saint-Martin*

A touz ceux qui verront ces présentes letres, Guillerme Gallerant, clerc, garde du sael de la chastellenie de Bellême, saluz.

Comme Johan Belete et Lorence sa fame demandassent au priour de Saint-Martin de Viez-Bellême aucuns restors pour reson de la souprise de deux pilliers des murs de la dite priouré, les quiex ledit priour avoit fondez en leur courtil, mouvant de la dite Lorence, lequel courtil est en la vile de Saint-Martin, ou feu audit priour, sachent touz que par devant Gefroy Lovet, clerc, tabellion juré à ce establiz, vindrent ledit Johan et ladite Lorence, sa fame, et promisrent, graièrent otroièrent que en ladite souprise, ne ou fondement des murs, riens il ne reclameront ne ne demanderont par eux ne par leur hers, des hores en avant ; ainsois sunt tenuz eux et leur hers ladite souprise audit priour et à ses successours garantir, délivrer et défendre vers touz et contre touz, qui rien i pouraint demander ou réclamer en temps à venir. Et cest présent otroié, ledit Johan et ladite Lorence ont eu et receu doudit priour trente soulz tournoys, desquiex il se tindrent pour bien paié. Et quant à toutes les chouses desus dites et chacune d'iceles tenir, garder et acomplir, bien et loyaument, sans venir encontre au temps à venir, il obligèrent eux et leur hers et touz leur biens meubles et immeubles, renonçant à toutes chouses par lesqueles il peussent venir, par eux ou par leur hers, encontre la teneur de ces présentes letres.

En temoing de ce, nous à la relation dudit Gefroy Lovet, ces présentes letres avons saelés dou sael de ladite chastelenie, sauf le droit notre sire le conte et l'autruy.

Donné l'an de grâce mil III c et oict, le Jeudy emprès *Quasimodo*.

Arch. de l'Orne, H. 2,216. Charte originale, parchemin, sceau perdu.

N° 133.

16 février 1315 (n. st.). — *Abandon par Guillaume Reparel et Alice, sa femme, d'une métairie tenue à rente du prieur de Bellême, avec ses fruits et profits, pour défaut de paiement de plusieurs arrérages.*

A touz..... Geffroy Turquetin, garde dou seel de la chastellenie de Bellême. ...

Comme Guillaume Reparel et Aliz, sa fame, tiengent pieça jadis dou priour et dou couvent de Saint-Martin dou Viez-Bellême une métaerie, pour quatre livres de tournois d'anuel rente, et il en deussent les arrérages de troys années, lesquiex il ne povaint poier..... devant Gilot Le Courtillier, clert..... [ils] accordent.... que tous les fruiz, prouffiz et issues de ladite métaerie, et de touz leur gaygnages, soint et convergent au diz religious, en descontant sus les arrérages et sus la dite rente, et se il ne le valant, il voudrent que la dicte métaerie remenge comme devant et courge aus diz religious. .. sans..... des ores en avant ne demander ne réclamer par propriété d'héritage ne par autre reson..... fors en atendant la grâce dou dit priour et dou couvent des amentdements que ledit Guillaume et sa fame ont fez en ladie métaerie; et demouront les lettres aus diz religious en lour vertu tant que les demourants de la rente et des arrérages soint poiées, s'aucuns en y a.

Donné l'an de grâce mil ccc quatorze, le mardi après *Invocavit me.*

Arch. de l'Orne, H. 2,219. Original, parchemin, sceau perdu.

N° 134.

Marmoutier. 9 juillet 1318. — *Bail amphytéotique par le prieur et couvent de Bellême à Gérard, seigneur de Loisellière, et Agnès, sa femme, moyennant d'une rente annuelle de cinquante sols et douze deniers de cens, d'une masure, avec terre, prés et habitation, sise paroisse Saint-Martin.*

In Dei nomine Amen.

Anno M° ccc° decimo octavo, die nona mensis Julii.....

In mei notarii publici et testium..... presencia..... Gairardus dominus de Loayselere et Agnes ejus uxor asserentes..... religiosos viros, Priorem et conventum prioratus de Bellismo tradidisse..... ipsis conjugibus in emphyteosim, ad annuum et perpetuum redditum quinquaginta solidorum et duodecim denariorum census capitalis..... quamdam masuram ceu peciam terre et prati cum domibus in ea existentibus, que prefato prioratui obvenerunt ex successione Richeudis La Corbelle condonate ipsorum..... in feodo prioris, in parochia Sancti Martini de Veteri Bellismo.....

Acta sunt hec in abbatia Majoris Monasterii..... presentibus religioso viro fratre Oliviero, dicto Heuse, Guillelmo Niver, clerico, Petro de Coitbicor, Johanne, mareschallo abbatie predicte.

Et ego Johannes Pagani, de Sancti Dolensis diocesis clericus, auctoritate imperiali notarius publicus et curie Turonensis juratus commissarius..... signo solito signavi, una cum sigillo curie predicte.....

Nos vero officialis predictus, dicte curie sigillum in testimonium premissorum..... duximus apponendum.

Arch. de l'Orne, H. 2,219. Original, parchemin, sceau perdu.

N° 135.

12 août 1320. — *Donation par Nicolas Leroy, chevalier, au prieur et au couvent de Saint-Martin-du-Vieux-Bellême, en reconnaissance de son affiliation spirituelle aux bonnes œuvres dudit couvent, d'une maison sise paroisse Saint-Martin-du-Vieux-Bellême.*

A touz..... Hamon Chevalier, clert, garde dou scel de la chatellenie de Bellême et tabellion dou leu, salut.

..... Devant Richard Gautier, notre clert, Monsieur Nicolas Leroy, chevalier, bien remembrant des biens temporels et espirituels qui ont esté fez ou temps passé ou priouré et en l'église de Saint Martin dou Viez-Bellême, esquielx biens il a esté participant si comme il disoit..... pour le salut et sauvement de s'âme, de son père et de sa mère et de feu madame Aliz, jadis sa fame, cognut..... avoir donné et par non de pur et perpetuel don..... à Saint-Martin dou Viez-Bellême..... une maison, si comme elle se poursiet de vergier, de terres, assise à Bellême, en la paroisse Saint-Pierre, acoustant d'un costé, à la meson feu Pilefer, et d'autre à la meson où Robert Le Sueur soulet demourer, et d'un bout au chemin par où l'en va vet de Bellême au Tail, et d'autre, au chemin de Bellême allant à Nogent.

..... Et sera tenu ledit prieur, si comme ledit monsieur Nicolas disoit, fere audit couvent vint soulz de tornoys ou de monnoie courant au païs d'annuel et pardurable rente, sur ladite meson, jusques à tant qu'il les lour ait assis bien et convenablement; et pour les vint soulz de rente renunça ledit chevalier à tel droit comme il avoit sur une meson qui fut jadis feu monsieur Nicolas Le Roy, prestre, assise à Saint-Martin devant dit. Et pour les vint soulz de rente, ledit couvent et lour successours seront tenuz fere, chascun an, l'anniversaire de luy, de ladicte feu Aliz, sa fame, et dou père et mère oudit chevalier, et en chanter chascun an trois messes pour ladite feu Aliz, fame jadis doudit chevalier, de son père et de sa mère et de luy après sa mort.

L'an de grâce mil trois cens et vint, le mardi après la saint Lorent.

Arch. de l'Orne, H. 2,220. Original, parchemin, sceau perdu.

N° 136.

9 avril 1337 (n. s.). — *Acte, devant notaire apostolique, de la soumission consentie par Colin Leprévost de payer une amende de vingt livres, avec hypothèque, pour mettre fin aux poursuites par lui encourues et à une citation en cour de Tours, pour avoir levé la bonde d'un étang, pêché le poisson et causé plusieurs autres préjudices, au détriment du couvent de Saint-Martin-du-Vieux-Bellême.*

In nomine Domini Amen. Pateat universis.....

Quod anno millesimo ccc^e tricesimo sexto, ... nona die mensis aprilis, videlicet die mercurii post dominicam qua cantatur *Judica me*, in hospicio prioratus Sancti Martini de Veteri Belismo, Sagiensis diocesis, in camera prioris, hora prima ac in mei, notarii publici, et testium infrascriptorum presencia, personaliter constitutus Colinus Prepositi recognovit se, ausu actus temerario, ad quoddam stagnum, dictum de Mouteau, ad religiosos viros et honestos priorem et conventum prioratus predicti pertinens, accessisse, bondamque dicti stagni sublevasse et aquam ejusdem labi et profiui fecisse, et de piscibus ibidem existentibus, predictis priore et conventu inconsultis, et preter eorum voluntatem, inracionabiliter asportasse. Et quia prefatus prior ipsum, occasione damnorum et injuriarum per ipsum Colinum, premissa faciendo sibi et sue predicte ecclesie illatarum, virtute et auctoritate privillegiorum suorum Turonas citari fecerat, ipse malivolentiam et indignationem dicti domini prioris et ceterarum personarum memorate ecclesie incurrere dubitans, et se jam dolens incurrisse, eisdem..... pro predictis maleficiis dampnis et injuriis gagiavit emendam usque ad valorem, summam et estimationem viginti librarum, et pro ipsa emenda ipse Colinus quandam terre peciam, in parochia Sancti Martini situatam..... cujus duo journalia de feodo dictorum religiosorum, et residuum, de feodo dictorum Les Varandaiz..... penitus dimisit..... Presentibus domino Guill^o de Burdy, domno Roberto de Ychevilla, monachis, et Andrea, filio predicti Colini, testibus.

Et ego, Petrus Bourdet, clericus, Aurelianensi diocesis, publicus auctoritate imperiali notarius..... in hanc formam publicam redegi manuque mea propria scripsi, signoque meo solito signavi, vocatus specialiter et rogatus.

Arch. de l'Orne, H. 2,223. Original, parchemin.

IV.

BIENS

SITUÉS DANS LES PAROISSES CIRCONVOISINES DE BELLÊME

§ Ier.

Biens situés à Bellavilliers.

N° 137.

Confirmation par Gervais, seigneur de Bellavilliers, des donations faites par ses ancêtres aux moines de Bellême.

Notum flat omnibus..... G. dominus Berlaviller concedo monachis de Belismo..... [ter]ras quas habent in..... vicio remoto..... antecessores..... VII libras monete Cenomanii..... rorum meorum hoc audeat.... nicione et confirmacione dignum..... hoc..... horare.

Hiis videntibus et audientibus Perpetua..... ejus uxore Sezilla, P. de Cortiel et Stephanus de Ponleven et Guillelmo de Boiscel et Radulpho Berai et multis aliis.

Arch. de l'Orne, H. 2,170. Rouleau coté 3, n° 3.

Cette charte se trouve en tête du rouleau de parchemin, qui a été rongé et déchiré à cette place. Il ne reste plus, comme on le voit, que quelques lambeaux de phrase. Tels quels, ils peuvent servir encore, surtout à cause des noms des témoins qui figurent au bas de cette charte.

N° 138.

Carta de Bellaviller, super quodam tractu.

Entre 1185 et 24 septembre 1201. — *Sentence de Lisiard, évêque de Sées, qui adjuge au prieur de Bellême un trait de dîme que lui contestait Jérôme Bigot, de Bellavilliers.*

Universis sancte Ecclesie filiis ad quos presentis scripture pagina pervenerit, L[isiardus] Dei gratia Sagiensis episcopus salutem in Domino.

Ad omnium noticiam volumus pervenire quod cum inter priorem et conventum de Belismo, ex una parte, et Gerum Bigot, ex alia, controversia verteretur super quodam tractu decime de Bellaviller, quod idem Gerum ad se pertinere dicebat, tandem partibus in presentia nostra constitutis, hujusmodi controversia talem finem amicabiliter est sortita. Memoratus Gerum tractum illum confessus est ad priorem et monachos de Belismo pertinere et se in illo nullum jus habere, et etiam, si aliquid ibi jus habuisset, priori et monachis illud integre relinquebat. Promisit etiam idem Gerum quod si aliquis dictum priorem et monachos super illo tractu de cetero molestabit, ipse illis se prebebit omnimodis adjutorem. Hoc tamen excepto quod propter hoc propriis sumptibus adjutor ecclesie non tenebitur. Prior vero, pro dicti Gerum testimonio et auxilio super hoc habendo, ei xv solidos Perticensis monete protinus erogavit. Nos vero, ne super hoc iterum contentio moveretur, hanc pacis formam presentis pagine attestatione et sigilli nostri auctoritate duximus roborandam. VALETE.

Arch. de l'Orne, H. 2,170. Rouleau coté 3, n° 20.

N° 139.

Carta de Bellaviller, super jure patronatus ecclesie.

1224. — *Sentence de Gervais, évêque de Sées, qui adjuge au prieuré de Bellême le droit de patronage de l'église de Bellavilliers, contre les prétentions de Etienne de Pontlevin, curé de ladite église.*

Christi fidelibus presentes litteras inspecturis Gervasius, divina permissione dictus episcopus Sagiensis, salutem in omnium Salvatore.

Noverit universitas vestra quod cum prior et monachi de Belismo nobis conquerendo monstrassent quod Stephanus de Pontlevein, persona ecclesie de Bellaviller, jus patronatus ejusdem ecclesie ad ipsos pertinere negasset, presentibus convocatis et in nostra presentia constitutis, idem Stephanus, de veritate dicenda juramento astrinctus, publice recognovit in jure quod jus patronatus ecclesie de Bellaviller, pertinebat indubitanter ad priorem et monachos de Belismo. Ut autem de recognicione facta constet imperpetuum universis, nos in ipsius testimonium dictis priori et monachis presentes dedimus litteras sigilli nostri impressione munitas.

Actum anno gratie M° CC° XX° quarto. VALETE.

Arch. de l'Orne, H. 2,170. Rouleau coté 3, n° 16.
Bibl. nat.. ms. lat. 5,441, t. II, f° 331. Copie suivie de ces mots :
« Scellé en cire brune sur lacs de parchemin, le sceau rompu. »

N° 140.

Carta de Bellaviller, de jure patronatus.

1224. — *Confirmation par Ango, doyen de Bellême, de la renonciation que fait Etienne de Pontlevin, personne de Bellavilliers, de tout droit sur le patronage de cette église, au profit du prieur de Bellême.*

Universis Christi fidelibus presentes litteras inspecturis, Angotus decanus Belismensis salutem in Domino.

Universati vestre notum facimus quod cum Raginaldus, prior de Belismo, in causam traheret Stephanum de Pontleven, personam ecclesie de Bellaviller, et Rotrodum de Bellaviller militem, nepotem ejusdem Stephani, super decimis novalium sitorum in parochia de Bellaviller, coram abbate Beati Juliani et officiali et magistro Richardo, canonico Turonensi, judicibus a Domino Papa delegatis, et ideo cum idem Stephanus provocatus fuisset vehementer in iram; ipse, ut processum impediret negocii, per iram denegavit priorem de Belismo esse patronum ecclesie de Bellaviller : Tandem a domino Sagiensi episcopo per censuram ecclesiasticam compulsus fuit dictus Stephanus ad recognoscendam veritatem, quis esset vere patronus ecclesie de Bellaviller, et ipse coram nobis, in curia nostra apud Belismum, in ecclesia Sancti Leonardi, in publica audiencia, assertive recognovit quod jus patronatus ecclesie de Bellaviller vere ad priorem de Belismo et ad nullum alium pertinebat. Ut autem constet tam presentibus quam futuris sepedictum Stephanum supranotatam fecisse recognitionem, in hujus testimonium nos et viri venerabiles, domnus Guillermus de Esperreia, thesaurarius Omnium Sanctorum de Mauritania, et Philippus de Prulaio, canonicus Omnium Sanctorum de Mauritania, et nobiles viri Guilelmus de Gemagiis, senescallus Belismensis, et Lancelinus dou Fay, et Hubertus Chevroul, et Hugo de Noc[eio?] milites, presentibus litteris sigilla nostra apposuimus.

Actum anno gratie millesimo, ducentesimo, vicesimo, quarto.

Arch. de l'Orne, H. 2,170. Rouleau coté 3, n° 22.

Bibl. nat., ms. lat. 5,441, t. II, f° 322. Copie suivie de ces mots : « Scellé de 5 sceaux en cire brune sur lacs de parchemin. Le 3ᵉ et le dernier sont perdus ; ce sont ici les trois avant le dernier. »

En effet le dessinateur de Gaignières a tracé au bas de la charte ces trois sceaux. L'écu du seigneur de Gémages est de .... a 3 annelets posés 2 et 1, à la vergette de..... brochant sur le tout. A l'entour se lit cette légende : † S : GVILLELMI : DE GEMAGES :

L'écu du seigneur du Fai est de..... a 3 quintefeuilles de..... avec cette légende : † SIGILLVM : LANCELINI : DV : FAI.

L'écu du seigneur de la Bretesche est de..... au château de..... ajouré et crénelé de..... avec cette légende : † S : HVB : CAPREOLI DE : LA : BRETASCHE.

N° 141.

Carta de Bellaviller, de novalibus.

Bellême. 26 septembre 1224. — *Confirmation par Angot, doyen de Bellême, de la renonciation faite en sa présence, par Etienne « personne de Bellavilliers » (1), de ses prétentions sur deux tiers des novales (2) de cette paroisse.*

Universis Christi fidelibus presentes litteras inspecturis Angotus, decanus Belismensis, salutem in Domino.

Noverit universitas vestra quod Stephanus, persona de Bellaviller, in nostra multorumque presencia concessit priori de Belismo omnino actionem litigandi contra detentores super duabus partibus decime novalium, quas presbiter Rotrodus de Bellaviller, miles, dedit ad unam lampadem serviendam in ecclesia Beate Marie de Bellaviller, et pariter permisit idem Stephanus coram nobis quod si prior de Belismo obtineret in causa, nichil in dictis duabus partibus decime novalium reclamaret, neque consilium vel auxilium impertiretur detentoribus contra dictum priorem de Belismo. Nos vero ad petitionem dicti Stephani, litteras presentes supradictorum testimoniales priori de Belismo dedimus sigilli nostri testimonio confirmatas.

Actum Belismi, die jovis pridie ante festum sancti Remigii, anno gratie, m° cc° vicesimo quarto.

Arch. de l'Orne, H 2,170. Rouleau coté 3, n° 17.

(1) On appelait *Personne* le prêtre chargé de desservir une paroisse.
(2) On appelait *Novales* les dîmes des terres nouvellement défrichées.

N° 142.

Carta de Bellaviller, de novalibus.

Le Pin. Février 1225 (n. s.) — *Confirmation par Renaut, prieur de Bellême, Ango, doyen, Rotrou, seigneur de Bellavilliers, de l'accord précédent ; — accord entre le seigneur de Bellavilliers et le prieur sur leur différend, relativement à la terre d'André Picole.*

Universis presentes litteras inspecturis R[aginaldus] prior de Belismo, A[ngotus] decanus Belismensis, R[otrodus] dominus de Bellaviller, salutem in Domino.

Noverit universitas vestra quod cum contentio verteretur, auctoritate apostolica, coram judicibus Turonensibus, inter abbatem et conventum Majoris Monasterii, ex una parte, et dictum dominum et personam et parochianos de Bellaviller, ex altera, super decimis novalium sitorum in parochia de Bellaviller, quos dictus dominus dederat, ut asserebat, ad serviendum ad medietatem unius lampadis in ecclesia nominata ; et dictus abbas et conventus assererent easdem decimas ad ipsos ratione privilegii sui pertinere, tandem amicabilis compositio inter eos intervenit in hunc modum : quod prior de Belismo percipiet duas partes omnium decimarum omnium novalium in parochia de Bellaviller sitorum, et persona de Bellaviller terciam, et omnes decime nominate venient ad grangiam monachorum de Belismo sicut et alie.

Super alia vero contentione que erat inter abbatem et conventum nominatos, ex una parte, et dictum dominum de Bellaviller, ex altera, super terra in qua Andreas Peicole dederat prioratui de Belismo tres solidos annui redditus, dictus dominus de Bellaviller ibidem fecerat quasdam domos, in eorum prejudicium ut dicebant ; compositum fuit in hunc modum : quod dictus dominus de Bellaviller faciet prioratui de Belismo rationabile excambium ad arbitrium bonorum virorum a tribus, si opus fuerit, electorum. Et idem dominus de Bellaviller tenetur procurare quod homines, qui tenebant dictam terram, assensum prebeant in dicto excambio faciendo, et ne dicti prior et dominus de Bellaviller contra predicta venire possint aliquo tempore, presentes litteras sigillorum suorum munimine confirmarunt ; me decano de Belismo, coram quo predicta facta sunt, ad petitionem [monachorum] et domini de Bellaviller et aliorum predictorum, sigillum insuper meum apponente.

Actum est in ecclesia de Pinu, anno gratie M° cc° xx° quarto mense februario.

Arch. de l'Orne, H. 2,170. Rouleau coté 3, n° 18.
Bibl. nat., ms. lat. 5,441, t. II, fo 314.

N° 143.

Carta de Bellaviller, super decima leguminum.

Juillet 1225. — *Confirmation par Gervais, évêque de Sées, du compromis passé par-devant l'abbé de Saint-Père en Vallée et ses assesseurs, juges délégués par autorité apostolique, entre le prieur de Bellême et les patrons de l'église de Bellavilliers, et Etienne, personne de cette église, sur leur différend relativement à la dime des légumes.*

Universis presentes litteras inspecturis, Gervasius, divina permissione Sagiensis dictus episcopus, salutem.

Noverit universitas vestra quod cum causa verteretur coram abbate Sancti Petri de Valle Carnotensi et conjudicibus suis, auctoritate apostolica, inter priorem et monachos de Belismo, ex una parte, patronos ecclesie de Bellaviller, et Stephanum personam ejusdem ecclesie, ex altera, super hoc quod dicti prior et monachi petebant duas partes decime leguminum terrarum sitarum in parochia de Bellaviller, in quibus percipiebant duas partes bladi, quando erat ibi bladum ; tandem amicabilis compositio intervenit coram nobis in hunc modum : quod dictus Stephanus, coram nobis constitutus, quicquid juris in duabus partibus leguminum dicebat se habere in nostra posuit voluntate et dispositione. Et nos, de assensu et voluntate utriusque partis, ita disposuimus quod dicti prior et monachi de cetero habebunt duas partes decime leguminum de tota parochia de Bellaviller, exceptis decimis ortorum ; et dicti prior et monachi dicto Stephano concesserunt dictas duas partes decime leguminum ad firmam, quandiu vixerit possidendas, reddendo dictis priori et monachis annuatim, ad festum Sancti Leonardi, minam pisorum. Hoc adjecto quod persona, que post dictum Stephanum in dicta ecclesia instituetur, occasione dicti census, nichil in dictis duabus partibus decime leguminum poterit reclamare. Ad hanc siquidem compositionem confirmandam, ad petitionem utriusque partis, presentem paginam, sigilli nostri munimine fecimus roborari.

Datum anno gratie. M° CC° XX° quinto, mense julio.

Arch. de l'Orne, H. 2,170. Rouleau coté 3, n° 19.

Bibl. nat., ms. lat. 5,441, t. II, f° 322v°. Copie suivie de ces mots : « Scellé en cire brune sur lacs de parchemin. Dessiné aux évêques de Sées. »

N° 144.

Carta de Bellaviller, super decima leguminum.

27 décembre 1225. — *Sentence de Guy, abbé de Saint-Père de Chartres, du Prieur du même monastère et du chancelier de Chartres, juges délégués par le Pape, sur le différend soulevé entre le prieur de Bellême et Etienne de Pontlevin, relativement à la dîme des légumes.*

Universis presentes litteras inspecturis, G[uido] (1) divina miseracione Sancti Petri abbas et prior ejusdem loci et cancellarius Carnotensis, judices a domino Papa delegati, salutem in Salutis Actore.

Noverit universitas vestra quod cum causa verteretur coram nobis auctoritate apostolica inter priorem et monachos de Belismo, ex una parte, patronos ecclesie de Bellaviller, et Stephanum personam ejusdem ecclesie, ex altera, super hoc quod dicti prior et monachi petebant duas partes decime leguminum terrarum in parrochia de Bellaviller existencium, in quibus percipiebant duas partes bladi quando erat ibi bladum, tamdem de consensu parcium coram venerabili patre nostro Gervasio, Dei gracia Sagiensi episcopo, intervenit amicabilis composicio in hunc modum : quod dictus Stephanus in presencia dicti episcopi constitutus quicquid juris habebat in duabus partibus decime supradicte leguminum et habere se firmiter asserebat, in disposicione dicti episcopi commisit penitus decidendum.

Nominatus vero episcopus de voluntate et assensu utriusque partis pro bono pacis ita disposuit quod dicti prior et monachi de Belismo habebunt de cetero duas partes decime leguminum de tota parrochia de Bellaviller, exceptis decimis ortorum, que precise et absque ulla reclamacione a priore vel monachis super eisdem decimis ortorum de cetero facienda, nominato Stephano ejusque successoribus imperpetuum renanebunt. Prefati siquidem prior et monachi dicto Stephano concesserunt illas duas partes leguminum ad firmam quamdiu vixerit habendas, ita quod reddet priori et monachis ad festum Sancti Leonardi unam minam pisorum annuatim, hoc adjuncto quod persona que post decessum prefati Stephani in dicta ecclesia instituetur, occasione dicte mine pisorum, in dictis duabus partibus decime leguminum campestrium nichil poterit reclamare.

Hanc autem composicionem a venerabili patre nostro videlicet

---

(1) Guy I*er*, abbé de Saint-Père de Chartres (1200-1231).

Gervasio Sagiensi episcopo factam laudamus, volumus et approbamus, et quod ratum et stabile permaneat in futurum, ad utriusque partis instanciam, presentes litteras in sigillorum nostrorum munimine duximus roborandas.

Actum anno gracie millesimo ducentesimo vicesimo quinto, quarto Calendas januarii.

Arch. de l'Orne, H. 2,170. Rouleau coté 3, n° 23.

N° 145.

Carta de Bellaviller, de patronatu, de IIII^{or} sextariis bladi et de domo presbyteri.

Janvier 1232 (n s.). — *Accord entre Rotrou, seigneur de Bellavilliers, et le prieur de Bellême, au sujet de leurs contestations relatives au patronage de l'église; de quatre boisseaux de blé à percevoir par Etienne, frère dudit Rotrou, dans la grange de Bellavilliers; — d'une maison acquise jadis de Raoul Oumont par feu Etienne, personne de Bellavilliers, son oncle.*

Universis presentes litteras inspecturis Rotrodus, dominus de Bellaviller, salutem in Domino.

Ad universitatis noticiam volumus pervenire quod cum contentio verteretur inter nos, ex una parte, et priorem et monachos de Belismo, ex altera, super hoc quod nos dicebamus jus patronatus ecclesie de Bellaviller ad nos, tanquam ad verum patronum, et ad heredes nostros pertinere, quod negabant dicti prior et monachi, et affirmabant illud ad ipsos de jure pertinere; et super hoc quod nos dicebamus quod quatuor sextarios bladi percipiebat Stephanus frater noster in grangia de Bellaviller, quod dicebamus ad nos, jure hereditario pertinere, quod negabant dicti prior et monachi et illos affirmabant firmiter esse suos; et super hoc quod nos dicebamus quod Stephanus persona de Bellaviller, defunctus patruus patris nostri, adquisiverat quamdam domum a Radulpho Oumont, quam dicebamus nostram esse et nos ibi debere habere quidquid habebamus in aliis burgesiis nostris de Bellaviller, quod negabant dicti prior et monachi, et asserebant quod ad personam ecclesie de Bellaviller pertinebat; tandem post multas altercationes amicabilis compositio intervenit in hunc modum; quod nos dictis priori et monachis quitavimus quidquid juris dicebamus habere in dicto jure patronatus dicte ecclesie, et quidquid juris dicebamus nos habere in predictis quatuor sextariis bladi; et persone de Bellaviller dictam domum cum pertinenciis suis quitavimus; ita quod persona dicte ecclesie, quecumquo illa sit, tenebitur solvere nobis et heredibus nostris annuatim censum duodecim denariorum, termino quo solvuntur nobis alii census ville. Et si dictus census non solveretur nobis vel heredibus nostris, in dicto termino, possemus ibi facere justitiam et districtum pro dicto censu tantum et non pro alio, sicut in aliis burgesiis de Bellaviller. In cujus rei testimonium dedimus dictis priori et monachis litteras nostras sigilli nostri munimine roboratas.

Actum anno Domini M° CC° XXX° I° mense januario.

Arch. de l'Orne, H. 2,170. Rouleau coté 3, n° 24.

Bibl. nat., ms. lat. 5,441, t. II, f° 318v°. Copie suivie de ces mots : « Scellée en cire brune sur lacs de parchemin. »

Le sceau est dessiné au bas de la charte.

L'écu de Bellavilliers est chargé de deux léopards passants, avec cette légende : † S : ROTROVDIS : DE : BERLENVILER.

N° 146.

Carta de Bellaviller, super terra empta de Priugault.

Septembre 1256. — *Vente par Hubert Pringaut et Aceline, sa femme, à Pierre d'Iverçai, recteur de l'église de Bellavilliers, de trois pieds et demi de terre, en largeur, sur toute la longueur de la maison presbitérale du lieu, pour le prix de vingt sols tournois.*

Universis presentes litteras inspecturis Hubertus Pringault et Acelina, uxor ejus, salutem in Domino.

Noveritis quod ego Hubertus Pringaut et Acelina uxor mea, spontanea voluntate, tres pedes terre et dimidium in latum, et in longum quantum continet longitudinis domus presbyterii de Bellaviller mensuratos manibus, dicte domui contiguos, pro viginti solidis turonensibus, de quibus tenemus nos penitus pro pagatis, vendidimus et concessimus magistro Petro de Yvreceio, rectori ecclesie de Bellaviller ad augmentandum domum dicti presbyterii, a dicto magistro Petro et ejus successoribus quiete et pacifice tenendos imperpetuum et habendos ab omni censu et servicio liberos et immunes, a nobis prestito juramento quod nec nos, nec heredes nostri, in dictis tribus et dimidio pedibus terre de cetero aliquid reclamabimus vel faciemus per aliquem reclamari. Immo nos firmiter obligamus et heredes nostros dictos tres pedes terre et dimidium dicto magistro Petro et ejus successoribus contra omnes pro viribus nostris garantire. Super premissis vero nos deseisivimus in manu domini Gervasii de Bellaviller domini feodi, et idem dominus Gervasius magistrum Petrum seisivit super hiis supradictum. Quod ut firmum et stabile permaneat, nos eidem magistro Petro presentes litteras sigillorum nostrorum munimine tradidimus roboratas.

Actum anno Domini m° cc° quinquagesimo sexto, mense septembri.

Arch de l'Orne, H. 2,170. Rouleau coté 3, n° 21, et 2,470, original, parchemin.

N° 147.

Carta de Bellaviller, de Gervasio Propheton et IIII^{or} sextariis terre.

Avril 1258. — *Donation par Gervais Prophéton, du consentement de Mathilde, son épouse, et de Guillaume, son fils ainé, à Saint-Léonard-de-Bellême, de quatre boisseaux de terre, sis paroisse de Bellavilliers.*

Ego Gervasius Propheton notum facio universis presentes litteras inspecturis quod, de assensu et voluntate Matildis uxoris mee et Guilelmi primogeniti mei, et omnium aliorum heredum meorum, dedi et concessi Beato Leonardo et priori de Belismo et monachis ejusdem loci, quatuor sextarios terre sitos juxta domum meam, ex uno latere, et juxta cheminum per quod itur de Ponte de Maingne apud Bellaviller, prout dividuntur et mete ponuntur, eisdem priori et monachis jure hereditario in perpetuam et puram elemosinam, quiete, pacifice et libere ab omnibus releviis, rachatis, et equo serviciis, coutumis, talliis, auxiliis, redevantiis, exactionibus secularibus et rebus aliis, et serviciis omnibus ad me et ad heredes meos, et ad quos cumque alios quoquomodo pertinentibus, tenendos et habendos et etiam possidendos. Ego etiam Gervasius et Matildis, uxor mea, juravimus quod nos seu heredes nostri in predictis quatuor sextariis terre, racione hereditagii, vel dotis seu alia ratione nichil de cetero reclamabimus, nec aliquid per aliquem faciemus reclamare. Immo ego Gervasius et heredes mei predictos quatuor sextarios terre deservire de nostro proprio ab omnibus serviciis predictis adversus nos et adversus dominos nostros tenemur et defendere contra omnes et garantire. Ego etiam Gervasius omnia servicia predicta facienda pro dictis quatuor sextariis terre, posui et retinui super herbergamentum meum et residuum totius terre mee, nec ego nec heredes mei aliquid capere vel capi facere, seu aliquam justitiam vel distrinctum vel exactionem secularem in eisdem quatuor sextariis terre, aut in omnibus ibidem existentibus de cetero exercere, nec easdem quatuor sextarios terre ad manus dominorum nostrorum currere dimittere poterimus. In cujus rei testimonium et munimen ego Gervasius et Matildis uxor mea, predictis priori et monachis

dedimus presentes litteras sigillorum nostrorum munimine roboratas, per quas ego Gervasius sepedictus me et meos heredes obligo ad omnia predicta firmiter imposterum observanda.

Actum anno Domini M° CC° L°° octavo, mense aprilis.

Arch. de l'Orne, H. 2,170. Rouleau coté 3, n° 25.

N° 148.

Carta de Bellaviller; Gervasii domini de Bellaviller super confirmatione terre Propheton.

Avril 1258. — *Confirmation par Gervais, s^{gr} de Bellavilliers, de la donation précédente.*

Universis... Gervasius dominus de Bellaviller miles, salutem in Domino.

Noverint universi quod ego de assensu et voluntate Anor, uxoris mee, et Gervasii primogeniti mei, et omnium aliorum heredum meorum, volo et concedo et ratam habeo et etiam confirmo donacionem et concessionem quatuor sextariorum terre, ad mensuram Belismeusem, quam donacionem et quam concessionem Gervasius dictus Propheton, homo meus ligius, in mea presencia constitutus, fecit et dedit Beato Leonardo...... *(etc., comme ci-dessus, sauf ce qui suit)* : Salvis tamen serviciis capitalium dominorum meorum. In cujus rei testimonium et munimen dedi eidem priori et monachis ejusdem loci presentes litteras sigilli mei munimine roboratas per quas obligo me et heredes meos ad omnia predicta tenenda fideliter et firmiter observanda et contra omnes perpetuo defendenda, ad usus et consuetudines patrie generales.

Actum anno Domini M° CC° L°° octavo, mense aprilis.

Arch. de l'Orne, H. 2,170. Rouleau coté 3, n° 26.

Bibl. nat., ms. lat. 5,441, t. II, f° 310 v°. Extrait suivi de ces mots : « Scellé en cire blanche sur lacs de parchemin. »

Le sceau de Gervais de Bellavilliers est exactement semblable à celui de Rotrou. La légende est différente : ✝ S : GERVASII : DE : BELLA-VILER : MILITIS.

N° 149.

1267. — *Obligation de Guillaume Propheton envers le prieur de Bellême, de la somme de quarante sols, pour argent et blé prêtés, pour caution de quoi ledit Guillaume met entre les mains du prieur une pièce de terre, sise à Bellavilliers.*

Ego Guilemus Profeton notum facio universis presentes litteras inspecturis quod ego debeo priori de Bellismo quadraginta solidos turonenses, quos idem prior mihi mutuavit in pecunia numerata et blado, mihi a dicto priore tradito, ita quod quociens eidem priori ego predictos xL^{ta} solidos reddidero, quod dictus prior reddet mihi unum juger continens unam minam seminature terre, quod situm est adput Profetoneriam in parochia de Bellovillari. Quod dictum juger terre pater meus eidem priori promisit et obligavit, et jungitur elemosine quam pater meus fecit dicto priori et domui sue in perpetuum pro Johanne Profeton patre meo ; et ne quod dictum priorem nec domum suam valeam molestare, vel eciam illos qui dictam terram nomine dicti prioris et dicte domus tenebunt, et quod non tradatur mihi de solutione predictorum xL^{ta} solidorum, nisi facta fuerit coram pluribus viris idoneis et eciam fide dignis, eidem priori et domui sue dedi litteras meas sigillo meo confirmatas, per me et heredes meos bona fide eidem priori et domui sue obligavi.

Datum anno Domini M° CC° LX°, die Veneris ante festum apostolorum Philippi et Jacobi.

Arch. de l'Orne, H. 2,470. Charte originale en parchemin, sceau perdu.

Prieuré de Boissi-Maugis.

N° 150.

1092-1137. — *Charte notice de la donation faite à Marmoutier, par Gautier, fils de Vivien, avec le consentement de sa femme Hildeburge et de son fils, Payen, de la moitié de l'église de Boissi, dans la châtellenie de Rémalard; et, plus tard, de la donation testamentaire de la moitié de la terre dite : Le Val de Vilers, dans la même paroisse. (S. d.)*

Quia memoria hominis facile est ad obliviscendum, recte sollertia antiquorum instituit litteris adscribi quidquid in posterum vellen testificari. Quorum vestigia sequentes, notum fieri volumus, tam presentibus quam futuris, quod quidam miles nobilis, nomine Gauterius, Viviani filius, timore gehenne perterritus simul et divinitatis gratia cumpunctus, dedit nobis, monachis videlicet Beati Martini, in Majori suo Monasterio Deo sibique famulantibus, sanus et incolumis, una cum carissima uxore sua, Hildeburge, et dilectissimo filio suo Pagano, et pro remedio animarum suarum, necnon antecessorum et successorum suorum, medietatem cujusdam nobilissime ecclesie, in territorio castelli quod vocatur Remalast, prope fluviolum Hienio site, cum medietate cimiterii, ita solutam et quietam sicut ipse eam tenebat eo die quo eam nobis dedit, nichil nisi custodiam et defensionem contra omnes homines retinens. Cumque diu postea et idem vir omni probitate preclarus cursum presentis vite feliciter perfecisset, dedit nobis in ejusdem ecclesie parochia medietatem cujusdam decime quam tenebat in territorio quod dicitur Vallis de Vilers, annuente filio supradicto cum matre sua.

Quod si deinceps aliqua dubitatio de isto dono alicui veniret requirantur in testimonium : Sthephanus, Arduinus, Rainaldus, Gaufridus, monachi. — Wido Boslenus, Ebrardus Osene filius, Hernulfus Barbinus, Gauterius de Buxeria, Adam, Gerricus, Gauterius Alexandri filius, Hubertus Aloris, et non solum isti, sed omnes fere homines regionis illius agnoverunt. Isti etiam sunt testes de altera medietate quam dedit nobis Garnerius.

Arch. de l'Orne, H. 2,208. Parchemin du temps.

N° 151.

Rémalart. 1092-1137. — *Charte notice de la donation faite aux moines de Marmoutier par un chevalier nommé Garnier, du gré de sa femme et de ses enfants, de la deuxième moitié de l'église de Boissi et de la terre dite : Le Val de Vilers, et de la concession de cette donation par Gautier, fils de Vivien, seigneur suzerain — ; et du désistement constaté en justice des réclamations que Goufier, fils de Garnier, avait élevées, après la mort de son père, contre ces donations.*

Notum sit quod Gauterius, Viviani filius, cum uxore et filio suo Pagano, dedit nobis medietatem ecclesie de Buxedo et cimiterii, et medietatem decime, que est in Valle de Vilers, sicut scriptum est in alia carta. Alteram vero medietatem ejusdem ecclesie et cimiterii et decime de Valle de Vilers dedit nobis, pro remedio anime sue et parentum suorum quidam magne probitatis miles, Guarnerius nomine, cum uxore sua et filiis et filiabus suis, ita solutam et liberam sicut ipse habebat. Quod donum Gauterius Viviani filius, de cujus fevo erat, ex tenore auctorizavit ut in custodia sua et heredum suorum esset ipsa ecclesia et quidquid postea adquireret.

Cujus rei testes sunt : Stephanus, Arduinus, Rainaldus, Gaufredus monachi. De laicis : Guido Boslenus, Hernulfus Barbinus, Gauterius de Buxeria, Adam, Gerricus, Gunterius Alexandri filius, Hubertus Aloris, et non solum isti sed omnes fere homines regionis illius agnoverunt.

Post vero mortem Garnerii, Gulferus filius ejus calumniatus est nobis terciam partem decimarum, quas dederat nobis Garnerius pater ejus, et cimiterii et ecclesie de Buxedo. Dicebat enim patrem suum non dedisse nobis illas tertias partes decimarum, et retinuisse sibi in predicto cimiterio plateam, juxta ecclesiam, ad edificandum domum.

Qua de re ad placitum venimus et probavimus verum esse quod negabat, per homines regionis illius, qui interfuerant dono publice facto. Reversus ad se Gulferus, elemosinam quam calumniabatur, sicut et pater ejus dederat nobis, et ipse libenter concessit.

Actum Regimalast castro, in domo Pagani filii Gauterii, coram multis baronibus, audientibus et videntibus de monachis : Rivallonio tunc priore ejusdem loci, Gauscelino Parisiensi, Amato Blesiensi. — De laicis : Pagano filio Gauterii, cum matre sua Hildeburge, Hugone de Curte-Sesalt, Roberto de Curte-Osleni, Ivone filio Gaschonis, Gauterio Burgognio, Guillelmo filio Ansegist, Rotrodo de Racueria *(ou Roeveria)*, Hebraldo Osane filio, Guilelmo Rufino, Harduino Caput de Ferro, Garnerio Forestario, Arnulfo Barbino, Theobaldo Moione, Girardo de Brueria, Menardo de Dorcel, Hodone de Pomereto, Garino de Valia, Gaufredo filio Ernaudi, Gauterio de Buxeria, Nihardo famulo, Auberto, Fulcoino, Huberto, Roberto, Godefrido do Nuilli.

Arch. de l'Orne, H. 2,208. Parchemin du temps.

N° 152.

Carta de Ecclesia de Boisse.

Chartres, 1169. — *Confirmation par Guillaume, archevêque de Sens, à Rouland, prieur de Saint-Léonard de Bellême, du droit de présentation à la cure de Boissi-Maugis, en faveur de leur prieuré.*

In nomine Sanctæ et individuæ Trinitatis. Willermus Dei gratia Senonensis archiepiscopus et Apostolicæ Sedis legatus, dilectis filiis R[oulando] priori Sancti Leonardi de Belismo et fratribus ibidem commorantibus in perpetuum.

Dignitatis nobis ex divina dispensatione commisse officium sollicitudinem nostram hortatur et monet, ut non solum jura sua cuilibet illibata conservare, sed et dissentionum et litigiorum materiam de medio studeamus amputare. Ista itaque ratione inducti, vobis, in Christo filii dilecti, et per vos, ecclesie vestre, presentationem sacerdotis in ecclesia de Busseto ad ecclesiam vestram, sicut ex legitimis documentis plenius agnovimus, de jure spectantem, confirmamus et ipsam confirmationem perpetuo valituram sigilli nostri auctoritate roboramus. Statuentes ut nulli omnino liceat contra hanc nostre confirmationis paginam venire, aut quod a nobis rationabiliter permittitur temerario ausu rescindere.

Actum Carnoti in palatio pontificali anno ab incarnacione Domini M° C° LX° IX°.

Huic autem nostre confirmacioni interfuerunt testes quorum nomina annotare duximus : Ernaldus archidiaconus Drocen[sis], Cantor et Abbas Fulcaudus Sancti Johannis de Valeia, Petrus canonicus Carnotensis, Stephanus abbas Sancti Petri Carnotensis, Petrus decanus de Temerais et alii quam plures.

Arch. de l'Orne, H. 2,170. Rouleau coté 3, n° 8.
Bibl. nat., ms. lat. 5,441, t. II. f° 328v°. Copie suivie de ces mots : « Scellé en cire brune sur un cordon rond de soye jaune, dessiné ailleurs. »

N° 153.

Carta Guillelmi de Folleto super quitacione procurasionis de Boissé.

1225. — *Accord entre Guillaume, sire de Feillet, et le couvent de Marmoutier, au sujet d'un droit de « procuration » dans le prieuré de Boissi, et renonciation dudit seigneur à ce prétendu droit.*

Universis presentes litteras inspecturis Guilelmus, dominus Folleti, salutem in Domino. Noveritis universi quod cum inter dilectos in Christo viros religiosos abbatem et conventum Majoris Monasterii, ex una parte, et me, ex altera, fuisset diutius contentio agitata, Abbate Sancti Juliani, officiali, et magistro Richardo, canonico Turonensi, judicibus a Domino Papa electis, super quadam annua procuratione quam petebam in prioratu de Boisse; tandem post multas et longas altercationes cessi liti, concedens, fide prestita corporali, quod nec ego, nec heredes mei, procurationem illam possimus de cetero repetere, nec in prioratu illo, aliquid juris, ratione predicte procurationis, de cetero reclamare. Dicti vero monachi, propter benignitatem quam super hoc exhibui eisdem, mihi quadraginta libras Turonenses liberaliter contulerunt. Quod ut ratum et stabile permaneat in perpetuum presentes littera sigilli mei munimine confirmavi.

Datum anno gratie M° CC° XXV°.

Arch. de l'Orne, H. 2,170. Rouleau coté 3, n° 9.

N° 154.

Carta de Boissé.....

Juin 1225. — *Acte de renonciation par Guillaume, seigneur de Feillet, au droit de procuration par lui prétendu dans le prieuré de Boissi, avec la concession de Jeanne, son épouse, de Mahaut, sa sœur, et de ses frères à la susdite renonciation.*

Universis Christi fidelibus presentes litteras inspecturis Guilelmus, dominus Folieti, salutem in Domino.

Noverint universi presentes pariter et futuri quod cum inter abbatem et conventum Majoris Monasterii, ex una parte, et me, ex alia, fuisset diu contentio coram abbate Sancti Juliani officiali et magistro Richardo, canonico Turonensi, judicibus a DD. Papa delegatis, super quadam annua procuratione, quam dicebam me et antecessores meos habuisse in prioratu de Boissé; tandem, post multas et longas altercationes, publice recognovi me nichil juris debere habere in eadem procuratione; et si forte in ea aliquid juris habebam, illud, pro salute anime mee et animarum antecessorum meorum, omnino quitavi et dimisi in perpetuum dicto prioratui et dictis abbati et conventui, nichil juris retinens, in dicta procuratione, mihi vel heredibus meis in futurum. Quitacionem vero istam fieri voluerunt et etiam benigniter concesserunt Johanna uxor mea, et Matillis, soror mea, et fratres mei Raimbaudus, Vivianus et Gaufridus, qui in dicta procuratione nichil poterunt de cetero reclamare. Quod ut ratum et stabile permaneat in perpetuum, ego, in testimonium quitacionis facte, presentes litteras sigilli mei munimine confirmavi.

Actum anno gratie M° CC° vicesimo quinto, mense Junio.

Arch. de l'Orne, H. 2,176. Rouleau coté 3, n° 10.
Bibl. nat., ms. lat. 5,441, t. II, f° 315. Copie suivie de ces mots : « Scellé en cire brune sur lacs de parchemin. Il y a un double dedit acte scellé du même sceau à cire brune sur un cordon de soye rouge. »

N° 155.

Carta de Boissé de procuratione.

1225. — *Notification par Guillaume, seigneur de Feillet, à l'abbé de Saint-Julien, official et à messire Richard, chanoine de Tours, juges délégués par le Pape, de sa renonciation au droit de procuration dans le prieuré de Boissi.*

Viris venerabilibus et discretis abbati Sancti Juliani, officiali, et Ricardo canonico Turonensi, judicibus a DD. Papa delegatis, Guilermus, dominus Folieti, salutem.

Noveritis quod contentio quedam verteretur coram nobis, inter abbatem et conventum Majoris Monasterii, ex una parte, et me ex alia, super quadam procuratione quam dicebam me et antecessores meos habuisse in prioratu de Boisse; tandem, post multas et longas altercationes, quitavi dictis monachis in perpetuum procurationem dictam, ita quod in ea, nec ego nec heredes mei, in dicto prioratu, super procuratione illa aliquid juris de cetero possimus reclamare. Unde vos supplex exoro quod predictam concordiam velitis in sigillorum vestrorum munimine obfirmare. VALETE.

Arch. de l'Orne, H. 2,170. Rouleau coté 3, n.º 11.

N° 156.

Item carta pro procuratione de Boissé.

Juillet 1225. — *Confirmation par l'abbé de Saint-Julien, official, et messire Richard, chanoine de Tours, de la renonciation précédente.*

Universis Christi fidelibus presentes litteras inspecturis, abbas Sancti Juliani, officialis, et Magister Ricardus, canonicus Turonensis, judices a domino Papa delegati, salutem in vero Salvatore. Noverint universi quod, cum inter dilectos in Christo viros religiosos Abbatem et conventum Majoris Monasterii, ex una parte, et Guilermum, dominum de Folieto, ex alia, super procuratione annua, quam predictus Guilermus in prioratu eorum de Boisse repetebat, coram nobis, auctoritate apostolica, contentio verteretur; nos tandem, ad petitionem predictorum abbatis et conventus et Guillermi, domini de Folieto, quitacionem ab eodem Guillermo ipsis abbate et conventui super dicta procuratione factam, ita videlicet quod nec ipse nec heredes sui aliquid juris, ratione predicte procurationis, in dicto prioratu repetere poterunt de cetero vel habere, presentis scripti annotatione et sigillorum nostrorum appositione, auctoritate premissa, duximus confirmandam.

Datum in festo SS. Petri et Pauli, anno gratie millesimo ducentesimo vicesimo quinto, mense julio.

Arch. de l'Orne, H. 2,170. Rouleau coté 3, n° 12.

N° 157.

1er Janvier 1251 (n. s.). — *Donation au prieur de Bellême par Gautier Bourgouin, chevalier, d'une pièce de terre, sise paroisse de Boissi-Maugis, pour y bâtir un four banal.*

Universis presentes litteras inspecturis Gauterius Borgoing, miles, salutem in omnium Creatore.

Noveritis quod ego perpendens et considerans utilitatem ville de Boisseio-Maugis, quamdam petiam terre sitam prope domum

Draconis de Boisseio, et juxta viam que ducit ad molendinum meum et Guidonis Capreoli, militis, de voluntate et assensu Heloisis, uxoris mee, divine pietatis intuitu puro, ad fabricandum furnum dicte ville et domum super furnum, beato Martino et viris religiosis priori de Belismo et monachis dedi, contuli et concessi in puram et perpetuam elemosinam, habendam quiete et pacifice in perpetuum et tenendam, obligans me et heredes meos ad garantizandum dictam petiam terre contra omnes, obligans me et heredes etiam meos quod in predictis nichil reclamabimus de cetero, nec per aliquem faciemus ab aliquo reclamare. Quod ut ratum et firmum permaneat, et ne in futurum super hoc contentio oriatur, predictis priori de Belismo et monachis presentes litteras sigilli mei munimine tradidi et obfirmavi.

Actum anno Domini M^c CC° L°, primo die Januarii.

Arch. de l'Orne, H. 2,479. Original, parchemin.
Bibl. nat., ms. lat 5,441, t. II, f° 314v°. Extrait suivi de ces mots :
« Etait scellé sur queue de parchemin, le sceau perdu. »

N° 158.

Carta de Boissé de novalibus.

1253. — *Accord entre Guillaume, seigneur de Feillet, et le couvent de Marmoutier, sur le différend soulevé entre eux, relativement à la présence de deux religieux dans le prieuré de Boissi et aux dîmes des novales ; — ledit seigneur renonce à exiger l'envoi des deux religieux et leur abandonne la dîme des novales présentes et futures, avec toute franchise pour acquérir.*

Guilermus, dominus Folicti, miles, salutem in Domino.

Noverit universitas vestra quod cum contentio verteretur inter me, ex una parte, et religiosos viros abbatem et conventum Majoris Monasterii, ex altera, super eo videlicet quod ego proponebam contra ipsos quod ipsi, in prioratu de Boisseio, Carnotensis diecesis, sito in feodo meo, tenebantur ponere et habere duos monachos, qui ibidem Deo deservirent pro animabus predecessorum meorum, qui dictum prioratum fundaverunt, ut dicebam; ad quod non tenebantur dicti abbas et conventus, ut dicebant, raciones multimodas allegando ; — moveretur insuper contencio inter me, ex una parte, et dictos abbatem et conventum, ex altera, super decimis quorumdam novalium, sitorum in parochia de Boisseio, in feodo et dominio meo, quas decimas dicebant dicti abbas et conventus ad ipsos pertinere, quod penitus denegabam ; tandem post multas altercationes, de bonorum virorum consilio, compositum fuit inter me et prefatos abbatem et conventum, ita quod ego promisi, pro me et heredibus meis, quod prefatos abbatem et conventum de cetero non compellam nec compelli faciam ad hoc quod ipsi teneant seu habeant monachos sive monachum in dicto prioratu. Immo ego volui et concessi quod dicti abbas et conventus, de rebus et redditibus dicti prioratus et de ejus prioratus pertinenciis, cum monachis, sive sine monachis, disponant pro sue arbitrio voluntatis, mihi et meis heredibus super hiis perpetuum silentium imponendo.

Preterea ego volui et concessi quod dicti abbas et conventus decimas omnium novalium que facte sunt et que imposterum fient, in dicta parochia de Boisseio, in feodo et in dominio meo, percipiant et habeant de cetero libere et pacifice, sine contradictione aliqua, a me aut heredibus meis imposterum opponenda. Volui insuper et concessi et predictis abbati et conventui plenariam potestatem contuli quod ipsi licite possint adquirere, quoquomodo, in feodo meo, in terris, pratis, vineis, nemoribus, burgenciis, censivis, francis, feodis et in aliis quibuscumque rebus usque ad valorem centum solidorum annui redditus, et quod dicti abbas et conventus ea que adquisiverint teneant et possideant, absque exactione qualibet seculari, sicut Ecclesia consuevit tenere et possidere, contradictione aliqua a me aut heredibus meis imposterum nullatenus opponenda. Recompensatione siquidem omnium predictorum dicti abbas et conventus viginti libras Turonenses mihi dederunt et in pecunia numerata persolverunt. Ego vero, tactis sacrosanctis Evangeliis, juravi quod contra predictam compositionem, aliquo jure seu juris beneficio, non veniam nec venire modo aliquo attemptabo, nec bona dictorum abbatis conventus mobilia seu immobilia aliquatenus usurpabo. Et ad hec omnia et singula promissa tenenda et fideliter observanda, me et heredes meos imperpetuum obligavi. In cujus rei testimonium dictis abbati et conventui dedi presentes litteras sigilli mei munimine confirmatas.

Actum anno gratie M° CC°, quinquagesimo secundo, mense martio.

Arch. de l'Orne, H. 2,170. Rouleau coté 3, n° 14.
Bibl. nat. ms. lat. 5,441, t. II, f° 315 v°. Copie suivie de ces mots :
« Scellé en cire blanche sur lacs de parchemin pareil au précédent. »

N° 159.

Carta Johannis Guiter de Boissé.

Mars 1254 (n. s.). — *Vente par Jean Guiter et Jeanne, sa femme, au prieur de Boissi, pour le prix de 20 livres tournois, de toute leur dîme, sise en la paroisse de Boissi.*

Universis presentes litteras inspecturis Johannes Guiter et Johanna ejus uxor salutem in Domino.

Noveritis quod nos, de assensu et voluntate omnium heredum nostrorum, vendidimus et concessimus priori de Busseio, pro viginti libris Turonensibus, nobis integre persolutis, omnem nostram decimam, quam nos habebamus et percipiebamus in parochia de Boisseio, tenendam et habendam omnem dictam decimam, quocumque loco et quibuscumque terris, campis, vineis nos eam possemus habere, dicto priori et suis successoribus, et domui sue de Boisseio, libere ac quiete ab omnibus serviciis, redevantiis et exactionibus, et in hereditate perpetua pacifice possidendam. Nos vero super sacrosancta Evangelia juravimus quod in dicta decima quam vendidimus, ulla ratione, nichil de cetero reclamabimus, nec faciemus per aliquem reclamare. Immo ad hec garantizandum et tenendum fideliter in perpetuum, predicto priori, ejus successoribus et dicte domui de Busseio, nos et nostros heredes penitus obligamus per presentes litteras quas eidem priori contulimus in sigillorum nostrorum impressionibus roboratas.

Et in favorem et testimonium venditionis facte et confirmationem, ego Nicholaus Guiter, dominus illius feodi, in quo dicta decima sita est, ad petitionem utriusque partis, sigillum meum presentibus litteris apposui. Insuper ad garantizandam venditionem factam et confirmandam, ego Hamericus de Bevreria, miles, de quo dicta decima tenebatur, ad petitionem utriusque partis, sigillum meum presentibus litteris apponere dignum duxi.

Actum anno gratie M° CC° quinquagesimo tertio, mense marcio.

Arch. de l'Orne, H. 2,170. Rouleau coté 3, n° 13.
Bibl. nat., ms. lat. 5,441, t. II, f° 314 v°. Extrait suivi de ces mots :
« *Les 4 sceaux sont perdus.* »

N° 160.

Décembre 1265. — *Donation par Bernard de la Ferté-Bernard et Jeanne, sa femme, de dix arpents dans les bois et les brousses de Crennes, au prieur de Boissi.* — *Transaction relativement aux droits d'usage dans les bois susdits, et les forêts du seigneur de la Ferté.*

Universis..... Bernardus Feritatis Bernardi, miles, et Johanna ejus uxor, salutem in Domino.

Noveritis quod nos, de communi nostro assensu et omnium heredum nostrorum voluntate, dedimus et concessimus priori de Boisseio et suis successoribus decem arpenta nemorum et brocharum de Qrennes, sita juxta arpenta Guillermi Leber, que tenet Guillermus Foisele, et affrontant terre Fouquardi Le Lou, sicut se proportant directe versus la Fontenele ; predicta decem arpenta totaliter et integre, sicut se possident et sicut ab omnibus partibus dividuntur et metantur, tenenda et habenda dicto priori et prioratui de Boisseio et suis successoribus libere et quiete ab omnibus ad nos et nostros heredes, et ad quoscunque alios quocunque modo pertinentibus, et jure hereditario perhenniter et pacifice possidenda.

Nos quidem et nostri heredes dicta decem arpenta, cum omnibus pertinenciis suis, sive edificiis, tenemur deliberare de omnibus predicto priori et suis successoribus imperpetuum et garandizare, et defendere contra omnes, omne jus et dominium, proprietatem et possessionem, que omnia in dictis arpentis habebamus et habere poteramus, quacumque ratione sive causa, quitantes, dimittentes et in ipsum priorem et suos successores penitus transferentes.

Preterea cum contentio verteretur inter nos, ex una parte, et milites et armigeros et vavassores, qui petebant usagium in dictis nemoribus et brochis, de prudentium virorum consilio inter nos fuit fedus pacis taliter ordinatum, videlicet : quod ipsi quitaverunt nobis dicta nemora et brochas, et centum arpenta, in quibus nullus amodo poterit habere aliquod usagium ; et nos, pro quitatione illa, secundum qualitatem et quantitatem juris cu[jusque], dedimus ipsis de dictis brochis et nemoribus, per arpenta prout melius, utilius et propinquius cuique vidimus expedire, et pariter concessimus ipsis ut ipsi et eorum homines et animalia suum usagium habeant, prout in litteris, quas de nobis habent, plenius continentur, in dictis nemoribus et in brochis, preter in sex generibus arborum que nobis et nostris heredibus proprie retinemus, scilicet : Le chêne, le tremble, la coudre, le pomer et le perer.

Nos quidem predicti Bernardus et Johanna dedimus et concessimus dicto priori de Boisseio et suis successoribus, et eorum hominibus, de herede in heredem, dictum usagium habendum imperpetuum in dictis nemoribus et in brochis, et animalibus eorumdem, exceptis tamen et retentis et nostris heredibus sex generibus arborum supradictorum, et exceptis Le Tailleiz, per quinquennium, sicut aliis usageriis est concessum et in ipsorum litteris continetur : quod usagium et predicta decem arpenta nemorum et brocharum nos et nostri heredes tenemur deliberare et garandizare, et defendere imperpetuam elemosinam contra omnes, sine ulla redibitione alicui facienda.

Ad hec autem omnia supradicta tenenda firmiter imperpetuum et fideliter garandizanda et observanda, prefato priori de Boisseio et suis successoribus et hominibus, ego, predictus Bernardus, et ego, Johanna ejus uxor, obligamus nos et nostros heredes per presentes litteras, quas eidem priori contulimus in sigillorum nostrorum munimine reboratas.

Actum anno gratie M° CC° LX^mo quinto, mense decembris.

Arch. de l'Orne, H. 2,479. Charte originale en parchemin. Les deux sceaux sont perdus.

N° 161.

Décembre 1271. — *Vente à Etienne de Boissi par Colin Lepelletier et Marie, sa femme, des fruits et provenances d'une pièce de terre, sise au Val de l'Espardeille, pour la somme de quarante sols tournois, pendant une période de vingt années.*

Universis..... Colinus le Pelletier et Maria ejus uxor salutem in Domino.

Noveritis quad nos vendidimus Stephano de Boisseio, pro quadraginta solidis turonensibus, quos integre habuimus et de quibus nos tenemus pro pagatis, fructus et proventus cujusdam nostre petie terre et cujusdam nostre pasture, quos nos tene— — de Boisseio, que petia terre sita est apud Vallem de L'Esp— .eille, juxta terram dicti Stephani, et dicta pastura est in riveria de Boisseio et abotat pasture dicti Stephani, ex una parte, et pasture Salomonis de Rael, ex altera; vendidimus ita dictos fructus et levaciones dicte petie terre et dicte pasture habendos et percipiendos predicto Stephano et ejus uxori, ac eorum mandato, libere et quiete et pacifice possidendos usque ad viginti annos proximo venturos, continuo subsequentes.

Nos quidem et nostri heredes dictos fructus et levaciones dicte terre et dicte pasture, et dictam terram et dictam pasturam tenemur deliberare de omnibus predicto Stephano et suo mandato, in dicto termino, et garantire, et defendere contra omnes, salvo redditu et serviciis dominorum, neque ipsum Stephanum ratione hujus convencionis poterimus trahere in causam coram aliquo judice ecclesiastico vel civili, propter quod quisque nostrum in manu dicti Stephani fidem prestitit corporalem, renunciantes in hoc facto omni exceptioni omnique juri et auxilio juris, tam canonici quam civilis, omnique privilegio dato seu daturo, et omnibus rebus per quas posset ista conventio revocari seu in aliquo perturbari. Ad quod tenendum firmiter, in dicto termino dictorum viginti annorum, predicto Stephano et suo mandato ego, predictus Colinus et ego, Maria ejus uxor, obligamus nos et nostros heredes per presentes litteras, quas eidem Stephano contulimus in sigillis nostris sigillatas.

Datum anno Domini M° CC° LXX^mo primo, mense decembris.

Arch. de l'Orne, H. 2,480. Charte originale en parchemin. Les deux sceaux sont perdus.

N° 162.

Décembre 1271. — *Vente à Etienne de Boissi par Colin Lepelletier et Marie, sa femme, d'une pièce de terre, sise au Val de l'Espardeille, et d'autres propriétés sises le long de la rivière de Boissi, pour la somme de six livres tournois.*

Universis..... Colinus Le Pelletier et Maria ejus uxor salutem in Domino.

Noveritis quod nos, de communi nostro assensu et omnium heredum nostrorum voluntate, vendidimus et concessimus Stephano de Boisseio, pro sex libris turonensibus, quas integre habuimus et recepimus in denariis numeratis, de quibus nos tenemus pro pagatis, hec que sequuntur, scilicet : Unam peciam terre sitam in valle de L'Espardreille, juxta terram dicti Stephani et juxta cheminum per quod itur de Mesoncellis ad Boisseium, et pariter quicquid nos habebamus in ripparia de Boisseio, in terra et prato, et pastura, et rebus, inter terram Salomonis de Rael ab utroque latere, et abotat dicte terre et terre dicti Stephani, et pariter quamdam domum cum omnibus pertinenciis suis, quam nos habebamus sitam in villa de Boisseio inter domum Textoris et domum defuncti Droardi, in feodo prioris de Boisseio ; vendidimus hec omnia supradicta totaliter et integre, sicut se possident, in quibuscumque locis et in quibuscumque rebus, tenenda et habenda dicto Stephano et sue uxori, ac eorum heredibus, libere et quiete, et, jure emptionis sue, hereditarie et perhenniter pacifice possidenda, salvis serviciis feodalium dominorum....

Actum anno Domini M° CC° LXX°° primo, mense decembris.

Arch. de l'Orne, H. 2,480. Original, parchemin, les deux sceaux sont perdus.

N° 163.

Mai 1278. — *Vente à Michel de Bissou, par Colin surnommé Guerrier, d'une maison et deux pièces de terre, sises à Boissi, dans la censive du prieur de Bellême, pour la somme de cinquante sols tournois.*

Universis. ... Colinus dictus Guerrer salutem in Domino.

Noveritis qued ego, de assensu et voluntate heredum meorum vendidi et concessi Michaeli de Biscel, pro quinquaginta solidis turonensibus, quos integre habui et de quibus me teneo pro pagato, quamdam domum et duas petias terre, quinque minodos

terre in semine continentes, que domus et que terra sunt in feodo
et censiva prioris de Belismo, scilicet : dicta domus sita est in
villa de Boissiaco, inter grangiam Stephani de Boissiaco et domum
defuncti Andree Vairon, et una mina dicte terre semence sita
est juxta fontem *qui ne dort*, inter terram Garini Chevroul et
terram Stephani de Mesoncelles, et tres minodi terre semence
sunt in clauso defuncti Garrini Borgoing quondam militis, inter
terram Stephani de Boissiaco et terram Garini Chevroul. Vendidi
ita dictam censivam, et dictam domum, et dictas duas petias terre
totaliter et integre sicut se possident, tenendas et habendas dicto
Michaeli et suis heredibus quite et libere et, jure empcionis sue,
hereditarie et perhenniter pacifice possidendas, salvis serviciis
feodalium dominorum... .

Actum anno gratie M° CC° LXX^{mo} octavo, mense maio.

Arch. de l'Orne, H. 2,480. Original, parchemin, sceau perdu.

N° 164.

Mai 1279. — *Donation à Saint-Martin-du-Vieux-Bellême, par
Etienne Guiter, clerc, frère condonné, d'une dime à Boissi,
dans le fief d'Hémeri de la Beuvrière; — d'un pré sis sur la
rivière de Boissi, dans le fief d'Hugues de Cumont; — de ses
biens et acquêts, et de la moitié de ses biens meubles, après sa
mort.*

Universis..... Stephanus dictus Guiter, clericus, salutem in
Domino.

Noveritis quod ego, diligenter inspecta utilitate communi tam
corporis quam anime, priori ecclesie Sancti Martini de Veteri
Belismo et monachis ejusdem loci, qui me benigne et pietatis
intuitu receperunt in fratrem suum et donatum sue domus, et
associatum in bonis suis spiritualibus et temporalibus, donavi, in
puram et perpetuam elemosinam, omnem meam decimam quam
ego habebam in parochia de Boisseio Maugis, in feodo Hemerici
de Beureria militis, et quoddam pratum meum quod ego habebam
in eadem parochia, in ripparia de Boisseio, in feodo Hugonis de
Cumont armigeri, dictam decimam et dictum pratum totaliter et
integre, sicut se possident, tenenda et habenda, et percipienda
ipsis monachis et eorumdem successoribus quite et libere in perpetua elemosina perhenniter pacifice possidenda.

Donavi eciam et concessi ipsis priori et monachis in puram et
perpetuam elemosinam omnem meam hereditatem in quibuscumque rebus et locis sit, et pariter omnes empciones et adquisi-
tiones quas ego faciam et adquiram in vita mea, post decessum

meum habendas et percipiendas ipsis priori et monachis, medietatem omnium mobilium et bonorum meorum, ubicumque sint, habenda et percipienda statim post decessum meum ipsis priori et monachis, quite et libere, sine aliquo contradicto. Ego quidem, dictus Stephanus, promisi bona fide et me astrinxi, per fidem quam prestivi corporalem, quod elemosinacionem istam et concessionem istam tenebo fideliter in dicta forma, et quod donum istud nullatenus revocabo, neque revocari de cetero atemptabo. Immo ad hec omnia et singula supradicta tenenda firmiter et fideliter observanda in dicta forma, predictis priori et monachis, ac eorumdem successoribus ego, predictus Stephanus, clericus, obligo me et meos heredes, et bona mea universa mobilia et immobilia, presencia et futura, ubicumque sint, per presentes litteras quas eisdem priori et monachis contuli in sigillo meo sigillatas.

Actum anno Domini M° CC° LXX^{mo} nono, mense maii.

Arch. de l'Orne, H. 2,480. Original, parchemin, sceau perdu.

N° 165.

Février 1281 (n. st.). — *Vente à Guillaume du Bois, pour le prix de 50 livres, par Pierre Bourgouin, de tout l'héritage qu'il avait à Boissi-Maugis.*

Universis..... Petrus dictus Borgoing, salutem in Domino.

Noveritis quod ego, de assensu et voluntate omnium heredum meorum, vendidi et concessi Guillelmo de Buxo, clerico, pro quinquaginta libris turonensibus, quas integre habui, recepi, et de quibus me teneo pro pagato, illam hereditatem quam ego habebam juxta villam de Boisseio Maugis, sitam inter cheminum per quod itur de villa de Boisseio ad herbergamentum Guillermi Borgoing, armigeri, ex una parte, et herbergamentum prioratus de Boisseio ex altera, et abotat superius vince Guillermi Borgoing et terre et sepibus Garini Chevroul, armigeri, et inferius chemino per quod itur de villa de Boisseio ad pomeretum, quod est juxta crucem buxatam de Boisseio. Vendidi ita omnem dictam hereditatem, sitam in dicto loco, totaliter et integre sicut se possidet, cum domo, terra, arboribus et rebus aliis, tenendam et habendam dicto Guillermo, clerico, et suis heredibus, vel mandato, quite et libere ab omnibus ad me et meos heredes, et ad quoscumque alios quocunque modo pertinentibus, et jure empcionis sue hereditarie et perhenniter pacifice possidendam.....

Quibus litteris nos, baylivus domini Comitis de Alenchon, ad peticionem parcium, sigillum baylivie domini Comitis apposuimus, salvo jure domini comitis, ad majorem confirmacionem et testimonium omnium predictorum.

Actum anno Domini m° cc° octogesimo, mense februarii.

Arch de l'Orne, H. 2,480. Original, parchemin, sceaux perdus.

N° 166.

Carta de Boisse de monachis de Tyron.

1149-1155. — *Confirmation par Gosselin, évêque de Chartres, de l'accord intervenu entre les moines de Marmoutier et ceux de Tiron, relativement aux dimes et au droit de patronage de l'église de Saint-Laurent de Gâtine.*

Unica fere custodia memorie est littera que post decursum longe acti temporis cursum, sub oculis ponit compositionum seriem ac si recenter condita fuissent. Eo intuitu ego Goslenus, Dei gratia Carnotensis episcopus, per litteram memorie volui mandari monachos de Majori Monasterio et monachos Tyronenses contendisse super decimis et parochiali jure cujusdam loci cui nomem Sanctus Laurencius de Gastina; quorum alii monachi scilicet Majoris Monasterii asserebant ea sibi de jure deberi, quia ab antiquo, quia et prius illa habuerant. E diverso, monachi Tyronenses eorum obviare tentabant asercioni, dicentes quod diu et per annos triginta, vel eo amplius, sine reclamatione et omni cessante calumpnia ea possiderant. Tandem vero, communi utriusque partis assensu, contentio hec in nostra sopita est presentia, et res ad sedatum traducta finem compositionem sortita est in hunc modum : Memorati monachi Tyronenses proprias domos et quidquid infra earum ambitum fuerit contentum obtinebunt ab omni consuetudine immunes, nec sua familia jus persolvet parochiale, nec propria pecora, decimale. Ceterum cetere omnes decime forenses inter hos et eos monachos dividentur communes, salvo tamen tenore apostolici privilegii quod monachi Tyronenses se habere dicunt ne debeant dare decimas super hujusmodi. Porro si aliqui sint incole jam dicti loci, preter familiam Tyronensium monachorum, ecclesia de Busseio ab eis recipiet jura parochialia, sine participatione, propria. Ut autem hujus compositionis tenor de robusto fieret robustior, presentem paginam nostri munimine sigilli communivimus.

(Sans date.)

Arch. de l'Orne, H. 2,170. Rouleau coté 9, n° 15.

Gosselin de Lèves fut élu évêque de Chartres en 1149; il mourut le 3 février 1155. Je déroge à l'ordre chronologique pour joindre cette charte à la suivante. Elles ont le même objet et se complètent l'une l'autre.

N° 167.

1284. — *Sentence de Simon, évêque de Chartres, nommant un arbitre entre l'abbé et les religieux de Tyron, d'une part, et le prieur de Bellême de l'autre, relativement à la perception des dimes de Saint-Laurent-de-Gâtine, en la paroisse de Boissi.*

Universis.... Symon, miseratione divina Carnotensis episcopus, salutem in Domino.

Noveritis quod cum inter religiosos viros abbatem et conventum monachorum de Tyronio, ex una parte, et priorem et prioratum de Belismo, ex altera, contencio verteretur super perceptione decimarum forensium cujusdam loci, cui nomen est Sanctus Laurencius de Gastina, siti in parochia de Buxeto, quas decimas dicti abbas et conventus asserebant esse communes inter ipsos et predictum priorem de Belismo, et de possessione quarum, quantum pertinebat ad medietatem ad se et monachos suos spectantem, dicebant se per dictum priorem violenter contra justiciam spoliatos extitisse : tandem dicte parte coram nobis constitute, pro bono pacis, super dicta contencione compromiserunt in venerabilem virum magistrum Raginaldum Mesgret, canonicum Cenomanensem, tanquam in arbitrum seu amicabilem compositorem seu ordinatorem, volentes et concedentes quod dictus magister, simpliciter et de plano et absque figura judicii, de dicta contencione et de jure utriusque partis, tam super proprietate quam super possessione, cognoscat et audiat raciones utriusque partis, tam facti quam juris, et privilegia earum inspiciat, composiciones et cetera munimenta et instrumenta videat, et probationes hinc inde recipiat, et omnibus rationibus utriusque partis, tam juris quam facti, auditis, privilegiis, composicionibus, instrumentis et munimentis, et probationibus hinc inde receptis et inspectis, dictam contencionem, tam super proprietate quam super possessione, pace vel judicio terminet, de alto et basso, et eidem finem imponat, prout viderit faciendum.

Et promiserunt dicte partes se tenere et inviolabiliter observare quicquid dictus magister super dicta contencione, tam super proprietate quam super possessione, et alto et basso, ordinandum duxerit seu et statuendum. Et habito partis utriusque [consensu] (1), et adhibito consensu venerabilis patris Abbatis et conventus Majoris Monasterii Turonensis, dicte partes teneantur [ratihabere] et servare compromissum hujusmodi pena vel alio vinculo, prout dicto magistro Raginaldo visum fuerit expedire.

(1) Le parchemin est troué à cette place et quelques mots ont disparu.

In cujus rei testimonium et munimen presentibus litteris sigillum nostrum duximus apponendum.

Datum anno Domini millesimo cc° octogesimo quarto, die dominica post festum sancti Martini estivalis.

Ita actum et concessum est a dictis partibus quod dictus magister R[aginaldus] decimas istius anni, de quibus est contencio, in manu sua habeat et teneat. Datum ut supra.

Arch. de l'Orne, H. 2,480. Original, parchemin, sceau perdu.

Chemilli.

N° 168.

Mai 1265. — *Vente par Gervais Calabre à Giraud Leclousier de prés, sis à Chemilli, sur le ruisseau de Torgearnesse, pour le prix de quarante-six livres et demie et neuf deniers.*

Omnibus presentes litteras inspecturis Gervasius Kalabre, armiger, salutem in Domino.

Noverint universi quod ego, de voluntate Juliane uxoris mee et omnium heredum meorum vendidi et concessi Giraldo Leclousier et Alessie uxori ejus, pro quadraginta et sex libris et dimidium turonensibus, et novem denariis turonensibus, de quibus michi plenarie satisfecerunt, in pecunia numerata, prata omnia tota et integra, sita in parochia de Chemilleio, in riparia de Torgearresse, in feodo domini de Clinchampo; et sunt juncta, ex una parte, docto de Torgearnesse, et ex altera, terre monachorum de Chemilleio, et albotant se, a parte superiori, prato defuncti Griliu, et a parte inferiori, prato defuncti Guillelmi Pigace; dicta prata tenenda eidem Giraldo et Alessie ejus uxori, et eorum heredibus libere, quiete, pacifice et jure hereditario in perpetuum possidenda, sine contradicione aliqua a me vel heredibus meis, vel Juliana uxore mea de cetero facienda, reddendo dominis feodalibus universa servicia et auxilia que super dictis pratis evenerint....

In cujus rei testimonium et munimen tradidi eidem Giraldo et Alessie ejus uxori et eorum heredibus presentes litteras sigilli mei munimine confirmatas, per quas obligo me et heredes meos ad omnia predicta fideliter et firmiter observanda, et contra omnes, prout superius dictum est defendenda. Et Juliana uxor mea, ne ipsa contra predicta de cetero posset venire, presentibus litteris sigillum suum apposuit in omnium predictorum testimonium et munimen.

Actum anno Domini M° cc° sexagesimo quinto, mense maii.

Arch. de l'Orne, H. 2,188. Original, parchemin, sceaux perdus.

Colonard.

(Saint-Maurice-sur-Huisne. — Saint-Quentin-le-Petit.)

N° 169.

1092-1117. — *Charte-notice des donations faites à Marmoutier par Gontier, fils de Beraud, à l'occasion de son entrée en religion, de l'église de Saint-Maurice-sur-Huisne, de la tierce partie des dîmes de la paroisse, de la dîme des moulins et de toute la dîme qu'il avait sur le village dit : Ouvre-l'œil, de la moitié de l'église de Colonard avec toute la dîme de sa terre, de la moitié de l'église de Saint-Quentin, dont l'autre moitié avait été donnée précédemment par Foulques de Colonard, avec la concession de Hémery* (1), *son seigneur; — de la donation par Lambert, de Colonard, de la dîme de sa terre, avec concession de Foulques, son seigneur, et de Jean, fils de Lambert; — de la donation faite par Landri, dans la même paroisse, de la dîme de sa terre; — de la donation, par Téhard, dans la même paroisse, de la dîme d'une mesure de terre; — de la donation par Foucher, dans la paroisse de Saint-Quentin, de la dîme de sa terre.*

Notum sit omnibus tam presentibus quam futuris, quod domnus Gunterius filius Beraldi, quando venit ad monasticum ordinem, dedit nobis, monachis videlicet Monasterii Majoris ecclesiam de Ivrecio cum omnibus que circa ecclesiam sunt, et cum prato, et tertiam partem decime de tota parrechia, et decimam molendinorum, et totam decimam quam habebat apud villam que dicitur Aperi-Oculum. Dedit nobis preterea mediam partem ecclesie de Curte-Leonardi cum cimiterio et decimam totam de terra sua. Hanc donationem fecit ante domnum Gulferum, domno Arduino et Ramaldo (2) monachis, et hoc auctorizavit ipse Gulferus et Haimericus frater ejus, et Normannus atque Paganus filius ipsius Gunterii.

(1) Ce seigneur nommé Hémery et son frère Goufier dont il est question dans la même charte appartenaient sans aucun doute à la puissante famille de Villeray, dont les membres ont souvent porté ces deux prénoms assez peu répandus, car la charte suivante qui n'est qu'un renouvellement de la présente donation est approuvée par Goufier, fils d'Hémeri de Condeau, et le château de Villeray se trouve sur la paroisse et non loin de l'église de Condeau.

(2. Hardouin et Renaud, moines, sont également cités comme témoins dans la charte de Gautier, fils de Vivien, de la donation de la moitié de l'église de Boissi.

Postea dedit nobis etiam dimidiam partem ecclesie Sancti-Quintini et cimiterii et olcharum. Alteram vero dimidiam partem dedit nobis Fulco de Curte Leonardi et decimam de [terra] quam habebat in parochia ipsa, et terram propriam quam habebat juxta ecclesiam cum prato; et inde habuit decem solidos de Cenomannis. Dedit nobis etiam ipse Fulco alteram dimidiam partem ecclesie de Curte-Leonardi cum cimiterio et quidquid in ea habebat Monachi vero et domnus Stephanus, Harduinus et Raginaldus dederunt ei pro caritate xxx solidos de Cenomannis.

Hoc donum auctorizavit Haimericus, de cujus fero erat, et habuit inde duos solidos; et viderunt et audierunt Theodericus de Roceto, Willelmus de Brueria, Isembertus de Sancto-Martino, Harduinus de Roceto et alii quam plures.

In ipsa autem parrochia, dedit nobis Lambertus, de Curte Leonardi decimam de terra sua, et Fulco, de cujus fevo erat, auctorizavit, et Johannes, filius ipsius Lamberti, qui habuit inde duos solidos. — Landricus vero dedit nobis decimam de terra sua in ipsa parochia et hoc vidit Normannus et Gunfredus, et Gaufridus gener ejus, Gauterius frater [David?] de Buxedo. — In eadem similiter parochia, dedit nobis Tehardus decimam de una mensura terre Gunterii que est ultra fluviolum. — In parochia Sancti Quintini dedit nobis Fulcherius decimam de terra sua, Odone vidente. — Bernardus similiter de terra sua decimam, et hoc vidit Normannus filius Gunterii.

Arch. de l'Orne, H. 2,208. Parchemin de l'époque.

N° 170.

1092-1117. — Charte-notice de la restitution à Marmoutier de l'église de Colonard qui avait été abandonnée pendant quelque temps à cause des guerres.

Notum sit omnibus quod ecclesiam de Corte Loenardi integre totam, cum omnibus pertinentibus ad eam, donaverunt quondam Gunterius et Fulco sancto Martino et nobis sui Majoris Monasterii monachis. Quam cum aliquanto tempore obtinuissemus, et propter guerram nimiam aliquanto rursus tempore dimisissemus, illi resumpserunt eam et tenuerunt diutius, usquequo, Fulcone jam mortuo, cum esset in obedientia de castro Bellissimo quidam frater noster, nomine Rodulfus, per manum ipsius suam partem, hoc est medietatem de illa ecclesia, reddidit nobis Gunterius, totam scilicet integram sicut donaverat prius, excepto quodam viridario, in atrio ipsius ecclesie, posteaquam eam dimiseramus plantato. Quam redditionem sive anteriorem donationem actorizavit Gulferius filius Americi de Condehel, et filius ipsius Gunterii nomine Normannus.

Testes horum : Ipse Gulferius, Hugo frater ejus, Gaufredus frater ejus, Johannes decanus, Gauclinus clericus, Girardus de Diva, Normannus Boslenus, Teduinus homo Guidonis de Jailla, Gualterius Malfedus.

Sans date.

Au dos on lit ce titre en écriture du temps : « De Dono Gonterii et Fulconis Cenom[anensis]. ✝ Belismum.

Arch. de l'Orne, H. 2,492. Original, parchemin.

N° 171.

1092-1127. — *Charte-notice de l'abandon fait par Foulques de Colonard, à Marmoutier de dimes qu'il réclamait dans la paroisse de Colonard, où il avait donné la moitié de l'église.*

Notum sit quod Fulco de Curte-Leonardi, qui medietatem ecclesie de Curte-Leonardi dedit nobis, monachis scilicet Majoris Monasterii, recognoscens quod injuste detineret decimam que ad ipsam parrochiam pertinet, dimisit eam nobis ex toto, pro anima patris sui et pro remedio anime sue.

Cujus rei donum posuit ipse Fulco propria manu super altare Sancti-Leonardi, presente domno Rainaldo monacho nostro, necnon videntibus et audientibus Radulfo ejus preposito de Sinisval, et Gauffrido preposito de Curte-Leonardi, Fromundo Crochello, Normanno filio Gunterii, Gunfredo, Rainboldo et Harduino famulis.

Arch. de l'Orne, H. 2,208. Parchemin de l'époque.

N° 172.

Vers 1117. — *Charte-notice de la confirmation faite à Marmoutier par Hubert, fils de Normand, de Colonard, des donations faites par son aïeul et son père, à savoir : l'église de Saint-Maurice-sur-Huisne, la moitié de l'église de Colonard, la moitié de l'église de Saint-Quentin, en reconnaissance de quoi Guillaume, prieur de Bellême, lui donne quinze sols Dunois.*

Modernis viventibus atque futuris notificetur quod Hubertus Normanni filius, de Curte-Leonardi, pro anime sue parentumque remedio, omnia que genitor et ejus antecessor beato Martino monachisque Majoris Monasterii sibi famulantibus impenderant, annuente Deo et ipse concessit, videlicet ecclesiam de Ivrecio, cum decima cujusdam molendini et prato [terris] que ad eamdem ecclesiam pertinentibus; necnon dimidiam ecclesiam de Curte-Leonardi, et dimidiam Sancti-Quintini, cum decimis et pratis et terris que ad ipsas ecclesias pertinent.

Pro qua tamen concessione Willelmus (1), tum in prioratu Belismensi existens, xv solidos Dunenses, illi largitus est. Cui rei videntes et audientes affuerunt ex parte Huberti : Ipse Hubertus, Johannes presbiter de Curte-Leonardi, Gaufredus Braconarius, Albricus sacerdos de Ivrecio — Ex parte monachorum : Frogerius presbiter, Theodericus prepositus de Sancto-Martino, Lambertus molendinarius, Morandus et Herbertus de Curteol, Haimericus Butenvillem et alii quamplures.

Arch. de l'Orne. H. 2,208 Parchemin de l'époque.

N° 173.

Vers 1117. — *Charte-notice de la concession faite à Marmoutier par Eudes, fils de Landri, de la dime de la terre Colonard, qu'avait donnée son père.*

Noscant futuri per cartam quod videndo cognoverunt presentes.

Odo itaque, Landrici filius, beato Martino Majoris Monasterii ejusque monachis totam decimam de terra quam habet in parœchia de Curte-Leonardi, sicut predictus pater dederat concessit. Willelmus vero, tunc prior ipso die xii denarios dedit ei. Quod viderunt isti : Gerbodus de Sancto Martino, Guillelmus Deauratus, Durandus filius Harduini et alii plures.

Arch. de l'Orne, H. 2,208. Parchemin de l'époque.

N° 174.

Vers 1117. — *Notice de l'accord passé entre les moines de Bellême et Roger, fils de Téhard, relativement aux dimes de Colonard, avec la concession d'Hildiarde, mère de Roger, du temps du prieur Bernard ; — d'un autre accord passé avec Hubert, fils de Jean le Chevalier, au sujet d'une dîme, en la même paroisse, du temps du prieur Guillaume.*

Presentibus atque futuris notum fieri volumus quod Rogerius, Theardi filius, post mortem patris sui, calumpniavit monachis Sancti Martini decimam quam predictus Tehardus illis dederat in parochia de Curte-Leonardi. Monachi vero, Bernardus, tunc prior, et alii requirentes decimam, quam pacifice possederant, concor-

---

(1) Guillaume était prieur de Bellême en l'année 1117.

diam cum predicto Rogerio, datis illi a monachis quinque solidis Dunensis monete, fecerunt. Mater quoque Rogerii, consilio illius, rursus predictam decimam calumpniavit. Willelmus vero tunc prior, Hildiardi, matri Rogerii, quinque solidos Dunensis monete pro concessu predicte decime donavit.

Hildiardis autem atque Rogerius ejus filius, vidente Haimerico de Ivreceio, Guidone de Menierrico, Ernaudo de Salceio, Guidone de Soliaco, Morando de Curceio, Herberto Asinario, predictam decimam concesserunt.

Hubertus quoque, filius Johannis, cognomento Militis, post mortem patris sui, Beato Martino ejusque monachis, in predicta parochia, quamdam decimam quam antecessores ipsius dederant, concessit. Willelmus autem, tunc prior, de caritate Beati Martini, unum sextarium frumenti pro hoc auctoramento predicto Huberto donavit.

Quod viderunt et audierunt Hugo de Blanze, Garinus avunculus Huberti, Gaufridus de Curte Leonardi, Johannes sacerdos et alii plures.

Arch. de l'Orne. H. 2,208. Parchemin de l'époque.

N° 175.

Carta Fulconis de Curte Leonardi de quadam vinea.

Vers 1170. — *Charte de la donation faite par Foulques de Colonard, à l'église de Saint-Léonard de Bellême d'une vigne nommée la Vigne-de-Saint-Pierre.*

Considerantes quam fragilis sit vita mortalium, quam labilis memoria modernorum, necessarium esse comprobamus scripto commendari quod sempiterna notione volumus retinere. Fiat igitur manifestum universis nostre posteritatis et sancte Ecclesie filiis quod Fulco de Curte Leonardi ecclesie S^{ti} Leonardi de Belismo et monachis Majoris Monasterii servitio ejusdem ecclesie dicatis vineam de S^{to} Petro pro peccatorum indulgentia in perpetuam donavit elemosinam; inde tamen viginti libris Andegavorum a Rollande priore predicte ecclesie acceptis in caritate. Hujus vero donationis statum fidei assercione et juramenti attestacione, uxore sua et filiis ceterisque parentibus unanimiter concedentibus, Fulco predictus confirmavit et etiam in manu Frogeri Sagiensis episcopi eamdem donationem misit, et eam ipse episcopus nobis concessit. Rotrodus comes Perticii, eciam huic facto benignum prebens assensum, sigilli sui attestacione ut ratum et stabile in perpetuum maneret confirmari ac muniri fecit.

His astantibus : Garino senescallo, Haimerico de Vilereio, Enjorrando de Noceio, Hugone de Praes, Pagano Baudoin, Hamerico de Aunepercei, Galerando de Pin, Gervasio de Lonnei, Hugone de Lonnei et multis aliis (1).

Arch. de l'Orne, H. 2,154 et 2,170. Rouleau coté 3, n° 35. Charte notice, parchemin, belle écriture gothique.

Au dos : « Carta Fulconis de Curte Leonardi XXVIII », en écriture gothique cursive ; et en écriture du XIIIe siècle : « Charte de Rotrou, comte du Perche, confirmative de la donation faite par Foulques, de Colonard, à l'église de Saint-Léonard de Bellême et aux religieux de Marmoutier, d'une vigne nommée la Vigne-de-Saint-Pierre. Vers 1170. »

Bibl. nat., ms. lat. 5,441, t. II, f° 308 v°. Copie suivie de ces mots : « Scellé en cire brune sur lacs de cuir. »

Le sceau équestre de Rotrou, comte du Perche, dessiné au bas de cette charte, a été reproduit dans le *Cartulaire des Clairets* par M. le vicomte de Souancé, et dans le *Cartulaire de Saint-Denis de Nogent-le-Rotrou* par l'abbé Ch. Métais, p. 179.

N° 176.

Carta de Colunnart super tractu decime et straminibus.

1157-1184. — *Charte de Froger, évêque de Sées, confirmant l'accord intervenu entre le prieur et les moines de Bellême et Foulques, prêtre de Colonard, au sujet d'un trait de dîme et de quelques revenus de l'église.*

Frogerus, Dei gratia Sagiensis episcopus, omnibus ad quos iste littere pervenerint salutem.

Innotescat universitati vestre quod controversia que agitabatur inter priorem et monachos Belismenses et Fulconem, presbyterum de Colunnart, super tractu et straminibus decimarum ecclesie de Colunnart et super quibusdam redditibus, quos prior et monachi in eadem ecclesia percipiebant, in presentia nostra terminata est ita quod prior et monachi totum tractum earumdem decimarum de cetero habebunt et duas partes decimarum et straminum ; et de aliis redditibus ipsius ecclesie prefatus Fulco XVIII solidos Dunensis monete eisdem priori et monachis annuatim persolvet. Ut autem hec in futuris temporibus robur obtineant auctoritate sigilli nostri ea communivimus. Testes : Johannes archidiaconus Oximensis, Thomas de Sancto Paulo, Radulphus de Menilglais, Petrus de Cortiel, Lancelinus de Ygeio, Fredericus Hugo, capellanus, Geron[imus] de Lunro Brient.

Arch. de l'Orne, H. 2,170. Rouleau coté 3, n° 39.

(1) On avait écrit primitivement « Lonreio » et « Lonrei ». L'r de chacun de ces mots a été remplacé par un n. La surcharge est très visible et semble ancienne.

N° 177.

Carta de Colunnart Garini Fontaine et Ermeniardis uxoris de quibusdam decimis.

Novembre 1250. — *Vente par Guérin Fontaine au prieur et aux moines de Saint-Léonard de Bellême, pour soixante sols, de certaines dîmes qu'ils avaient en la paroisse de Colonard.*

Universis..... Garinus Fontaine et Ermeniardis ejus uxor salutem in Domino.

Noveritis quod nos de assensu et voluntate Gelani filii nostri primogeniti et omnium heredum seu liberorum nostrorum, priori et monachis Sancti Leonardi de Belismo quasdam decimas, quas in parochia de Colunnart habebamus annuatim et percipiebamus, pro sexaginta solidis usualis monete, de quibus nos tenemus penitus pro pagatis, vendidimus, tradidimus et concessimus dictas decimas dictis priori et monachis de Belismo, quiete et pacifice possidendas et habendas in perpetuum et tenendas : juramento a nobis et nostris liberis prestito corporali quod nichil in predictis decimis de cetero reclamabimus neque faciemus per aliquem aliquid reclamare. Obligamus autem nos et hereditatem nostram et heredes nostros ad garantizandum et defendendum dictas decimas dictis priori et monachis de Belismo contra omnes. In cujus rei testimonium presentes litteras sigillorum nostrorum munimine predictis priori et monachis Sancti Leonardi de Belismo tradidimus roboratas.

Datum anno Domini M° CC° quinquagesimo, die dominica proxima ante festum beati Andree apostoli.

Arch. de l'Orne, H. 2,170. Rouleau coté 3, n° 10.

N° 178.

Mai 1257. — *Cession par Bourgine Thahur à Michel Thahur, son neveu, à ses frères et sœur, pour huit sols de rente annuelle, de tous les droits qui lui pouvaient échoir dans l'héritage acheté par feu Robert Thahur et feu Geoffroi Thahur, frères.*

Noverint universi presentes litteras inspecturi quod ego Burgina, dicta La Thahure, quictavi et dimisi Mychaeli Thahur, nepoti meo, et fratribus ejus, et sorori eorum, et eorum heredibus, jure hereditario in perpetuum possidendum, quicquid habebam et habere poteram in omni hereditate quam defunctus

Robertus Thahur et defunctus Gaufridus Thahur, fratres mei, condam, mediante emptione sua et per retractionem jure consanguinitatis acquisierant, in feodo viri religiosi et honesti prioris de Belismo, reddendo exinde michi vel mandato meo octo solidos annui redditus monete currentis in patria, ad festum Omnium Sanctorum, quandiu vixero annuatim, pro omnibus aliis rebus ad me pertinentibus quoquomodo. Preterea ego volui et concessi, et ad hoc erga eumdem Mychaelem nepotem meum, et fratres ejus, et sororem eorum me obligavi, quod de omni hereditate mea quam habeo et possideo, in parochia de Colloanart, in feodo predicti prioris, de cetero nichil possum vendere, dare, elemosinare, seu aliquo modo alio alienare quin, post decessum meum, ad ipsos et eorum heredes, tanquam sua hereditagia immunia et libera de omnibus rebus ad me spectantibus revertatur, cum dictis octo solidis annui redditus, qui, post decessum meum, ipsis et eorum heredibus remanebunt cum omni hereditate predicta perpetuo possidendi, salvis debitis redibentiis dominorum. Ita tamen quod quotienscumque voluero, pro necessariis vite mee, hereditatem meam predictam et dictos octo solidos potero, quamdiu vixero, pignori obligare, contradicione ipsorum qualibet non obstante. Et ad hec tenenda irrevocabiliter et servanda sub formis premissis, ego, Burgina, dictis Mychaeli, fratribus suis, sorori eorum et eorum heredibus me astrinxi, fide interposita corporali et per presentes litteras sigilli mei munimine roboratas.

Actum anno Domini M° CC° L^{mo} septimo, mense Mayo.

Arch. de l'Orne, H. 2,215. Rouleau coté 3, n° 15.

N° 179.

Novembre 1294. — *Vente par André du Bois à André Herbelin, pour soixante-dix sols tournois, de sept sols de rente annuelle, que faisait Pierre Guimont, pour une part dans la succession de Michel Thahur.*

Universis..... Andreas de Nemore et Laurencia ejus uxor, salutem in Domino.

Noveritis quod nos vendidimus Andree Herbelin et Johanne ejus uxori, et suis heredibus, pro sexaginta et decem solidis turonensibus, quos integre habuimus et de quibus nos tenemus pro pagatis, septem solidos annui redditus, cursalis monete patrie, quos Petrus Guimont et sui heredes debebant nobis et nostris heredibus, annuatim ad festum Sancti Remigii, pro illa frareschia et hereditate quam ego Laurencia habebam apud La Tahurère, in parochia de Corlunnart, ex parte defuncti Michaelis Tahur, patris mei, et ex parte matris mee; quam frareschiam, sicut se possidet in herbergamento et domibus, terris, pasturis et rebus aliis, nos tradidimus dicto Petro et suis heredibus, pro dictis septem solidis annui redditus, ita quod si dictus Petrus, vel sui heredes, dictum redditum in dicto festo Sancti Remigii, vel infra octabas, nobis vel nostris heredibus annoatim non reddant, nos dictam frareschiam retraheremus, sine aliquo contradicto, et redditum ultimi anni.

Actum anno Domini M° CC° nonogesimo quarto, mense novembris.

Arch. de l'Orne, H. 2,492. Original, parchemin, sceau perdu.

N° 180.

Janvier 1285 (n. s.). — *Donation au prieur et religieux de Saint-Martin-du-Vieux-Bellême, par Mathieu Thacher, de sa personne, de ses biens meubles et de dix sols tournois de rentes perpétuelles, assis sur son hébergement de la Thacherie.*

Universis..... Matheus Thacheir salutem in Domino.

Noveritis quod ego contuli et concessi me et totam partem mobilium meorum, presencium et futurorum ubicomque existentium, religiosis viris priori et fratribus Sancti Martini de Veteri Bellismo, et eisdem priori et fratribus post decessum meum habendam et possidendam, sine contradictione aliqua a me vel meis heredibus seu quocomque alio super hec facienda. Insuper contuli et concessi eisdem religiosis decem solidos turonenses annui et perpetui redditus, sitos super herbergamentum meum de la Thacherie, com omnibus ad ipsum herbergamentum pertinentibus, terris, pratis, pasturis et rebus aliis quibusconque, habendos et possidendos a dictis religiosis quiete et pacifice super predictum locum et pertinenciis predictis a me et meis heredibus, seu a quibusconque ipsam hereditatem possidentibus, annuatim et in perpetuum prefatis religiosis apud Sanctum Martinum in festo sancti Remigii persolvendos.

Nec poterunt de predicta parte mea mobilium meorum alicui dare seu alienare sine concessione et voluntate predictorum religiosorum. Si autem contigerit me acquiramenta aliqua facere, aliquo tempore, post datam presencium, volui et concessi quod ipsi religiosi totam partem meam acquiramentorum predictorum libere et pacifice habeant et jure hereditario possideant, si voluerint et sibi viderint expedire; hac condicione apposita quod si illa acquiramenta dicti religiosi acceptanda [viderint] cessabunt decem solidi annui redditus supradicti, nec tenebuntur heredes mei nec predicte hereditatis possessores solvere seu facere prefatis religiosis annuatim decem solidos supradictos. Si autem predicti religiosi maluerint predictos decem solidos, ut dictum est, quam partem acquiramentorum predictam, dicta acquiramenta heredibus meis remanebunt quita et libera, et tunc tenebuntur solvere annuatim predictos decem solidos annui redditus predictis religiosis, ut superius est expressum.

In cujus rei testimonium et munimen ego Matheus predictus predictis religiosis presentes litteras sigilli mei karactere una com sigillo decani Beliismensis contuli sigillatas.

Datum anno Domini M° CC° octogesimo quarto, mense januarii.

Arch. de l'Orne, H. 2,493. Original, parchemin, les deux sceaux sont perdus.

N° 181.

Mars 1296 (n. s.). — *Vente par Guillaume Brochart à André Herbelin, pour cinquante sols tournois, d'une pièce de terre sise à la Tahurière, en la paroisse de Colonnart.*

Universis..... Guillelmus dictus Brochart et Maria ejus uxor salutem in Domino.

Noveritis quod nos vendidimus Andree Herbelin et Johanne ejus uxori, et suis heredibus, pro quinquaginta solidis turonensibus, quos integre habuimus, quamdam peciam terre nostre, sitam apud La Tahurière in parochia de Corlunnart, in feodo prioris de Belismo, inter terram Johanne, filie Johannis dou Moulin, ex una parte et terram Petri Girart, ex altera, et abotat medietarie Gervasii de Cortiel, ex una parte, et semite per quam itur de La Tahuriere ad molendinum de Clopechat.....

Actum anno Domini M° CC° nonagesimo quinto mense marcii.

Arch. de l'Orne, H. 2,493. Original, parchemin. Il était scellé de deux sceaux qui sont perdus.

N° 182.

Mars 1296 (n. s.). — *Vente par Guillaume Thahur et Macée, sa femme, à André Herbelin, pour quatre livres et cinq sols tournois de toute leur part d'héritage du chef de feu Christiane, mère dudit Guillaume, sise à la Tahurière.*

Ego Guillelmus dictus Thahur et ego Matthea, ejus uxor, notum facimus universis hec visuris et audituris quod nos vendidimus Andree Herbelin et Johanne ejus uxori, et suis heredibus, pro quatuor libris et quinque solidis Turonensibus, nobis integre persolutis omnem illam hereditatem quam nos habebamus, ex parte defuncte Christiane, condam matris mei Guillelmi, apud La

Tahureire, in parochia de Corlunnart, in feodo prioris de Belismo, sicut illa hereditas se possidet in terris et rebus.....

Actum anno Domini M° CC° nonagesimo quinto, mense Marcii.

Arch. de l'Orne, H. 2,493. Original parchemin. Les deux sceaux sont perdus.

N° 183.

Mars 1296 (n. s.). — *Vente par Jeanne, fille de Jean du Moulin, à Herbelin, pour soixante sols tournois, de toute sa part d'héritage du chef de feu Alice, sa mère, sise à la Tahurière.*

Ego Johanna, Johannis de Molendino filia, notum facio universis quod ego, de voluntate mea et omnium heredum meorum vendidi dicto Herbelin, de parochia de Corseraut, et Johanne uxori sue, ad perpetuam hereditatem, pro sexaginta solidis turonensibus, de quibus me teneo plenarie pro pagata, omnem illam hereditatem quam habebam, ex parte Alicie defuncte matris mee, sitam apud La Tahuriere, in parochia de Colonart, in feodo prioris Sancti Martini de Veteri Belismo.....

Actum anno Domini M° CC° nonogesimo sexto, mense marcii.

Arch. de l'Orne, H. 2,493. Original, parchemin, sceau perdu.

N° 184.

Avril 1296. — *Vente par Richer Tahur et Jeanne, sa femme, à André Herbelin, pour cent sols tournois, de onze sols de rente annuelle, sis et assignés sur toute la « censive » qu'ils tiennent du prieur de Bellême à la Tahurière, dans les paroisses de Colonard et de Courseraut.*

Universis..... Richerus Tahur et Johanna, ejus uxor, salutem in Domino.

Noveritis quod nos vendidimus Andree Herbelin et Johanne, ejus uxori, et suis heredibus, pro centum solidis turonensibus, quos integre habuimus et de quibus nos tenemus pro pagatis, undecim solidos annui redditus cursalis monete patrie, sitos et assignatos super omnem nostram censivam, quam nos tenemus de priore de Belismo apud La Tahurere, in parochiis de Corlunnart et de Corseraud..... recipiendos quitos et liberos..... ad festum Sancti Remigii annuatim.....

Actum anno Domini M° CC° nonogesimo sexto, mense aprilis.

Arch. de l'Orne, H. 2,493. Original, parchemin, sceaux perdus.

N° 185.

Mai 1296. — *Vente par Robert Tahur et Eremburge, sa femme, à André Herbelin, pour six livres quinze sols, de quinze sols de rente annuelle, sis et assignés sur tout leur héritage de la Tahurière, dans le fief du prieur de Bellême, paroisses de Colonard et de Courseraut.*

Universis.... Robertus Tahur et Eremburgis, ejus uxor, salutem in Domino.

Noveritis quod nos vendidimus Andree Herbelin et Johanne ejus uxori, et suis heredibus, pro sex libris et quindecim solidis cursalis monete, nobis integre persolutis, quindecim solidos annui redditus cursalis monete, patrie, sitos et assignato, super omnem hereditatem quam nos habemus apud la Tahureire, in feodo prioris de Belismo in parochiis de Corlunnart et de Corseraud, sicut illa hereditas se possidet in herbergamento et domibus, terris et pasturis et in omnibus rebus aliis. Vendidimus ita dictos quindecim solidos annui redditus habendos et recipiendos quitos et liberos ab omnibus dicto Andree et suis heredibus hereditarie et perhenniter pacifice possidendos. Ita quod si nos vel nostri heredes dictos quindecim solidos annui redditus quitos et liberos ab omnibus dicto Andree et suis heredibus, in festo Omnium Sanctorum vel infra octabas ejusdem festi, annuatim integre non reddiderimus, omnis nostra predicta hereditas, quam nos tenemus in censiva prioris de Belismo, sicut se possidet cum omnibus pertinenciis suis, incurret et remanebit dicto Andree et suis heredibus, sine reclamatione nostri et heredum nostrorum, hereditarie et perhenniter pacifice possidenda, quito et libere, salvis serviciis et jure feodalium dominorum.....

Actum anno Domini M° CC° nonogesimo sexto, mense maii.

Arch. de l'Orne, H. 2,493. Original, parchemin, sceaux perdus.

N° 186.

Août 1296. — *Vente par Guillaume Leberruyer, clerc, et Honorète du Noyer, sa femme, à Guillaume Lingeller, prieur de Bellême, pour le prix de vingt et une livres tournois, de toute leur part d'héritage provenant de la succession de défunt Colin du Noyer, clerc, père de ladite Honorète, sis dans la paroisse de Colonard, au fief du seigneur de Villerai, avec* *concession d'Etienne du Noyer, clerc, frère aîné de la susdite Honorète.*

Universis..... Guilelmus dictus Leberruyer, clericus, et Honoreta de Nuce ejus uxor, salutem in Domino.

Noverint universi quod nos..... vendidimus et nomine vendicionis in perpetuum concessimus Guilelmo dicto Leguiller, priori de Belismo, et conventui ejusdem domus et successoribus eorumdem pro viginti et una libra turonensibus, de quibus nos ab ipsis in numerata pecunia tenuimus et adhuc tenemus penitus pro pagatis, totam partem nostram et porcionem integram, videlicet quartam partem tocius hereditatis integre defuncti Colini de Nuce, clerici, quondam patris mei predicte Honorete, que nos contingit ex successione ipsius defuncti Colini, in parochia de Colonart, vel in alio quocumque loco, in feodo domini de Vilerays. Ego vero Stephanus de Nuce, clericus, primogenitus frater predicte Honorete, vendicionem istam volens, concedens, aprobans sigillum meum proprium ad peticionem dictarum parcium una cum sigillis dicti Guillelmi et dicte Honorete, presentibus litteris apposuimus. ... reddendo tamen ab ipsis et successoribus suis mihi et meis heredibus, singulis annis, quasdam cerotegas requirabiles in octabis Pasche pro omnibus serviciis et rebus aliis..... Renuncio in hoc facto omni privilegio clericali, omnibus exceptionibus..... Et in confirmacionem hujus rei et ad majorem certitudinem omnium premissorum, procuravimus sigillum Castellanie Bellismi, per Guillelmum de Sepibus, clericum ad talia deputatum, coram quo omnia premissa recognovimus esse vera. Ego vero Gaufridus Louet clericus, custos castellanie sigilli castellanie Belismonsis, presentes litteras ad relacionem predicti Guillelmi sigillari, salvo tamen omnibus jure.

Datum anno Domini M° cc° nonagesimo sexto, mense augusti in festo S. Œgidii.

Arch. de l'Orne, H. 2,215. Rouleau coté 6, n° 12.

N° 187.

Avril 1297. — *Vente par Robert Thahur à Herbelin de la Fosse, pour la somme de quarante-cinq livres tournois, de cinq sols de rente perpétuelle.*

Noverint universi qui hanc litteram viderint et audierint quod nos Robertus, dictus Thahur, et Burgetis, ejus uxor, vendidimus dicto Herbelin de Fovea et Johanne, uxori sue, pro quadraginta solidis Turonensibus, nobis ab eisdem persolutis, quinque solidos annui et perpetui redditus habendos et percipiendos dictos quinque solidos redditus perpetui dictis emptoribus et suis heredibus, per manus nostras, vel per manus heredum nostrorum, liberos et immunes, ad festum sancti Remigii annuatim, sitos et assignatos super totum tenamentum quod habemus in parochia de Colonart, in censivis prioris Sancti Martini de Veteri Belismo, super quod tenamentum dicti emptores habebunt recursum suum, ad valorem dictorum quinque solidorum redditus perpetui, tocienscumque nos vel nostri heredes dictos quinque solidos quitos et liberos reddere defecerimus ad festum superius dictum.....

Datum anno Domini M° CC° nonogesimo septimo, mense Aprilis, die dominica qua cantatur *Quasi Modo*.

Arch. de l'Orne, H. 2,494. Original, parchemin, sceaux perdus.

N° 188.

Décembre 1298. — *Vente par Guillerme du Bois à Guillaume, prieur de Saint-Martin, pour soixante-deux livres de monnaie du pays, de tout l'héritage qu'il avait acquis de maître Robert Le Peleur, de divers cens et redevances, sis au fief de Gervais de Nocé, et de plusieurs rentes assises en diverses paroisses.*

Universis..... Guilermus de Buxo, miles, et Alicia ejus uxor, salutem in Domino.

Noveritis quod nos vendidimus Guil[elmo priori Sancti] Martini de Veteri Belismo et conventui ejusdem loci, pro sexaginta et duabus libris cursalis monete patrie, quas ab ipsis integre habuimus et recepimus in denariis stimmatis, de quibus nos tenemus plenarie pro pagatis, hec omnia que sequuntur, videlicet: omnem illam hereditatem quam nos emimus et acquisivimus de magistro Roberto Le Peleor, sitam in parochia de Coloennart, in feodo heredum defuncti Hervei Crochet, quondam militis; et omnes census et omnes gallinas quas nos emimus et acquisivimus de Alicia, relicta defuncti Petri de Plesiaco, in parochia Sancti Martini de Veteri Belismo, in feodo Gervasii de Noceyo, armigeri; item viginti solidos annui et perpetui redditus, quos nos emimus et acquisivimus de Gaufrido L... et ejus uxore, in parochia Sancti Martini supradicta; item quinque solidos annui redditus quos nos emimus et acquisivimus de Colino Levesque, in dicta parochia Sancti Martini, in feodo dictorum prioris et conventus; item octo solidos annui redditus quos nos emimus et acquisivimus de Gaufrido dicto La Coche et quos Agnes, dicta l'orthe, nobis debebat annuatim super omnem suam hereditatem, sitam apud Sanctum Martinum, in feodo predictorum prioris et conventus, item quatuor solidos et octo denarios, quos heredes defuncti Colini Rater nobis debebant annuatim, sitos apud Belismum, in feodo predictorum prioris et conventus; ...... (1) solidos annui redditus, quos nos emimus et acquisivimus de Andrea Le Mercer super omnem ...... [dec]em solidos annui redditus quos nos emimus et acquisivimus de..... sitos super medietariam de Cul Frait, in feodo Gervasii de Noceyo.

Vendidimus [et tradidimus hec omnia supradicta cum] instrumentis et litteris quas de dictis venditoribus habuimus..... predictis priori et conventui, et eorum successoribus, quite et libere, hereditarie et perhenniter.... pacifice possidenda, in forma et terminis, sicut continetur in dictis instrumentis et litteris dictarum rerum.....

In cujus rei et venditionis testimonium, ego predictus Guillermus miles, et ego Alicia, ejus uxor, presentes litteras ipsi priori et conventui contulimus in sigillis nostris sigillatas, per quas ad hec omnia supradicta tenenda firmiter imperpetuum, in dicta forma, et fideliter observanda, nos et heredes nostros obligamus et volumus obligari.

Actum anno Domini millesimo ducentesimo nonagesimo, mense decembris.

Arch. de l'Orne, H. 2,494. Original, parchemin. Il reste quelques restes frustes de l'un des deux sceaux.

Au dos on lit cette cote et ce titre en écriture du temps :

« BOISSE-MACOIS. — De quodam empcione quam fecimus a domico Guillermo de Buxo, de qua dominus de Noceyo retraxit partes. »

N° 189.

Juin 1298. — *Vente par Jean Guimont et Jeanne, sa femme, à André Herbelin, pour huit livres tournois, de tout leur héritage, sis à la Tahurière.*

Universis..... Johannes Guimont et Johanna, ejus uxor, salutem in Domino.

Noveritis quod nos vendidimus et concessimus Andree Herbelin et Johanne, ejus uxori, et suis heredibus, pro octo libris Turonensibus, quas integre habuimus et de quibus nos tenemus pro pagatis, omnem illam hereditatem, quam nos habebamus apud La Tahureire, in feodo prioris de Belismo, in parochia de Corlonnart, excepto tantummodo nostro herbergamento et virgulto, sicut dicta hereditas se possidet in sex peciis terre, que abotant

---

(1) Le parchemin a été rongé et largement troué vers le milieu; il en résulte plusieurs lacunes dans le texte. Les mots entre crochets sont des essais de restitution.

terre Gervasii de Cortiel..... salvo censu et salvis serviciis feodalium dominorum..... Nos quidem super sacrosancta juravimus quod in dicta hereditate, quam vendidimus, nichil de cetero reclamabimus nec faciemus reclamari, neque in quatuor solidis et sex denariis annui redditus quos dictus Andreas nobis debebat ad festum sancti Remigii annuatim, et quos nos dicto Andree vendidimus; quia nos transtulimus per tradicionem presentis instrumenti, in ipsum Andream emptorem et in suos heredes, omne jus et dominium, proprietatem et possessionem.....

Actum anno Domini M^o CC^o nonogesimo octavo, mense junii.

Arch. de l'Orne, H. 2,494. Original, parchemin, sceaux perdus.

N° 190.

Février 1300 (n. s.). — *Vente par Drouet Herbelin au prieur de Saint-Martin, pour quarante-trois livres et six sols tournois, de tout l'héritage qu'il possédait dans le fief du prieur, sis paroisses de Colonard et de Courceraut.*

Universis. ... Droetus Herbelin et Johanna uxor sua salutem in Domino.

Notum facimus quod nos, de communi assensu nostro, vendidimus et concessimus religiosis viris priori et conventui Sancti Martini de Veteri Bellismo, pro quadraginta tribus libris et sex solidis turonensibus, nobis ab eisdem integre persolutis, in pecunia numerata, omnem hereditatem quamcunque et in quibusconque rebus et locis existentem, in feodo ejusdem prioris, in parochia de Colonart et de Courseraut, tam in herbergamento, domibus, terris arabilibus et non arabilibus, pascuis, pasturis, sepibus et fossatis, quam redditibus in denariis, et omnibus aliis quibusconque pertinenciis ad predicta, que acquisiveramus seu acquisivimus in feodo supradicti prioris et in parochiis antedictis.

Datum anno Domini M^o CC^o nonogesimo nono, mense februarii.

Arch. de l'Orne, H. 2,494, H. 2,215. Rouleau coté 6, n° 7.

N° 191.

Février 1300 (n. s.). — *Vente par Colin et Geoffroi Augrin au prieur de Saint-Martin, d'une pièce de terre assise en la paroisse de Colonard, au fief de Villerai.*

A tous..... Robert de Nuefvile, escuier, vicomte de Bellême et de Mortaygne, garde du sael de la chastelerie de Bellême, saluz.

Sachent touz que par devant Guillaume Galerant, notre clert jurez à ce establiz, vindrent Colin et Gefroy Augrin et requennurent eux avoir vendu et otroyé à religious homes au priour et au couvent de Saint-Martin de Viez-Bellême, et à leurs successeurs, pour le prix de trente et cinc souz de tornays, des quex il se tindrent pour bien paez en deniers nombrez, une pièce de terre assise en la paroisse de Colonart, ou fyé de Vilerail, et joint d'un couté et de autre, et d'un des bouz, à la terre des diz acheteurs, et de l'autre bouz à une sente par où l'on vet de Mauves à Nogent-le-Rotrou......

En témoing de ce, nous, à la relacion dou dit Guillaume, dou sael de la châtelerie de Bellême ces présentes lettres avons sélées, sauf tout droyt.

Doné l'an mil deus cenz quatre vinz diz nuef, le dimanche emprès la sainte Ecolayce.

Arch. de l'Orne, H. 2,215. Rouleau coté 6, n° 18.

N° 192.

Mars 1300 (n. s.). — *Vente par Alice, fille de feu Robert Thabur, à Guillaume, prieur de Saint-Martin-du-Vieux-Bellême, pour le prix de quinze sols tournois, d'une pièce de terre sise paroisse de Colonard.*

Universis..... Alicia filia defuncti Roberti Thabur, salutem in Domino.

Notum facio quod ego, mea propria voluntate, vendidi et concessi religiosis viris fratri Guillermo priori Sancti Martini de Veteri Belismo et monachis ejusdem prioratus, quamdam terram seu terre peciam quam habebam in parochia de Colonart, in feodo dicti prioris, pro quindecim solidis turonensibus, mihi ab eodem integre persolutis in pecunia numerata : super quam terram seu terre peciam dictus prior habet et habebat quinque solidos, tribus denariis minus, monete cursalis annui et perpetui redditus assignatos..... Omnia servicia que pro ipsa terre pecia debentur dicto priori domino feodali ego converti a me et meis heredibus facienda super meam omnem aliam hereditatem existentem ubique in feodo supradicti prioris.....

Datum anno Domini M° CC° nonagesimo nono, mense marcii.

Arch. de l'Orne, H. 2,494. Original, parchemin, et Rouleau coté 6, n° 10.

N° 193.

Août 1301. — *Reconnaissance par les frères Broucarz d'une rente annuelle de vingt sols et de douze deniers de cens au profit du prieuré de Saint-Martin.*

A tous..... Gefroy le Châtelain, clert, garde du sael de la châtelerie de Bellême, saluz.

Sachent touz que par devant Guillaume Galerant, clert, tabellion juré notre sire le conte d'Alençon à ce establiz, vindrent et furent présenz Guillot et Guillot dit les Broucarz frères, et requennurent, chacun pour le tout, eus devoir à religious homes et honestes, au priour et au couvent de Saint-Martin de Viez-Bellême et à leur successeurs, vint souz de tornays d'anvel et perpétuel rente, et doze deniers tornays de cens, par reson de tout le héritage que le dit priour et le couvent avaint à la Foutaye, en la paroysse de Coulonart, ou fyé dou dit priour et lou couvent : lequel héritage, o ses apartenances, le dit priour et le couvent ont ballé et otroié au devant diz frères et à leur hoirs pour les vint souz de rente et les doze deniers de cens desus nommez, les quex vint souz de rente il promirent et sunt tenuz, eus et leur hoirs, au dit priour et au couvent, et à leur successeurs, par chacun an, à la Chandeleur, et les doze deniers de cens, à la Saint-Léonard, frans et quites pour tous services. Et touz les domages et les dépens, les couz et les mises, lesquex le priour et le couvent et leur successeurs auront euz ou soutenuz, ou fez par défaute de paement de la dite rente ou du cens nommé, paé par chacun an au termes desus diz, à leur serment ou de leur commandement portant ces lettres, ou d'auqurs d'iceus, sans autre preuve fère, retorer et rendre, obliganz, chacun pour le tout, eux et leur hoirs, et touz leur biens meubles et immeubles, présens et à venir, leur cors tenanz prison ou châtel de Bellême, par chacun an, leur biens vendans et esplétant, les termes passez, jusques à tant que la dite rente, le cens et les domages soient de tout en tout porpaez ; renunçant à toutes choses par lesqueles la solucion de la dite deyte peust estre empeschée ou redardée.

En témoing de ce, nous, à la relacion dou dit Guillaume Galeran, clert, du sael de la châtelerie de Bellême ces présentes lettres avons saelées, sauf tout droit.

Doné l'an de grâce mil troys cenz et un, le juedi devant la saint Gile.

Arch. de l'Orne, H. 2,495 et H. 2,215. Rouleau coté 6, n° 15.

N° 194.

Septembre 1301. — *Vente par Colin Busson et Jeanne, sa femme, au prieur de Saint-Martin-du-Vieux-Bellême, pour le prix de trente sols tournois, de toute leur terre sise à la Tahurière, dans le fief dudit prieur.*

Universis...... Colinus Busson et Johanna, ejus uxor, salutem in Domino.

Noverint universi quod nos, de assensu nostro et voluntate omnium heredum nostrorum, vendidimus et concessimus priori S. Martini de Veteri Belismo, pro triginta solidis turonensibus, omnem terram quam nos habemus apud la Tahurère, sitam in feodo dicti prioris, juxta terram Petri Girard ex uno latere et juxta terram dicti prioris, et abbotat se superius terre dicti prioris et inferius terre Petri de Courtiel, etc.....

Datum anno Domini M° CC° primo, mense septembris.

Arch. de l'Orne, H. 2,495. Original parchemin, et *H.* 2,215. Rouleau coté 6, n° 9.

N° 195.

Novembre 1301. — *Vente passée au tabellionnage de la Châtellenie de Bellême par Honorette du Noyer, fille de feu Colin du Noyer, au profit du prieur de Saint-Martin-du-Vieux-Bellême, pour le prix de cinquante-huit livres de tournois, de tout son héritage, sis en la paroisse de Colonard, au fief du seigneur de Villerai, provenant de la succession d'Etienne du Noyer, son frère, et de Bourget, sa sœur.*

A tous ceux qui verront ces présentes, Gefroy le Châtelain, clerc, garde dou seel de la chastellerie de Bellême, salut.

Sachent tous que par devant Guillaume Galeran, clerc, tabellion juré notre sire le conte d'Alençon à ce establiz, vint Honnorete de Noyer jadis fille feu Colin dou Noyer, et requennut sey avoir vendu et otroié au prieur et au couvent de Saint Martin dou Viez Bellême et à leur successeurs, pour le pris de cinquante uict livres de tornays, desquex ele se tient pour bien payée, en deniers nombrez, c'est à savoir tout le héritage qu'ele a en la paroisse de Coulonnart, ou fyé Robert de Villerail, tant pour rèson de l'échoyte d'Estienne dou Noyer, sun frère, comme de Bourget sa sueur, ou en autre mennière quelconque, tant en terres arables et non arables, prez, pastures, mesons, héberge-ments, fyé et domayne, comme en autre choses, à tenir et à pourssair tout ledit héritage, si comme il se poursiet o ses apartenances, dou dit priour et dou couvent et de leur successeurs, féaument, héritaument, sanz ce que ladite Hennorete ne ses hoirs, ne autre pour lé, n'en son nom, il pessent jamès riens réclamer ne demander des hores en avant. Et est tenue ladite Hennorete et ses hoirs tout ledit héritage o ses apartenances au dit priour et au couvent et à leur successeurs garantir, délivrer de touz et défendre contre touz de toutes obligacions, fés et empeschement, en vers toutes personnes délivrer et défendre au temps à venir.

Et à ce tenir et fère tenir, entérigner et accomplir furent présenz par devant ledit Guillaume Galerant, clerc, Johen et Gefroy Geayllard, lesquex se obligèrent à ce que, se ledit priour et le couvent et leur successeurs estoient endomagiez en ceste vendicion par défaute de garantie ou de deffense, ou par ce que ledit Estienne dou Noyer, clerc, et Bourget sa sueur, vesquissaint encores, lesquex il afermèrent estre morz sans hoirs, et il veinssent au pays ou auquns de leur hoirs, qui penssaynt avoir cause doudit héritage répéter, ledit Johen et Gefroy s'obligèrent et sunt tenuz sus tout leur héritage en queuque leu qu'il soyt, touz les domages et les dépens, les cous et les mises, lesquex ledit priour, le couvent et leur successeurs auront euz ou soutenuz ou fez par reson desdites choses, à leur serment ou d'auquns d'iceus, sanz autre prove, fère rendre et retorer, promctant en bonne fey que en contre ces choses desus dites ne vendront par eus ne par leur hoirs des hores en avant. Et à ce tenir bien et loyaument, et de non venir en contre ou temps à venir, ladite Hennorete, Johen et Gefroy Goayller s'obligèrent eux et leur hoirs et tous leur biens et de leur hoirs meubles et héritages présens et à venir, leur cors tenanz prison ou chastel de Bellesme jusques à tant que touz les domages qu'ils auront euz pour reson desdites choses soynt de tout en tout renduz et rétorés. Renonçant les devanz diz Johen et Gefroy, quant à ce droyt et par convenance expresse, à tous privilèges, grâces, indulgences de prince et d'apoustoyre, et de tous autres, donez et à doner, de croiz prinse et à prendre, au bénéfice de division, à l'excepcion de fraude et de barat, et à ce qu'il ne puissent jamès dire, alléguer ne propouser que cele pour qu'il se sont ainsi liez et obligiez, et pour laquele il ont ainsi fet leur propre action et obligacion, si comme il est convenu par dessus, doive premièrement estre convenu et esplétée quant au dit acheteurs desdomagier, combien que ils soyent riches ne à la value. Et ainsi renuncent-il à toutes exceptions, aides, défenses, cavillacions, allégacions de droyt et de fet, qui leur pourrayt ayder en cest cas, et au diz acheteurs et à leur successeurs jurère[nt] quant au choses desus dites. En tesmoing de ce, nous, à la relacion dou dit Guillaume Galerant, clert, dou séel de la chatellerie de Bellême, ces présentes lettres avous saéelées sauf tout droyt.

Ce fut fet et donné l'an mil troys cens et un, le jour de la saint Clément.

Arch. de l'Orne, H. 2,495. Original parchemin, et H. 2,215. Rouleau coté 6, n° 13.

N° 196.

Novembre 1301. — *Vente par Jean Gaulart, au prieur de Saint-Martin-du-Vieux-Bellême, pour le prix de cent sols de tournois de tout l'héritage par lui acquis des héritiers de feu Colin du Noyer.*

A tous ceux qui verront ces lettres Gefroy le Chatellayn, clerc, saluz.

Par devant Guillaume Galeran..... vint et fut présent Johen Goellart et requennut sey avoir afranchi et aboné au priour et au couvent de Saint-Martin du Viez-Bellême et à leur successeurs, à cent souz de tornays rendant successivement, tout le héritage qu'il ont acquis de tous les hoirs feu Colin dou Noyer, en la paroisse de Colonnart, ou fyé Robert de Vilerail, lesqueux cent souz ledit priour et leur successeurs sunt tenuz par reson dou dit héritage rendre et payer au dit Johen et à ses hoirs pour rachat, relief, pour cheval de service, pour talles et pour toutes autres choses apartenant à lui ou à queuconques autres en queuconques mennières.

A ce fère fut présent Hémeric Augier, segneur dou dit fyé, par dessus ledit Johen, et assentit que ledit priour et le couvent et leur successeurs tiengent et poissient tout ledit héritage féaument, héritaument, pour les cent souz dessus dit rendans pour chacun rachat, toutes foys qu'il avendra de droyt, pour touz services queuconques, toute foys que le home mourant que ledit priour et le couvent et leur successeurs aurunt mis en foy de segneur, lequel home ledit Hemeric et ledit Johen sunt tenuz recevoir en la foy et en l'omage, poiant les cent souz par chacun rachat quant il avendra de droyt, sans ne qu'eus ne leur hoirs puissent pourforcier le priour et le couvent et leur successeurs à plus, fors payer les cent souz tant seulement, ne ne les puent lessier corre en estranges mains. Et metront le priour et le couvent et leur successeurs en la foy tel home comme il verront qu'il soufrira à la foye porter.....

Donné l'an mil troys centz et un, le jour de la saint Clément.

Arch. de l'Orne, H. 2,215. Rouleau coté 6, n° 14.

N° 197.

1304 (n. s.). — *Vente au prieur de Saint-Martin par Maheut, veuve de Vincent le Charron, pour le prix de trente-deux sols tournois d'une pièce de terre, sise à Colonart.*

A touz..... Gefroi le Châtelain, clerc, garde dou sael de la châtelerie de Bellême, saluz.

Sachiez que devant nous fut présente Maheust, jadis femme de Vincent le Charron, et requennut soy avoir vendu et otrayé au priour et au couvent de Saint-Martin de Viell-Bellême et à lour successours, pour trente deus sols de tornays, dequiex elle se tient pour paiée en deniers nombrez, une pièce de terre saiant en la paroisse de Colonart, ou flé Guillaume des Mevaus, et joint d'un couté et d'autre à la terre audit priour, et aboute d'un des bouz et de l'autre monsour Guillaume de Boes.....

Doné l'an de grâce mil trays cens et troys, le lundi devant les Cendres.

Arch. de l'Orne, H. 2,495. Original, parchemin, sceau perdu.

N° 198.

1305. — *Vente au prieur de Bellême par Guerin Roill de dix sols tournois de rente annuelle pour un capital de cent sols tournois.*

A touz..... Gefroy le Chatelain..... saluz.

Sachent touz que par devant Guillaume Galerant..... vint Garin Roill et requennut sey avoir vendu et otroié..... au priour et au couvent de Saint-Martin de Viez-Bellême et à leur successeurs, pour le prix de cent souz de tornays, desquex il se tint pour bien payez, c'est à savoir diz souz de tornays d'anuel et perpétuel rente assis sus tout l'éritage que il a et atant à avoir, en la paroysse de Colonart, de quexconque manière que il soit, tant en terre arable et non arable, mèsons, herbergemenz, prez, pastures comme en autres choses, lesquex héritages Hernaut Franceys tient dou dit Guérin; à rendre dou dit Guérin et de ses hoirs, et de ceus ou de celles qui l dit héritage tendront et pourserront, les devant diz diz souz de tornays d'anuel et perpétuel rente au diz acheteurs, et à leur successeurs, ou à leur commandement portant ces lettres, par chacun an, à la Saint-Remi, frans et quites; et est tenuz le dit Guérin et ses hoirs sus tout l'éritage qu'il a, en la paroysse de Saint-Johen de la Forest, les devant diz diz souz de tornays d'anuel et perpétuel rente au diz acheteurs et à leur successeurs, garantir, délivrer de touz et défendre contre tous de touz services, redevances, talles, obligations.....

Doné l'an de grâce mil troys cenz et cinq, le dimenche prouchain enprès Pasques.

Arch. de l'Orne, H. 2,495. Original, parchemin, et H. 2,215. Rouleau coté 6, n° 19.

Condeau.

N° 199.

Mars 1289 (n. st.). — *Donation au prieuré de Saint-Martin, par Lucas le Maçon de cinquante sols de rente annuelle à l'occasion de sa réception comme frère condonné.*

Universis..... Lucas dictus Lathomus salutem in Domino.

Noveritis quod ego, pensata diligenter et inspecta utilitate communi corporis et anime mee, priori et monachis ecclesie Sancti Martini de Veteri Belismo, Ordinis Majoris Monasterii, qui me benigne pietatis intuitu receperunt in fratrem suum et donatum domus sue, et associatum in bonis suis spiritualibus et temporalibus, donavi et concessi in puram et perpetuam et liberam ab omnibus elemosinam, quinquaginta solidos annui redditus cursalis monete patrie, sitos et assignatos super mesuram meam que vocatur de Haiis, et est sita in parochia de Condeel, et tenetur de Stephano de Villeraio, armigero, sicut dicta masura se possidet in herbergamento et domo, virgulto, terris pasturis et rebus aliis; et super quamdam peciam terre junctam continuo dicte masure, sicut se possidet cum domo et rebus aliis, et que tenetur de heredibus de Amillaio. Donavi ita dictos quinquaginta solidos annui redditus habendos et recipiendos quitos et liberos ab omnibus ipsis priori et monachis ac eorum maditato, in festo beati Leonardi abbatis, annuatim et ad ecclesiam Sancti Leonardi apud Belismum [per man]um heredum meorum vel eorum quicumque sint qui dictam masuram et dictam peciam terre possidebunt.....

[Datum anno Domini M° CC° octogesim]o octavo mense martii.

Arch. de l'Orne, H. 2,499. Original, parchemin, sceau perdu.

L'angle inférieur du parchemin est largement rongé, à ga che et une partie de l'acte a disparu. La date a été rétablie d'après celle qui figure dans l'analyse de la pièce, au dos du parchemin.

N° 200.

Février 1328 (n. s.). — *Donation au prieuré de Saint Martin par Jeannot Le Fauconnier, clerc, de cent sols de rente, à la charge d'être nourri et entretenu par le couvent.*

A tous ceus qui ces lettres verront Jehan Bouvait clerc, garde du seel de la chastellerie de Belleme et tabellion du leu, salut.

Sachent touz que par devant Jean Le Rat clerc, à ce juré et establi, fut présent Jehannot Le Fauconnier, clerc, qui de sa bonne volenté cognut et confessa soi avoir donné, quitté et delessé de son endroit à tous jourz mès, à religieux hommes et honestes le prieur et le couvent de Saint-Martin-de-Belleme et à leur successeurs, c'est assavoir : cent soulz de monoie comune d'anuel et perpétuel rente, des quels cent soulz de rente les hoirs feu Monsour Geffroy d'Amilie li estoit tenu fère par an cinquante soulz de rente, à la Toussainz et à Noël également, par cause de certains héritages séans en la dite paroisse et au dit fié, et cinq soulz de rente héritaulx que Colin Vernet li faisoit d'an en an à la Saint-Deniz, et dix soulz de rente que Gilos Lequeu li estoit tenu fère par chacun an, à la Saint Denis et dix soulz de rente héritaulz que Guillerme Vilet li faisoit par chacun an à la Tous Saintz, par cause de certains héritages séans en la paroisse de Verrières. Et desquelles rentes les dites parties sont tenues audit Jehan de rendre et poier audiz termes, si comme il est contenu en plusour pièces et lettres que le dit Jehan en auroit [comme il disoit?] Outre ce donna otroia, quitta et delessa aus dicz religieus la moitié de ses biens meubles après le décès dudit Jehannot, en quelque chouse qu'il soient. Et par ceste donnaison, cession, acquérance, les diz religieus sont tenuz de quérir et fère administrer audit Jehannot sa vie durant touz ses vivres nécessaires, bien et suffisamment, comme à clerc de bon estat, tout son chaucement et une robe par chacun an bonne et suffisant, segont son estat, tant comme il voudra estre ou servise dudit prieuré et s'il avenoit que il fut impotent ou chargé de maladie que il ne peust servir, les diz religieus sont tenuz de li administrer ses nécessaires, ... comme devant est dit. Et promist le dit Jehannot que encontre coste donnaison, cession, acquérance il ne vendra ne venir fera..... Les cent soulz de rente héritaulz sera tenu garantir et deffendre envers touz et contre touz aus diz religieus et à leurs successeurs franchement et quietement, sauf les servises au chers seigneurs, et sur ce les garder de touz domages, au serment du porteur de ces lettres sans autre preuve. Et quant à ce ledit Jehannot obligea soi et ses hoirs et tous ses biens meubles et immeubles présenz et à venir, renunçant à toute exception, déceptions, bans, cavillations et deffenses qui contre cest fait pourroient estre objectées ou opposées. En tesmoing de ce, nous avons scellé ces lettres au seel devant dit.

Donné l'an de grâce mil trois centz vint et sept, le jeudi après la Purification Notre Dame.

[Signé :] Jehan LE RAT.

Arch. de l'Orne, H. 2,499. Original, parchemin, sceau perdu.

Courceraut.

N° 201.

Décembre 1290. — *Fieffe par Guibourge La Thiboude, à Guillaume Lisiard et à sa femme, pour deux sols de rente annuelle, monnaie de Corbon, de deux pièces de terre sises paroisse de Courceraut.*

Universis... Ego Guiburgis la Thiboude salutem in Domino.

Noveritis quod ego tradidi et concessi Guillelmo Lisiart et Johanne ejus uxori ac eorum heredibus et mandato, duas terre pecias quas habeo in parochia de Courseraut..... tenendas et possidendas dictis Guilelmo, uxori ejus et eorum heredibus..... libere et quiete do omnibus..... reddendo exinde mihi et meis heredibus annis singulis in festo Sancti Remigii duos solidos monete Corbonensis annui et perpetui redditus aut infra octabas ; ita tamen quod ipsi et eorum heredes omnia servicia et redibencias que ex dictis duabus peciis terre fieri contigerent facere tenebuntur..... Datum anno Domini M° CC° nonagesimo, die lune post festum Beati Andree apostoli, mense decembris.

Arch. de l'Orne, H. 2,500. Rouleau coté G, n° 8.

N° 202.

Mai 1298. — *Vente par Guillaume Lisiart et Jeanne, sa femme, à André Herbelin, pour le prix de six livres tournois, de tout leur héritage sis à la Téboudière paroisse de Courceraut.*

Universis...., Guilelmus Lisiart et Johanna ejus uxor.... Salutem in Domino.

Noveritis quod nos..... vendidimus et concessimus Andree Herbelin et Johanne ejus uxori et suis heredibus pro sex libris turonensibus, quas integre habuimus omnem illam hereditatem quam nos habebamus apud la Teboudère in parochia de Courseraut in feodo prioris de Bellismo, sicut dicta hereditas se possidet in herbergamento, terris, arboribus, sepibus et fossetis et rebus aliis..... Salvis juribus feodalium dominorum.

Actum anno Domini M° CC° nonagesimo octavo, mense maii.

Arch. de l'Orne, H. 2,500. Original, parchemin.

N° 203.

Mai 1298. — *Vente par Eremburge, veuve de Robert Tahur, et ses enfants à André Herbelin et à Jeanne, sa femme, pour le prix de quarante-cinq sols, de la terre de la Téboudière.*

Ego Eremburgis relicta defuncti Roberti Tahur et ego Matheus eorum filius, et ego Johanna, et ego Laurencia, et ego Alycia, filie dicte Eremburgis et dicti defuncti Roberti, notum facimus universis presentes litteras inspecturis quod nos, de communi nostro assensu, vendidimus et concessimus Andree Herbelin et Johanne ejus uxori et suis heredibus, pro quadraginta et quinque solidis turonensibus, quos integre habuimus et de quibus nos tenemus pro pagatis, quamdam peciam terre que vocatur La Téboudère et unum ortum qui est juxta dictam peciam terre, et sunt apud La Tahurrère in parochia de Courseraud, in feodo prioris de Belismo, sicut dicta petia terre se possidet et dictus ortus cum arboribus se possidet et sepibus et fossetis et rebus aliis.

Actum anno Domini M° CC° nonagesimo octavo, mense maii.

Arch. de l'Orne, H. 2,500. Pièce originale, scellée de cinq sceaux qui ont tous disparu.

N° 204.

Juin 1300. — *Echange par Arnout Tibout et Petronille sa femme, qui avaient revendiqué, par retrait lignager, les biens de Benotte La Thiboude sœur du susdit Arnout, sis dans le fief du prieur, paroisse de Courseraut, et qui en abandonnent la possession définitive audit prieur en échange d'une maison sise dans ledit héritage.*

Universis .... Arnulphus Tibout et Petronilla uxor sua, salutem in Domino.

Nos de communi assensu nostro talem convencionem seu pactum inivimus cum fratre Guillermo priore prioratus Sancti Martini de Veteri Bellismo, videlicet quod cum nos retraxissemus ratione propinquitatis ab eodem priore omnem hereditatem quamcônque

quam Benedicta La Tiboude soror mei dicti Arnulphi habuerat in parochia de Coursseraut, in feodo ejusdem prioris, quam hereditatem dicta Benedicta vendiderat supradicto priori et monachis ejusdem prioratus pro decem solidis Turonensibus; nos omnem predictam hereditatem quamcumque et ubicumque seu in quibuscumque existentibus in dictis parochia et feodo quitavimus, in perpetuum dimisimus supradictis priori et monachis et suis successoribus jure hereditario possidendam pacifice et quiete absque hoc quod nos vel heredes nostri possismus de cetero in dicta hereditate ratione dicte retractionis, propinquitatis, successionis caduci, vel alia ratio e quacumque aliquid reclamare.....
Et predictus prior nobis reddit per dictam quitacionem predictos decem solidos, quos habuerat vel habere debebat ratione retractionis predicte, et cum hiis dedit nobis prefatus prior et in manum cujusdam casule sive domus in dicta hereditate existentis, estimacionis seu precii quindecim solidorum monete communis. In cujus rei testimonuim nos dedimus predictis priori et monachis et suis successoribus istas presentes litteras sigillis nostris sigillatas perquas obligamus nos et nostros heredes ad omnia supradicta tenenda firmiter et fideliter perpetuo observanda.

Datum anno Domini M° CCC°, die martis ante nativitatem sancti Johannis Baptiste.

Arch. de l'Orne, H. 2,215. Rouleau n° 6, n° 17.

Courthioust.

N° 205.

Décembre 1274. — *Vente par Colin Langlais, au prieur de Bellême, pour soixante sols tournois, de tout son héritage, sis paroisse de Courthioust.*

Ego Colinus Anglicus et ego Heloys, ejus uxor, notum facimus universis presentes litteras inspecturis quod nos..... vendidimus et concessimus priori de Belismo pro sexaginta solidis Turonensibus, nobis ab eodem integre persolutis, omnem hereditatem nostram, sicut se possidet, cum omnibus pertinentiis suis, sitam in parochia de Cortiout, in feodo dicti prioris, videlicet domum, terram, ortum, virgultum, arbores cum omnibus pertinentiis suis...

Datum anno Domini M° CC° LXX° quarto, mense decembrio.

Arch. de l'Orne, H. 2,501. Original, parchemin, sceaux perdus.

Dancé.

N° 206.

1124-1137. — *Charte notice de l'accord intervenu entre les moines de Bellême et Hervieu et Foucault, chevaliers, au sujet d'un trait de dîme, à Dancé, et de la terre de Dourdoigne.*

Notum fieri cupimus presentibus et futuris quod Herveus et Fulcodius, duo milites, tenebant de nobis et de monachis nostris Belismensibus tractum decime de Damceiaco et totum stramen ejusdem decime, et etiam quatuor sextarios frumenti habebant. Monachi autem nostri Belismenses calumniabantur eis quandam terram, que vocatur de Dordonia, conquerentes per violentiam et auxilium dominorum de Vilereto ipsam terram a prefatis duobus militibus injuste sibi auferri. Contigit ergo quadam vice ut dominus Guillermus tunc temporis Majoris Monasterii prior in partes Belismenses pergeret, comitantibus eum duobus monachis Majoris Monasterii, Odone scilicet, fratre predicti Hervei, et Johanne Saraceno. Adiens ergo duos prefatos milites apud Damceiacum, et de tractu jam dicte decime sermonem cum eis conferens, tandem ad hunc usque in finem sermo utrorumque perductus est ut ipsi milites in manum ejusdem Guillermi prioris dimitterent monachis tractum decime, et totum stramen, et quatuor frumenti sextarios. Hec itaque prefati milites monachis perpetuo jure deinceips possidenda concedentes, monachi e contra militibus ipsis prefatam terram de Dordonia, quam eis calumniabantur, perpetuo habendam concesserunt, ita tamen ut decimam ipsius terre monachi semper habeant, et terragium etiam ipsi milites et heredes ipsorum in grangiam semper faciant afferre monachorum.

Hujus rei testes : pater Guillermus, prior, et monachi qui cum eo erant, Odo scilicet, sepefati frater Hervei, et Herveus senex, pater ipsius Hervei et Odonis, Johannes Saracenus, Evanus prior Belismensis, et Thomas, socius ejus. De laicis ex parte monachorum : Gauffredus de Curte Tealdi, Gaudinus famulus Guillermi prioris, Bozardus famulus Belismensis, Raimbertus Carpentarius. Ex parte Hervei et Fulcodii : Hugo dominus Vilereti, qui hoc ipsum concessit ; Hugo de Sisseio, Radulfus de Pereio, Paganus Trochetus, Popardus pellitarius, Herveus Cum-Barba et multi alii.

Post non multum autem temporis prefati duo milites in Capitulum Majoris Monasterii in festivitate hiemali venerunt et omnia superius prelibata. in manu domni Odonis abbatis, denuo dimiserunt, vidente et audiente omni Capitulo, presentibus etiam laicis hominibus istis. Gauffrido, armigero ipsius Hervei, Petro Burdone, Petro Morani, Landrico, Bozardo famulo Belismii et aliis multis.

Arch. de l'Orne, H. 2,518.
Bibl. nat., ms. lat. 5,441, t. II, fo 302vo.
L'original des archives de l'Orne est une belle peau de parchemin, très blanche, rayée au poinçon au verso. L'écriture en est très belle. Au dos, on lit cette cote : « De tractu decime de Danceiaco. Sagien. »

N° 207.

1124-1137. — *Charte notice de la donation par Hervieu de Dancé et Foucaut, son frère consanguin, d'un trait de dime à Dancé, de quatre boisseaux de blé et de toute la paille de la dime.*

Noverint presentes et futuri Majoris Monasterii habitatores quod Herveus de Damciaco et Fulcodius consanguineus ejus tractum decime nostre de ipsa Damceii villa habebant et quatuor frumenti sextarios, totumque stramen ejusdem decime.

Hec omnia dederunt beato Martino Majoris Monasterii et nobis monachis ipsius; proprius apud Damceium, domno Guillelmo priori Majoris Monasterii donum istud facientes ubi interfuerunt Bernardus, prior Bellismensis, Herveus monachus, pater prefati Hervei, hujus elemosine datoris, et Odo monachus noster, frater ejus, multique alii.

Postea autem ipse predictus Herveus et Fulcodius, ipsius consanguineus, Majus Monasterium venientes die hiemalis festivitatis, in generali capitulo nostro istud donum denuo domno Odoni Abbati fecerunt, et super altare beati Martini deinde miserunt, vidente Petro Burdone, famulo Majoris Monasterii et multis aliis.

Arch. de l'Orne, H. 2,518. Original parchemin. Coté au dos : « De tractu decime de Danceio. Ad Belismum pertinet. Sagien. »
Bibl. nat., ms. lat. 5,441, t. II, fo 300.

N° 208.

1124-1137. — *Charte notice de la donation, par Ernaut de Dancé, sa femme et son fils Hugues, de deux arpents de prés en reconnaissance de quoi ils reçoivent 10 sols, la participation aux prières du prieuré, avec promesse par les susdits d'abandonner aux moines l'hébergement d'un appelé Martin, à la condition que le premier mourant d'entre eux serait enseveli par les religieux.*

Noverint presentes et posteri quod Ernaudus de Damliaco et uxor ejus, et filius Hugo, acceptis decem solidis et participatione totius nostri deinceps benefacti, dederunt Sancto Martino et nobis suis monachis duos arpennos prati prope domum suam sitos, alio prato nostro contiguos. Qui etiam spoponderunt nobis quod cum aliquis ipsorum trium prior obiret, ipse quidem sepeliretur a nobis; illi autem mox nobis dimitterent herbergamentum cujusdam Martini et quidquid ad illud pertinere cognoscitur.

Concesserunt hec seniores eorum; Hugo de Crapone et Rodulphus filius ejus, cui etiam pro signo sue concessionis dedit noster monachus, nomine et ipse Rodulfus, in eodem prato, denarium unum.

Videntibus Gualterio Richinno, et Johanne famulo et Gualterio medietario. Concessit etiam Guido de Jailla (1) et Guarinus senescalcus. Testes horum : ipse Hugo de Crapone et jamdictus filius ejus Teduinus quoque, homo Guidonis de Jailla, et Bertrannus Capellanus.

Arch. de l'Orne, H. 2,518. Charte originale en parchemin

(1) Guy de la Jaille figure parmi les témoins de la donation de Saint-Léonard à Marmoutier par Robert II de Bellême, en 1092.

N° 209.

1124-1137. — *Reconnaissance par Goufier de Villerai, en faveur des moines de Marmoutier, de la possession de la terre de Dancé, autrefois donnée aux chanoines de Saint-Léonard, et dont, pendant plusieurs années, il avait enlevé la jouissance aux moines.*

Recognitio donni Gulferii auctoramenti ex terra de Domceio, quam Gunterius pro anima sua ecclesie Sancti Leonardi dederat. Recognovit enim donnus Gulferius, apud Fagitum Godehildis, quod auctorisamentum terre supradicte ecclesie Sancti Leonardi et canonicis fecerat. Sed per iracundiam quam erga donnum Gauscelinum monachum habuerat, eam monachis B. Martini pluribus annis injuste abstulerat, et militibus duobus de Domceio, Herveo videlicet et Guilelmo, per vim tenere fecerat. Inde penituit et terram solutam ab omni calumnia ecclesie Sancti Leonardi et monachis B. Martini reddidit. Hoc viderunt et audierunt ex parte donni Gulferii : Galterius Caisnel, Herveus, Guilelmus, Gauterius Guilelmi filius, Johannes de Domceio et alii quam plures. Ex parte monachorum : ipsi monachi, Guilelmus prior, Bernardus, Albertus de Spereia, Lancelinus, Radulfus et Gibuinus, nepotes Guilelmi prioris, Ernaldus de Domceio et Guilelmus famulus.

Arch. de l'Orne, H. 2,188. Notice sur parchemin.

N° 210.

Juillet 1190. — *Vidimus par l'official de Sées d'une charte de Rotrou IV, comte du Perche, par laquelle il confirme aux moines de Bellême la vente faite par Héméri de Villerai de tout droit et usage de justice qu'il pouvait avoir en leur terre de Dancé.*

Universis presentes litteras inspecturis Officialis Sagiensis salutem in Domino.

Noverint universi nos litteras R[otrodi] quondam Comitis Perticensis, sigillo suo vero et sigillis Gaufridi et Stephani filiorum suorum veras vidisse, ut prima facie apparebat, et diligenter inspexisse, non cancellatas, non abolitas, nec in aliqua parte sui viciatas, quarum tenor talis est :

In nomine Jhesu Christi, Ego R[otrodus] Perticensis Comes et dominus notum facio universis tam presentibus quam futuris quod Hemericus de Vileraio vendidit, pro xxxv libris Andegavensibus sibi et (*deux mots grattés et effacés*) Gaufrido, in presencia mea cum assensu Gaufridi, fratris sui, et sororum suarum, monachis de Bellismo quidquid juris et consuetudinis et justicie ipse habebat in terra eorum apud Dance, ita quod prefatus Hemericus nichil unquam aliquid reclamabit, nec in terra, nec in hominibus, nec heredes sui ; et hoc resignavit in manu mea et ego monachos investivi. Hanc venditionem firmiter tenendam assecuravit predictus Hemericus et Gaufridus frater ejus, fide eorum corporaliter prestita et juramento prestito super altare apud Vilerail.

Testes sunt isti : Ghacho de Vicheris, Guillelmus de Voire, Nicholaus de Amilleio, Nicholaus Le Viandier, Willelmus de Beureria, Adan de Loissael, Nicholaus de Vaunoise, Johannes de Rupe, Willelmus de Vilerail, Guarinus Bolenus, Rogier Igniard, Aubertus du Jarriai, Barachin Coutail, Hugo Le Viandier, Hubert Ignard, Johannes de Yvrece, Robin Ignard, Gaufridus de Vilerail. Ut autem predicta venditio stabilis et firma habeatur, sigilli mei et sigillorum filiorum munimine roboratur.

Actum anno gratie M° C° nonagesimo mense julio.

In cujus rei testimonium ad petitionem predictorum monachorum presentibus litteris sigillum Curie Sagiensis dignum duximus apponendum.

Datum anno Domini M° CC° XLVII° mense januarii.

Arch. de l'Orne, H. 2,519. Parchemin original, sceau perdu. Les mots : « ut prima facie apparebat » sont en interligne et ont été de plus reproduits sur la queue de parchemin à laquelle pendait le sceau. Il y a de cette pièce un double de parchemin en tout semblable, sauf que le sceau et la date de l'official n'y figurent pas.

N° 211.

1220. — *Lettre de R... de Osseel, procureur général du comté du Perche, à Geoffroi d'Ecures, official de Sées, notifiant que Mathieu des Chaises, curé de Dancé, tient le Clos du Monastère, en fief laïque, et que la cause pendante à ce sujet doit être renvoyée à la justice du prieur de Bellême, seigneur féodal.*

Viro discreto et amico karissimo G[aufrido] de Curis officiali Sagiensi, magister R..... de Osseel(1), generalis procurator totius terre comitis Pertici, salutem.

Vestre dilectioni significamus quod Matheus de Chesis, persona de Danceio, in jure coram nobis est confessus se habere in feodo laico a priore de Belismo terram illam que dicitur Clausus Monasterii, unde vobis mandamus ut supersedeatis cause et eam ad priorem remittatis. Valete.

Arch. de l'Orne, H. 2,519. Parchemin original portant au dos cette cote : « Carta super clauso de Dance et orto. »

N° 212.

1220. — *Sentence arbitrale de frère Thomas, prieur de Nogent-le-Rotrou et de Philippe de Prulay, clerc, qui met fin au différend entre le prieur de Bellême, et Mathieu, curé de Dancé, au sujet d'une maison que ce dernier devait bâtir dans l'enclos de l'église de Dancé.*

Frater Th[omas], prior Sancti Dyonisii de Nogento Rotrodi, et Philippus de Pruleio, clericus, universis presentes litteras inspecturis salutem in Domino.

Ad universitatis vestre noticiam volumus pervenire quod cum prior de Belismo, vir venerabilis et religiosus, coram viro venerabili et discreto G[aufrido] de Escures, tum temporis officiali Curie Sagiensis, peteret a Mattheo, persona de Dance, quod faceret domum unam in quadam platea infra clausum juxta ecclesiam de Dance, quam Mattheus facere debebat de jure sicut dictus prior asserebat; idem officialis nobis per suas patentes litteras intimavit quod nos, communi assensu partis utriusque, et ab eis in presencia dicti officialis prestito juramento, electi arbitri instanter et discrete cognosceremus de platea et loco in quo domus illa deberet fieri, et de precio domus faciende et de expensis, de

---

(1) De Osseel pourrait être traduit par : de Loisel, soit par : d'Oisseau ; Loisel ou Loisail est une paroisse du Perche qui a donné son nom à une vieille lignée percheronne, deux paroisses du Maine se nomment : Oisseau.

quibus inter dictos priorem et Mattheum in Sagiensi Curia diu fuerat litigatum : Nos autem mandatum officialis exequi volentes et pacem inter eos apponere desiderantes, prudenciumque virorum freti consilio, ac seniorum patrie illius cognita conscientia, convenimus ad locum, et Mattheo, videntibus multis, ostendimus locum in clauso cimiterio adjacenti in quo domus deberet fieri, et ei certum diximus pretium quanti constaret fabrica domus faciende, scilicet XIIII libras, et terminum infra quem facta esset domus illa assignavimus ab instante Nativitate beati Johannis Baptiste in annum. Preterea nos decretui nostro adjungimus, quem levius expediendum esse decrevimus, quod Sagiensis Curia in manu sua capiat redditus dicti Matthei donec XIIII libras receperit ad domum faciendam, si domus facta non esset infra terminum assignatum, quam nisi dictus Mattheus infra terminum dictum fecerit, illumque absit obviam occurrere, credo, prestito a se in Sagiensi Curia sacramento. De expensis nichil diximus, locum et tempus et magis expeditum consilium expectantes. Nos vero in hujus rei testimonium litteras istas sigillis nostris fecimus sigilllari.

Actum anno Domini millesimo ducentesimo vicesimo.

Arch. de l'Orne, H. 2,521. Original, parchemin. Les deux sceaux sont perdus.

N° 213.

Carta de Danceio, de molendino.

1233. — *Compromis entre Hervieu de Dancé et Renaut Chesnel, d'une part, et Renaut, prieur de Bellême, d'autre part, au sujet du moulin de Dancé, relativement à la façon de garder et d'ouvrir le coffre où se mettait la farine prélevée comme droit de mouture.*

Universis presentem paginam inspecturis Herveus de Danceio et Raginaldus Chesnel, milites, salutem in Domino.

Noverit universitas vestra quod cum contencio verteretur inter nos, ex una parte, et R[aginaldum] priorem de Belismo, ex altera, super molendino de Danceio, in quo nos dicebamus quod debebamus habere unam clavem in archa multure molendini, ea ratione quod ejusdem multure terciam partem habebamus ; et dictus prior, qui in dicta archa clavem semper habuerat, hoc negaret, tandem compositum est inter nos in hunc modum : quod nos et heredes nostri in predicta archa habere poterimus unam clavem, ita quod si in singulis dominicis presentem non habuerimus clavem nostram, ad multure porcionem debitam faciendam, expectabitur noctis adventus, et ex tunc prior vel ejus nuncius claveuram nostram libere poterit amovere et porcionem suam libere capere et ubi placuerit asportare. Preterea quociens opus fuerit aliquid necessarium in molendino fieri vel comparari, nisi intra quindenam a priore vel ejus nuncio requisiti, secundum porcionem que nos contingit de sumptibus illis non satisfecerimus, non obstante contradicione nostra vel heredum nostrorum, prior licite poterit et claveuram nostram amovere et porcionem nostram capere et vendere, donec satisfactum sit de sumptibus omnibus circa molendinum factis competenter. Quod ut robur obtineat perpetue firmitatis, presentem paginam fecimus sigillorum nostrorum munimine roborari.

Actum anno Domini M° CC° XXX° tercio.

Arch. de l'Orne, H., 2,523. Original, parchemin; sceaux perdus.

N° 214.

Carta de Dancelo de propositura.

1243. — *Vente par Guillaume de Dancé, du gré de Jeanne, son épouse, de Regnard Poibèle et de ses héritiers, à Renaut prieur de Bellême, de la prevôté de Dancé, pour le prix de douze livres tournois.*

Ego Guilelmus de Danceio notum facio universis ad quos presens scriptum pervenerit quod ego, de assensu et voluntate Johanne uxoris mee, Raginardi Poibeile et heredum meorum, vendidi et concessi Raginardo priori de Belismo posituram meam de Danceio cum omnibus pertinenciis suis, pro duodecim libris turonensibus de quibus ego me teneo plenarie pro pagato in pecunia numerata, predicto priori et ejusdem loci fratribus jure hereditario quiete, pacifice et libere ab omnibus perpetuo possidendam. Hanc autem vendicionem ego et Johanna uxor mea, tactis sacrosanctis evangeliis, abjuravimus sub hac forma quod nos in dicta vendicione racione dotis sive aliqua alia racione aliquid juris sive dominii non possumus de cetero reclamare. Ut hoc autem firmum et stabile perpetuo permaneat presentem paginam sigilli mei munimine confirmavi.

Datum anno Domini M° CC° XL° tertio, mense novembris.

Arch. de l'Orne, H. 2,520. Original, parchemin.

N° 215.

Carta de Dancelo, de quitacione feodi de Almeto.

1249. — *Renonciation de Guillaume de Colle, recteur de l'église N.-D. de Bonmoulins, devant Guillaume de Veisins, bailli royal, aux prétentions qu'il avait fait valoir à la possession du fief d'Aunai, sis à Dancé, à l'encontre du prieur de Bellême.*

Ego Guilelmus de Colle, rector ecclesie B⁸ Marie de Bonis-Molendinis, notum facio universis quod cum contentio verteretur apud Belismum in curia domini regis inter me, ex una parte, et virum religiosum priorem de Belismo et monachos, ex altera, super quodam feodo, quod vocatur feodum de Almeto situm in parochia de Danceio, quod feodum ego dicebam ad me pertinere jure hereditario et teneri a predictis priore et monachis, solvendo eisdem, ratione predicti feodi, duas lampredas tantummodo, post decessum tenentis sive tenentium successiv , pro omnibus serviciis et redibenciis ; quod dicti prior et monachi mihi penitus denegabant, firmiter asserentes quod ego in dicto feodo nichil juris habebam, sive distrinctus, sive dominii, immo predictum feodum ad eos pleno jure pertinebat, nec a me tenebatur de eisdem ; tandem post multas altercationes, de proborum virorum consilio, in dicta curia cessi liti, recognoscens dictos priorem et monachos injuste vexari, coram Guilelmo de Veisins ballivo regio et tota curia, me et heredes meos aliquid juris sive distrinctus sive dominii in dicto feodo non habere. Cognita vero veritate contentionis et a me facta cessione dicte litis predicti feodi, dicti prior et monachi caritative et ex mera liberalitate sua mihi centum solidos turonenses in numerata pecunia contulerunt. Ad dictam vero cessionem sub dicta forma factam firmiter observandam, garantizandam et contra omnes perpetuo defendendam predictis priori et monachis, et quod in dicto feodo ego et heredes mei nichil juris de cetero reclamabimus vel faciemus ab aliquo reclamari, me fide media et per meas patentes litteras obligavi et ad hoc tenendum heredes meos similiter volui imposterum obligari.

Datum anno Domini M° CC° XL° nono, mense junio.

Arch. de l'Orne, H. 2,526. Original, parchemin ; *H. 2,170, rouleau côté 3,* n° 41.

N° 216.

Carta de Dancelo, de redecima.

1250 (n. s.). — Renonciation par Loison du Raderet, en faveur des abbés et religieux de Marmoutier, aux prétentions qu'il avait élevées de prendre la « redime » de la dîme que les moines percevaient dans sa terre de Dancé.

Universis...... Ansellus de Radereto salutem in Domino.

Noverit universitas vestra quod cum contencio verteretur inter me, ex una parte, et religiosos viros abbatem et conventum

Majoris Monasterii, ex altera, super eo quod dicebam me et mestivarios meos qui pro tempore essent, debere percipere redicimam in decima quam dicti abbas et conventus percipiunt in terra mea, sita in parochia de Danceio; tandem post multas altercationes ego volens saluti et remedio anime mee et antecessorum meorum consulere, de prudentium virorum consilio, quitavi et dimisi dictam redicimam et omne jus quod habebam vel habere poteram in redicima supradicta; promittens pro me et heredibus meis quod ego vel heredes mei, vel mestivarii mei, qui pro tempore erunt, nichil in dicta redicima aliquo jure poterimus de cetero reclamare. Volui autem et concessi quod mestivarii mei, qui pro tempore erunt annis singulis jurent ad peticionem prioris de Belismo vel ejus mandati, ante collectionem messium, dicto priori vel ejus mandato, quod dictam redicimam nullo modo percipient. Immo decimam dicti prioris prout melius poterunt fideliter observabunt, et ad hec omnia supradicta fideliter observanda me et heredes meos per presentes litteras obligavi. In cujus rei memoriam presentes litteras sigilli mei munimine roboravi.

Actum anno gratie M° CC° XL° nono, mense februarii.

Arch. de l'Orne, H. 2,170. Rouleau côté 3, n° 44.
Bibl. nat., ms. lat. 5,441, t. II, f° 311.

N° 217.

Carta de Danceio de eadem redecima.

1250 (n. s.). — *Renonciation semblable par Guillaume de la Beuvrière.*

Universis..... Guilelmus de Beureria, miles, salutem in Domino.

(Le reste comme dans la charte précédente, sans aucun changement.)

Actum anno gratie M° CC° XL° nono, mense februarii.

Arch. de l'Orne, H. 2,170. Rouleau côté 3, n° 45.
Bibl. nat. ms. lat. 5,441, t. II, f° 311. Extrait.

N° 218.

Carta de Danceio, de redecima.

1250 (n. s.). — *Renonciation semblable par Robert du Désert.*
Universis..... Robertus Deserti, salutem in Domino.

(Le reste exactement comme dans l'avant-dernière charte. Même date.)

Arch. de l'Orne, H. 2,170. Rouleau côté 3, n° 46.

N° 219.

Novembre 1255, — *Donation au prieuré de Bellême par Michel de Bizou et sa femme, de quarante sols en reconnaissance des gains faits par eux sur un hébergement et sur des terres qui leur avaient été baillées à ferme par les religieux.*

Univeris presentes litteras inspecturis Decanus Belismensis salutem in Domino.

Noveritis quod apud presentiam nostram constituti Michael de Bisoel et Maria ejus uxor recognoverunt in jure coram nobis se recepisse ad firmam annuam, a religiosis viris abbate et conventu Majoris Monasterii et eorum priore de Belismo, habergamentum de Danceio cum quibusdam aliis possessionibus, prout in litteris inde confectis dicitur contineri ; ex qua receptione, ut confessi sunt in jure coram nobis, emolumentum jam sunt non modicum assecuti. Hiidemque volentes quantum possunt vitium ingratitudinis evitare, in recompensationem hujusmodi emolumenti, necnon animarum suarum et antecessorum suorum saluti providere volentes, dederunt et concesserunt in puram elemosinam et perpetuam priori et prioratui supradicto quadraginta solidos currentis monete apud Belismum, assignantes dictos quadraginta solidos super duas oschas terre ipsorum, quarum una contigua est terre Stephani Revel, ex utroque latere, et alia sita est inter terram dicti Stephani Revel, ex una parte, et inter terram Gervasii dou Heaume, ex altera, et super habergamentum situm in predicta terra, com quadam pecia prati dictis duabus oschis terre contigui, que omnia sita sunt in parochia de Danceio, in feodo Guillelmi de Chesia militis. Volentes et concedentes quod prior qui pro tempore in dicto fuerit prioratu, vel ejus mandatum, eosdem quadraginta solidos percipiat et habeat, post mortem dicti Michael, titulo elemosine annuatim super predictas terras, habergamentum et pratum, in festo beati Leonardi apud Belismum, per manum illius qui dictam terram cum dictis habergamento et prato possidebit vel excolet, quem maluerit dictus prior, dictam terram, cum dictis habergamento et prato, fructus, exitus et proventus eorumdem, scienter et sponte quantum ad hoc honerando, obligando, honeratam et obligatam astringendo et constituendo.

Et dederunt fidem in manu nostra dicti Michael et Maria ejus uxor, spontanei, non coacti, non dolo, non fraude, nec vi nec metu ad hoc inducti, quod contra prefatas donationem, concessionem et assignationem non venient de jure vel de facto, ratione dotis vel donationis propter nuptias, nec jure aliquo, vel juris beneficio sibi competenti, vel competituro, per se vel per alios in futurum, apposita pena, ex parte dictorum Michaelis et Marie ejus uxoris, trium solidorum turonensium reddendorum super dicta terra et dictis habergamento et prato, priori predicto, pro unaquaque hebdomada solutionis post terminum supradictum; qua etiam soluta, voluerunt et concesserunt quod principalis obligatio nichilominus in suo robore permaneat et persistat, eamdem terram com dictis habergamento et prato, fructibus et exitus eorumdem quoad hoc specialiter obligando, promittentes quod eosdem quadraginta solidos ab omni dominio facerent et redderent liberos et immunes, abrenontiantes quoad hoc exceptioni doli et fraudis, et in finem et omni alteri exceptioni et rationi que de jure vel de facto contra presens dictum factum et instrumentum possit objici vel proponi, beneficio restitutionis in integrum et omni auxilio tum juris canonici quam civilis, quod in hac parte dictos Michaelem et ejus uxorem possit juvare et nocere abbati et conventui, priori et prioratui supradictis. Et de premissis universis et singulis firmiter observandis et tenendis et de non veniendo contra, se bona sua adquisita et adquirenda, heredes et quoscunque successores suos pariter specialiter obligantes : in testimonium predictorum quilibet eorum presentibus litteris sigillum suum apponere dignum duxit.

Et nos decanus Belismensis, ad petitionem predictorum Michaelis et Marie uxoris sue, hiis presentibus litteris sigillum nostrum duximus adponere ad majorem confirmationem hujus rei.

Ego vero Guillelmus de Chesia miles et Gervasius de Sancto Quentino armiger, domini feodales, predictas donationem, concessionem et assignationem approbamus, ratas habemus et attestatas volumus insuper et concedimus quod dictus prior et ejus successores dictos quadraginta solidos percipiant et habeant liberos et immunes ab omnibus serviciis ad nos vel ad heredes nostros pertinentibus quoquomodo. In cujus rei testimonium sigilla nostra presentibus litteris apposuimus, ad petitionem sepedictorum Michaelis et Marie. per que ad omnia predicta firmiter tenenda et fideliter observanda voluimus nos et heredes nostros successive obligari.

Datum anno Domini M° CC° quinquagesimo quinto, mense novembri.

Arch. de l'Orne, H. 2,520. Original, parchemin. Cette grande pancarte était scellée de cinq sceaux qui ont tous disparu.

N° 220.

Mars 1257 (n. s.). — *Confirmation par le doyen de Bellême de la donation précédente.*

Universis.... decanus Belismensis salutem in Domino.

Noveritis quod in nostra presentia constituti Michael de Bisoel et Maria ejus uxor, recognoverunt in jure coram nobis se recepisse ad firmam annuam a religiosis viris abbate et conventu Majoris Monasterii et eorum priore de Belismo, habergamentum de Danceio com quibusdam aliis possessionibus prout in litteris inde confectis dicitur contineri, ex qua receptione, ut confessi sunt in jure coram nobis, emolumentum jam sunt non modicum assecuti. Hiidemque volentes quantum possunt vicium ingratitudinis evitare, in recompensationem hujusmodi emolumenti, nec non animarum suarum et antecessorum suorum saluti providere volentes, dederunt et concesserunt in puram elemosinam et perpetuam priori et prioratui supradicto quadraginta solidos currentis monete apud Belismum, assignantes dictos quadraginta solidos super terram ipsorum de Fontaneio sitam in parochia de Danceio in feodo Guillelmi de Chesia militis..... (*Le reste comme ci-dessus*).

Ego vero Guillelmus de Chesia miles et Gervasius de Bella Quercu domini feodales, predictas donationem et assignationem approbamus.....

Datum anno Domini M° CC° L^{mo} sexto, mense marcio.

Arch. de l'Orne, H. 2,520. Original, parchemin. Cette charte comme la précédente était scellée de cinq sceaux qui sont perdus.

N° 221.

1272. — *Reconnaissance envers le prieur de Saint-Martin, par Guillaume de Saint-Quentin, curé de Dancé, d'un cens annuel de cinq sols pour un hébergement sis à Dancé.*

Universis presentes litteras inspecturis Guillelmus de Sancto Quintino presbiter, rector ecclesie de Danceio, salutem in Domino.

Noveritis quod ego debeo viro religioso et honesto priori Sancti Martini de Veteri Belismo, qui pro tempore erit, quinque solidos annui census turonenses, super quodam herbergamento sito in villa sua de Danceio, quod ego teneo ab eodem priore qui michi tradidit illud herbergamentum vita mea comite possidendum; quem censum ego dictus Guillelmus presbiter teneor reddere dicto priori quamdiu vixero, in festo beati Leonardi, et deferre ad ecclesiam ejusdem sancti apud Belismum annuatim. Ita quod si ego dictus Guillelmus presbiter dictum censum dicto priori in dicto festo sancti Leonardi in dicto loco delatum annis singulis integre non reddiderim, dictus prior et ejus mandatum in dicto herbergamento poterunt capere et tenere, sine mei aliqua contradictione, donec de dicto censu et de emenda censuali eidem priori fuerit plenarie satisfactum, quia dictus prior in dicto herbergamento, quod michi ad vitam meam tradidit, habet et retinet omne jus et dominium, justiciam et districtum, exercendo et faciendo in quocumque casu fieri accidit, tanquam in aliis suis burgesiis de Danceio, et tanquam in alio suo feodo laicali. Ad quod tenendum firmiter dicto priori ego predictus Guillelmus presbiter obligo me et bona mea per presentes litteras, quas eidem contuli in sigillo ecclesie sigillatas. Insuper ego Gaufridus, decanus Belismensis, ad peticionem utriusque partis, sigillum decanatus presentibus litteris apponere dignum duxi in predictorum omnium confirmationem, et testimonium, et munimen.

Actum anno Domini M° CC° septuagesimo secundo.

Arch. de l'Orne, H. 2,521. Original, parchemin. Les deux sceaux sont perdus.

N° 222.

Janvier 1294 (n. s.). — *Sentence du doyen de Bellême qui termine un différend au sujet de la perception des dîmes entre le prieur de Bellême, d'une part, et Guillaume Menart, Jean Culfroit, et Jean Fouques, d'autre part, sur des terres sises à Dancé.*

Universis presentes litteras inspecturis decanus Bellismensis salutem in Domino.

Notum facimus quod, mota controversia coram venerabili viro et discreto Officiali Sagiensi inter religiosum virum et honestum priorem Sancti Martini de Veteri Bellismo, ex una parte, et Guillelmum Menart, Johannem Culfroit ac Johannem Foques ex altera, super eo videlicet quod supradictus prior asserebat quod cum decime omnium frugum crescentium in parochia de Danceio ad ipsum priorem pertineant suumque prioratum predictum, et eas perceperit idem prior et antecessores ejusdem a tempore a quo memoria non existit; ipsi nampe Guillelmus et Johannes Foques et Johannes Cufroit plures terras et possessiones habeant infra metas parochie supradicto et de decimis ad supradictum priorem et suum prioratum pertinentibus, causis et rationibus quibus supra, de frugibus ab eisdem Guillelmo et Johanne vel eorum mandato perceptis in predictis terris et possessionibus, infra metas dicte parochie existentibus, sepedicti Guillelmus et Johannes vel eorum mandatum, aut eorum mestivarii, ipsis hoc ratum habentibus, ipsorum nomine vel ipsis scientibus, a sexdecim annis et citra, decimam partem quam vulgariter appellant redecimam retinuerint, contra voluntatem predicti prioris, qui tanto tempore in dicto prioratu permansit, quam decimam partem prefatus prior estimabat et adhuc estimat, contra quemlibet predictorum Guillelmi et Johannis, unum sexterium frumenti valoris sexdecim solidorum turonensium, et unum siliginis valoris decem solidorum, unum ordei valoris septem solidorum, unum avene valoris quinque solidorum, unumque minotum de pisis valoris trium solidorum, dimidium minotum de fabis valoris decem et octo denariorum, in quibus idem prior prefatos Guillelmum et Johannes petebat condempnari pro tempore preterito per sententiam dicti officialis, causis et rationibus quibus supra, et cum hoc ipsos condempnari et compelli ad solutionem dicte decime partis faciendam in posterum ipsi priori et suis successoribus, ut est rectum, ipsis Guillelmo et Johannibus premissa negantibus vel eorum defensore videlicet Gaufrido Lesuor, ad certam penam coram officiali predicto :

Tandem presentibus coram nobis dicto Bellismensi decano, in jure, supradicto priore, ex una parte, et dictis Guillelmo Menart Johanne Cufrait atque Johanne Foques, ex altera, ipsi Guillelmus et Johannes et Johannes, sua spontanea voluntate, consentiente in hoc supradicto priore, tactis sacrosanctis evangeliis juraverunt quod quicquid Guillelmus Guimont et Gaufridus de Leschacerie, qui decimas dictarum frugum in dicta parochia de Danceio nomine prioris predicti vel de mandato ejusdem collegerant a quinquennio et citra, vel quicumque alius collegisse poterunt vel volent dicere per suum juramentum quod supradicti Guillelmus et Johannes et Johannes retinuerint, vel alius pro eisdem, de dicta decima predicti prioris a tempore dicti quadriennii et citra, contra voluntatem eorum qui predictas decimas nomine prioris predicti supradicto tempore collegerint, ipsi Guillelmus et Johannes et Johannes prefato priori vel suo mandato suisque successoribus decimas de suis frugibus, quas percipient in futurum in dicta parochia de Danceio, sine diminutione vel retentione, persolvent et persolvi precipient suis mestivariis si quos habebunt, sicut juraverunt coram nobis, quemadmodum idem prior et sui successores in aliis parochiis de archidiaconatu Bellismensi in quibus habent decimas, causis et rationibus quibus supra, ipsas decimas percipiunt et hactenus percipere consuevit sepedictus prior et antecessores ejusdem. Et nos decanus, presentibus dictis Guillelmo et Joanne et Joanne coram nobis et in premissis consentientibus, in scriptis ad hec tenenda facienda et observanda finaliter condempnavimus, sigillum decanatus nostri Bellismensis ad confirmationem omnium promissorum presentibus apponentes.....

Actum de consensu dictarum partium die veneris post Epiphaniam Domini, anno Domini M° CC° nonagesimo tercio.

Arch. de l'Orne, H. 2,522. Original parchemin.

N° 223.

Décembre 1299. — *Vente par Geoffroi de L'Eschasserie et Béatrice sa femme, aux prieur et couvent de Saint-Martin-du-Vieux-Bellême, pour le prix de six livres tournois, de sept sols tournois de rente annuelle, assis sur une maison à Dancé.*

A tous ceux qui verront ces présentes lettres Robert de Nuefvile, escuier, vicomte de Bellême et de Mortaygne, garde dou sael de la chastelerie de Bellême, saluz.

Sachiez que par devant Guillaume Galeran, notaire, clerc, jurez à ce establiz, vindrent Gefroy de Leschasserie et Beatrix sa femme et requennurent eux avoir vendu et otré à religious homes au priour et au couvent de Saint-Martin de Viez-Bellesme, et à leur successeur, pour le pris de sis livres de tornays desquex les diz vendeurs se tindrent pour bien payez en deniers nombrez : c'est à savoir sept souz de tornays ou de monaye commune d'anuel et perpétuel rente, assis et assignez sus une meson laquelle siet en la ville de Dancé, entre la meson Guillot Guimont d'une part et Guillot Lesuour de l'autre, et troys minoz de terre semence assis en la paroisse de Colonart, ou fyé Johen Bechet ; et jouxte la dite terre d'un côté et de autre à la terre des hoirs Clémenz dou Martelers, et aboute par en bas à la terre Guillerme de Soyre, et par le bout d'amont à la terre dou clerc dou Noyer : à rendre des diz vendeurs ou de leurs hoirs les devant diz sept souz de tornays d'anuel et perpétuel rente, au diz acheteurs et à leurs successeurs, ou à leur certain commandement portant cès lettres, par chacun an à Noël, frans et quites de toutes choses..... En fesant dou dit héritage des diz acheteurs et de leurs successeurs les services au chiers segneurs ou temps à venir ; et promettent en bonne fey que en contre ne vendrunt. ... renonçant en cest fet à tote ayde de droyt et fet, à tout privilège de croyz prinse et à prendre.....

Donné l'an de grâce mil deux cenz quatre vingt dix neuf, le jeudi empré Noël.

Arch. de l'Orne, H. 2,494. Original parchemin. H. 2,215, Rouleau côté G, n° 6.

N° 224.

Mai 1304. — *Vente à maître Thomas de Mainviller, par Guillot Pagot, et Isabeau, sa femme, d'une rente annuelle de quinze sols tournois contre un capital de sept livres et cinq sols tournois.*

A touz ceulx qui verront ces présentes lettres. Geffrai le Chastelain, clerc, garde dou sael de la chastelerie de Bellesme, saluz.

Saichent touz que par devant Guillot Le Porch, notre clerc, juré à ce espécialement destiné, vindrent et furent presenz Guillot Pagot et Isabeau sa fame e requennurent eus avoir vendu e octrié par nom de vente heritaument à touz jours mes, pour eus e pour leur airs, à mestre Thommas de Main Viller e à ses airs, ou à ses successeurs quesconques, ayanz ou avoir cause de lui ou de ses airs, pour le pris de sept livres et cinq souz de tournays dont il se tindrent pour bien paiez en deniers nombrez, et en quitèrent le dit achetour de tout en tout, c'est assavair : quinze souz de tournais de rente féal et hérital frans et quites, délibérés et desservis de touz poinz, à touz temps, envers touz et de touz, assis et assignez sur tout entérignement quanque il ont et poust avoir ou moulin de Dancé e ès apartenances, sur une pièce de terre laquel est assise entre l'esve dont le dit moulin meust, d'une part, et l'esve morte, de l'autre, ou flé ou priour de Saint-Martin dou Vel Bellesme, à rendre e à paer quitement, franchement e entièrement la dite rente au dit acheteur e à ses airs, o à ses successeurs quexconques, par la main des diz vendeurs e de leur airs, ou de quiconque tiendra ce qu'il ont ou dit moulin e ès apartenances, e la dite pièce de terre, au terme de la Nativité Saint Johen Bauptiste, des ores mes pardurablement chacun an, commençant à la dite Nativité proche venant.....

Donné l'an de grâce mil trois cens quatre, le dimanche après la Saint Barnabé apuustre.

Arch. de l'Orne, H. 2,523. Original, parchemin.

N° 225.

Mai 1317. — *Echange par Philippe Caillard et Alice, sa femme, de leur part de moulnerage sur le moulin de Dancé, et les mesons, hébergements, vergers, en dépendant, d'une part ; et par Geoffroi de Villerai, écuyer, sire de la Bourdonnière, d'une rente de vingt sols que lui faisait Colin Giraut, d'autre part.*

A touz ceuls qui ces lettres verront, Rogier Bersal, garde dou sael de la terre Mousiour Challes à Nogent-le-Rotrou, salut.

Saichent touz que par devant Robin Belocier, clerc à ce establi, vindrent Philippe Caillart et Aliz, sa fame, et recognurent euls avoir baillé et, par nom de baillée avoir otraié héritaument à touz jourz mes, pour euls et pour leurs hoirs, à Geffroy de Virerail (1), escuier, sire de la Bourdonnière et à ses hoirs, par nom d'eschange et de permutacion fecte entre euls, c'est-à-savoir : la moitié ès trois parz de moulneraiges dou moulin de Dancé, en la paroisse de Dancé, ès fiez au priour de Bellême, e les apartenances, tant en mesons, herbergemens, vergiers, bois, haies, terres, prez et pastures, comme en autres chouses quelconques, en eschange et en recompense de vint soulz de rente, les quelx Colin Giraut fesoit audit Geffroy à la Nativité de Notre-Seigneur, par chacun an, par reson de certains héritages, qu'il tient de luy ouvecques une masure séant en la dicte paroisse, juxte la masure du Chailloay, d'une part, et la terre Johan de Dancé, de l'autre, aboutant au chemin par où l'on vet dou dit Nogent à Nocé, d'un bout, et à la dicte masure dou Chailloay, de l'autre, lesquelx héritaiges ainsi baillez et eschangiez, les diz Philippe et Aliz, sa fame promistrent et gaigèrent par leur foy garantir, délivrer et défendre de touz et contre touz.....

Donné l'an de grâce mil trois cenz diz et sept, le semedi emprès Penthecouste.

Arch. de l'Orne, H. 2,523. Original, parchemin.

Igé.

N° 226.

1291. — *Donation au prieuré de Saint-Martin-du-Vieux-Bellême, par Gervais Borri et Jeanne, sa femme, de cinq sols de rente annuelle et de cent sols sur leurs biens meubles, après leur décès.*

Universis présentes litteras inspecturis et audituris Gervasius dictus Borri et Johanna uxor sua salutem in Domino sempiternam.

Nos attendentes quod nos ante tribunal Domini Nostri Jehsu Christi venturi simus recepturi, prout in proprio corpore gessimus, sive bonum sive malum, considerantesque qui parce seminat parce et metet et qui seminat in benedictionibus et de benedictionibus metet vitam eternam, de disciplinis et orationibus religiosorum virorum prioris et monachorum prioratus Sancti Martini de Veteri Bellismo quamplurimum confidentes, pietatis intuitu et pro remedio animarum nostrarum, de communi assensu nostro,

(1) Le nom, tel qu'on le lit sur le parchemin, est écrit *Virerail*; il faut très probablement lire : *Vilerail.*

contulimus et concessimus priori et monachis supradictis et suis successoribus, in puram liberam et perpetuam elemosinam, quinque solidos monete cursalis annui et perpetui redditus liberos et immunes, in festo beati Leonardi annuatim persolvendos, sitos et assignatos super quamdam hereditatem totam et integram cum pertinenciis suis. Quam hereditatem retroactis temporibus emptionis titulo acquisivimus a Matheo dicto Charuel et Johanna ejus uxore, prout in litteris quas habemus a dictis venditoribus ex dicta venditione confectis plenius continetur ; sitaque est dicta hereditas in parochia de Ygeio, in feodo heredum de Lonneyo, habendumque tenendum dictum redditum ac eciam jure hereditario in perpetuum possidendum et percipiendum dictis priori et monachis prioratus predicti, apud dictum prioratum suum, a nobis et nostris heredibus sive successoribus quibuscumque dictam hereditatem tenentibus et possidentibus, in loco et termino suprascriptis ; quem redditum nos et heredes nostri vel successores quicumque dictam assisiam tenentes et possidentes tenemur ipsis religiosis guarantire et defendere contra omnes ab omnibus in futurum.

Preterea rationibus et eterne retributionis fiducia, quibus supra, volumus, concedimus, precipimus quod predicti prior et monachi habeant et percipiant, post mortem nostram sive decessum nostrum, aut alterius cujuslibet nostrum, de portione bonorum mobilium cujuslibet nostrum, centum solidos monete cursalis, si ad hoc bona nostra mobilia seu pars alterius nostrum primitus decedentis sufficiant seu sufficiat, sine alicujus contradicto. Et si non sufficiant dicta bona quantum ad utrumque nostrum, sive pars bonorum alterum contingens, quicumque decesserimus, ad predicta, volumus nichilominus et precipimus quod dicti centum solidi pro quolibet nostrum habeantur et percipiantur de viginti solidis annui et perpetui redditus, quem redditum dudum comparavimus a Michaele dicto Lemercier et Heloisa ejus uxore, prout in litteris ex dicta venditione confectis et sigillis dictorum Michaelis et sue uxoris sigillatis plenius continetur, quas reservamus penes nos donec de dicta donatione seu legato sit sepedictis religiosis integre satisfactum ; et insuper ad confirmationem majorem donationis presentis, tactis sacrosanctis evangeliis juravimus quod aliquo motu erroneo contra presentem donationem per nos [non] veniemus neque per alium in futurum. In cujus rei testimonium, nos dicti Gervasius et Johanna dedimus prefatis priori et monachis istas presentes litteras sigillis nostris propriis sigillatas, per quas obligamus nos et heredes nostros et successores quoscumque, ad omnia supradicta tenenda firmiter et fideliter imperpetuum observanda.

La Chapelle-Souëf.

N° 227.

1167. — *Donation aux moines de Marmoutier, par Hilgot de la Ferrière et Héméri, prêtre, son frère, de la présentation de l'église de la Chapelle-Souëf et de deux parts de la dîme. Cette donation est confirmée par Huges de Préaux, seigneur féodal et patron, et par le comte du Perche, Rotrou IV.*

Que cito oblivioni tradi possunt scribi debent ut scripto commendetur quod memoria teneri non potest. Fiat igitur nostre posteritatis successoribus et universis ecclesie filiis manifestum quod Hilgotus de Ferreria et Haimericus presbiter, frater ejus, presentacionem Capelle Soef et duas partes decime parrochie ejusdem ville monachis Majoris Monasterii in perpetuam donaverunt elemosinam. Hoc autem Hugo de Prœlis, de quo decimas tenebant concessit, et manucapiens se patronum esse confirmavit.

Quod ut ratum haberetur et stabile, comes Rotrodus, donacioni eorum prebens assensum, eam auctoritate sigilli sui confirmari precepit.

Hiis astantibus : Rotrodo de Monteforti, Hugone de Villereio, Garino Senescallo, Enjorrando de Noce, Hugone de Loenio, Guillelmo Britone, Pagano Baldoino; de nostris hominibus : Guillermo de Curtillo.

Actum est hoc anno ab Incarnatione Domini millesimo centesimo sexagesimo septimo, Roulando tum temporis existente priore Belismi, Radulfo cellerario, Bernado sacrista et aliis monachis : Johanne, Hemmelino, Stephano, Guillermo, Ebraldo, presentibus.

Arch. de l'Orne, H. 2,170; Rouleau côté 3, n°s 4 et 36. La charte n° 36 porte simplement pour rubrique le mot : dupplex. Elle ne présente avec le n° 4 que d'insignifiantes variantes de copiste. Mais tandis que le n° 4 est en partie illisible par suite de l'effacement de plusieurs mots et de déchirures du parchemin, le n° 36 est entier et bien conservé.

N° 228.

Carta Capelle-Suavis de presentacione ecclesie. XXXIIII.

Vers 1167. — *Charte de Froger, évêque de Sées, confirmant aux moines de Marmoutier la donation, faite par Hilgot de la Fer-*

rière, de la présentation de l'église de la Chapelle-Souëf, des deux parties de la dîme, du domaine qu'il y possédait, d'une maison avec un clos et une grange qui étaient à son frère Hémeri.

Frogerus, Dei gracia Sagiensis episcopus, universis Sancte Matris Ecclesie filiis, salutem imperpetuum

Noverit universitas vestra quod Hilgotus de Ferreria dedit monachis Majoris Monasterii in perpetuam elemosinam presentacionem ecclesie de Capella Suavi, et duas partes decime, cum integritate dominii ejusdem ecclesie quam hereditario jure possidebat et domum quam Hamericus frater ejus possidebat, cum clauso et grangia, ita quod redditus monachis Belismensis cenobii remanebunt, et hec omnia in manus nostras misit. Nos autem ea predictis monachis concessimus, et in perpetuam elemosinam sigilli nostri testimonio confirmamus.

Testes sunt : Henricus archidiaconus, Herbertus archidiaconus, Rogerus archidiaconus, Aubericus decanus de Belesmais, Rogerus decanus de Corbonnais, magister Ernaudus de Suri, Hugo Barbinus, Lancelinus de Ygeio.

Arch. de l'Orne. H. 2,170 ; Rouleau côté 3, n° 37.

Bibl. nat. ms. lat. 5,441, t. II, f° 308, v°. Copie suivie de ces mots : « Scellé en cire brune sur lacs de cuir, le sceau rompu par le bas. »

N° 229.

Carta ecclesie de Capella-Suavi data a Rothomagensi archiepiscopo super confirmacione dicte ecclesie. XXXV.

Vers 1167. — *Confirmation par Rotrou, archevêque de Rouen, de la même donation.*

Rotrodus Dei gracia Rothomagensis archiepiscopus presentibus et futuris, salutem, graciam et benedictionem.

Fidelium elemosine que ecclesiis vel monasteriis conferuntur et quelibet ecclesiastica beneficia tunc plurimum firmitudinis in possidendo noscuntur habere, cum metropolitani assensu, in cujus provincia sunt, et ejus auctoritate concessa fuerunt et firmata. Inde est quod filiorum nostrorum prioris et monachorum Belismensis cenobii justis peticionibus benignum prebentes assensum, beneficium quod concessum est a Hulgeto de Ferreria monachis Majoris Monasterii, et per manum venerabilis Fratris nostri Fr[o]geri Sagiensis episcopi donatum, sicut carta ejus testatur, et assensu comitis Perticencis carta ipsius confirmatum, nos eis in perpetuam elemosinam habendum statuimus, scilicet : et presentationem ecclesie de Capella-Suavi, et duas partes decime, cum integritate dominii ejusdem ecclesie, quam hereditario jure predictus Hulgotus possidebat, et domum hujus possessionis quam obtinebat frater ejus Hemericus cum clauso et grangia, ut hec in usus monachorum Belismensis cenobii remaneant et conserventur. Ne quis ergo super hujus elemosine donacione eos inquietare presumat, sed stabilis et quieta eis maneat absque diminucione, presenti scripto et sigilli nostri auctoritate Belismensi eam cenobio confirmamus.

Arch. de l'Orne, H. 2,170. Rouleau côté 3. n° 38.
Bibl. nat. ms. lat. 5,441, t. II, f° 308, v°. Copie suivie de ces mots : « Scellé en cire brune sur lacs de cuir. Desséché ailleurs. »

N° 230.

Janvier 1305 (n. s.). — *Vente par Geoffroi La Loche et Alice, sa femme, au prieur de Saint-Martin-du-Vieux-Bellême, de vingt sols de rente annuelle pour le prix de dix livres tournois.*

A tous..... Gefroy Le Chastelain, clert, garde dou sael de la Chastellerie de Bellême, saluz.

Sachent touz que par devant nous vindrent Gefroy Laloche et Aliz, sa fame, et requennurent eux avoir vendu et otrié à religious homes et honestes, au priour de Saint-Martin dou Viel-Bellême et au couvent d'icelui leu, et à leur successours, pour lo pris de diz livres de tornays desquels ils se tinrent pour bien payés, vint souz de tornays, d'anuel et perpétuel rente, assis sur tout l'éritage qu'il ont en la Chastellerie de Bellêmoys, par reson de la dite Aliz, de quexconque mennière que il soyt, tant en fyé comme en domayne; à rendre des diz vendeurs et de leur hoirs les devant diz vint souz de tornays d'anuel et perpétuel rente audiz achetours et à leur successours, ou à leur commandement, portant ces lettres, par chacun an, à la feste Sainte Gaubourge ....

En tesmoing de ce, nous dou sael de la chastelerie de Bellême ces presentes lettres avon saelées, sauf tout droit.

Doné l'an de grâce mil trois cenz et quatre, le jour de la Saint Fabien et Sébastien.

Arch. de l'Orne, H. 2,487. Original, parchemin, sceau perdu.
Au dos, on lit la note suivante : « Lettre de XX sols de rente, que font Gervaise et ses flairacheux, à la Sainte Gaubourge, en la paroisse de la Chapelle-Souëf. » A la pièce originale est annexée une reconnaissence passée « ès plés de Bellême », le 18 février, l'an 1472 (n. s.), par Gervaise Malenfant, « de douze sols six deniers de rente héritaux par chacun an, au prieur du prioré et couvent de Saint-Martin de Viez-Bellême. »

Le Pin.

N° 231.

Carta de Pinu, super presentatione ecclesie, XXX.

1165-1183. — *Charte de Galeran du Pin, renonçant entre les mains de Froger, évêque de Sées à ses prétentions sur le droit de présenter à l'église du Pin* (1).

Notum sit omnibus ecclesie filiis, et presentibus et futuris, quod ego Galerannus de Pinu presentacionem ecclesie predicte ville, quam injusto calumpniatus sum, in manu Frogerii, Sagiensis episcopi, absolutam et quietam dimisi, et monachis Sancti Leonardi de Belismo, quorum erat, imperpetuum dedi et concessi. Illis astantibus et videntibus : Johanne archidiacono, Thoma capellano, Rainaldo de Marchia decano, Johanne capellano de Pinu ; et ut ratum sit et stabile, sigilli mei impressione et municione confirmavi.

Arch. de l'Orne, H. 2,170; Rouleau coté 3, n° 31.

Bibl. nat. ms. lat. 5,441 t. II, f° 333. Copie suivie de ces mots : « Scellé en cire brune sur lacs de parchemin. » Au bas de la copie se trouve en effet le dessin du sceau. Il est rond et représente dans le champ un chevalier galopant à droite, le glaive levé en main, l'écu pendant au col, la tête couverte d'un heaume sans visière. Tout autour on lit cette légende :
† SIGILLVM. GALERANDI DE PINV :

N° 232.

Carta de Pinu de presentacione ecclesie. XXVIII.

1165-1183. — *Charte de Froger, évêque de Sées, notifiant la remise faite par Galeran du Pin, à Rouland prieur de Bellême du droit de présentation à l'église du Pin.*

Frogerus, Dei gracia Sagiensis episcopus, omnibus Sancte Matris Ecclesie filiis imperpetuum.

Noverit universitas vestra quod Galerannus de Pinu confessus est in presencia mea seso injusto reclamasse presentacionem ecclesie Sancti Audoeni de Pinu adversus Roullandum priorem de Belismo, et quod idem Galerannus remisit in manu mea ecclesio Sancti Leonardi de Belismo et prefato priori quicquid juris se

(1) Relativement à la donation de l'église du Pin à Marmoutier, voyez plus haut la charte n° 7.

dixerat habere in memorata ecclesia de Pinu, fide corporaliter prestita in manu mea quod ipse in eadem ecclesia de Pinu nichil unquam reclamabit.

Testibus : Johanne, Oximense archidiacono, Thoma de Sancto Paulo, Od[one] de Orgeriis, Osb[erno] decano, Oderello, Alberto, Gervasio de Marcheineir, Johanne capellano de Pinu.

Arch. de l'Orne, H. 2,170 ; Rouleau côté 3, n° 29. Bibl. nat. ms. lat. 5,441, t. II, f° 333, v°. Suivie de ces mots : « Sans date. Scellé en cire brune sur lacs de parchemin. Dessiné aux évesques de Séez. »

N° 234.

Carta de Pinu M. comitisse Perticensis de presentacione ecclesie. XXVI.

1165-1183. — *Lettre de M... comtesse du Perche à Rotrou archevêque de Rouen, lui notifiant la renonciation de Galeran du Pin à ses prétentions au droit de présentation de cette église.*

R[otroco] Dei gracia Rothomagensi archiepiscopo domino et patri suo reverentissimo M... comitissa Perticensis salutem omnimodam.

Notum sit vobis, pater sanctissime, et indubitanter teneatis quod Galerannus de Pinu, in presencia comitis Perticensis et nostra constitutus, renunciavit querelo que orta fuerat inter eum et monachos Majoris Monasterii et priorem Belismensem, super presentacione sacerdotis in ecclesia de Pinu instituendi, et se nichil juris amodo petiturum in predicta presentacione, fide data in manu comitis et nostra, firmavit, recognoscens presentacionem pertinere de jure ad abbatem Majoris Monasterii et priorem Belismensem et eos super hoc injuste inquietasse, existente ibidem R[oullando] Belismense priore gratam et ratam habente prefatam renunciacionem ad opus sui et Majoris-Monasterii, convocatis ad hoc testibus R...archidiacono Ebroicense et H...vicario, Roberto de Corjon, Hugone de Corseraud et multis aliis. Valete.

Arch. de l'Orne, H. 2,170, Rouleau côté 3, n° 27. Bibl. nat. ms. lat. 5,441, t. II, f° 324, v°. Copie suivie de ces mots : « Scellé en cire brune sur lacs de parchemin. » Le sceau dessiné au bas de cette copie représente une femme en pied, de face, vêtue d'une longue tunique flottante, les bras élevés, avec une écharpe sur chaque avant-bras. La main droite tient une fleur de lys. Autour du sceau ovale on lit cette légende : + SIGILLVM : MARGARITE : COMITISSE : PERTICO :

Le nom de cette comtesse soulève une question que je signale sans la résoudre. La pièce où il se trouve ne peut se rapporter qu'à l'une des années comprises entre 1165 et 1183, dates de l'épiscopat de Rotrou, à

Rouen. Le comte du Perche était alors Rotrou IV (1144-1191) et on ne lui connaît qu'une femme, Mahaut ou Matilde de Champagne (1). M. l'abbé Ch. Métais, qui a publié ce dessin de Gaignières dans l'Introduction du Cartulaire de *Saint-Denis de Nogent-le-Rotrou*, émet la supposition que cette Marguerite pourrait bien être « la première femme de Thomas, puisqu'il est dessiné par Gaignières à côté du sceau de ce dernier » (2) ; mais cette supposition est inconciliable avec la chronologie de cette pièce. Le sceau ou sa légende sont-ils faux ? La comtesse Mahaut a-t-elle eu deux prénoms ? Rotrou IV s'est-il marié deux fois ? Attendons que quelque patient chercheur vienne nous apporter la solution de cette énigme.

N° 235.

Carta de Pinu de jure patronatus ecclesie. XXVII.

1165-1183. — *Charte de Rotrou, archevêque de Rouen, ratifiant la renonciation de Galeran du Pin.*

R[otrocus] Dei gracia Rothomagensis archiepiscopus omnibus ad quos presentes littere pervenerint salutem.

Memorialibus litterarum notis commendata malignancium calumpnias minus perhorrescunt et racionabiliter decisa recindi non poterunt scriptura renitente. Ea propter decisionem controversie que vertebatur inter monachos Sancti Martini Majoris Monasterii et Galerannum de Pinu super ecclesia Sancti Audoeni de Pinu scripture curavimus commendari. Nam cum super jure patronatus ecclesie jamdicte prenominati monachi et jamdictus miles ad invicem litigarent, eorum controversia per appellacionem ad Summum Pontificem est delata; cujus cognicionem et decisionem experiencio nostro Summus Pontifex delegavit, que pluries et aliquandiu in auditorio nostro ventilata in hunc modum sopita conquievit : ad diem quem ultimum parti prefixeramus utrique, sepedicti monachi sui nobis presenciam fecerunt, cum quibus quidam sacerdos loco jamdicti Galeranni pariter accessit, qui nobis est viva voce testificatus sue querele jamdictum Galerannum renunciasse, cui renunciacioni, in sui presencia facto astantibus viris venerabilibus et fidedignis, nobilis comitissa Perticensis sua perhibuit scriptura testimonium.

Et ut hoc ratum et stabile permaneat presenti scripto et sigilli nostri munimine confirmamus.

Se quidem idem Galerannus significavit nobis suis litteris in predicta ecclesia nil juris habuisse vel habere.

Arch. de l'Orne, H. 2,170 ; Rouleau côté 3, n° 28.

(1) Voyez *Géographie du Perche*, par le Vte de Romanet, p. 51.
(2) *Saint-Denis de Nogent-le-Rotrou*, p. LXIX.

N° 236.

Carta de Pinu super decima molendinorum. XXIX.

Juin 1249. — *Charte du doyen de Bellême notifiant que Guérin et Mathieu, meuniers au Pin, pour être absous de la sentence d'excommunication portée contre eux, se soumettent à payer aux moines de Saint-Martin la dime du blé qu'ils perçoivent, à titre de quote-part, dans leurs moulins du Pin.*

Universis presentes litteras inspecturis, Guillelmus, Belismensis decanus, salutem in Domino.

Noveritis quod cum prior et monachi Sancti Martini de Veteri Belismo peterent a Guerino et Matheo molendinariis de Pinu decimam parcium suarum tocius bladi quod percipiunt in molendinis de Pinu, et proter hoc ad instanciam dictorum prioris et monachorum actoritate nostra esset in ipsos excommunicacionis sentencia promulgata, tamdem confessi fuerunt coram nobis se debere priori et monachis decimam supradictam, promittentes bona fide se et heredes suos dictam decimam de cetero quiete et libere solituros.

Datum anno Domini millesimo ducentesimo quadragesimo nono, die Jovis proxima ante festum sancti Barnabe apostoli.

Arch. de l'Orne, H. 2,170 ; Rouleau côté 3, n° 30.

Mauves.

Juillet 1287. — *Abandon par Guillaume Le Vavasseur des prétentions qu'il avait soulevées, au détriment des moines de Saint-Martin-du-Vieux-Bellême et de Guillaume, leur prieur, sur certain trait de dime, sis à la Bursardière, au fief de Landres, dans la paroisse de Mauves ; et fieffe perpétuelle par ledit Guillaume de la dite portion de dime pour une rente annuelle de dix-sept sols de rente.*

Universis..... Guillelmus dictus Le Vavassour, quondam filius et heres primogenitus Guerini defuncti Le Vavassour, salutem in Domino.

Noveritis quod cum contencio moveretur inter me, ex una parte, et virum religiosum Guillelmum, tunc temporis priorem Sancti Martini de veteri Bellismo et fratres predicti prioratus, ex altera, super eo videlicet quod petebam et petere intendebam a dictis priore et fratribus, in curia domini Regis, apud Mauritaniam, tractum et batagium cum straminibus et forragiis tocius porcionis sue cujusdam decime site apud *la Bursardère*, in feodo de Landis, in parochia Sancti Petri de Manvis, ad eosdem religiosos et eorum monasterium spectantis, que omnia predicta, videlicet tractum, batagium cum straminibus et forragiis, ad porcionem suam predicte decime spectantia, dicebam ad me jure hereditario et feodaliter ex successione predicti defuncti Guerini, quondam patris mei, pertinere debere, et me, post decessum ipsius Guerini, fuisse in possessionem veram et sessinam pacificam de premissis, videlicet tractu, batagio, straminibus et forragiis tocius porcionis sue decime supradicte : quod nobis predictus prior et fratres penitus denegabant, in contrarium asserentes omnia predicta, que petebamus et petere intendebamus ab ipsis, eisdem religiosis et eorum monasterio predicto Sancti Martini de jure pertinere debere :

Tandem, proborum virorum consilio mediante inter me, ex una parte, et dictos religiosos, ex altera, pacificatum extitit in hunc modum : quod ego, nollens me et dictos religiosos ac eorum monasterium gravari aliquatenus ob hoc in laboribus et expensis, senciensque eciam me nullum jus habere de jure in omnibus et singulis que petebam et petere intendebam ab eisdem, predicta omnia, videlicet tractum, batagium cum straminibus et forragiis que petebam ad porcionem suam predictam dicte decime dimisi ex nunc penitus, et quitavi in perpetuum habendam, tenendam et possidendam dictis religiosis et eorum successoribus, in monasterio suo predicto Sancti Martini ec eorum mandato, libere, pacifice et quiete de omnibus rebus quibusconque ad me et meos heredes spectantibus quoquomodo, sine contradictione vel reclamacione aliqua mei vel heredum meorum, seu alterius cujusconque a me causam habentis, in omnibus premissis et singulis de cetero facienda, aliqua ratione seu causa ; et eosdem religiosos ac eorum successores in monasterio suo predicto absolvi penitus et quitavi in perpetuum ab omni actione et inquietatione, quas habebam et habere poteram contra ipsos, ratione seu causa omnium premissorum, nichil distractus aut justicie, proprietatis, possessionis, actionis seu juris michi vel meis heredibus in omnibus predictis et singulis retinens in futurum.

Preterea sciendum est quod cepi mihi et meis heredibus ad hereditatem perpetuam, a predictis priore et fratribus, omnem porcionem suam predictam decime, supradicte, cum tractu, batagio et straminibus ac forragiis ad eamdem porcionem ejusdem decime spectantibus, et cum omnibus aliis pertinenciis suis, tenendam et habendam et in perpetuum possidendam libere, pacifice et quiete de omnibus, reddendo exinde a me et meis heredibus sepedictis priori et fratribus, ac eorum successoribus, apud predictum Sanctum Martinum, decem et septem solidos monete currentis annui et perpetui redditus annuatim, in festo Nativitatis Domini vel infra octabas ejusdem Nativitatis tantummodo pro omnibus serviciis et rebus omnibus aliis quibusconque, pertinentibus ad quosconque quoquo modo; Ita tamen quod quam cito ego aut heredes mei defecerimus in solucione predicti redditus, ad terminum supradictum, omnis porcio sua predicta dicte decime, cum omni jure et pertinentiis ejusdem, videlicet tractu, batagio, straminibus et forragiis, et herbergamentum meum de *la Bursardère* cum omni alia hereditate mea ubiconque et in aliiscumque sit, in parochia supradicta, que omnia posui et assignavi In contraplegium solucionis faciende predicti redditus, ad terminum supradictum, predictis religiosis devenient, current et remanebunt, ex tunc eisdem et eorum successoribus in monasterio suo predicto, in hereditate perpetua possidenda libere, pacifice et quiete, sine contradictione vel reclamacione aliqua in omnibus predictis et singulis ex tunc a me vel meis heredibus facienda aliqua racione seu causa, salvis tamen serviciis et rebus aliis que dicti religiosi, si predictum herbergamentum cum alia hereditate mea eisdem increverit, facere tenebuntur, quociens de jure fuerint facienda.

Et ipsi tenentur defendere et deliberare mihi et meis heredibus omnem porcionem suam predictam decime supradicte, cum omnibus pertinenciis suis quibusconque, et contra omnes in perpetuum guarantire et de omnibus deservire contra omnes dominos, per redditum supradictum.

Ad hec autem omnia predicta, prout superius sunt expressa, tenenda fideliter et servanda, sepedictis religiosis ac eorum successoribus, ut dictum est, et mandato, obligavi me, dato corporaliter sacramento, et meos heredes universos et singulares, et omnia bona mea mobilia et immobilia, presencia et futura ubicumque existentia mecum et in perpetuum volui obligari; renuncians in hoc facto omni exceptioni doli, mali et deceptionis, omni auxilio et privilegio facti et juris canonici et civilis, omnibus consuetudinibus patrie et statutis Regum et principum, et omnibus aliis exceptionibus et rationibus quibusconque, per quo ego aut heredes mei possemus venire contra premissa, seu aliqua premissorum.

Et in omnium premissorum testimonium et munimen, sepedictis reliosis ac eorum successoribus ao mandato presentes dedi litteras sigilli mei munimine roboratas.

Nos quidem, Johannes dictus Pichart, vicecomes et custos terre Pertici, sigillum dicte terre, ad peticionem parcium presentium coram nobis et premissa confitencium esse vera, salvo jure domini

Regis, litteris presentibus duximus adponendum, ad majorem confirmacionem et testimonium rei geste.

Actum anno Domini milesimo cc° octogesimo septimo, mense julio.

Arch. de l'Orne, H. 2,549, parchemin original et H. 2,215, Rouleau côté 6, n° 20.

Mortagne.

N° 238.

Vers 1230. — *Don par Robert Chuchu, sa femme, son fils, ses frères et sœur, aux moines de Saint-Léonard de Bellême, d'un étal sis à Mortagne.*

Universis Christi fidelibus presentem paginam inspecturis W[illelmus], Corbonensis archidiaconus, salutem in Domino.

Noverit universitas vestra Robertum Chuchu et Stephanam uxorem ejus et W[illelmum] communem filium eorumdem, et Radulfum, et Girardum et W[illelmum], fratres predicti Roberti, et Guiborgim, sororem ipsorum, dedisse et concessisse in perpetuam et liberam elemosinam, in presentia nostra, priori et monachis Sancti Leonardi de Belismo, stallum unum capiens duas missiones quod ipsi habebant apud Mauritaniam; et ipsos pro eo de caritate ipsius ecclesie sexaginta et quindecim solidos tornacenses percepisse, et omnes supradictos dictam elemosinam juramento corporaliter prestito firmavisse. Quod ut ratum et inconcussum permaneat presentem paginam sigilli nostri testimonio duximus confirmandam.

Arch. de l'Orne, H. 2,196. Original, parchemin. Sceau perdu. Sans date. Au verso, cette note : Vers 1230.

N° 239.

Mars 1250 (n. s.). — *Bail au Doyen et au Chapitre de Toussaints de Mortagne d'une place sise à Mortagne, appartenant au prieur et couvent de Bellême, à charge d'une rente perpétuelle de onze sols, monnaie du Corbonnais, à payer tous les ans à la Saint-Léonard.*

Universis Christi fidelibus ad quos presens scriptum pervenerit Guillelmus, decanus et capitulum ecclesie Omnium Sanctorum de Mauritania, salutem in Domino.

Noveritis quod prior de Bellismo de assensu et voluntate monachorum suorum tradidit nobis quamdam plateam suam sitam apud

Mauritaniam, in parochia Beate Marie, inter domum Roberti de Tesvallo, nostri quondam decani, et domum Luce de Ners, nostre ecclesie capellani, habendam et tenendam nobis et in perpetuum possidendam ; reddendo exinde dicto priori vel suo mandato, annis singulis, in feste vel infra octabas beati Leonardi, apud domum suam de Veteri Bellismo, undecim solidos annui redditus et perpetui communis monete Corbonensis annuatim. Ita quod si in solutione dicti redditus cessaverimus ad terminum prenotatum, pro qualibet septimana solutionis dilate, duos solidos pro pena reddere tenebimur priori et monachis supradictis. Quod si forte per annum et diem cessaremus in solutione redditus supradicti, dicta platea cum omni melioratione, absque reclamatione nostra, dictis priori et monachis quita et libera remaneret, et nichilominus pensionem anni preteriti et penam reddere teneremur. In cujus rei testimonium, nos prefatis priori et monachis presentem dedimus paginam sigillorum nostrorum munimine roboratam.

Actum anno gratie M° CC° XL° nono, mense martio.

Arch. de l'Orne, H. 2,551. Original, parchemin. Sceau perdu.

Nocé.

N° 240.

1280. — *Donation par Etienne Beroul, au prieur et aux frères du prieuré de Saint-Martin-du-Vieux-Bellême, de la tierce partie de leurs biens meubles et de dix sous tournois de rente perpétuelle, asssignée sur une pièce de terre dite les Auguiengniez, joignant la terre du seigneur de Nocé.*

Universis presentes litteras inspecturis, Decanus Bellismensis, salutem in Domino.

Noveritis quod in nostra presentia constituti Stephanus Beroul et Alesia ejus uxor recognoverunt in jure coram nobis se contulisse et concessisse se et tertiam partem mobilium suorum presentium et futurorum ubicumque existentium, Priori et fratribus et prioratui Sancti Martini de Veteri Bellismo, eisdem priori et fratribus post decessum eorumdem Stephani et Alesie habendam et possidendam, sine contradictione aliqua a predictis Stephano et Alesia, vel alio aliquo, super hec facienda. Insuper predicti Stephanus et Alesia contulerunt et concesserunt predictis religiosis decem solidos Turonenses annui et perpetui redditus, sitos super quamdam suam petiam terre, que vocatur terra *Auguiengniez*, sitam in feodo domini de Roceio, et abotat se ex una parte chemino de Millerens, per quod itur ad Sanctum Martinum, et ex alia parte terre domini de Noceio......

Nec poterunt predicti Stephanus et Alesia alicui dare seu alienare de dicta tercia parte mobilium suorum sine concessione et voluntate predictorum religiosorum. In cujus rei testimonium et munimen ad petitionem dictorum Stephani et Alesie, istas presentes litteras contulimus sigillo nostre curie et sigillis eorumdem sigillatas.

Datum anno Domini millesimo, ducentesimo, octogesimo.

Arch. de l'Orne, H. 2552. Original, parchemin, les trois sceaux sont perdus.

N° 241.

Novembre 1289. — *Donation par Geoffroi des Alleux, artisan de Nocé et Hodeburge, sa femme, au prieur et au couvent de Saint-Martin, de cinq sols de rente perpétuelle, assignés sur une pièce de terre sise à Nocé, et d'une somme de cinquante sols tournois, à prélever sur leur succession mobilière.*

Universis..... Gaufridus de Allodiis, faber de Noceio, et Hodeborgis ejus uxor, salutem in Domino.

Notum vobis facimus quod nos de communi assensu nostro, voluntate spontanea et pietatis intuitu, atque pro remedio animarum nostrarum, dedimus et concessimus in puram et perpetuam elemosinam religiosis viris, priori et conventui Sancti Martini de Veteri Bellismo, quinque solidos monete cursalis annui et perpetui redditus, liberos et immunes, annuatim a nobis et nostris heredibus in festo sancti Andree apostoli predictis religiosis et suis successoribus persolvendos, sitos et assignatos super quadam terre pecia quam habemus in parochia de Noceio, in feodo Johanne, filie quondam Johannis de Bevreira, militis, et jungitur ex una parte juxta Bolletum, et ex altera parte jungitur juxta terram de Alneto, et se albotat superius terre de Brueriis et inferius chemino per quod itur apud Nogentum Rotrodi, habendum, tenendum predictum redditum dictis religiosis et suis successoribus, ac percipiendum a nobis et nostris heredibus, et jure hereditario imperpetuum possidendum libere, pacifice et quiete ab omnibus serviciis et redevanciis quibuscumque. Quem redditum nos et heredes nostri tenemur predictis religiosis et suis successoribus guarantire et defendere, et ab omni impedimento deliberare penitus imperpetuum contra omnes.

Preterea nos damus et concedimus, pietatis intuitu et pro animarum nostrarum salute, in elemosinam, religiosis predictis, quinquaginta solidos Turonenses, vel monete cursalis, levandos et habendos atque percipiendos a predictis priore et monachis, do bonis nostris mobilibus, vel a suis successoribus, per manus executorum meorum, si quos habuero ego dictus Gaufridus, vel heredum meorum, si ad hoc nostre mobiles sufficiant facultates. Et si bona nostra mobilia, vel pars bonorum mobilium me dictum Gaufridum contingentem ad hoc non suppetat, volumus nichilominus et precipimus quod de aliis bonis immobilibus mei dicti Gaufridi predicti, quinquaginta solidi per heredes nostros deducantur, ita quod eisdem religiosis vel suis successoribus, qui pro tempore fuerint, fiat satisfactio plena de quinquaginta solidis sepe dictis, tunc demum quum ego sepedictus Gaufridus fuero viam universe carnis ingressus. In cujus rei testimonium et munimen nos dedimus dictis priori et monachis istas presentes litteras sigillis nostris propriis sigillatas, per quas obligamus nos et heredes nostros ad omnia supradicta tenenda firmiter et fideliter observanda.

Et nos decanus Bellismensis, in cujus presencia dicti Gaufridus et sua uxor predictas donationes fecerunt, ad petitionem ipsorum Gaufridi et sue uxoris, salvo jure cujuslibet, sigillum nostrum una cum sigillis suis, ad majorem confirmationem predictorum Gaufridi et sue uxoris, presentibus litteris duximus apponendum, ipsos Gaufridum et suam uxorem in scripto ad hoc finaliter condampnantes.

Datum et actum de consensu parcium anno Domini M° CC° LXXX° nono, mense novembris die jovis post festum Omnium Sanctorum.

Arch. de l'Orne, H. 2552. Original, parchemin : les trois sceaux sont perdus.

Origny-le-Butin.

N° 242.

Mai 1279. — *Vente par Jean Chopin à Hamon dit Milet, pour le prix de sept livres tournois, d'une rente annuelle de dix sols tournois, assise sur un hébergement et une ouche situés dans la paroisse d'Origny-le-Butin.*

Universis presentes litteras inspecturis, ego Johannes Chopin et ego Alicia uxor sua, salutem.

Noverint universi tam presentes quam futuri quod nos, de assensu et voluntate heredum nostrorum, vendidimus et concessimus Hamoni dicto Milet et suis heredibus, pro septem libris Turonensibus, de quibus nos tenemus pro pagatis in pecunia numerata, videlicet decem solidos Turonenses annui et perpetui redditus, sitos super herbergamentum nostrum et super ocham nostram, sitam in parochia de Origneyo-le-Botim, infra terram Guillelmi Sutoris, ex una parte, et semitam per quam itur de Origneyo-le-Botim apud *La Botinère*, ex altera, et abotat superius terre Guillelmi dicti Bonnet, et inferius chemino per quod itur de Origneyo-le-Botim ad forestam de Bellismo, tenendos et habendos predicti Hamoni et heredibus suis predictos decem solidos Turonenses, libere et pacifice et quiete, et jure hereditario in perpetuum possidendos de omnibus rebus quibuscumque ad nos et ad heredes nostros pertinentibus quoquomodo, sine aliqua contradictione a nobis vel ab heredibus nostris super hoc de cetero facienda; ita tamen quod nos et heredes nostri tenemur reddere predictos decem solidos Turonenses annui redditus dicto Hamoni et suis heredibus vel ejus mandato ad Nativitatem Beate Marie virginis, vel infra octabas. Nos siquidem tenemur dictum redditum modis omnibus deservire. Si vero defecerimus in solutione dicti redditus per dictum festum, vel infra octabas, dictos decem solidos Turonenses annui et perpetui redditus solvere prorogantes, eidem tenemur solvere sex denarios Turonenses, nomine pene, pro qualibet ebdomada in qua in solutione dicti redditus defecerimus post dictum terminum in solidum vel in parte, ad que omnia facienda nos obligamus, et ad hoc obligamus specialiter et expresse omnia predicta. Tenemur insuper eidem dictum redditum garantizare, defendere et deliberare ab omnibus contra omnes in perpetuum bona fide, et de non veniendo contra aliqued premissorum. Nos vero predicti juravimus, tactis sacrosanctis evangeliis, quod nichil in dicta venditione de cetero reclamabimus nec faciemus per alium reclamari, nec ratione dotis, nec alia ratione, et renunciamus omnibus exceptionibus, dillationibus, tam juris quam facti, omni auxilio et privilegio crucis sumpte vel asumende, et omnibus aliis rationibus et allegatis quibus predicta venditio posset impediri seu adnichillari. In cujus rei testimonium dedimus predicto Hamoni et suis heredibus et ejus mandato istas presentes litteras sigillorum nostrorum munimine roboratas per quas ad premissa tenenda fideliter et firmiter observanda obligamus nos et heredes nostros volumus penitus obligari.

Datum anno Domini M° CC° LXX° nono, mense maii, die martis post Penthecosten.

Arch. de l'Orne, H. 2553. Original, parchemin, sceaux perdus.

N° 243.

Novembre 1281. — *Echange entre Jean Chopin et Geoffroi Morel de pièces de pré et de terre sises, les unes, paroisse d'Origni-le-Butin, les autres, paroisse de Chemilli, ès fiefs de Robert de la Roche et du seigneur de Clinchamps.*

Ego Johannes dictus Chopin et Alicia, uxor mea, notum facimus presentibus et futuris quod nos dedimus Gaufrido Morel et Ysabelli uxori ejus pratum de Spina, situm in parochia de Origneio-le-Boutin, in feodo Roberti de Ruppe, juxta doitum de *Torcharnesse*, ex una parte, et ex altera parte juxta pratum heredum defuncti Richardi dicti Peignart, quod abostat superius prato dictorum heredum et inferius pasticio heredum defuncti Roberti Baulabène, nomine excambiationis pro quadam petia terre sita in parochia de Chemilleio, in feodo domini de Clincampo, juxta terram heredum defuncti Huberti dicti Hominis, hinc et inde, et pro duobus solidis Turonensibus, quos nos et heredes nostri faciebamus de redditu singulis annis, in nativitate Beate Marie Virginis, Gaufrido et ejus heredibus, de decem solidis Turonensibus de redditu, quos nos vendidimus Hamoni dicto Milet et [ejus] heredibus, prout continetur in quibusdam litteris sigillis nostris sigillatis, et quos idem Gaufridus re[traxit] a dicto Hamone ratione propinquioris consanguinitatis ;.....

Et dictam excambiationem obtinebunt hereditaliter de omnibus rebus ad nos et ad heredes nostros et ad alios quoscumque pertinentibus quoquomodo, et possidebunt libere, quiete et pacifice imperpetuum, per presentes istas litteras quas eisdem dedimus et heredibus corumdem per quas nos obligamus ad supradicta tenenda firmiter et fideliter observanda, omnesque heredes nostros volumus penitus obligari.

Datum anno Domini M° CC° LXXX° primo, mense novembris in festo beate Cecilie virginis.

Arch. de l'Orne, H. 2553. Original, sceaux perdus.

N° 244.

1300. — *Echange entre Odin Renart et Guillot Le Clousier, de Vaunoise, d'une planche de vigne, de pièces de terre et de pré, sises à Origni-le-Butin, contre une rente de trente et un deniers tournois cedée audit Renart par Guillot Le Clousier.*

Saichent toz presenz et à venir que jo Odin Renart et Ysabel sa fame, de nostre comun assentement, avons baillé et octrié en eschange à Guillot Le Clousier de Valnoise et à Denise sa fame, et à lor hers, la maitié d'une planche de vigne, qui est au claus des Cloz, et la maitié d'une pièce de pré qui est apelé le Pré Claus, qui fut feu Robert Renart, et la maitié d'une pièce de terre et de pré qui est apelée l'Eschange, et la maitié d'une pièce de terre qui est apelée la Broce ; et sunt totes les dites choses ès paroisses de Origne le Botin et de Valnoise, ès fiez au saigneur de Clinchamp et au saigneur de Valnoise, à tenir et à possair fléaument et héritaument, sanz nul contredit de nous ne de naus hers, franches et quites de totes choses à nous et à quiequanques autres apartenans en quelconque menière, et totes les dites choses, si come il se possieent, en lonc et en lé, nous somes tenus garanter, défendre et délivrer audit Guillot et à sa fame, et à lor hers de toz et encontre toz, et deservir de toz services et de totes redevances, et de totes autres choses vers totes persones, tant d'iglise que séculières ; et promet.on en bone fai que nous ne reclameron james rien ès dites choses par réson de doaire ne par autre, et renomçon à totes les choses par les queles la dite eschange puisse estre repetiée ou rapelée ou tens à venir, par nous ou par naus hers, ou par autres qui aient cause de nous. Et à totes ces choses fere et tenir a toz jors sanz nul contredit, nous obligon nous et naus hers et toz naus biens mobles et inmobles présenz et à venir, par ces letres que nous avons donées audit Guillot et à sa fame, et à lor hers, soelées en naus saiaus.

Et ledit Guillot et sa fame ont baillié à nous et à naus hers en eschange por les dites choses, trente et un deniers tournais et demie géline d'anuel et perpétuel cens, que nous et naus hers lor estion tenuz fère chacun, an à la Saint Johen, et vint et deus deniers de cens et une geline que Guillot de Lengelerie fesait audit Guillot et à sa fame, et à lor hers, chacun an, audit terme, sur Laulerière ; et vint et un deniers tornais de rente que Johennin Renart et sa fame et lor hers fesaient audit Guillot et à sa fame, et à lor hers, chacun an en la feste de Noël, sur le pré qui fut feu Guillot Sédile ; et une pièce de terre et de pré, qui est en la paroisse d'Origni-le-Botin, ès fiez au saigneur de Clinchamp, entre la terre que ledit Guillot et sa fame retrastèrent de Raoul de Bellaviller et de Samolet de l'autre ; et abote d'une part au chemin par lequel l'en vet de Mauves à Bellesme, et de l'autre à la haie d'un pré dame Gile de Lengelerie, à tenir et à possaair de nous et de naus hers féaument et héritaument chacune des choses desus dites, en teles menières que ledit Guillot et sa fame et lor hers seront tenuz deservir la dite pièce de terre et de pré de toz services et de totes autres choses, vers tote persones, et de totes autres choses. Et à totes ces choses fere et tenir à toz jors sans nul contredit, nous obligon nous et naus hers et toz naus biens moble et inmobles présenz et à venir par ces letres. que nous avons donées audit Guillot et à sa fame et à lor hers seelées en naus saiaux.

Ce fut fait et doné l'an de grâce mil et trois cenz, le semadi devant la Magdelaine.

Arch. de l'Orne, H. 2553. Original, parchemin, sceaux perdus.

N° 245.

1310. — *Bail perpétuel par Colin et Gervaise son frère, fils de feu Raoul de Bellavilliers, à Guillaume Le Clousier, de Vaunoise, d'une pièce de terre « o le pré par-dessous », à charge de huit sols tournois de rente perpétuelle.*

A tous ceux qui verront et oront ces présentes lettres, Colin et Gervèse son frère, fuilz et hairs feu Raoul de Bellaviller, saluz en Nostre Seigneur.

Saichent tous que de nostre commun asantement et de nostre volenté, avon baillé et perpetuellement avon otroié à Guillaume Le Clousier, de Vaunoise, à Denise sa fame et à lour hairs, une pièce de terre si come ele se poursiet o le pré par desouz, contenant treze sillons, et sunt ledit héritaige de l'éritaige feu Johen Leclausier, sis en la paroisse de Origni le Boutin, ès flez de Granchamp, joignant d'un costé à la terre dudit Guillaume et de l'autre costé à la terre Geoffroi Morel, par reson de sa femme, à tenir et héritaument ou temps à venir, sans contredit de nos et de naux hairs, en rendant d'ilecques à nos et à naux hairs, et à ceux qui aront cause de nos, des diz preneors et de lour hairs ou de ceux qui aront causse, oyit sous de tornais, ou de monnaie commune en païs, de anuel et perpetuel rente, annuelement et par chacuns en la feste de Saint Lonart, pour toutes choses ; et nos et naux hairs aux diz preneors et à lour hairs ladite pièce de terre o le pré par dessous, si como eux se poursient, summes et seron tenuz dès ore en avant garantir et défendre de touz et contre touz de toutes obligations, foy, franchement encontre toutes persones, et deservir de tous services et redevances ou temps à venir. Par l'arêté desus dite, obligeons à ce tenir bien, loiaument, ou temps à venir nos et naux hairs, et touz naux biens et meubles et immeubles présenz et à venir, par ces présentes lettres de naux seiaux seellées, en tesmoing de verité.

Doné l'an de grace mil III^c et x, le mardi devant L'Encension nostre Seignor.

Arch. de l'Orne, H. 2553. Original, parchemin, sceaux perdus.

N° 246.

1316. — *Echange entre Colin de Bellavilliers et Gervèse, son frère, fils de Raoul de Bellavilliers, et Guillaume Le Clousier, de Vaunoise, leur oncle, de huit sols de rente.*

A touz ceulz qui verront ces présentes lettres Oudin Mangier, garde dou sael de la Perrière, salut.

Saichent touz que par devant Robert dou Moncel, prestre, à ce establi et juré, furent présenz Colin de Bellavillier et Gervèse, son frère germein, fuilz et hairs feu Raoul de Bellavillier, d'une part : Et Guillaume Le Clousier de Valnoyse, leur oncle, de vers leur mère, d'autre : et requennurent qu'il ont feit eschanges et permutacions, l'une partie à l'autre fermement à tenir, c'est assavoir que lesdiz frères quitent et delessent audit Guillaume et à ses hairs oyct soulz de rente héritaus, nommez et contenuz ès letres ausqueles cestes sunt annexées, et tout le droyt que leurs devanciers avoient, et que euls poaient avoir ès héritaiges et ès personnes obligez ès dites letres, prometanz chacun pour le tout ; à garantir, délivrer et deffendre les oyct soulz de rente et toute l'obligacion des dites letres tout entièrement audit Guillaume et à ses hairs franchement et quitement envers toutes personnes, et fere tesanz quiexconques personnes que riens li en pourroient demander. Et pour les oyct soulz de rente, et pour toutes les chousses qui y apartiennent ledit Guillaume leur a baillé oyct soulz de rente héritaus qu'il avoit acquis de Robert Le Fauconnier, clerc des Favernilz, et de Marguerite sa fame, par lettres saellées dou sael de la Chastellerie de Bellesme, données l'an de grace mil troys cenz et quinze, le mercredi après la feste Saint Yllaire, faites par Gilot Lecortillier, adoncques tabellion à ce establi, lesqueles lettres et tout le droyt et tout le poair que ledit Guillaume avoyt ès dites lettres en ladite rente, ès personnes et ès héritaiges obligez à ladite rente, ledit Guillaume a quités, baillées et livrées audit Colin et à son frère, sanz ce qu'il y puisse jamès riens demander. Et s'en tindrent les diz frères pour assignez et pour poiez de tout en tout par la baillée des dites lettres et d'autres foites dou jour duy. Et se par le feit doudit Guillaume estoient empeschiez les oyct soulz de rente, ledit Guillaume de son feit ou par cause de luy les délivrera et deffendra aus diz frères envers toutes personnes. Et par tant sunt tenuz lesdiz frères rendre et restorer audit Guillaume, à son serment, ou de ses hairs, sans autre peine fère tous les domaiges qu'il auroit euz ou soustenuz pour deffense des chousses desus dites. En tesmoing de ce, nous, à la relacion doudit juré, ces présentes avons saellées.

oné l'an de grace mil trois cenz et sèze, le mercredi après la Saint Denis.

Arch. de l'Orne, H. 2353. Sceaux perdus.

Origni-le-Roux.

N° 247.

1272 (n. s.). — *Donation par Guillaume de Bois-Céher, prêtre, au prieuré de Saint-Léonard de Bellême, d'une maison sise à Origni-le-Roux.*

Universis presentes litteras inspecturis Guillelmus de Boscho Ceher, presbyter, salutem in Domino.

Noverint universi quod ego pro salute anime mee et amicorum meorum, divineque pietatis intuitu, contuli et concessi priori et fratribus Beati Leonardi de Bellismo, in puram et perpetuam elemosinam, quamdam domum meam sitam in villa de Oricheio Rupho, totam et integram sicut se possidet cum omnibus pertinentiis suis; et est juncta domui defuncti dicti Brisart, et abotat se ex una parte cimiterio de Oricheio Rupho; dictam domum tenendam et habendam eidem priori et fratribus libere, quiete et pacifice et jure hereditario in perpetuum possidendam, sine contradictione aliqua a me vel heredibus meis super hoc facienda. In cujus rei testimonium et munimen dedi eidem priori et fratribus presentes litteras sigilli mei munimine confirmatas, per quas obligo me et heredes meos ad omnia predicta fideliter et firmiter observanda et contra omnes defendenda.

Et nos decanus de Petraria, ad petitionem parcium, sigillum nostrum presentibus litteris duximus apponendum in omnium predictorum testimonium et munimen.

Datum anno Domini M° CC° LXX° primo, mense marcii.

Arch. de l'Orne, H. 2554. Original, parchemin, sceaux perdus.

N° 248.

1290. — *Vente par Etienne Leplédeur à Robert Roignon, de dix sols de rente pour cent sols une fois payés.*

Notum sit omnibus presentibus et futuris quod ego Stephanus dictus Lepledeor et ego Hersendis uxor sua, de communi assensu nostro vendidimus et concessimus Roberto dicto Roignon, clerico et ejus heredibus, decem solidos Turonenses annui et perpetui redditus, sitos et assignatos super quamdam peciam terre nostre sitam in parochia de Origneio Rupho, in feodo domini de Chanceneio, et est juncta ex una parte terre Silvestri dicti Lepledeor, et abotat a parte superiori vie per quam itur de Plesseiaco apud La Hopelidière, et a parte inferiori terre Guillelmi Blesensis, quem redditum promisimus, et garantimus, et tenemur reddere quietum et liberum ab omnibus serviciis, reddibitionibus, exactionibus et rebus aliis ad quoscumque pertinentibus quoquomodo, predicto Roberto et ejus heredibus, ad herbergamentum eorumdem, in villa de Origneio Rupho, in perpetuum in festo Sancti Remigii annualim; hoc acto expresse in presenti contractu quod si nos vel heredes nostri defecerimus in solucione dicti redditus in toto vel pro parte facienda in dicto festo, ut predictum est, nos tenebimur reddere seu solvere dicto Roberto et ejus heredibus sex denarios Cenomanenses pro qualibet septimana transacta dictum festum, racione solutionis dicti redditus dilate, pro dampnis et interesse rato, nichilominus remanente redditu principali. Et fecimus dictam venditionem pro centum solidis Turonensibus nobis a dicto Roberto integre persolutis in pecunia numerata..... In cujus rei testimonium presentibus litteris sigilla nostra duximus apponenda.

Nos vero Johannes Pichart, vicecomes in terra Pertici, sigillum de terra Pertici, ad petitionem dictarum parcium et ad majorem rei confirmacionem, una cum sigillis predicti Stephani et ejus uxoris, presentibus litteris duximus apponendum, salvo omni jure (1).

Actum et datum die veneris post festum Sancti Clementis, anno Domini M° CC° nonagesimo.

Arch. de l'Orne, H. 2554. Original, parchemin, sceaux perdus.

N° 249.

1291. — *Vente par Robert André à Robert Roignon, clerc, de dix sols tournois de rente, assignés sur certains fonds sis à Origni-le-Roux, pour un capital de quatre livres et demie.*

Noverint universi quod ego Robertus Andree et ego Johanna ejus uxor, de communi assensu, vendidimus et concessimus Roberto dicto Roignon clerico et ejus heredibus decem solidos Turonenses annui et perpetui redditus, sitos et assignatos super clausum nostrum de Lousant et super vineam cum fondo et terra que continentur in dicto clauso, et super quamdam peciam terre albotantem dicto clauso a parte superiori, et a parte inferiori chemino per quod itur de Origneio Rupho apud Belismum, et est junctum dictum clausum terre relicto defuncti Reginardi Billart ex una parte, et ex alia parte terre Symonis Bellom; dictum vero

---

(1) Les trois mots : *Salvo omni jure*, mis en interligne dans le texte, ont été répétés deux fois dans les replis du sceau du vicomte, suivant un usage assez suivi qui rendait toute intercalation postérieure impossible.

redditum a dicto Roberto et ejus heredibus habendum et percipiendum in festo Omnium Sanctorum, quietum et liberum ab omnibus serviciis, reddibitionibus et rebus aliis ad quoscumque pertinentibus, annuatim quoquomodo; et sita sunt omnia predicta in parochia de Origneio Rupho in feodo domini de Chancenayo; et fecimus dictam vendicionem pro quatuor libris et dimidia Turonensibus, nobis pre manibus a dicto clerico persolutis in pecunia numerata .... Hoc actum expresso in contractu presentis vendicionis quod si nos vel heredes nostri defecerimus in solutione dicti redditus in toto vel pro parte facienda dicto clerico et ejus heredibus in dicto festo, ut dictum est, tenebimur solvere eidem clerico vel ejus heredibus, quocienscumque defecerimus in solucione dicti redditus, pro qualibet septimana transacta dictum festum, sex denarios Cenomanenses pro dampnis..... nichilominus remanente redditu principali..... In cujus rei testimonium dedimus dicto clerico et ejus heredibus presentes litteras sigillis nostris et munimine roboratas.....

Nos vero Johannes Pichart, vicecomes de Mauritania et custos de terra Pertici, ad peticionem dictarum parcium et ad majorem rei confirmacionem, sigillum de terra Pertici, una cum sigillis Roberti Andree et Johanne ejus uxoris, salvo tamen omni jure, presentibus litteris duximus apponendum.

Actum et datum die luno post Quasimodo, anno Domini M° CC° nonagesimo primo.

Arch. de l'Orne, H. 2554. Original, parchemin, sceaux perdus.

N° 250.

1294. — *Vente par Silvestre Lepleur à Robert Roignon de douze sols de rente pour cent sols tournois, à lui dûment payés.*

Universis..... Silvester dictus Leplaeour et Marguareta uxor ejus, salutem in Domino.

Noveritis quod nos de communi assensu nostro vendidimus et in perpetuum concessimus domno Roberto dicto Roignon presbytero et suis heredibus, ac suo mandato, pro centum solidis Turonensibus, nobis pre manibus a dicto presbytero integre persolutis in pecunia numerata, duodecim solidos monete cursalis patrie, annui et perpetui redditus, ad festum Sancti Remigii, annuatim a nobis et nostris heredibus dicto presbytero et suis heredibus, ad domum suam de Origneyo Ruffo persolvendos, sitos et assignatos super totum hebergamentum meum cum suis omnibus pertinentiis et super duas terre mee pecias, una quarum jungitur ex uno latere et ex uno boto terre Alicie, sororis mei Silvestri, et ex altero latere chemino quo itur dou Petit Clinchamp apud Sanctum Frogentium. Alia vero terre pecia acostat predicto chemino ex una parte, et ex altera, terre quam acquisivimus a Stephano Lepleaour, et abotat ex uno boto hebergamento Guillelmi Blesis. Et dictum hebergamentum est inter hebergamentum quod condam fuit defuncti Ruffi Legendre, ex una parte, et predictum cheminum ex altera, et abotat hebergamento Roberti Lemercer; que omnia sunt sita in parochia de Origneyo Ruffo, in feodo domini de Chancenayo.... In cujus rei testimonium nos predicti Silvester et Marguareta uxor ejus dicto presbytero et suis heredibus ac suo mandato presentes litteras propriis sigillis nostris una cum sigillo de Castellania Bellismi dedimus sigillatas, ad majorem certitudinem omnium predictorum.

Nos vero ballivus de Alenconio, ad petitionem parcium et ad relationem Johannis de Feritate, ad hoc de mandato domni Comitis deputati, in cujus presencia omnia et singula premissa confessa fuerunt a partibus esse vera, sigillum de Castellania Bellismensis una cum sigillis dictorum Silvestri et Margarete uxoris sue presentibus litteris duximus apponendum, salvo jure domni Comitis et omnium aliorum.

Datum anno Domini M° CC° nonagesimo quarto, die mercurii post festum Sancti Martini yemalis.

Arch. de l'Orne, H. 2554. Original, parchemin, sceaux perdus.

N° 251.

1298. — *Vente par Alice, fille de feu Jean Lepleur, à Robert Roignon, prêtre, de dix sols tournois de rente pour quatre livres et demie, monnaie de Tours, à elle dûment payées.*

Universis..... Alicia filia condam defuncti Johannis Lepleaors, salutem in Domino.

Noveritis quod ego vendidi et concessi Roberto dicto Roignon presbytero et suis heredibus, decem solidos Turonenses annui et perpetui redditus pro quatuor libris et dimidia Turonensibus, michi a dicto presbytero integre persolutis, reddendos a me et heredidus meis dicto Roberto et suis heredibus in festo beati Remigii, ad domum suam annuatim, sitos et assignatos super tres pecias terre, sitas in parochia de Origneyo Rupho, in feodo domini de Chanceneyao; una quarum jungitur ex una parte terre dicti presbyteri, et ex alia parte terre Silvestri Lepleours fratris mei; secunda vero pecia jungitur ex una parte terre heredum defuncti Johannis Leplecers, et ex alia parte terre mee et vocatur terra de

Nuoc, et tertia pecia jungitur chemino per quod itur de Clincampeyo apud Sanctum Frogentium.....

Datum anno Domini M° CC° nonagesimo sexto, die jovis post Quasimodo.

Arch. de l'Orne, H. 2559. Original, parchemin, sceaux perdus.

N° 252.

1298. — *Vente par Monsieur Roignon, prestre, à frère Guillaume prieur de Saint-Martin-du-Vieux Belleme, de soixante et et seize sols de rente pour trente huit livres tournois.*

A touz ceux qui verront ces présentes lettres Robert de Nuefvile, escuier, vicomte de Mortaigne et de Belléme, guarde dou sael de la Chastellerie de Bellesme, saluz.

Saichez que par devant Guillaume des Hais, nostre clert jurez à ceu establi, vint Monsour Roignon prestre et requennut que il a vendu et otrié à frère Guillaume priour de la priorë de Saint-Martin dou Viez-Bellesme et à couvent de ycelui leu, pour trente et uit libres de tornays, à lui doudit priour enterignement paiez et des quiex il se tint pour bien paez en deniers nombrez, c'est asavoir sexante et seze souz de tornays ou de monnaie commune ou pays, d'anuel et perpétuel rente, desquiex Guillaume Lemère Legenvre et Mabile sa fame fesoint et estoint [tenuz] fere audit Monsour Robert, par chacun an, à la Saint Rémi, trente soulz de tornays, et Sevestre Lepleor et Margarite sa fame douze soulz de tornays par chacun an, en la feste desus dite, et Robert André et Johenne sa fame diz soulz de tornays par chacun an, à la Tousseinz, et Estienne Lepleor et Herssent sa fame diz soulz de tornays par chacun an, à la Saint-Remi, et Aliz, fille feu Jehan Lepleor, diz soulz de tornays par chacun an, en la feste de Saint Remi, de rechief la dite Aliz, quatre soulz de tornays par chacun an, en ladite feste de Saint Remi; lesquiex sexante et seze soulz de tornays d'anuel et perpétuel rente les devandiz rentiers et les hers d'iceux fesoint et estoint tenuz fere audit Monsour Robert par chacun an, au termes desus nommés, frans et quites de toutes chouses, si comme il est contenu ès lettres lesqueles ledit Monsour Robert avoit desdiz rentiers, saelées de leur seaux et dou sael nostre sire le Comte, douquel le usoit au temps en la chastelerie de Bellesme; et a atorné ledit vendeor par la baillée de ces présentes lettres les devandiz rentiers et leur hers de fere et de rendre audit priour et au couvent et à leur successors les devandiz sexante et seze souz de tornays d'anuel et perpétuel rente, chacun pour sa portion, par chacun an, au termes desus nommez, sans ce que lui ne ses hers y puisent james riens reclamer ne demander ou temps à venir, par quelconque cause ou reson ; et a baillé par la baillée de ces présentes lettres audit priour et au couvent et à lour successors tout le droit, le destroit, la exiguoire, la propriété, la possession et l'ancion réal et personal lequel ou laquele il avoit ou poait avoir, ou devoit, ès devandiz sexante et seze souz d'anuel et perpétuel rente, ou poait avoir ou deust ou temps à venir ès héritaiges sur lesquiex lesdites rentes sunt assiz, se lesdiz rentier ou aucun d'iceux lessoint corre la sessine pour ladite rente ou temps à venir ; nule chouse de droit, de destroit, de seignorie, de propriété, de possession ne d'aucion envers lui ne envers ses hers retenant par quelconque cause ou reson : et est tenuz ledit vendeor et ses hers les devandiz sexante et seze soulz d'anuel et perpétuel rente audit priour et au couvent et à leur successours garantir délivrer de touz et défendre contre touz, tant comme droit devra, et espéciaument vers touz ses hers ou temps à venir, et touz les domaiges et les demps, lesquiex il auroit euz ou soustenuz par deffaute de garantie, de deffense ou de délivrance ou temps à venir, sus tout son héritaige de tout en tout restorer. Et à toutes ces choses desus dites tenir, fere et accomplir bien et loyaument ou temps à venir ledit vendeur oblige lui et ses hers, et touz ses biens meubles et immeubles presenz et à venir, en quelconque leu qu'il soint ou porrain estre trouvez ou temps à venir, par ces présentes lettres lesquels il a données audit priour et au couvent et à lour successors séléés de son sael, avecques le sael de la chastellerie desus dite, en confirmation de chouses desus dites.

Et nous en tesmoing de ce, à la requeste doudit Guillaume des Hais, ces présentes avons seléés sauf tout droit.

Ce fut fet l'an de grâce mil cc quatre vinz diz et uit.

Arch. de l'Orne, H. 2554. Original, parchemin, sceaux perdus.

Réveillon.

N° 253.

Juillet 1301. — *Quittance donnée par Jean Hernays, seigneur de la Grossinière, au prieuré de Saint-Martin-du-Vieux-Bellême, de deux rachats à lui dus pour une portion d'héritage échue au prieuré et tenue par lui « boursaument » laquelle était sise dans le fief Meniolin, paroisse de Réveillon.*

A touz ceus qui verront et orront cez présentes lettres Robert de Neuvile escuyer, vicomte de Mortaigne, garde dou seel de la terre dou Perche, saluz.

Sachent touz que par devant Jeffroi Lenigleur, à ce juré et establi, fut présent Jehan Hernays, seigneur de La Groussinière (1), et quita et absoult religious hommes le priour et le couvent de Saint-Martin de Veil-Bellesme de deus rachaz queuls devoient audit Jehan, selonc la portion de l'éritage que il tenoynt boursaument o feu Meniotin et à son fuilz ainzné; lequel héritage leur estoit escheu de feu Joan Yvaire, en la paroisse de Ruaillon, par banies, si comme il est contenu en leur mémorial, que les diz religious ont; et enseurquetout de toutes autres choses qui estoint deues audit Jehan, dou temps passé jusques au jour duy, quant à la portion dou dit héritage que les diz religious desuz diz tienent ou fyé audit Jehan, apartenanz en quelconque menière et par quelcunque reson, sauve toutevais la portion que ledit Jehan a en cinq soulz de rente que il avoit et a enquore, féaus et héritaus, sus ledit héritage, si comme il dit, lesquex cinq soulz de rente lesdiz religious li deveint. Et pour ceste quitance acorder et otroier ledit Jehan a eu et receu d'iceus cinquante soulz de tournoys, dont il se tint dou tout en tout pour poié en déniers nombrez; et promist ledit Jehan à garantir les religious desus diz et leur sucessours des deus rachaz desus diz et de toutes les autres choses desus dites, de tout le temps passé jusques au jour duy, si comme il est desus dit, contre touz seigneurs féauls qui riens leur en porroient demander, et à desdomager iceus religieus de touz domages et déperuz que ils aront par deffaut doudit Jehan ou de ses hers, des quex le porteur de ces lettres sera creu par son serment sanz autre preuve. Et quant à ces choses desus dites tenir et garder, et entérignier, et acomplir en la forme desus dite, sans contredit de nul, le devant dit Jehan oblija soi et ses hers et tous ses biens muebles et immuebles présenz et à venir, en quelcunque leu que il puissent estre trovez, o toutes les choses desus dites.

Et nous, dit Vicomte, au racont doudit juré, à la requeste doudit Jehan, en confirmation des choses desus dites, avont mis en cez lettres le scel de la terre dou Perche, sauve le droit nostre sire le Comte et l'autruy.

Donné l'an de grâce mil ccc et un, le samedi enprès la Saint Christofle.

Arch. de l'Orne, H. 2565. Original, parchemin, sceaux perdus.

---

(1) Il y a un château de ce nom, jadis chef-lieu d'une seigneurie assez importante, en la paroisse de Courgeoust, voisine de celle de Réveillon.

Saint Jean de la Forêt.

N° 254.

1300. — *Vente ou constitution de rente par Geoffroi des Chesates, au prieur de Saint-Martin-du-Vieux-Bellême, de dix sols tournois de rente pour « le prix de cent sols de tournois ».*

A touz ceus qui verrunt ces presentes letres Geffroy le Châtelain, clert, garde dou sael de la chatelerie de Bellesme, saluz. Sachient touz que par devant Guillaume Galerant, clert et tabellion juré nostre sire le Comte d'Alençon a ceu establiz, vint et fut présent Geoffroy des Chesates et requennut soy avoir vendu et otroié à religious homes au priour et au frères de Saint Martin dou Veil-Bellesme et à leur successours, pour le pris de cent souz de tornais, des quexs il se tint pour bien paez en deniers nombrez, c'est à savoir diz souz de tornais ou de monaie commune d'anuel et perpétuel rente, assis et assignez sus tout le hébergement de la Jendelière, si comme il se pourssiet o toutes ses apartenances, en la paroisse de Saint-Johan de la Forest, ou fyé au Chapitre de Ses, tant en terres arables et non arables, arbres, mesons, hebergementz, hays, foussez, comme en autres chouses, et sus tout sun autre héritage, en quelconque leu que il soit, en la Châtelerie de Bellesmeys, et de quelconque mennière ; lesquexs diz sous de rente ledit Gefroy promist et est tenuz, lui et ses hers, rendre et paer par chacun an, à la Nativité de Nostre Segnour, à Saint Lonnart au frères doudit leu et à leur successours, frans et quites de toutes chouses. Et sunt ces diz souz de rente donez à l'iglese de Saint-Lonnart et au frères doudit leu pour l'anniversaire Michel de Bysoel. Et est tenu ledit Geffroy et ses hers les diz souz de rente desus diz audit priour et au couvent et à leur successours garantir, délivrer de touz et défendre contre touz, sus tout sun héritage, de foy, d'omage, de rachat, de cheval de servise, de toutes redevances, talles, obligacions et de touz empêchemenz, envers toutes personnes délivrer et deservir emperdurablement ; et tous les domages et les dépenz, les cous et les mises, les quexs ledit priour et le convent et leur successours auront euz, ou soutenuz, ou fez par défaut de garantie ou de défense, ou par le défaut de ladite rente non mie paée au terme et au leu desus dit, par chacun an, à leur serment ou d'aucuns d'iceus, sanz autre prove fère, rendre et retorer. Et a ce tenir, entérigner et acomplir bien et loiaument eu tems avenir, il oblige sey et ses hers et touz ses biens meubles et immeubles présenz et avenir, à vendre et à espletier à la value de la rente et des domages, sun cors tenant prison ou chastel de Bellesme, chacun an le terme passé, jusques à tant que ladite rente et les donmages saint de tout en tout parpaez. Et promist ledit Gefroy en bone fay que encontre ceste vendicion, ne encontre les chouses desus dites ne vendra ne ne rapelera par lui ne par ses hers dès hores en avant, renunçant en cest tet à toute aide de droit escrit et non escrit, à tout privilège de croiz prinse et à prendre, à toutes exceptions cavillations, à toutes grâces, indulgences, establissemenz de Roys, de comtes ou d'autres princes, et à toutes autres resuns, allégations, barres et deffenses par les queles il peuxt venir encontre les chouses desus dites ou encontre auqunes d'iceles, ou tems avenir, par ces présentes letres les queles ledit Gefroy a donées audiz achetours et à leur successours saelées de sun sael, oveques le sael de la Châtelerie de Bellesme, en confirmacion des chouses desus dites.

Et nos, en tesmoing de ceu, à la relacion doudit Guillaume, ces présentes avons saelées, sauf tout droit.

Doné l'an mil trais cenz, le dimanche devant la Saint Lonnart.

Arch. de l'Orne, H. 2579. Original, parchemin, sceaux perdus.

N° 255.

1301. — *Vente par Geoffroi des Chesates au prieur de Saint-Martin-du-Vieux-Bellême, de cinq sols tournois de rente pour une somme de cinquante sols, une fois payée.*

A touz ceus qui verront ces présentes letres Geffroy le Châtelain, clert, garde dou sael de la Chatelerie de Bellesme, saluz.

Saychent touz que par devant nos fut présent Geffroy des Chesates et requeunut soy avoir vendu et otrié à religious homes au priour et aus frères de Saint Martin de Vel-Bellesme et à leurs successors, pour le pris de cinquante souz de tornois des quex il se tint pour bien poyé en deniers nombrez, c'est à savoir cinq souz de tornois ou de monnaye commune, d'annuel et perpétuel rente, asis et asignez sus tout son hébergement de la Jendelière. sicomme il se poursiet o totes ses apartenances, en la paroisse de Saint-Johen-de-la-Forest, ou fié du Chapitre de Ses, tant en terres arables et non arables, mesons hébergementz, hayes et fousez comme en autres choses, et sus tout autre héritage, en quelconque leu qu'il soit en la Châtelerie de Bellesme et de quelconque mesnière ; les quex cinq souz de rente ledit Geffroy promist et est tenuz lui et ses hers rendre et paer par chacun an à la Nativité Nostre Seignour, à Saint Lonnard, aus frères dou dit leu et à leur successours frans et quites de totes choses..

Doné l'an de grâce mil trois cenz et un, le mercredi devant la Saint-André.

Arch. de l'Orne, H. 2579. Original, parchemin, sceaux perdus.

Saint-Ouen-de-la-Cour.

N° 256.

Novembre 1296. — *Vente par Jean Larue, Philippe Larue, Jean des Fossés, à Guillaume, prieur de Saint-Martin-du-Vieux-Bellême, de vingt-quatre sols de rente annuelle, assis sur différents immeubles, dans la paroisse de Saint Ouen-de-la-Cour, pour une somme de douze livres tournois.*

A tous... Geffroy Lovet, clert, garde dou sael de la châtelerie de Bellême, saluz.

Sachent touz que par devant nos vindrent Johen Larue, clert, Phelipe Larue, Johen des Fossez et Johanne sa fame, et requenurent eux avoir vendu et otroié à Guillaume dit le Quiller, prieur de Saint-Martin-de-Viez-Bellême, et au couvent de ce leu, et à leur successeurs, pour douze livres de tornais, desquez ils se tiennent pour bien paez en deniers nombrez, vint et quatre souz de tornays d'annuel et perpétuel rente, lesquex Colin Fardoit et Johanne sa suer leur estoint tenuz fere, par chacun an ; c'est assavoir : quatorze souz six deniers sus un herbège o le clos et o les apartenances dou dit herbège, et sus deux pièces de pré, et sont sises toutes les choses desus dites en la paroysse d Saint-Quen-de-Cort, ou fiez Colin des Couvail ; et recevront les devant diz acheteurs et leur successeurs les devant diz vint et quatre souz de tornays d'annuel et perpétuel rente par la main dou dit Colin Fardoil et de Johenne sa suer et de leur hoirs, par chacun an, au termes desus nommez...

Ce fut fet l'an de grâce mil CC° quatro vint et sèze, le semadi enprès la Toussainz,

Arch. de l'Orne H. 2215 Rouleau côté 6, n° 36

Vaunoise.

N° 257.

1219. — *Vente par Guillaume de Let-Perier, Gervais, Herbert et Geoffroi frères, à Regnault Maille, prêtre, et à Eude, son frère, de tout de qu'il possédait héréditairement en la paroisse de Vaunoise, à Let-Perier, pour le prix de quinze livres, quatorze sols et deux deniers tournois.*

Ego Gaufridus Chevalerius et Hugo de Noceio miles, notum facinus omnibus presentem paginam inspecturis quod W[illelmus] de Latapiru et Gervasius et Herbertus et Gaufridus fratres ejusdem Willelmi coram nobis vendiderunt pro quindecim libris, quatuordecim solidis et duobus nummis turonensium Raginaldo Maille presbitero, et Odoni fratri ejus quicquid ipsi jure hereditario in parrochia de Valnoise apud Latampirum possidebant, ipsis Raginaldo et Odoni fratri ejus et quibuscumque ipsi quocumque titulo preter in elemosinam voluerint, salvo jure nostro et aliorum dominorum feodi, perpetuo possidendum, hoc adjecto quod dicti fratres in dicta hereditate nichil juris et districtionis sibi et suis heredibus retinuerunt in futurum. Hanc autem venditionem predictis [Raginaldo et Odoni] sub dicta forma factam Leiardis uxor dicti W. et Aales filia eorum, et Aales uxor dicti Gervasii, et Theobaldus et Osanna liberi dictorum Gervasii et Aales, et Eremburgis uxor dicti Herberti, et Davi filius eorum, et Benedicta neptis dictorum Willelmi et fratrum ejus, et Richardus Guiterii, et Petronilla et Hodeburgis et Delicata, consanguinei dictorum fratrum, benigne concesserunt, et tam dicti fratres quam omnes alii predicti eamdem venditionem tenendam fideliter firmiterque servandam et garantizandam predictis [Reginaldo et Odoni] sub dicta forma in perpetuum, juramentis corporaliter prestitis, firmaverunt, et proinde dicte uxores dictorum fratrum singule earum duodecim nummos, et dicti liberi eorumdem fratrum, et dicta Benedicta, Petronilla et Hodeborc singuli eorum sex nummos a predictis [Raginaldo et Odoni] perceperunt, iidem vero [Raginaldus et Odo], pro dicte venditionis concessione et garantizatione, michi Gaufrido primo domino feodi, sex solidos, et dicto Hugoni de Noceio, de quo eumdem feodum teneo, quinquaginta solidos turonensium ad petitionem et assensum dictorum fratrum contulerunt.

Et ne nos vel heredes nostri, vel alii predicti, vel heredes eorum contra predicta venire valeamus in futurum, prefatis R[aginaldo] et O[doni] ad petitionem dictorum fratrum et aliorum predictorum presentem dedimus paginam preditorum testimonialem sigillorum nostrorum testimoniis roboratam.

Actum anno gratie M° CC° XIX°.

Arch. de l'Orne H. 2594. Original, parchemin, sceaux perdus.

N° 258.

Mai 1225. — *Charte de Mathieu, seigneur de Montgoubert, ratifiant l'accord intervenu par devant l'abbé de St-Julien de Tours et ses assesseurs, juges délégués par autorité apostolique, pour terminer le différend entre le couvent de Marmoutier et lui, au sujet de la dime du vin de sa vigne de Vaunoise, laquelle dime est fixée à la douzième somme de vin.*

Universis presentes litteras inspecturis, Matheus, dominus de Montgoubert, salutem in Domino.

Noverit universistas vestra quod cum abbas et conventus Majoris Monasterii Turonensis peterent a me decimam summam vini vinee mee de Valnoise, coram abate Sancti Juliani Turonensis et conjudicibus suis, auctoritate apostolica, ego, pro bono pacis, concessi eisdem quod ipsi haberent singulis annis duodecimam summam vini dicte vinee; et ne contra predicta venire valeam, presentes litteras eisdem dedi sigilli mei munimine roboratas.

Actum apud Sanctum Frogentium, anno Domini 1225, mense maio.

Bibl. Nat. ms. lat. 5441, t. II, f° 316v°. Copie suivie de ces mots: scellé en cire brune sur lacs de parchemin.

N° 259.

Juillet 1225. — *Compromis intervenu, par devant l'abbé et le prieur Saint-Père-en-Vallée, et le Chancelier de Chartres, juges délégués par autorité apostolique, entre le prieur de Betlème et Richard Le Bouc, clerc, au sujet de la dime d'une vigne, sise à Vaunoise.*

Omnibus... Abbas et prior S. Petri de Valle et Cancellarius Carnotensis salutem.

Cum causa auctoritate apostolica coram nobis judicibus a DD. Papa delegatis, inter religiosum virum priorem de Belesmo et Richardum Le Bouc, clericum, ex altera, verteretur, super quadam decima vinee dicti Ricardi site in territorio de Vaunoise.... tandem... facta fuit compositio inter ipsos... In cujus rei robur presentem paginam fecimus sigillorum nostrorum munimine roborari.

Anno Domini 1225, die veneris in octabis Beati Martini estivalis.

Bibl. Nat. ms. lat. 5441, t. II, f° 326v°.
Extrait suivi de ces mots: scellé en cire brune sur lacs de parchemin.

N° 260.

Août 1231. — *Sentence de Evrard (1), abbé de Saint-Julien, N... official et Richard, chanoine de Saint-Maurice de Tours, juges délégués par le Pape, sur le litige soulevé entre l'abbé et le couvent de Marmoutier, et Hémeri de Vaunoise, chevalier, au sujet d'une vigne, sise à Vaunoise, et de dîme de vignes.*

[Evrardus], abbas St-Juliani, N... officialis, et magister Richardus, canonicus Beati Mauricii Turonensis, judices a DD. Papa delegati universis salutem.

Notum facimus quod super controversia que vertebatur coram nobis, auctoritate apostolica, inter... abbatem et conventum Majoris Monasterii, ex una parte, et Hemericum de Valnosia militem, ex altera, super decimis propriarum vinearum dicti militis, ... et super quadam vinea sita apud Valnosiam, quam Nicholaus presbiter, avunculus dicti militis, prefatis monachis in elemosinam contulit, ... et super... quadam alia terra sita juxta clausum de Bretonaria, fuit compositum... dicta vinea sita apud Valnosiam... dictis monarc..is remansit pro bono pacis, de assensu predicti Hamerici militis et uxoris sue et filii sui primo geniti Hugonis, ac aliorum liberorum, ... terra juxta Britonariam remansit militi et heredibus suis...

Actum anno Dei 1231, mense Augusto.

Bibl. Nat. ms. lat 5441, t. II, f° 314 v°.

N° 261.

Mai 1250. — *Concession par Geoffroy prieur de Saint-Martin du Vieux-Bellême, et le couvent du lieu, à Girard, à sa femme et à ses enfants, du privilège de fraternité et de leur closerie de Vaunoise, avec distribution de provision en pain et en vin, les jours de travail dans leurs vignes et d'un morceau de viande aux fêtes annuelles, de quelque salaire en argent, de six boisseaux de blé chaque année, avec la jouissance de la majeure partie de la dîme de la chapelle de Vaunoise, en échange du don fait au prieur par les concessionnaires d'une pièce de terre et d'un pré, et à la charge par le closier en exercice d'entretenir les haies des vignes, de louer et de surveiller les ouvriers durant la vendange et d'amener le raisin au pressoir, etc.*

---

(1) Evrard II, abbé de Saint-Julien de Tours, de 1228 à 1243, d'après la Gallia Christiana Sammarth. t. IV, p. 548.

[Universis presentes litteras inspecturis, frater Gaufridus, prior prioratus Sancti Martini de veteri Bellismo, salutem in Domino.

Noveritis] quod nos attendentes devotionem quam [habet erga nos Girardus et Aalesia ejus uxor, et eorum filii]... [de as]sensu sociorum nostrorum dedimus et concessimus fraternitatem... clausariam nostram de Vaunosia cum tractu granchio et uno... [et habebunt] dictam clausariam successive, uno post alterum usque ad numerum... [quoadusque] vixerint quiete et pacifice possidebunt, et habitationem in domo clausure... debet habere scilicet quatuor panes panis monachorum singulis diebus quibus [operam in nostris vineis de Vaunosia operati fuerint, quat[uor denarios et obolum omnibus diebus quibus operam in nostris vineis de Vaunosia operati fuerint, ... unum galonem vini conventus ad quodlibet festum annale, et unum frustrum carnis ad Nativitatem Domini et ad Carnipermum et ad Pascha, et singulis annis, in grangia nostra de Vaunosia sex sextaria bladi, videlicet unum sextarium frumenti, et unum aveno et quatuor annone, et decimam capelle de Vaunosia, porcellorum, pissorum et agnorum, exceptis prolibus, et decimam canabi, pro qua viginti quinque alnas tele et viginti solidos turonenses redditus, pro dicto blado et rebus aliis predictis, nobis annuatim quisque predictorum clausarius erit reddere tenebitur. Pro quibus predictis omnibus, de sua benivolentia dictus Girardus, frater et donatus noster, de voluntate et assensu Aalesie ejus uxoris, sororis et donate nostre, et heredes eorum nobis et domui nostre Sancti Martini de Veteri Bellismo dedit et concessit quamdam petiam terre et quoddam pratum, in feodo nostro, juxta stagnum nostrum dictum Blondel sita, valentia vinginti quinque solidos turonenses annui redditus et amplius, in puram et perpetuam elemosinam, quiete et pacifice possidenda. Adjectum et fuit quod quique predictorum dictam clausariam tenebit, rata pars illius suorum acquisitionum omnium tempore fraternitatis et clausarie factorum, integre ad nos et dictam domum nostram Sancti Martini, et similiter rata pars omnium mobiliorum suorum, ita tamen quod in obitu suo quilibet predictorum de dictis mobilibus facere caritatem et de vestimentis suis et curcitis pauperibus in elemosinam dare poterit, secundum quantitatem mobilium predictorum, integre devolventur.

Debet autem quicumque predictorum clausarius erit, nobis et dicte domui nostre talia servicia annis singulis facere: videlicet sepes vinearum de Vaunosia plesare, et dictas vineas et earum operarios allocare et custodire, et decimam de Vaunosia de vini in vindemis cum una bestia corporaliter sive cum suo famulo trahere, et quatuor vacas ad medietatem custodire, et in luco habere medietatem, et nos et nostra domus aliam; et domum nostram de

Vaunosia in bono statu tenere, et si necessarium fuerit, duo miliaria scidulorum ibidem annuatim ponere, et ossatia nostra de Vaunosia colligere. Fuit eciam adjectum quod quicumque predictorum clausarius erit, stramina et forragia granchie nostre de Vaunosia et pascuum de Clos habebit, et nos et successores nostri de sterquilinio dicti clausarii in vineas nostras predictas, ad placitum nostrum, ducere poterimus. Preterea fuit adjectum quod si nos seu successores nostri a dicto Girardo et Aalesia ejus uxore, et Egidio, vel a quolibet aliorum predictorum successive, usque ad numerum pretaxatum teneremur, dictam clausariam cum omnibus pertinenciis predictis admoverimus seu autulerimus, terre pecia et pratum predicta sine nostro contradicto et successorum nostrorum ad Girardum et Aalesiam ejus uxorem et eorum heredes predictos quita et libera revenient, jure hereditario sicut prius tenenda et habenda ; nec in mobilibus et aquiramentis ipsorum, quoquo tempore factis aliquid poterimus petere seu reclamare. In testimonium predictorum omnium et munimen, nos Gaufridus prior de Bellismo predicto Girardo et Aalesie ejus uxori, Egidio, Alicie et Guillelmo..... dedimus presentes litteras in sigilli nostri munimine roboratas, per quas nos et successores nostros, in quantum de jure possumus, obligamus.

Datum anno Domini M°. CC°. quinquagesimo octavo, mense maio.

Ach. de l'Orne, H. 2595. Orginal, parchemin, sceau perdu.

Cette pièce originale a une importance exceptionnelle au point de vue de la condition de la classe agricole et de la culture de la vigne, en nos contrées, au milieu du XIII° siècle. Malheureusement, elle est incomplète, le bord supérieur, à main gauche, a été arraché, et neuf lignes du texte sont plus ou moins incomplètes. Ce qui est entre crochets est un essai de restitution.

N° 262.

Mai 1254. — *Ratification par Girard, Alice, sa femme, et leurs enfants de la donation et de la concession précédente, sous réserve des conditons énoncées.*

Ego Girardus clausarius de Vaulo Nocia notum facio universis presentes litteras inspecturis quod cum Gaufr[idus] humilis prior de Bellismo, de voluntate et assensu sociorum suorum, Aalesie uxori mee et Egidio, Alicie et Guillelmo pueris meis, dederit et concesserit divine intuitu pietatis fraternitatem et clausariam suam de Vaunosia cum suis pertinenciis omnibus, tenendam et possidendam ad vitam eorum, post meum obitum, ego vero Girardus predictus in puram et perpetuam elemosinam dedi et concessi de assensu et voluntate Alesie uxoris mee et heredum meorum priori et ejus sociis et monachis, in Christo fratribus meis supradictis, quamdam peciam terre et quoddam pratum in feudo suo, juxta stagnum suum dictum Blondel sita, sibi et domui sue sancti Martini de Veteri Bellismo jure hereditario imperpetuum tenenda et habenda; ita quod ego Girardus vel Aalicia uxor mea, seu heredes mei in pecia terre et prato supradictis, ratione hereditagii vel dotis seu alia, aliquid de cetero non reclamabimus, nec per aliquem faciemus aliquid reclamari. Adjectum tamen fuit quod si dicta clausaria cum suis pertenenciis a me seu ab Aalesia uxore mea, vel ab Egidio, Alicia et Guillelmo pueris meis amoveretur, quod terre pecia et pratum predicta ad me et heredes meos, sine aliquo contradicto quieta et libera reveniet, nec in mobilibus, nec in acquiramentis meis, vel Aalesie uxoris mee, seu heredum meorum quoquo tempore aliquid poterunt petere seu reclamare. In cujus rei testimonium et munimem ego Girardus, clausarius de Vaunosia predictus, et Aalesia uxor mea, priori et sociis et monachis suis et domui sue Sancti Martini de Veteri Bellismo supradictis, presentes litteras dedimus sigillorum nostrorum munimine roboratas, per quas nos et heredes nostros ad omnia predicta firmiter tenenda et fideliter observanda obligamus et obligari volumus in futurum.

Datum anno Domini M° CC° quinquagesimo octavo, mense maio.

Arch. de l'Orne H 2594. Original, parchemin, sceaux perdus.

N° 263.

Novembre 1254. — Vente par Colin Pinart, Eude Pinart, Jean Pinart frères, à Giraud et Raoul Leclosier de leur vigne des Clos, dans le fief de Vaunoise, pour le prix de onze livres tournois.

Ego Colinus Pinart et Aalessia uxor mea, et Odo Pinart et Auberea uxor mea, et Johanes Pinart frater noster, universis presentes litteras inspecturis salutem in Domino.

Noverint universi quod nos de assensu et voluntate omnium heredum nostrorum vendidimus et concessimus Giraldo Lecloser et Radulfo Lecloser et heredibus suis vineam nostram de Clotis cum omnibus pertinenciis dicte vinee pertinentibus, sitam in feodo domini de Valnosia, pro undecim libris turonensibus a predictis Giraldo Lecloser et Radulfo Lecloser et heredibus suis nobis integre persolutis in pecunia numerata...

Datum anno Domini M° CC° L° IIII°, mense novembris.

Arch. de l'Orne, H. 2594 Original, parchemin. Cette charte était scellée de cinq sceaux, qui sont tous perdus.

N° 264.

Novembre 1256. — *Vente par Guillaume Pinart à Raoul Leclosier, et à Giraud Leclosier, son frère, de sa part de la vigne des Clos pour le prix de cent six sols tournois.*

Ego Guillelmus Pinard universis presentes litteras inspecturis notum facio quod ego, de assensu et voluntate Alicie uxoris mee et omnium heredum meorum, vendidi et concessi Radulfo Lecloser presbytero et Giraldo Lecloser fratri suo, et heredibus suis, partem meam vinee de Clotis, sicut se possidet, cum omnibus pertinenciis ad dictam vineam pertinentibus, sitam in fedeo domini de Valnosia, juxta vineam Radulfi presbyteri et Giraldi fratris sui, ex una parte, et juxta vineam dicti Giraldi, ex altera; et abottat superius vineis heredum Dionisii defuncti Guibert et inferius prato prioris de Bellismo, pro centum et sex solidis turonensibus michi a predictis in pecunia numerata persolutis, et dictam vineam totam et integram sicut se possidet, dictis Radulfo Lecloser presbytero, et Giraldo fratri suo, et heredibus suis, tenendam, habendam libere, quiete, pacifice et jure hereditario imperpetuum possidendam, salvis serviciis dicte terre capitalium dominorum. Juravit etiam dicta Alicia uxor mea quod in predicta venditione nichil juris racione dotis sue, seu alio quocumque modo, de cetero reclamabit, nec ab aliquo faciet reclamari.....

Actum anno Domini milesimo ducentesimo quinquagesimo sexto, mense novembris.

Arch. de l'Orne H. 2594 Original, parchemin, sceaux perdus.

N° 265.

Avril 1258. — *Vente par Hémeri, dit Guitier et Eudes Guitier, frères, à Girard Leclosier et à Alice sa femme de ce qu'ils avaient dans le terrage d'une vigne, sise à Vaunoise, pour le prix de quatre livres tournois.*

Ego Heymericus dictus Guitier et Odo Guitier, fratres, nostris notum facimus universis presentes litteras inspecturis quod nos, de assensu et voluntate omnium heredum nostrorum, vendidimus et concessimus Girardo Leclossier et Alessie ejus uxori quidquid ad presens habebamus in terragio cujusdam vinee que sita est in parochia de Valnosia, que vinea heredes defuncti Mathei Renart tenent et possident a nobis et ab heredibus nostris, pro quatuor libris turonensibus, nobis a dictis Girardo et ab Alesia in numerata pecunia integre persolutis ; que vinea se acoltat vinee religiosorum monacorum Sancti Martini de Veteri Bellismo, ex una parte, et vinee dictorum Girardi et ejus uxoris, ex altera, et aboltat superius vinee familie defuncti Dyonisii Curbati, et pasticio des Clos inferius; dictum terragium tenendum, habendum libere, pacifice et quiete, et jure hereditario in perpetuum, supradictis Girardo Leclossier et ejus uxori et eorum heredibus, sine aliqua contradictione, vel impeditione, seu reclamatione nostri vel heredum nostrorum possidendum ; tali conditione quod dicti Girardus et Alessia ejus uxor, et eorum heredes nobis et nostris heredibus duos denarios turonenses requirabiles annui et perpetui redditus in vigilia resurrectionis Domini annuatim de recognitione reddere tenentur...

Actum anno gratie M° CC° L° octavo, mense aprilis.

Arch. de l'Orne H. 2594. Original, parchemin, sceaux perdus.

N° 266.

Décembre 1261. — *Vente par Guillaume Leforestier et Ozanne sa femme, à Girard Leclosier et à Alice sa femme, de leur part dans la vigne des Clos, pour le prix de huit livres tournois.*

Ego Guillelmus Leforestier et ego Ossanna ejus uxor notum facimus universis presentes litteras inspecturis quod nos, de communi assensu nostro et voluntate omnium heredum nostrorum, vendidimus et concessimus Girardo Leclosier de Valnosia et Alessie uxori sue, pro octo libris turonensibus nobis ab eisdem integre persolutis, quidquid nos habebamus in vineo des Cloit, ratione excambii vel alia, et quidquid nos possumus habere in futurum in dicta vinea, ex successione Lijardis matris mei dicte Ossanne ; quo dicta vinea sita est es Cloit de Valnosia, in feodo Domini de Valnosia, juxta clausum dicti abbatis.....

Datum anno Domini M° CC°, sexagesimo primo, mense decembris.

Arch. de l'Orne, H. 2597. Original, parchemin, sceaux perdus.

N° 267.

Mars 1262. (N. S.) — *Vente par Eude Pignart et Auberée sa femme, à Girard Leclosier et à Alice sa femme, de deux pièces de vigne faisant partie de la vigne de l'Orme, sise paroisse de Vaunoise, au fief du Chesnai, pour le prix de trente six sols tournois.*

Ego Odo Pignard et ego Hauberea ejus uxor, notum facimus universis presentes litteras inspecturis quod nos, de assensu et voluntate omnium heredum nostrorum, vendidimus et concessimus Girardo Leclosier de Valnosia et Alessie ejus uxori, pro triginta sex solidis turonensibus nobis ab eisdem integre persolutis, duas pecias vinee, quas nos habebamus in vinea de Ulmo, una quarum est sita in parochia de Valnosia, in feodo de Ch..nai, juxta vineam dicti Girardi ab utroque latere, et abotat superius vinee Johannis Guarpin, et inferius vinee Guillelmi Rusel. Altera vero vinee petia sita est in dictis parochia et feodo, juxta vineam dicti Girardi ex uno latere, ex juxta vineam Gaufridi de Guaigne ex alio, et abotat superius vinee Guillelmi Rusel, et inferius vinee Guillelmi Petenont.

Datum anno Domini M° CC° sexagesimo primo, mense martio.

Arch. de l'Orne, H. 2597. Original, parchemin, sceaux perdus.

N° 268.

Juin 1263. — *Vente par Eude Gerbout et Agnès sa femme, à Girard Leclosier de Vaunoise, d'une pièce de vigne sise au fief de Let-Perier, pour le prix de vingt-trois livres tournois.*

Ego Odo Gerbout et ego Agnes ejus uxor notum facimus universis presentes litteras inspecturis quod nos, de assensu et voluntate omnium heredum nostrorum, vendidimus et concessimus Girardo Leclosier de Valnosia et Alesio ejus uxori, pro viginti tribus libris turonensibus nobis ab eisdem integre persolutis, quamdam petiam vinee sicut se possidet, sitam in feodo de Largo Piru, juxta vineam defuncti Hemerici Encoingnart ex uno latere, et juxta vineam monacorum de Trapa ex alio, et abotat superius terre au Cointaut, et inferius vinee dictorum monacorum de Trapa.....

Datum anno Domini M°. CC°. sexagesimo tercio, mense junio.

Arch. de l'Orne, H. 2597. Original, parchemin, sceaux perdus.

N° 269.

Mai 1264. — *Vente par Guillaume Langlais à Guillaume de Pommeray d'une pièce de vigne, sise paroisse de Vaunoise, pour le prix de six livres dix sols tournois.*

Ego Guillermus dictus Langlais et Aalicia uxor mea notum facimus universis presentes litteras inspecturis quod nos, de assensu et voluntate omnium heredum nostrorum, vendidimus et concessimus Guillermo de Pommeray et Aalicie ejus uxori, quamdam petiam vinee site in parochia de Valle Noissia, juxta vineam Girardi Leclosier, ex una parte et ex altera juxta vineam Girardi et Johannis Renart; et abotat vinee dicti Girardi su-

perius, et inferius pasticio des Cloz, pro sex libris turonensibus
et decem solidis turonensibus nobis integre persolutis in pecunia
numerata, et de quibus nos tenemus penitus pro pagatis ....

Datum anno Domini M°. CC°. LX°. quarto, mense maii.

Arch. de l'Orne, H. 2597. Original, parchemin, sceaux perdus.

N° 270.

Juillet 1266 — *Affranchissement consenti par Hémeri, seigneur
de Vaunoise, au profit de Nicolas Quarrel et d'Emmeline sa
femme, de tout droit de terrage, de pressurage et de garde dûs
au dit seigneur, à raison d'une vigne sise sur son fief,
achetée par le dit Nicolas Quarrel, à la charge par l'acheteur
de lui payer, pour le tout, douze deniers de cens annuel.*

Omnibus presentes litteras inspecturis, Hemericus dominus de
Valnosia, armiger, salutem in Domino.

Noverint universi quod cum Nicholaus Quarrel, armiger et Emmelina uxor ejus, mediante emptione sua, acquisierint in feodo
meo, de Raginaldo Garneri et Agatha uxore sua, quamdam vineam
quam dicti Raginaldus et Agatha uxor ejus de me tenebant, ad terragium et ad pressoragium et ad custodiam, ego prefatus Hemericus
de assensu heredum meorum et de consilio amicorum nostrorum
ad petitionem dictorum Nicholai, Emmeline uxoris ejus et amicorum eorumdem, et etiam de bonorum et prudentium virorum
consilio, volo et concedo quod dicti Nicolaus et Emmelina uxor
sua, et eorum heredes teneant de cetero, de me Hemerico et meis
heredibus, dictam vineam totam et integram, sicut se possidet,
cum suis pertinentiis, reddendo exinde mihi et meis heredibus
de cetero, annis singulis, ad festum sancti Leonardi vel in crastino, in domo mea de Valnosia, duodecim denarios turonenses
annui census et perpetui, ad usum et consuetudinem Belismensem,
libere et quiete de terragio, de pressoragio, de custodia, et de
omnibus aliis redibientiis quibuscumque, ad me et heredes
meos, et quoscumque alios pertinentibus quoquomodo ; ita
quod ego et heredes mei, seu quilibet alius ratione dominii
ultra dictum censum, sicut dictum est, ibidem nichil possumus de
cetero reclamare. Et propter hoc dicti Nicholaus et Emmelina
mihi dederunt centum solidos turonenses, de quibus me teneo pro
pagato. Ad hec autem tenenda fideliter et garatizanda, sub forma
premissa dictis Nicholao, Emmelino et eorum heredibus, ego
Hemericus prefatus obligavi me et heredes meos, per litteras istas
sigillo meo roboratas.

Actum anno Domini M° CC° LX° sexto, mense juli.

Arch. de l'Orne, H. 2597. Original, parchemin, sceaux perdus.

N° 271.

Mars 1268. (N. S.). — *Echange entre Robert de la Mare et le prieur de Bellême d'une vigne dite la Vigne Froger, appartenant au couvent, contre la vigne dudit Robert, sise à Vaunoise et joignant les autres vignes du couvent et la route royale.*

Ego Robertus de Mara et ego Agnes uxor sua notum facimus universis presentes litteras inspecturis quod nos dedimus et concessimus priori de Bellismo, in scambium pro vinea sua que dicitur Vinea Frogier defuncti, vineam nostram de Vaunosia, que jungitur vineis dicti prioris ex una parte et chemino regali ex altera, totam et integram sicut se possidet habendam, tenendam et jure hereditario perpetuo possidendam predicto priori et ejus successoribus.....

Nos eciam et heredes nostri vineam defuncti Frogier, nobis datam in scambium, tenebimus de cetero a dicto priore, reddendo exinde sibi et suis successoribus annuatim in festo beati Leonardi quatuor denarios turonenses annui et perpetui census. In cujus rei testimonium nos dicto priori dedimus presentes litteras sigillis nostris sigillatas.

Datum anno Domini M° CC° LX° septimo, mense martio.

Arch. de l'Orne. H. 2596. Original, parchemin, sceaux perdus.

N° 272.

Novembre 1268. — *Echange entre Jean Gaipin et Girard Escu. Celui-la cède une propriété sise paroise de Vaunoise, au fief du Chesnai; celui-là cède une terre sise paroisse d'Origni-le-Butin, au fief de Mathieu de Viantais, et paie une soulte de quarante sols tournois.*

Ego Johannes Gaipin et Odelina uxor mea notum facimus universis presentes litteras inspecturis quod nos, de assensu et voluntate omnium heredum nostrorum, dedimus et concessimus Girardo Escu et Aalesie ejus uxori et eorum heredibus hoc quod habemus in parochia de Valnossia, in feodo dou Chesnay, in clauso des Clos, in excambium de hoc quod habent in parochia de Origneio-le-Boutin, juxta vineam Ernulphi Letainturier ex una parte, et juxta vineam Roberti Renart ex una parte et ex altera in feodo Mathei de Viantais, et pro quadraginta solidis turonensibus, de quibus nobis fecerunt plenarie satisfactionem et super quibus nos tenemus penitus pro pagatis.... .

Actum anno Domini M° CC° LX° octavo, mense novembris.

Arch. de l'Orne, H. 2596. Original, parchemin, sceaux perdus.

N° 273.

Mars 1268 (N. S.). — *Don par Emmelote Pèletière au prieur et au couvent de Saint-Martin-du-Vieux-Bellême, de sa vigne de Vaunoise, sise derrière l'église Saint-Jacques de Vaunoise, à la charge d'un service anniversaire pour sa mère et pour elle.*

Universis..... Emmelota Pelliparia salutem in Domino.

Noveritis quod ego Emmelota predicta, pro redemptione anime mee et pro anniversario meo et matris mee, dedi et concessi priori et monachis Sancti Martini de Veteri Bellismo vineam meam de Vaunose, sitam post ecclesiam Sancti Jacobi de Vaunose, sicut se possidet et metatur, in feodo dicti prioris, eisdem priori et monachis in puram et perpetuam elemosinam perpetuo possidendam et habendam, absque ulla reclamatione a me et heredibus meis in dicta vinea de cetero facienda. In cujus rei testimonium et munimen, ego predicta Emmelota dedi presentes litteras eisdem priori et monachis in sigilli mei munimine roboratas, per quas ego obligo me et heredes meos ad omnia predicta tenenda fideliter et firmiter observanda.

Datum anno Domini M° CC° LXe septimo, mense marcii.

Arch. de l'Orne, H. 2596. Original, avec sceau.

Le sceau, sur pâte, présente dans le champ une sorte d'épi renversé, et autour cette légende. S. AMELOTE PELETIERE.

N° 274.

Octobre 1271. — *Ratification de la donation précédente par Jean du Coudrai et Odeline sa femme, qui avaient prétendu revendiquer la vigne aumônée, à titre d'héritiers.*

Universis..... Johanes de Codreto et Odelina ejus uxor salutem in Domino.

Noverint universi quod cum contempcio moveretur, in curia domini Regis de Bellismo, inter priorem et monachos de Bellismo ex una parte et nos, ex altera, super quadam petia vinee, quam nos petebamus habere ab dicto priore et monachis, racione caduci descendentis ad me dictam Odelinam post decessum defuncto Hamelote Pelliparie; et dicti religiosi dicebant dictam vineam ad ipsos de jure pertinere, racione elemosine facte dictis priori et monachis a defuncta Hamelota Pelliparia, tempore quo vivebat : que dicta vinea sita est apud Vaunosiam prope monasterium de Vaunosia, inter vineam dicti prioris et monachorum : tandem compromissum est inter dictos priorem et monachos et nos, in hunc modum; quod nos omne jus et dominium quod in dicta vinea habebamus seu poteramus habere, racione hereditagii seu caduci, seu alia quacumque racione, dicto priori et monachis peritus quitavimus et eorum successoribus perpetuo possidendum. Nos vero insuper juravimus, tactis sacrosanctis evangeliis, quod in dicta vinea, racione hereditagii seu alia racione nichil reclamabimus in futurum, nec faciemus per alium decetero reclamari. Imo nos et heredes nostri dictam vineam, sicut se possidet, tenemur supradictis priori et monachis et eorum successoribus garantire et defendere contra omnes, ad usus et consuetudines Bellismenses. In cujus rei testimonium et munimem nos dedimus supranominatis priori et monachis, et eorum successoribus istas presentes litteras sigillis, nostris sigillatas, per quas nos et heredes nostros obligamus ad omnia supradicta tenenda fideliter et similer observanda.

Datum anno Domini M° CC° LXX°; primo, mense octobris.

Arch. de l'Orne, H. 2596. Orginal, parchemin avec sceaux en cire verte.

Le sceau de mari a disparu : le sceau de la femme reste. Il est légèrement ovale. Dans le champ, une branche de lys accostée de deux étoiles en points, avec cette légende singulière. † S. ODELINE VX. EIVS.

N° 175.

Août 1281. — *Fieffe par Hémery de Vaunoise, au prieur et aux moines de Saint-Martin-du-Vieux-Belléme, d'une pièce de terre sise en leur fief de Vaunoise, pour cinq sols de rente annuelle.*

Ego Hamericus, armiger, dominus de Valnoysia salutem in Domino. Noveritis quod ego concessi et tradidi viris religiosis priori et monachis Sancti Martini de Veteri Belismo et eorum successoribus quamdam peciam terre, in feodo meo de Valnoysia sitam, inter terram Guilelmi Caudel, ex uno latere, et ex alio latere, inter vineam domini Gaufridi decani Belismensis, et Radulphi Labadiere et se albotat, ab una parte, chemino per quod itur apud Valnoysiam, et ex alia parte, terre dicti Herbeloti Gace, tenendam et habendam imperpetuum libere, pacifice et quiete eisdem priori et monachis ejusdem loci et eorum successoribus, pro decem solidis monete currentis patrie annui redditus, mihi et meis heredibus ab ipsis religiosis et suis successoribus dictam peciam tenentibus et possidentibus in festo sancti conardi, seu infra octabas ipsius festi, annis singulis reddendis apud Valnoysiam et solvendis. Ita tamem quod prenominati religiosi totam supradictam peciam terre prout se portat pro dictis decem solidis annui redditus turonensibus, pro omni tallia, racheto, exactionibus, redibentiis et pro omnibus aliis serviciis quibuscumque ad me vel heredes meos, et ad quoscumque alios, tam capitales dominos quam eciam feodales spectantibus quoquo modo, possidebunt et tenebunt. Ad servicia autem quecumque, tallias, exactiones quascumque, tam capitalium dominorum quam eciam feodalium, acquitanda, si que evenire contigerit quacumque ex causa, residuum hereditatis mee et heredum meorum ego predictus Hemericus honero et obligo ac eciam suppono, ita quod predicta pecia terre ab omnibus serviciis, talliis, redibentiis, exactionibus quibuscumque capitalium dominorum vel feodalium quita sit penitus et immunis. Adjectum eciam fuit quod ego Hemericus et heredes mei, in dicta terre pecia nec in hebergamento ibidem constructo seu construendo, nec eciam in aliquem ibi commorantem, ulla de causa, nullam poterimus exercere justitiam vel distrinctum, nec aliquid capere vel facere capi, pro redditu ad dictum terminum non soluto vel pro emenda reddere non soluti. Preterea si contigerit aliquem latronem in manifesto reatu latrocinii insequi cum clamore et tumultu, ipsum ego Hemericus et heredes mei sequi poterimus et in dicto hebergamento capere, si illud intraverit vel ibi fugerit, et si ipse per servientes dictorum religiosorum captus fuerit, mihi vel heredibus meis reddetur ab eisdem, nisi manus servientis dictorum religiosorum evaserit ipse latro. Ad hec autem omnia et singula tenenda firmiter et fideliter ac eciam immobiliter observanda, defendenda et garantizanda, contra omnes et erga capitales dominos et feodales deservienda, ego Hemericus predictus hereditatem meam, me et heredes meos et bonorum meorum possessores ante dictis religiosis et successoribus suis obligavi per presentes litteras sigillo meo sigillatas, quas eisdem contuli in hujus rei testimonium et sessinam.

Datum anno Domini M° CC° octogesimo primo, mense Augusti.

Arch. de l'Orne H. 2597. Original, parchemin; et H. 2215, rouleau coté 6, n° 2.

N° 276.

Mai 1287. — *Fieffe perpétuelle par Robert Cousin à Guillaume Leclosier de la sixième partie du droit de terrage que ledit Robert Cousin avait sur les vignes du Clos, à la charge, par Guillaume Leclosier de payer dix deniers de rente annuelle.*

Universis..... Robertus Cousin et Hoderardis ejus uxor, salutem in Domino.

Noveritis quod nos tradidimus et concessimus Guillelmo Leclosier et Dionisio uxori sue et suis heredibus sextam partem terragii quam nos tenebamus, habebamus et possidebamus ad presens super vineas clausi dicti des Cloz, quas tenent heredes defuncti Girardi Leclosier et heredes defuncti Roberti Renart, in parochia de Valnosia, in feodo domini dicti loci. Tenebunt et habebunt dicti Guillelmus et ejus uxor et sui heredes totam dictam sextam partem predicti terragii, com omnibus pertinentiis suis quibuscumque, com omni jure possessionis et proprietatis, dominii justicie et districtus, modo et forma quibus ad presens possidebamus; et jure hereditario perpetuo possidebunt libere, pacifice et quiete, reddendo tamen exinde annuatim nobis et nostris heredibus a dicto Guillelmo et ejus uxore et suis heredibus, apud habergamentum nostrum dou Chenai, in festo sancti Remigii, vel in crastino, decem denarios monete cursalis, annui et perpetui redditus pro omnibus serviciis, redevanciis, actionibus, exactionibus, rachatis equi servicii, talliis et omnibus rebus aliis quibuscumque ad quoscumque pertinentibus quoquo modo.....

Datum anno Domini M° CC° LXXX™°, septimo mense Maii.

Arch de l'Orne, H. 2597. Original, parchemin, sceaux perdus.

N° 277.

Juin 1278. — *Vente par Eude Pinart à Alice la Clousière et à ses heritiers de tout ce que le dit Pinart possédait au Chesnai, pour quatre livres quinze sols tournois.*

Universis..... ego Odo Pinart et Auberea uxor mea, salutem in Domino.

Noverint universi quod nos, de communi assensu nostro et voluntate omnium heredum nostrorum, vendidimus et concessimus Alesie la Clousière et eorum heredibus quidquid habebamus apud Cheneium, in parochia de Valle Nosia, in feodo domini de Valle Nosia, et quidquid intendimus habere de cetero, inter medietariam Gautridi de Vallenosia armigeri, et inter chaminum quo itur de logia Quercus Galonis apud forestam de Bellismo, videlicet domo, herbergamento, virgulto, bosco, terra arabili, vineis, pratis, pasturis, pro quatuor libris et quindecim solidis turonensibus nobis in pecunia numerata integre persolutis.....

Datum anno Domini M° CC° LXX° VIII°, mense Junii.

Arch de l'Orne, H. 2597. Original, parchemin, sceaux perdus.

N° 278.

Octobre 1290. — *Fieffe par Hémery de Vaunoise à Guillaume, prieur de Bellême, pour le prix de vingt cinq sols de rente*

BIENS SITUÉS A VAUNOISE.

annuelle, de tout l'héritage qu'il avait acquis des héritiers de feu André Cœur de Loup, sis en la paroisse de Vaunoise.

Universis presentes litteras inspecturis, Hemericus de Vaunoysia armiger, salutem in Domino.

Notum facio quod ego tradidi et concessi religiosis viris Guillermo, priori de Bellismo, et monachis ejusdem prioratus, pro vinginti quinque solidis monete cursalis annui et perpetui redditus, mihi et meis heredibus a dictis priore et monachis et suis successoribus qui pro tempore erunt persolvendis in nativitate beati Johannis Baptiste vel infra octabas ejusdem nativitatis annuatim, omnem hereditatem quam acquisieram ab heredibus defuncti Andree Cordis Lupi, existentem pro parte in vinea et pro parte in guasto, sitam in parochia de Vaunoysia, in meo feodo, juxta vineas prioris de Catharabia et vineas Mathei dicti Pinçon, ex uno latere, et juxta vineas heredum defuncti Hernaudi Aye, et menachorum de Trapa, atque clausum dictorum monachorum quod vocatur Le Cloz, ex alio, et se aibolat superius vinee conventus dicti prioratus et inferius clauso quod dicitur Clausum Quarron, et vinee Roberti de Mara. Et sciendum est qued pro illo guasto sito juxta dictam vineam ego Hemericus attornavi dictis priori et monachis Robertum Prove et Raginaldum Leberge, de reddendo predictis priori et monachis et suis successoribus octo solidos annui et perpetui census, in Nativitate beati Johannis Baptiste annuatim, pro illo guasto, quamdiu iidem Raginaldus et Robertus illud guastum tenebunt et possidebunt, vel eorum heredes, retentis mihi solummodo et meis heredibus expletagium rachetorum talliarum si que evenerint pro dicto censu seu occasione ejusdem, pro tempore tantummodo quo dicti Robertus et Raginaldus vel sui heredes sepedictum guastum possidebunt pro censu superius annotato. Et si contigerit quod illud guastum de juxta dictam vineam quoquomodo ad dictos priorem et monachos vel suos successores quocumque tempore devenerit, in quocumque statu sit, in vinea vel in guasto, sepedicti prior et monachi illud guastum cum hereditate predicta tenebunt et jure hereditario possidebunt et successores eorum per predictos viginti quinque solidos annui et perpetui redditus mihi et meis heredibus persolvendos supradicto termino, pro omnibus serviciis et exactionibus quibuscumque et quocumqne nomine censeantur ad me vel meos heredes pertinentibus quoquo modo. Salvo tamen mihi et meis heredibus, illa vice solummodo, duplo censu debito pro guasto superius nominato..... Predictam hereditatem totam et integram sicut se possidet cum sepibus et fossatis et aliis suis pertinenciis quibuscumque, et jure hereditario in perpetuum possidendam, sepe dictis priori et monachis et suis successoribus libere, pacificc, quiete ab omnibus serviciis, exactionibus, redeventiis, corveis, talliis, rachetis, releviis et rebus alliis quibuscumque ad me vel meos heredes pertinentibus quoquo modo. Hoc excepto tantummodo quod exitus vindemiarum totius hereditatis predicte, que appellantur *le marc*, asportabuntur ad meum pressorium expurgandum, sicut consueverunt facere mei homines terragia non tenentes. Tenemur siquidem ego Hemericus et mei heredes predictam hereditatem cum omnibus suis pertinenciis garantire, defendere inperpetuum contra omnes et versus sepedictis priori et monachis et suis successoribus, pro vigenti quinque solidis annui redditus sepedictis, et si per defectum defensionis seu garantizationis mee vel heredum meorum, dicti religiosi aliqua dampna sive deperdita quecumque habuerint vel sustinuerunt, nos tenemur eisdem religiosis et suis successoribus omnia dicta dampna reddere, restituere et plenarie resarcire super alia hereditate mea, et potissime super hereditate mea de la Rouselière sita in Celle de Vaunoysia, cum omnibus pertinenciis ejusdem hereditatis, quam hereditatem quoad restaurationem dictorum dampnorum, si que dicti religiosi sustinuerint, eisdem religioso expresse et specialiter obligavi.

In cujus rei testimonium et munimem, ego dictus Hemericus dedi predictis priori et monachis et suis successoribus istas presentes litteras sigillo meo proprio sigillatas, per quas me et meos heredes obligavi ad omnia supradicta tenenda fideliter et firmiter inperpetuum observanda.

Datum anno Domini M° CC° nonagesimo, mense Octobris.

Arch. de l'Orne, H. 2598 et Rouleau coté 6, n° 1.

Cette charte est placée en tête du rouleau : le parchemin a souffert et est rongé par endroits sur les bords. La charte originale elle aussi a été rongée dans le pli du milieu.

N° 279.

Octobre 1290. — *Vente par Guillaume Crochet, clerc, à Guillaume, prieur de St-Martin-du-Vieux-Bellême, pour le prix de onze livres et six sols tournois, d'une pièce de vigne, sise paroisse de Vaunoise, dans le fief d'Hémery de Vaunoise.*

Universis..... Guilelmus dictus Crochet, clericus, salutem in Domino.

Notum vobis facio quod ego vendidi et concessi fratri Guilelmo priori S-Martini-de-Veteri-Belismo et monachis ejusdem prioratus, pro undecim libris et sex solidis turonensibus mihi ab ipsis integre persolutis in pecunia numerata, quamdam peciam vinee quam habebam et possidebam in parochia de Valnoysia, in feodo Hamerici de Valnoysia armigeri, et juncta est dicta vinea, ex uno latere, juxta vineam que vocatur clausum de Clincampo et vineam heredum defuncti Gaufridi de Prigneyo, et ex alio latere, jungit juxta vineam Odonis des Barres et juxta vineam Gervasii dicti Trovet, et albotat superius vinee presbiteri de Colonart et inferius clauso quod vocatur Clausum Abbatis..... Salvis tamen serviciis capitalium dominorum.....

Anno Domini M° CC° nonagesimo, mense Octobris.

Arch. de l'Orne, H. 2215. Rouleau côté 6, n° 4.

N° 280.

Mars 1291. (n. s.) — *Echange entre Hémeri de Vaunoise, écuyer, et Guillaume Leclousier : Hémeri cède une partie de la métairie de Vaunoise en propriété, avec droit de chasse, à charge seulement de quelques redevances fixes en argent : Guillaume transporte audit Hémeri toute l'acquisition faite par lui en fief et en domaine de Guillaume Mouchet et de Maheust, sa femme.*

A toz ceus qui verront ces presentes lettres, Hémeri de Vaunoyse, escuier, saluz en nostre Seignor.

Saichent touit présenz et à venir que ge quitte et otrait en perdurable eschange à Guillaume Leclousier, et à Denise sa fame, et leurs hairs, une partie de ma métaierie dou [dit leu] sicomme elle se poursiet en lonc et en lé, o le pré et les pastiz et les pastures, sicomme le chemin qui vient de Memerz à Balesme le porporte d'une partie, et de l'autre, sicomme les préz et les pastiz aus hairs de l'Angelerie le porporte. Et est jointe d'une partie par devant..... et par dessous au pré Jehen Leclousier et aus hairs feu Robert Renart. Et ay baillé aus devant diz Guillaume..... qui est jointe dudit, des caustez au devant dit chemin et de l'autre au chemin par lequel l'en va à ..... de Sautecos, et abote par desuz aus hays de Clinchamp, et par desus à l'ouche de Longueraie, ... à tenir et à avoir audiz Guillaume et à sa fame et à leurs [hairs] et à leur commandement totes les devant dites chouses, [ovecques totes leurs apartenances] quelconques, sicomme il furent par devant nommées ; et à porsaier pérpétuement par reson doudit eschange franchement, [quitement et librement] de totes chouses quelconques à moy et à mes hayrs apartenanz en quexconques manières. Et ge et mes hairs somes tenuz aus diz Guillaume et à sa fame, et à leurs hairs, et à leur commandement, garantir, deffendre et délivrer de touz empeschementz totes les devant dites chouses. et deservir de touz servises contre touz et envers. En fessant tant solement enprès la mort doudit Guillaume, par la main dou l'êné hair, saisante souz pour cheval et pour relief, et emprès, de hair en hair, les diz saisante souz, emprès la mort de l'êné qui sera en la fay ; et six souz de tornoys de taylle resonnable totes faiz qu'elle avendra de droit en celui flé dou Chenoy. Et voil et otray que le devandit Guillaume, ses hairs, ou leur commandement chacent et vendent au lièvre et au connin, et au gopil, sans contredit de moy ne de nos hairs, totes fays que il voudroit en leur partie de la dite métairie.

Et est à savoir que ledit Guillaume et sa fame ont baillé à moy et à mes hairs, pour ledit eschange, tot l'aquèrement que il firent en flé et en domaine de Guillaume Mouchet et de Maheust sa fame, sicomme il est contenu en leurs lettres saellées de leurs saiaus. Et à totes ces chouses devant dites tenir fermement et loïaument garder, ge devandit Hémeri oblige moy et mes hairs et tous mes biens meubles et immeubles présens et avenir par ces présentes lettres saellées de mon sael, les quelles ge a   ..ées aus diz Guillaume et à sa fame en tesmoing de vérité.

Ce fut fait l'an de grâce mil et deux cenz quatre-vingt et diz, au moys de marz, le jeudi emprès *Invocavit me*.

Arch. de l'Orne, H. 2598. Original, parchemin, sceaux perdus.

Il y a quelques lacunes dans le texte.

N° 281.

Janvier 1294. (n. s.) — *Fieffe par Thomas Leduc à Guillaume Leclousier d'une pièce de terre appelée : Le Pessiau des Clos.*

Ego Thomas dictus Leduc et Ysabellis, uxor mea, notum facimus omnibus hec visuris quod nos de communi assensu nostro tradidimus et imperpetuum concessimus Guillelmo dicto Leclousier et Dyonisie uxori sue, et suis heredibus, et eorum mandato seu ab eisdem causam habentibus, quamdam terre peciam, prout se possidet, sitam in parochia de Vallenosia, in feodo domini de Vallenosia, et vocatur antiquius dicta vinee pecia *Le Pessiau des Cloz*, habendam et tenendam predictam vinee peciam, cum omnibus pertinenciis suis quibuscumque predictis Guillelmo et Dyonisie uxori sue et suis heredibus, et jure hereditariio perpetuo possidendam, quitam, liberam ab omnibus et immunem, contradicto nostri vel heredum nostrorum, seu alterius cujuscumque, prout juravimus, in aliquo non obstante ; reddendo tamen exinde ab ipsis et suis heredibus nobis vel nostris heredibus quindecim Cenomar.enses annui et perpetui redditus, in festo sancti Remigii annuatim liberos ab omnibus et immunes.....

Datum anno Domini M° CC° nonogesimo tercio, mense januario, die lune post Circumcisionem Domini.

Arch. de l'Orne H. 2598. Original, parchemin, sceaux perdus.

N° 282.

1295. (n. s.) — *Vente par Jean Echallart à Guillaume Leclousier de trois sols tournois de rente annuelle pour une somme de trente sols et un denier reçue dudit Guillaume.*

Omnibus ..... Johannes Echallart et Johanna, uxor sua, salutem in Domino.

Noveritis quod nos de communi assensu nostro et voluntate heredum nostrorum vendidimus et concessimus Guillelmo Leclousier et Dyonisie uxori sue et eorum heredibus..... pro triginta solidis turonensibus et uno denario turonensi, nobis pre manibus integre persolutis, videlicet tres solidos turonenses seu monete cursalis Belismensis, annui et perpetui redditus, ad domum suam, ubicumque mansionem fecerint in Belismensi, in Assumptione Beate Marie Virginis singulis annis persolvendos.....

Datum anno Domini M° CC° nonagesimo quarto, die sabbati ante *Invocavit me*, mense februarii.

Arch. de l'Orne, H. 2598. Original, parchemin. Il reste un léger fragment de l'un des deux sceaux, en cire brune.

N° 283.

1298. — *Fieffe à Jean, Geoffroi et Jean des Biars, frères, par le prieur et le couvent de Saint-Martin-du-Vieux-Bellême, de deux pièces de vigne, pour le prix de trente sols tournois de rente et cinq sols de cens, par an, et de deux sols de rente annuelle au curé de Saint-Martin, et le terrage de la Vigne.*

A tous ..... Robert de Nuefville, escuier, viconte de Mortaygne et de Bellême, saluz.

Sachez que par devant Guillaume des Hays, notre clert juré à ce establi, vindrent Johen Geffroy et Jehan dez Biarz, frères, et requennurent qu'il ont pris dou prieur et des frères de Saint-Martin de Viez-Belleme deus pièces de vigne, assises en la paroysse de Vaunoyse, envers les Cheses, desqueles une aboute au chemin par lequel l'en vet des Cheses envers Vaunoyse, et l'autre pièce de vigne est jouste le dit chemin d'un couté, et de l'autre, jouste les vignes aus hoirs feu Gervese Trové, pour lesquelles deus pièces de vigne, si comme il se poursient, les diz Johen et Geffroy et Johen Biarz, frères, et leurs hoirs, sont tenuz et ou temps avenir seront tenuz fère et rendre au dit priour, et au frères doudit leu, et à leur successeurs, par chacun an, en la feste Saint-Léonart, cinc souz de tornays, ou de monaye comune ou pays, d'anuel et perpétuel cens, et, en la feste de Touz Saintz, trente souz de tornays d'anuel et perpétuel rente, à leur meson de Saint-Martin ; et pour la vigne, laquele aboute au vignes Symon des Hantes, les devant diz Johen, Gefroy et Johen, et leur hoirs seront tenuz rendre au prestre de Saint Martin, deus souz de tornays d'anuel et perpétuel rente par chacun an, à la Saint Léonart, et au dit prestre le terrayge de la Vigne, laqule s'acouste à la vigne au hoirs feu Guillaume Trové, pour toutes choses apartenanz à quiconques pour reson des dites vignes, ou temps à venir ; et à ce fere, les diz Johen, Gefroy et Johen, eux et leur hoirs, et tous leur biens meubles et immeubles, présenz et à venir, et espéciaument trois minoz de semeure, sis en la paroysse de Saint-Martin, lesquex le dit Johen, Gefroy et Johen desus diz ont jouste les terre feu Guillaume Trové, d'un costé, et jouste les terres Guillaume Chauvigné, de l'autre, les trois minoz de terre semeure desuz diz corront et vendront en propriété, domayne, au dit priour et à ses successeurs, se les diz Johen, Gefroy et Johen ou leur hoirs se défaillaint de paer le dit cens et la dite rente, en tout ou en partie, chacun an au termes desus nommez, ou s'il lessoint les dites vignes au dit priour ou à ses successours en peyour estat qu'il n'est à présent, par le dit de part des homes dignes de fay, pour les domages et les dépenz lesquex le dit priour ou ses successeurs auront euz ou soutenuz par reson des choses desus dites, ou pour auqunes d'iceles, sanz ce que les diz Johen, Gefroy et Johen ne leur hoirs en puissent aler encontre ou temps à venir, pour quelconque cause ou reson, sauf toutevays le cens et la rente dou temps passé : et renuncent les dit Johen, Geffroy et Johen, en cest fet, à toutes choses par lesquelles y peussent, par eux ou par leur hoirs, venir encontre la tenour de ces présentes lettres en auqune manière ou temps à venir.

En temoing de ce, nous, à la requeste dou dit Guillaume des Hays, ces présentes lettres avons sélées ou seel de la Chatellenie desus dite. Ce fut fet l'an de grâce mil deus cenz quatre vinz diz et uit, sauf tout droit.

Et en confirmacion des choses desus dites, le dit Johen, Geffroy et Johen, frères, y obligèrent à mestre leur seaux oveques le sael de la Chatellenie desuz dite.

Ce fut fet l'an de grâce mil deus cenz quatre vinz diz et uit.
Arch. de l'Orne, H. 2215. Rouleau côté 6, n° 35.

N° 284.

Novembre 1300. — *Compromis entre Jean de Dancé, écuyer, et Marguerite, sa femme, agissant comme ayant le bail et tutelle de l'héritier de Rocé, d'une part, et le prieur de Saint Martin, de l'autre, pour terminer le différend soulevé entre eux au sujet du droit de pressurage des vignes de Rocé.*

Universis presentes litteras inspecturis Johannes de Danceio armiger, et Margarita uxor sua, salutem in Domino.

Notum facimus quod cum contentio verteretur inter nos, ex una parte, et religiosum virum priorem Sancti Martini de Veteri Bellismo, ex altera, super eo videlicet quod nos dicebamus, nomine et ratione heredis de Roceio primogeniti, nunc existentis in nostro baillio et tutela, pressoragium vinearum ejusdem prioris et hominum suorum, quas vineas habent et possident dicti prior et sui homines prope Roceium, inter cheminum per quod itur de domo dicti Quarel apud Mamertum, ex uno latere, et junguntur predicte vinee ex alio latero juxta vineas Egidii, nunc rectoris ecclesie de Capella Suavi, et Suhardi Foquant; prout predicte vinee in latitudinem et longitudinem se proportant, ac eciam coustumas factas in locis et vineis antedictis pertinere, ratione feodi et dominii, ad predictum primogenitum et heredem : dicto priore contrarium asserente pro eo videlicet quod predicte vinee in suo feodo proprio atque prioratus predicti erant et existunt, nec ipse prior, nec sui homines, nec dictarum vinearum possessores censum annuum vel duplum censum, seu venditiones, aut servicia sive redibentias quascumque unquam domino de Roceyo sive suis antecessoribus, retroactis temporibus persolverunt ; immo omnia et singula servicia, redibencie, duplum census et venditiones ab omnibus et singulis possessoribus earumdem vinearum fuerunt prioris prioratus predicti; quilibet pro suo tempore, tanquam capitales domini hactenus perceperunt, levaverunt et habuerunt : tandem de consilio magistri Gaufridi de Noceio, clerici, advunculi predicti heredis, et nobilis viri Johannis de Vireleio militis, advunculi mei predicti Johannis de Danceio, prius recepto per depositiones plurium testium fide dignorum feodi de Roceio et hominum predicti heredis, ex parte mei dicti Johannis de Danceio productorum et examinatorum per predictum nobilem virum Johannem de Vireleio militem, quod nos predictum priorem super premissa molestabamus indebite, inter nos et prefatum priorem amicabilis intervenit compositio in hunc modum : quod nos nomine ipsius heredis volumus et consensimus quod predictus prior amodo habeat et habebit pressorium, ac habere poterit in loco predicto sine nostri nec ipsius heredis, vel successorum seu heredum ipsius contradicto, pro se et suis hominibus atque aventiciis quibuscumque. Illos autem, qui de districtu ejusdem heredis fuerint, non recipiet ad suum predictum pressorium, quod habebit in suo predicto feodo predictus prior aut sui successores, vel custodes ejusdem pressorii, nisi ab ipso herede habuerint super hoc licenciam et speciale consensum; super quo dictus heres poterit, si voluerit, a custode pressorii predicti prioris semel exigere juramentum. Et ne predictus prior aut sui successores possit aut possint super premissis et premissa tangentibus a nobis, vel a dicto herede, seu suis successoribus in posterum molestari, turbari vel impediri, dedit, concessit et assignavit idem prior, pro premissis et premissa tangentibus nobis, nomine et ratione predicti heredis primogeniti de Roceio et successorum suorum, vinginti solidos monete currentis annui et perpetui redditus, liberos ab omnibus, sitos et assignatos super omnem hereditatem quamcumque et quibuscumque locis et rebus existentem, quam habet Angotus dictus Blondel de Noceio, ubicumque in Castellania de Bellismensi solvendos, in festo beati Martini hyemalis annuatim. Ista tamen conditione apposita in premissis quod si dictus heres, cum ad liberam etatem pervenerit, vel alius quicumque, predictum priorem vel ejus homines super premissis, vel premissorum aliquo molestaverit, impediverit seu hujusmodi concordiam infregerit, predictus redditus vinginti solidorum ad dictum priorem et suum prioratum immunis et liber ab omnibus libere revertetur; et tenemur nos et heredes nostri eidem priori, nomine prioratus predicti, dictum redditum reddere et instrumentum super hoc confectum et sigillo domini comitis sigillatum. Hec nostro nomine cauptio predicti redditus facta fuit quia de pecunia ejusdem prioris predictus redditus extitit persolutus, nosque et heredes nostros et omnem hereditatem mee Margarete, matris predicti heredis, quoad hoc obligamus. In cujus rei testimonium sigillis nostris propriis dedimus istas litteras dicto priori et suis successoribus sigillatas, per quas obligamus nos et nostros heredes ad omnia et singula supradicta tenenda et observanda modo et forma predictis.

Datum anno Domini M° CCC°, die Jovis post festum Omnium Sanctorum.

Arch. de l'Orne H. 2598 Original parchemin, sceaux perdus

N° 285.

1300. — *Cession par Jean Gaipin et Gillotte, sa femme, à Guillot Leclosier, de Vaunoise, d'une planche de vigne, aux Clos, en échange d'une autre planche de vigne et de la moitié de la terre de la Brosse.*

Saichent toz presenz et à venir que je, Johen Gaipin, et je, Gilote sa fame, de nostre commun assentement avons baillié et otrié à Guillot Le Clousier de Valnoise et à Denise sa fame et à lor hers, en eschange, une planche de vigne asise au clous des Cloz, que nos aquairimes de Johen Dancine et de Johenne sa fame, à tenir et à possaair féaument et héritaument, sanz nul contredit de nous ne de naus hers. Et la dite planche de vigne, sicome ele se possiet en lonc et en lé, nos somes tenuz garanter, défendre et délivrer audit Guillot et à sa fame et à lor hers de toz contre toz, et deservir de toz services et de totes redevances, et do totes autres choses à quexconques apartenanz, vers totes personnes, tant d'iglise que séculères, et restorer toz les domaiges qu'il auront euz par les dites choses, à lor seul serment, sans autre preuve ; et prometons que nous ne reclemerons james rien en la dite planche de vigne, par reson de doaire ne par autre, et renonçon à totes ces choses par les queles ces choses puissent estre empeschiées ; et à totes ces choses fere et tenir à toz jorz sans nul contredit, nous obligon nous et naus hers et toz naus biens mobles et immobles, presenz et à venir, par ces letres que nous avons donées audit Guillot et à sa fame et à lor hers, séelées en naus saiaux.

Et le dit Guillot et sa fame ont baillié à nous et à naus hers en eschange, por ladite planche de vigne, la moitié d'une pièce de terre, qui est apelée *la Broce*, qu'il orent en eschange de Odin Renart et de sa fame, et un clous, qui est à *la Renardière*, joint d'un costé au chemin par le quel l'en vet de la maison Gaipin à la meson feu Robert Renart, et do l'autre aus haies au saigneur de Clinchamp, et à la terre au hers Johen Renart d'une part, et de l'autre au clous Johan d'Ancine, par reson de sa fame, à tenir et à possaair de nous et de naus hers, franchement et quitement de totes choses à quexconques apartenanz en quelconque menière, sans nul contredit, en leu et en eschange de la dite planche de vigne. En tesmoin de ce nous avons ces letres séelées de nos saiaux.

Ce fut fet et doné l'an de grâce mil et trois cenz, le samedi devant la Magdelaine.

Arch. de l'Orne, H. 2598. Original, parchemin, sceaux perdus.

N° 286.

1301. (n.s.) — *Vente par Denisot Guibert aux prieur et couvent de St-Martin-du-Vieux-Bellême, pour le prix de douze livres tournois d'une pièce de vigne appelée Les Clos, sise paroisse de Vaunoise dans le fief du seigneur du lieu.*

A touz ceus qui verront ces présentes lettres, Gefroy le Chastelayn, clerc garde dou sael de la Chatelerie de Beliesme, saluz.

Sachent touz que par devant Guillerme Galerant, clerc tabellion juré nostre sire le Conte d'Alençon, à ce establiz, vint Denisot Guibert et requenut sey avoir vendu et otrié à religious homes, au priour et au couvent de Saint-Martin de Viez-Bellême et à lour successeurs, et à leur commandement qui aura cause d'eus, pour le pris de douze livres de tornays, des quex il se tint pour bien payez en deners nombrez, une pièce de vigne qui est apelée Les Cloz, assise en la paroisse de Saint-Martin, du fyé au segneur dou dit leu, laquelle vigne joint de totes les parties au vignes des dit acheteurs. Item deus sous de tornays ou de monaye commune, d'anuel et perpétuel cens, assis et assignez sus tout le héritage qu'il a en la paroisse de Courtiout, ou fyé des dit achetours, tant en terres arables et non arables, prez, patures, mesons, hébergements, fyé et domayne comme en autre chouses ; a rendre dou dit vendeur et de ses hoirs les devant diz deus souz de tornays d'anuel et perpétuel cens au diz achetours et à leur successours et à leur commandement, par chacun an, à la Saint-Lonnart, frans et quites de totes charges à tenir et à pourssair la dite pièce de vigne o ses apartenances et les deus souz d'anuel et perpétuel cens des diz achetours et de leurs successours et de leur commandement qui aura cause d'eus, féaument, héritaument, sanz ce que ledit Denysot ne ses hers il pessent jamais rien réclamer ne demander, des hores en avant. Et est tenuz ledit Denisot Guibert et ses hers ladite pièce de vigne o ses apartenances et les deus souz de cens dessus nommez au dit achetours et à leur successours et à leur commandement garantir, délivrer de touz et deffendre contre touz en perdurableté. En fesant dilecques des diz achetours et de leurs successours pour la dite vigne, au segneur de Vaunoyse et à ses hers, seze deniers tornays de cens, par chacun an, à la Nativité St-Johen-Baptiste, et quatre deniers de gardes et quatre deniers d'anniversaire au moynnes de la Trape, par chacun an, pour touz servises, redevances, et pour totes autres choses quelconques à quiconques apartenanz en quelconques mennière ou temps à venir ; et touz les dommages et le dépenz, les couz et les mises, lesquex les diz achetours et leur successours auront euz ou soutenuz, ou fez par défaut de garantise ou deffense, ou par défaut dou dit cens non mie payé par chacun an, au terme dessus dit, à leur serment ou de leur commandement portant ceste lettre, sanz autre procuracion, ou d'auquuns d'iceus, sans preuve fère et sans autre preuve fère, rendre et retorer, et ovesques ce l'amende tele comme il apartient au dit cens, le terme passé, par chacun an. Et promist loyaument par la fey de sun cors, que en contre ceste vercion ne en contre les choses dessus dites ne viendra par lui ne par ses hoirs, ne ne rapelera des hores en avant, et à ce tenir bien et loyaument au temps à venir il oblige sey et ses hoirs et tous ces biens meubles et immeubles présenz et à venir, renonçant en cest fet à totes exceptions, aydes, deffenses, cavillacions, allégacions de droyt et de fet qui le porraint ayder en cest cas, et au diz achetours ou à leur successours nuere quant au chouses dessus dites, ou temps à venir. En tesmoing de ce nous, à la relacion dou dit Guilelme, dou sael de la Chatelerie de Bellême ces presentes lettres avons saelés sauf tout droit.

Donné l'an de grâce mil troys cenz, le jeudi emprès *Oculi mei*.

Arch. de l'Orne. H. 2398. Original, parchemin, sceaux perdus. Rouleau coté 6, nº 5.

Nº 287.

1301. — *Accord entre Guillaume Le Closier et Denise sa femme, et le prieur de Bellême, par lequel ledit Guillaume, qui s'était fait recevoir frère condonné du prieuré, à charge de donation de ses biens meubles, et de ses acquêts propres, après sa mort, s'engage à payer au lieu de ladite donation une somme de quarante livres, en plusieurs termes, et pour tenir lieu des acquêts, abandonne au prieuré une pièce de vigne appelée La pièce du Clos, sise à Vaunoise.*

Universis ..... Guillelmus Le Closier et [Dionysia uxor sua] salutem in Domino (1).

Notum facimus quod cum ego predictus Guillelmus, [frater con]donatus prioratus S-Martini de Veteri Bellismo hiis modis et conditionibus qui sequuntur: videlicet quod prior ipsius prioratus qui esset pro tempore debebat habere et percipere omnem portionem bonorum inobilium me contingentem seu ad me spectantem post decessum meum in quibuscumque locis et rebus existant, et

(1) Cette pièce placée au haut du rouleau est rougée sur les bords en plusieurs endroits.

etiam omnia acquiramenta bonorum a me facta, salva tamen uxoris mee acquiramentorum factorum a nobis durante matrimonio legitima porcione. Nos vero predictus Guillelmus et Dyonisia de communi nostro assensu in recompensationem bonorum mobilium predictorum dedimus et reddere bona fide promisimus supradicto priori, qui pro tempore fuerit in prioratu predicto, quadraginta libras monete communis, hiis terminis, videlicet in instanti festo B. Remigii viginti libras dicte monete, et alias viginti libras post obitum mei dicti Guillelmi; et in recompensationem predictorum acquiramentorum et amodo faciendorum nos dimisimus atque tradidimus dicto prioris prioratui totam peciam nostram vinee, que vocatur clausum de Cloz, existentem in parochia de Vaunoyse in feodo [G...] soli domini dicti loci sitam..... et quoddam pascuum ibidem existens, et cum hoc omnem porcionem nostram tocius prati, quod dicitur Pratum de Coudra in parochia S^{ti} [Petri] de Bellismo, cum omnibus ibidem pertinenciis ..., possidenda supra dicto priori et prioratui..... pacifice et quiete, solvendo servicia capitalium dominorum de predictis hereditatibus, et viginti unum denarium sacriste S. Leonardi de Bellismo, ac duodecim denarios ejusdem monete conventui S Martini predicti de anniversario [super hoc] legatis a nostris antecessoribus super predictam hereditatem quam Guillelmus Magne tenebat a nobis. *(Serment et garantie, lettres scellées.)*

Datum anno Domini M° CCC° primo die lune post Inventionem Sancte Crucis.

Arch. de l'Orne, H. 2,215. Rouleau coté 6, n° 23.

N° 288.

Mai 1301. — *Charte de frère Guillaume, prieur du Vieux-Bellême, notifiant l'abandon que Guillaume Leclousier lui a fait de tous ses biens meubles et immeubles, etc., moyennant une somme de quarante livres payable après sa mort.*

Universis presentes litteras inspecturis, frater Guilielmus, prior prioratus Sancti Martini de Veteri Bellismo, salutem in Domino.

Noveritis quod cum Guillelmus, clausarius de Vaunoysia, esset condonatus nostri prioratus predicti, sub modis et conditionibus que sequuntur : Videlicet quod, ipso defuncto, debebamus percipere et habere omnem portionem ipsum Guillelmum contingentem, tam de consuetudine quam de jure, in omnibus bonis mobilibus quibuscumque, et omnium acquiramentorum factorum ab ipso ubicumque et in quibuscumque rebus et locis existentibus; nos prior prioratus predicti, re pensata, de consensu sociorum nostrorum, super omnibus premissis ita tractavimus et composuimus cum eodem, videlicet quod [ipsum Guillelmum de] bonis suis mobilibus, seu parte ipsum contingente, que ad nos ut dictum est post ejus obitum pertinere debebat aut poterat, pro quadraginta libris turonensibus quitavimus penitus et absolvimus, nobis et nostro prioratui predicto ab eodem Guillelmo vel ejus heredibus aut mandato hiis terminis persolvendis, videlicet in instanti festo beati Remigii, vinginti libras, et alias vinginti libras predicte monete post dicti Guillelmi obitum seu mortem. De acquiramentis vero suis omnibus jam factis, seu ab ipso in posterum post datam presencium faciendis, eumdem Guillelmum quitavimus et adhuc absolvimus penitus et quitamus pro quibusdam hereditatibus et redditibus nobis ex nunc ab eodem Guillelmo et Dionisia ejus uxore traditis, liberatis et assignatis, videlicet ; pro vinea que vocatur vinea des Cloz, existente in parochia de Vaunoisia, in feodo bursali domini dicti loci, et pro portione sua quam habebant in prato dicto de Corulo, existente in parochia Sancti Petri de Bellismo, ac etiam pro hereditate quam Guillelmus Magne ab eisdem tenebat apud Bellismum, in feodo nostro, et pro quinque solidis turonensibus seu monete currentis in castellania Bellismensi annui et perpetui redditus, quos prefati Guillelmus et sua uxor nobis assignaverunt super omnem eorum hereditatem eisdem remanentem, in festo Omnium Sanctorum annis singulis persolvendis ; neque ultra ab eodem Guillelmo, ipso vivente, vel ab ejus heredibus, ipso mortuo, pro suis bonis mobilibus sine acquiramentis factis et faciendis poterimus exigere ob premissa : immo volumus et concedimus quod de eisdem bonis suis mobilibus et acquiramentis jam ab ipso factis et faciendis in artea, possit ipse Guillelmus et sui heredes, pro suo arbitrio ac voluntate propria, uti libere et testari, servato tamen in omnibus eidem Guillelmo et nobis tenore cujusdam littere quam idem Guillelmus et sui predecessores obtinuerunt et habuerunt a predecessore nostro Gauffrido, quondam priore nostri prioratus predicti. Quantum autem ad alias clausulas seu ad alia capitula in dictis litteris contentis, que in premissis litteris minime sunt expressa, seu de quibus in presenti littera nulla fit mentio, quibus per compositionem hujusmodi factam super bonis mobilibus et acquiramentis ejusdem Guillelmi, ut dictum est, nolumus per judicium aliquod gravari. Adjectum insuper extitit quod si aliqui in futurum super hereditatibus predictis, nobis a dicto Guillelmo traditis, nos vel successores nostros molestaverint, quod nos omnes litteras nobis ab eisdem Guillelmo et ejus uxore traditas, facientes mentionem expressam de hiis super quibus contra nos aut dictum Guillelmum vel ejus heredes moles-

tatio a quoconque facta erit, usque ad quatuordecim petia que
sub sigillo dicti Guillelmi sunt annexæ, omnes et singulas earumdem tenebimur eidem Guillelmo et ejus heredibus, quoad defensionem nostram, dicti Guillelmi ejusque heredum faciendam,
quotiens opus fuerit tradere sive exhibere, vel ostendere cum
effectu, sine difficultate aliqua, integras ac perfectas, sine aliquo
contradicto. Tenebimur..... nos et successores nostri de cetero in
perpetuum facere et reddere omnia servicia, pro premissis omnibus et singulis nobis a dicto Guilielmo et ejus uxore traditis, capitalium dominorum, et ecclesie beati Leonardi vingenti et unum
denarium turonensem, pro anniversario, et conventui Sancti
Martini de Veteri Bellismo, duodecim denarios turonenses de
anniversario annuatim. In quarum omnium testimonium et confirmationem dicto Guillelmo et ejus uxori, ac eorum heredibus et
mandato, presentes litteras dedimus sigillo nostro sigillatas, per
quas ad omnia et singula premissa tenenda et facienda nos et successores omnes in quantum possumus obligavimus.

Datum anno Domini M° tricentesimo primo, die sabbati post
festum Ascensionis Domini, mense Maio.

Arch. de l'Orne, H. 2598. Original, parchemin, sceau perdu.

N° 289.

1302. — *Reconnaissance juridique par Geoffroi Borbeyllon d'une
rente de vingt sols, payable au couvent de Saint-Martin-du-
Vieux-Bellême.*

A tous..... Gefroy le Châtelain, clert, garde dou sael de la
châtellenie de Belleme, saluz.

Sachez tous que par devant nous furent présenz en jugement
Gefroy de Borbeyllon et Marion, sa fame, et requennurent que
eux et leur hoirs sunt tenuz fere rendre et paer au priour et au
couvent de Saint-Martin de Viez-Bellême, et à leur successeurs,
c'est à savoir vingt sous de tournays ou de monaye corant à Bellême d'anuel et perdurable rente, pour la bayllée d'une pièce de
vigne, qui est appelée L'Arne Gelousière, assise en la paroysse
de Vaunoyse, ou fyé au dit priour, laquele vigne il ont ballée
franche et quite en deuz sous de cens et la rente desus dite, au
priour et au couvent et à leur successeurs, par chacun an ; ainsi
toutevoys que se les diz Gefroy ou sa fame, ou leur hoirs, dé-
lessaint la dite vigne, il sunt tenuz de la mestre en aussi bon
estat come les meyllors d'environ, ou temps à venir.....

Doné l'an de grâce mil trois cens et deux, le jeudi enprès Noël.

Arch. de l'Orne, H. 2215. Rouleau coté 6, n° 37.

N° 290.

Juin 1303. — *Accord entre Hémeri de Vaunoise, écuyer, et Guillaume, prieur de Saint-Martin-du-Vieux-Bellême, en vertu duquel ledit prieur sera seulement tenu de lui payer en une seule fois et en une seule somme de quarante sols, au terme de la Saint-Jean, les divers cens et rentes que le prieuré lui était tenu faire sur différentes vignes et pièces de terre, sises en son fief.*

Universis..... Hemericus de Valnoysia armiger, salutem in Domino.

Noveritis quod cum prior prioratus Sancti Martini de Veteri Belismo mihi annuatim in quadraginta solidis monete currentis tam census quam redditus racione hereditatum quas dictus prior tenet vel habet in meo feodo, nomine sui prioratus predicti, videlicet pro pecia terre, in qua sita est logia superior ejusdem prioris apud Valnoysiam, cum ipsius pertinenciis, in decem solidis predicte monete, et pro vineis que quondam fuerunt de Radulpho Cordis-Lupi, una cum octo solidis annui census, quos habebam super guasto sito inter dictas vineas et vineas conventus Sancti Martini predicti, in viginti quinque solidis ..... (1) pro vinea Dyonisii Guibert armigeri, et terragio quam habebam in modica parte ipsius vinee, in viginti denariis annui census per plures terminos anni cujuslibet persolvendis; inter me Hemericum et fratrem Guillelmum priorem prioratus predicti communis consensus et concordia in modum qui sequitur intervenit, scilicet quod predictus prior et sui in posterum successores tenebuntur mihi et meis heredibus de cetero imperpetuum annuatim pro premissis solvere totam et integram summam pecunie antedicte quadraginta solidorum in Nativitate Sancti Johannis Baptiste, pro omnibus terminis aliis quibuscumque, in quibus dicta summa pecunie per particulas antea debebatur, vel consueverat reddi, nec possimus vel poterimus in futurum ego Hemericus vel heredes mei, in aliis seu alio termino quam supra dictum est, a dicto priore vel suis successoribus dictam summam pecunie sive partem ejusdem pro premissis vel eorum altero aliquid de cetero exigere, petere vel habere. In cujus rei testimonium ego dedi supradicto priori istas presentes litteras sigillo meo proprio sigillatas.

Datum anno Domini M° CCC° tercio, die veneris post Nativitatem B. Johannis Baptiste.

Arch. de l'Orne, H. 2,599. Original, parchemin, et Rouleau coté 6, n° 3.

(1) Lacune de deux mots.

N° 291.

Juin 1311. — *Bail par frère Guillaume, prieur de Saint-Martin-du-Vieux-Bellême, à Girard, fils de Guillaume Burgnon, leur frère donné, et leur closier de la Closerie de Vaunoise, de la jouissance de la dite closerie après la mort de son père, avec les charges, droits et revenus qui y étaient attachés, en particulier avec l'obligation de surveiller les vignes, d'en faire la vendange et d'en percevoir la dîme.*

Universis presentes litteras inspecturis, frater Guillelmus, prior prioratus Sancti Martini de Veteri Bellismo, salutem in Domino.

Noverint universi quod nos habentes potestatem et mandatum speciale ab abbate nostro Majoris Monasterii Turonensis et fratribus capituli dicti loci tradendi domos, terras et vineas, et possessiones alias, ad nostrum predictum prioratum spectantes, ad firmam, ad censum, ad annuum et perpetuum redditum, una cum consilio fratris Johannis, prioris de Petrariis, nostri prioratus predicti utilitate pensata, attendentesque bonam devocionem Guilielmi Burgnon, clouserii nostri de Valnoise, fratris et condonati nostri, quod habuit et adhuc habet erga nos et prioratum nostrum predictum, nobisque humiliter supplicantis ut nos daremus et concederemus Girardo filio suo fraternitatem nostram, nostri prioratus predicti utilitate pensata, de consilio prefati prioris de Petrariis, dedimus et concessimus dicto Girardo fraternitatem nostram et clausariam nostram de Valnoise, cum tractu grangie et uno loco, qui quidem Girardus post obitum dicti Guillelmi patris sui dictam clausariam quamdiu vixerit pacifice et quiete possidebit, et faciet manssionem in domo clausarie predicte, per se vel per alium, qui ab ipso certum mandatum habebit, cum hiis que clausarius habuit in clausaria predicta, videlicet quatuor denarios et obolum, omnibus diebus quibus operarii in nostris vineis de Valnoise operati fuerint. Quos quidem operarios, idem Girardus tenetur alloquare et eciam custodire quamdiu fuerint in opere predictarum vinearum, per se vel per alium eque bonum. Et quatuor micas albas et unum jalonem vini conventus ad quodlibet festum annale, et unum frustrum carnis ad Nativitatem Domini, ad Carnipermum et ad Pascha singulis annis ; et in grangia nostra de Valnoise sex sextaria bladi, videlicet unum sextarium frumenti, et unum sextarium avene, et duo sextaria annone. Tradidimus etiam dicto Girardo et concessimus, post decessum patris sui predicti, decimam nostram Capelle de Valnoise, videlicet porcellorum et agnorum, exceptis pellibus ; decimam canabi pro qua quidem decima canabi dictus Girardus tenetur nobis et successoribus nostris, singulis annis, reddere viuginti quinque alnas tele bone et competentis, et triginta solidos monete currentis annui redditus pro dicto blado et rebus aliis, durante tempore clausarie predicte, reddendos annuatim ad nostrum prioratum predictum, in festo Sancti Martini hyemalis, nobis et successoribus nostris, quamdiu vixerit. Preterea tradidimus et concessimus Guillelmo et Girardo et ei qui supra vixerit decimam nostram de Valnoise, de quibus consuetum fuit decimam adduci et asportari ad grangiam nostram de Valnoise et tradi firmariis temporibus retroactis, pro octo modiis biadi, videlicet octo sextaria frumenti, tres modios mistolii, vinginti sex sextarios ordei et vinginti sextarios avene, reddendos nobis et successoribus nostris singulis annis, infra festum Sancti Remigii.

Debet autem et tenetur dictus Girardus nobis et domui nostre talia servicia singulis annis facere : ad proprios sumptus facere videlicet sepes vinearum nostrarum de Valnoise, plessare et ossaria nostra colligere, et decimam vini de Valnoise in vindemiis cum una bestia corporaliter sive cum suo famulo trahere, et domum nostram de Valnoise in bono statu tenere, et si necesse fuerit duo miliaria scidularum ibidem annuatim ponere. Fuit eciam adjectum quod predictus Girardus stramina et forragia grangie nostre de Valnoise et pascuum *des Cloz* habebit, et nos et successores nostri de sterquilimo dicti clausarii in vineis nostris predictis, ad voluntatem nostram, ducere poterimus.

Pro quibus premissis omnibus et singulis, et specialiter pro successione dicti Girardi habenda in clausaria predicta, quamdiu vixerit, post decessum dicti Guillelmi patris sui, dictus Guillelmus sua bona voluntate spontanea non coacta, non vi, metu neque dolo ad hec inductus, ultra dictos triginta solidos, nobis et successoribus nostris dedit et concessit pure et irrevocabiliter sexaginta solidos monete currentis annui et perpetui redditus, sitos et assignatos super hiis que sequuntur : Videlicet vingiti et duos solidos super hereditatem dicti Guillelmi et Dyonisie ejus uxoris, in parochia de Origney Rufo, in feodo Henrici *de la Rouselliere*, et viginti octo solidos sitos et assignatos super hereditatem dicti Guillelmi et ejus uxoris, quam acquisierunt a Quarello de Mara, in parochia de Valnoise, in feodo domini de Valnoise, reddendos et solvendos per manum dicti Girardi, seu per eos qui dictam hereditatem tenent et possident, seu tenebunt et possidebunt in futurum, ad nostrum prioratum predictum singulis annis, in festo Nativitatis nostri Domini ; quos quidem sexaginta solidos predictos dictus Guillelmus et Dyonisia ejus uxor tenentur nobis et successoribus nostris garantizare et defendere de omnibus et etiam contra omnes, quitos, liberos ab omnibus serviciis et reddibenciis suis, propriis sumptibus et expensis; et hoc sub obligacione omnium bonorum heredumque suorum, mobilium et immobilium, presentium et futurorum, ubicumque existantia sint; etiam adjectum in traditione predicta quod rata pars dicti Girardi omnium suarum acquisicionum, tempore fraternitatis et clausarie factarum, ad nos et dictam domum nostram Sancti Martini, et similiter due partes omnium bonorum suorum mobilium nobis integre devolventur, et de tertia parte bonorum suorum mobilium idem Girardus potest in obitu suo disponere pro suo libito voluntatis. Post ea fuit eciam adjectum quod si nos seu successores nostri dictum Girardum de clausaria predicta sine causa rationabili, nisi sit per factum vel culpam dicti Girardi, amoverimus, dicti sexaginta solidi annui redditus et perpetui predicto Girardo et heredibus ipsius revertentur et perpetuo remanebunt; nec in mobilibus dicti Girardi et acquiramentis quoquo tempore factis aliquid poterimus petere nec eciam reclamare.

In testimonium predictorum omnium et munimen, Nos Guillelmus, prior prioratus Sancti Martini, et Johannes, prior de Petrariis, predictis Guillelmo et Girardo dedimus istas presentes literas in sigillorum nostrorum munimine roboratas, per quas nos et successores nostros, in quantum de jure possumus, obligamus.

Datum anno Domini M° CCC° ondecimo, die martis post festum Sancti Barnabe apostoli.

Arch. de l'Orne, H. 2,599. Original, parchemin. Sceaux perdus.

V.

BIENS

SITUÉS PAR EXTENSION DANS LE MAINE

Louzes.

N° 292.

Carta Roberti comitis de patronatu ecclesie de Lousis.

1200. — *Charte de Robert, comte du Sonnois. fils du comte Jean, confirmant l'accord intervenu entre Renaut de Villerai, prieur de Bellême, et Gautier de Louzes, au sujet du patronage de l'église de Louzes.*

Omnibus ad quos presens scriptum pervenerit ego Robertus Comes, filius comitis Johannis salutem.
Noverit universitas vestra, quod cum questio verteretur inter monachos et Raginardum de Vilereto priorem de Belismo ex una parte, et Garterum de Losis et heredes ejus ex alia, super jure patronatus ecclesie de Lousis, tandem post multas litigationes, predicta questio, inter priorem et monachos de Belismo et Garterum de Lousis et heredes ejus, in hunc modum pacis sedata est : quod predictus Garterus et heredes ejus jus patronatus quod in Ecclesia de Lousis se affirmabant habere, predicto priori et monachis de Belismo dimiserunt, juramento coram nobis ab ipso Gartero et Wilelmo ejus filio corporaliter prestito, quod ipsi in predicta ecclesia jus patronatus amplius non reclamarent. Preterea ipse Garterus et heredes ejus decimam cujusdam terre sue,

que dicitur de Ruis dou Parc, que de feodo suo est et infra terminos parochie de Lousis continetur monachis de Bellismo et ecclesie de Lousis in elemosinam concesserunt. Testibus hiis : Hemerico de Vilereto, Gervasio de Pruliaco, Gervasio de Malcheiner, Poolino Boter, Radulpho de Maurei, Durando priore de Mammerto, Laurentio granetario de Mammerto.

Actum anno gratie M° CC°.

Arch. de l'Orne, H. 2,170. Rouleau coté 3, n° 33.
Bibl. Nat., ms. lat. 5,441, t. II, f° 324.

N° 293.

Carta de Lousis super jure patronatus ecclesie.

1209. — *Charte d'Hamelin, évêque du Mans, confirmant l'accord intervenu entre Rouland de Villerai, prieur de Bellême, et Guillaume de Louzes, au sujet du patronage de l'église de Louzes.*

Hamelinus, Dei gratia Cenomanensis Ecclesie humilis minister, omnibus ad quos littere iste pervenerint, salutem.

Noverit universitas vestra quod cum questio verteretur inter monachos et Raginaldum de Villerio priorem de Belismo ex una parte, et Guilelmum de Lousis ex alia, super jure patronatus ecclesie de Lousis, tandem post multas litigaciones predicta questio inter priorem et monachos et Guilelmum de Lousis in hunc modum pacis est sedata : quod predictus Guilelmus jus patronatus quod in ecclesia de Lousis se affirmabat habere predicto priori et monachis de Belismo dimisit, juramento coram nobis prestito quod ipse in predicta ecclesia jus patronatus non reclamabit. Preterea ipse Guilelmus decimam cujusdam terre sue que dicitur de Ruis dou Parc, que de feodo suo est et infra terminos parochie de Lousis continetur, monachis de Belismo et ecclesie de Lousis in elemosinam dimisit. Hoc etiam juraverunt prefatus Guilelmus et Garterus ejus pater, in presencia comitis Roberti Sagonensis, sicut per cartam didicimus ejus, et juravit ipse Guilelmus ab heredibus suis hanc compositionem observari et teneri, et quod ab eis esset hoc concessum. Insuper medietas decime de parochia de Lousis et tractus et flagellatoris erit imperpetuum prefatis priori et monachis de Belismo et alia medietas persone ecclesie remanebit. Ne vero compositionis hujus series tradatur oblivioni sigilli nostri munimine presentem cartulam fecimus confirmari.

Actum anno gratie M° CC° nono.

Arch. de l'Orne, H. 2,170. Rouleau coté 3, n° 50.
Bibl. Nat., ms. lat. 5,441, t. II, f° 320.

N° 294.

Carta de Lousis super modio avene.

Septembre 1220. — *Ordonnance de Maurice, évêque du Mans, attribuant au curé de Louzes tous les revenus de cette église, à la charge par lui de payer, à la Toussaint, aux moines de Bellême, patrons de l'église, cinq sols mansais.*

Mauricius, divina permissione Cenomanensis Ecclesie minister indignus, universis presentem paginam inspecturis salutem in Domino.

Cum nos estimacionem proventuum ecclesie B^e Marie de Lousis actoritate apostolica fecissemus et indidicissemus proventus ejusdem ecclesie per annum pervenientes ad manum presbyteri ibidem annuo residentis posse valere circiter undecim libras turonerses, monachis de Belismo patronis ejusdem ecclesie percipientibus in eadem porciones valentes ad annuam firmam unum medium avene, auctoritate predicta duximus statuendum quod dicte ecclesie presbyter annuatim in festo Omnium Sanctorum quinque solidos cenomanenses monachis dictis reddet, proventusque omnes ecclesie illius quocumque modo provenientes, tam in bladis quam in aliis rebus quiete et libere possidebit imperpetuum.

Actum anno gratie M° CC° vigesimo mense septembris.

Arch. de l'Orne, H. 2,170. Rouleau coté 3, n° 51.

N° 295.

Carta de Losis super augmentatione ecclesie.

27 mai 1221. — *Mandement du Pape Honorius III, nommant les abbés de Gastine et de Vendôme et le prieur de Gastine, juges délégués pour terminer le différend soulevé entre les abbé et couvent de Marmoutier et les curés des églises où ils avaient droit de patronage, par suite du décret du concile de Latran ordonnant l'attribution d'une portion suffisante pour l'honnête subsistance des curés.*

Février 1228 (n. st.). — *Sentence des juges attribuant au curé de Louzes toutes les dîmes de la paroisse, à la charge de payer aux moines un muid d'avoine, chaque année.*

Abbas et prior de Gastineta omnibus presentes litteras inspecturis salutem in omnium Salvatore.

Noverint universi quod ad nos et ad Abbatem Sancte Trinitatis Vindocinensis emanavit mandatum apostolicum sub hac forma :

Honorius episcopus servus servorum Dei dilectis filiis Sancte Trinitatis Vindocinensis et de Gastineta abbatibus et priori de Gastineta, Turonensis et Carnotensis dyocesis, salutem et apostolicam benedictionem.

Dilecti filii : Abbas et conventus Majoris Monasterii Turonensis, transmissa nobis peticione monstrarunt quod presbiteri parochialium ecclesiarum in quibus obtinent jus patronatus, occasione constitucionis concilii qua cavetur ut, consuetudine qualibet episcopi vel patroni seu cujusquam alterius non obstante, parochialium ecclesiarum presbiteris sufficiens porcio assignetur de proventibus earumdem ecclesiarum, non solum sufficientem, verum eciam abondantem provisionem petentes, eos et priores eorum, coram dyocesanis locorum trahunt frequenter in causam, qui, licet ex tenore constitucionis ejusdem nulla super hoc eis tribuatur potestas, porciones tamen ipsas superflue augmentantes, predictos abbatem et conventum ac priores ipsorum aggravant multipliciter et molestant. Ut igitur non superfluitati sed necessitati eorumdem presbiterorum per constitucionem hujusmodi consulatur, discretioni vestre per apostolica scripta mandamus quatenus, si qui eorum minus sufficientes habeant porciones, easdem augmentari usque ad provisionem congruam facientes, qualitatibus personarum et ipsarum ecclesiarum facultate provida consideratione pensatis, eosdem abbatem et conventum ac ipsorum priores ad id, si necesse fuerit per censuram ecclesiasticam, appellatione postposita compellendo, non permittatis ipsos ultra congruam provisionem prudencia vestra taxandam temere molestari; molestatores eorum indebitos per censuram eamdem, sublato appellationis obstaculo compescentes ; quod si non omnes hiis exequendis potueritis interesse, duo vestrum ea nichilominus exequantur.

Datum Viterbii V Kalendas junii, pontificatus nostri anno quarto.

Cum igitur auctoritate hujus rescripti, inter predictos abbatem et conventum Majoris Monasterii ex una parte, et Richardum personam de Lousis ex altera, super augmentatione proventuum ecclesie de Lousis, quam petebat coram nobis, contentio verteretur, tandem, post multas altercationes, accedente ad hoc etiam partium consensu, provisionem eidem ecclesie ita taxavimus, de bonorum virorum consilio faciendam, quod presbiter illius ecclesie, quicumque sit, de cetero percipiet omnes decimas illius parochie ; ita quod eisdem abbati et conventui, in tempore messionis, reddet unum avene modium pro dictis decimis annuatim ; et dicti abbas et conventus unum mestivarium in grangia de

Lousis singulis annis habebunt; dictam ecclesiam ista provisione debere esse contentam auctoritate nobis commissa decernentes. Actum de assensu parcium coram nobis duobus, tercio cojudice nostro abbate Sancte Trinitatis Vindocinensis viam universe carnis ingresso, cum nondum eidem monasterio fuisset de pastore provisum.

Anno Domini M° CC° vicesimo septimo, mense februarii.

Arch. de l'Orne, H. 2,170. Rouleau coté 3, n° 52.

N° 296.

Carta de Lousis.

Juin 1228. — *Charte de Guillaume de Louzes, se portant caution de l'accord précédent.*

Universis Christi fidelibus presentes litteras inspecturis Guilelmus de Losis miles, salutem in Domino.

Noverit universitas vestra quod cum contencio verteretur intra Raginaldum priorem de Belismo ex una parte, et Richardum, personam B^e Marie de Losis fratrem meum, super augmentacione reddituum dicte ecclesie, quam augmentacionem dictus Richardus petebat a prefato priore, tandem post multas et lungas altercationes amicabilis compositio supervenit in hunc modum, quod dictus prior habebit unum locum in grangia de Losis, annis singulis, et in eadem grangia unum modium avene per augustum percipiet annuatim. Ego autem dictam compositionem ad peticionem dicti Richardi fratris mei erga dictum priorem plaigiavi, ut dicta compositio firmius teneretur, tali superaddita pactione quod si dictus Richardus frater meus a dicta pace resiliret, ego tenerer dicto priori reddere viginti libras turonenses sine aliquo contradicto. In cujus rei testimonium presentem paginam sigilli mei munimine confirmavi.

Actum anno Domini M° CC° XX° octavo, mense junii.

Arch. de l'Orne, H. 2,170. Rouleau coté 3, n° 53.

N° 297.

Carta de Lousis de jure patronatus.

Février 1238 (n. st.). — *Charte d'Eude, archidiacre du Mans, notifiant la renonciation passée devant lui par Gautier, fils de feu Guillaume, seigneur de Louzes, de toute prétention sur le patronage de l'église du lieu.*

Universis..... Odo archidiaconus Cenomanensis salutem in Domino.

Noveritis quod cum ecclesia Bᵉ Marie de Lousis vacaret, Garterus filius defuncti Guillelmi, condam domini de Lousis, supplicavit nobis, ne in prejudicium ipsius ad presentationem alicujus alterius aliquem ad regimen ejusdem ecclesie reciperemus ; asserens sepe dicte ecclesie patronatum ad ipsum de jure pertinere. Postmodum visis et auditis et intellectis cartis et instrumentis abbatis et conventus Majoris Monasterii et prioris et monachorum de Belismo, renunciavit coram nobis omni juri patronatus ecclesie supradicte. In cujus rei testimonium et munimen presentibus litteris sigillum nostrum duximus apponendum.

Datum anno Domini M⁰ CC⁰ tricesimo septimo, in octavis Purificationis Beatissime Virginis Marie.

Arch. de l'Orne, H. 2,170. Rouleau coté 3, n⁰ 54.

Roullée.

N⁰ 298.

1211. — *Compromis passé devant R[obert], abbé de Saint-André-en-Gouffern, Adam, abbé de Perseigne, et Adam Gautier* (1), *abbé de la Trappe, entre Robert, comte d'Alençon, et le prieur de Bellême, relativement au droit de patronage de l'église de Roullée qui est adjugé aux moines de Bellême.*

Universis Christi fidelibus ad quos presens scriptum pervenerit ; R[obertus] de Sᵗⁱ-Andrea, et A[dam] de Persenia, et N. de Trapa abbates, eternam in Domino salutem.

Ad universitatis vestre noticiam pervenire volumus quod cum inter Robertum comitem Alenceii, ex una parte, et priorem de Belismo ex altera, de patronatu ecclesie de Roolers diu contencio verteretur, tandem in nos pars utraque pari consensu compromiserunt. Nos vero, utriusque partis racionibus auditis et intellectis, judicavimus quod priori Belismensi jus patronatus in supradicta ecclesia de Roolers libere, quiete pacifice, jure perpetuo

(1) Voyez l'*Histoire de l'abbaye de la Grande-Trappe*, par le Comte de Charencey, p. 73 (28ᵉ fasc. des *Documents sur le Perche*).

remaneret. Quod ut ratum et inconcussum permaneat presenti scripto sigilla nostra in testimonium veritatis apposuimus.

Anno gracie M° CC° undecimo.

Arch. de l'Orne, H. 2,170. Rouleau coté 3, n° 60.
Bibl. Nat., ms. lat. 5,441, t. II, f° 316 v°. Copie suivie de ces mots : Scellé de trois sceaux, en cire brune, sur lacs de parchemin. Le dessin des sceaux se trouve au bas de la copie de Gaignières.

N° 299.

Carta de Roolers de decima anserum et apum.

Octobre 1223. — *Charte de l'Official du Mans, notifiant l'obligation contractée par devant lui, avec serment, par Guillaume Le Porcher et Guillaume Foalla, de payer dorénavant au prieur de Bellême la dîme des oies et des abeilles.*

Omnibus presentes litteras inspecturis, Officialis Cenomanensis salutem in Domino.

Ad omnium noticiam volumus pervenire quod in nostra presencia constituti Guilelmus Porcharius et Guilelmus Foalla juraverunt se de cetero priori de Belismo decimam anserum et apum reddituros. Quod ut ratum et stabile permaneat, ad peticionem ipsorum, presentibus litteris sigillum curie Cenomanensis duximus apponendum.

Actum anno gratie M° CC° XX° tercio die martis post octavas beati Dyonisii.

Arch. de l'Orne, H. 2,170. Rouleau coté 3, n° 58.

N° 300.

Carta de Roolers de novalibus.

Juin 1248. — *Charte de Geoffroi, évêque du Mans, réglant un différend entre lui et le curé de Roullée au sujet des novales, et déterminant les limites de cette paroisse.*

Universis presentes litteras inspecturis, Gaufridus, divina permissione Cenomanensis episcopus, salutem in Domino.

Cum quedam terre de novo redacte fuissent ad culturam infra forestam quo vocatur : Haia de Roolers et defensum ; et nos vellemus disponere ad voluntatem nostram de decimis fructuum terrarum predictarum tanquam de novalibus secundum concilium generale ; et presbiter de Roolers, videlicet Guido, qui tum temporis erat rector ecclesie de Roolers ; et prior de Belismo similiter, qui tunc temporis erat, qui in decimis dicte ecclesie percipit duas partes, ut dicitur, dicerent dictas decimas dictorum novalium ad dictam ecclesiam pertinere, ea videlicet ratione quod dicte terre site erant infra fines parochie de Rolers ut dicebatur ; et quia dicta parochia extendebat se in dictam haiam et defensum, usque ad ductum qui vocatur : Ductus Fraxini ex transverso, et à lunguo, a domo prioratus de Loya, in dicta foresta existentis usque ad flumen Sarte a parte inferiori ; et nos de voluntate dictorum presbiteri et prioris et nostra fecimus inquiri per testes de finibus parochie supradicte, videlicet quantum et qualiter extendunt se infra forestam supradictam, testibus super hoc productis et diligenter examinatis, licet non invenissemus ad plenum probatum quod dicta ecclesia extenderet se usque ad Ductum Fraxini, nec quod terre supradicte site essent infra fines parochie supradicte, tamen de benigna voluntate nostra ita ordinavimus et volumus quod predicte decime dictarum jam excultarum et imposterum excolendarum inter dictam ecclesiam et dictum ductum sitarum a dicta domo dicti prioratus usque ad dictum flumen Sarte, prout superius dictum est, dicte ecclesie remaneant imperpetuum possidende. In cujus rei testimonium presentes litteras sigilli nostri munimine fecimus roborari.

Actum anno gratie M° CC° quadragesimo octavo, die jovis post Penthecosten.

Arch. de l'Orne, H. 2,170. Rouleau côté 9, n° 56.

N° 301.

Confirmacio ecclesie de Roolers.

1er Décembre 1250. — *Bulle d'Innocent IV, confirmant l'accord intervenu entre le prieur de Bellême et le curé de Roullée, au sujet des dîmes.*

Innocentius episcopus servus servorum Dei, dilecto filio priori prioratus de Belismo spectantis ad Majus Monasterium Turonense, ad romanam ecclesiam nullo medio pertinens (1), Sagiensis dyocesis (2) salutem et apostolicam benedictionem. Ea que

---

J'indique au bas de cette charte les variantes de la charte suivante que je désignerai par la lettre B :

(1) B. pertinentis.
(2) B. ces deux mots manquent.

judicio vel concordia terminantur firma debent et illibata persistere et ne in recidive contencionis scrupulum relabantur apostolico convenit presidio communiri. Lecta siquidem (1) nobis tua peticio continebat quod orta olim inter te ac rectorem ecclesie de Roolers, Cenomanensis dyocesis, super quibusdam decimis et rebus aliis materia questionis. Tandem super hiis, mediante venerabili fratre nostro episcopo Cenomanensi amicabilis compositio (2) intervenit prout in ejusdem episcopi litteris super hoc confectis plenius dicitur contineri, quam apostolico petiisti munimine roborari. Tuis igitur precibus (3) inclinati compositionem (4) ipsam sicut rite et sine pravitate ac provide facta est et ab utraque parte recepta (5), et hactenus pacifice observata, et in alterius prejudicium non redundat, auctoritate apostolica confirmamus et presentis scripti patrocinio communimus. Nulli ergo omnino hominum liceat hanc paginam nostre confirmationis infringere vel ei ausu temerario contraire. Si quis autem hoc attentare presumpserit indignationem omnipotentis Dei et Beatorum Petri et Pauli apostolorum ejus se noverit incursurum.

Datum Lugduni Kalendis decembris, pontificatus nostri anno octavo.

Arch. de l'Orne, H. 2,170. Rouleau côté 3, n° 47.

N° 302.

Carta de Roolers de decimis.

Avril 1252. — *Bulle d'Innocent IV, semblable à la précédente, sauf la date et le lieu de la signature.*

Innocentius episcopus..... cætera ut supra.....
Datum Parisii, II° nonas aprilis, pontificatus nostri anno decimo.

Arch. de l'Orne, H. 2,170. Rouleau coté 3, n° 57.

Cette charte est absolument identique à la précédente, sauf trois ou quatre légères modifications de texte sans aucune importance. Elles ont été indiquées au bas de la charte précédente.

(1) B. coram.
(2) B. sive ordinatio.
(3) B. supplicationibus.
(4) B. seu ordinacionem.
(5) B. sponte.

N° 303.

Carta de Roeleriis.

1255-1258. — *Charte de Guillaume II, évêque du Mans, notifiant l'accord intervenu en sa présence entre les moines de Saint-Léonard de Bellême et Guillaume, curé de Roullée, au sujet des revenus de l'église du lieu, par lequel accord il est réglé que les moines percevront les deux tiers de la dîme et le curé le dernier tiers ; aux cinq fêtes solennelles, les deux tiers des oblations appartiendront aux moines, et l'autre tiers, au curé.*

Ego Guilelmus Dei gratia Cenomanensis episcopus, universis Ecclesie filiis.

Nos ut devocio religiosorum minus conturbetur, ad pacem eorum pocius intendentes, notum fieri curavimus quod inter monachos Sancti Leonardi de Belismo et Guilelmum presbiterum de Roeleriis super quibusdam parochialibus ad ecclesiam de Roeleriis pertinentibus contencio verteretur; tandem ipsi in hanc compositionem in presencia nostra convenerunt : omnium decimarum illius parochie due partes essent monachorum, tercia presbiteri, tractus proprius monachorum et similiter grangia : straminum et omnium primiciarum due partes essent monachorum : tercia presbiteri ; preterea ne de aliis in quibus non erat contencio postmodum contencio oriretur, coram nobis sancitum est ut in quinque festivitatibus anni, scilicet festo Omnium Sanctorum, in Natali Domini, in Purificatione Be Marie, in Pascha, in honore Sancte Trinitatis, due partes omnium oblationum essent monachorum, tercia presbiteri. Cerei nupciarum proprii monachorum essent.

Arch. de l'Orne, H. 2,170. Rouleau coté 3, n° 55.

SUPPLÉMENT

Vaupillon.

N° 304.

Février 1305 (n. st.). — *Fieffe par Perrot Triboul, clerc, à Pierre Bourgouin, écuyer, de la moitié d'une maison, sise à Vaupillon* (1), *pour quatre sols de rente perpétuelle.*

A tous ceuls qui verront ces présentes lettres, Guy de Monpoignant, chevalier, sire de Vaupilon, salus en Notre Seigneur. Sachent tuit que en nostre présence establi Perrot Triboul, clerc, a requennu par devant nos, lui avoir baillé à Pierre Bourgouin, escuier, à Agnès, sa fame, et à leur haers, pour quatre soulz de anuel et perpétuel rente, à rendre audit Perrot ou à ses haers Joudit Pierre, de sa fame ou de leur haers, par chacun an, à la Nativité Nostre Seigneur, toute et entière la moitié d'une messon que ledit Perrot et son frère ont à Vaupilon, o la moitié du cortil desrière, et de toutes les apartenances dicelle messon, sicomme elle se poursiet, entre la messon et le cortil Colin dit Hamelin, et la messon et le cortil aus Pacheaus; à tenir et à poursaair toute la moitié de la dite messon o toutes ses apartenances audit Pierre, à sa fame et à leur haers, pour la rente desus dite, en rendant au sire dou leu telles redevances comme la moitié de la dite messon doit; laquelle moitié de la dite messon o toutes ses apartenances le dit Perrot a promis, par devant nos, à défendre et guarandir, de touz et contre, audiz Pierre, à sa fame et à leur haers, pour la rente desus dite, et iceuls garder en cest fet de tous domaeges, et à ce il a obligé lui et ses haers, et touz ses biens moebles et immoebles, presenz et à venir, renonçant en cest fet à tout privilège de croiz prise et à prendre, à toutes decevances et à toutes barres qui au dit Perrot puisent aidier, et ousdiz Pierre, à sa fame et à leur haers nuere. Ou tesmoin de laquelle chouse nos, à la requéte dou dit Perrot, audit Pierre, à sa fame et à leur haers ces présentes lettres avons données,

(1) Commune du canton de La Loupe (Eure-et-Loir).

saelées dou seau de la chatelerie de Vaupilon, aveques le sael d'icelui Perrot.

Ce fut fet l'en de grace mil CCC et quatre, au mois de fevrier, le vendredi après les octièves de la Chandelour.

Arch. de l'Orne, H. 2,481. Original, parchemin, sceaux perdus.

N° 305.

2 Mai 1220, 11 Septembre 1342, 9 Septembre 1406. — *Bulles d'Honorius III et de Clément VI.*

Vidimus, du 9 septembre 1406, d'une bulle de Clément VI, du 11 septembre 1342, portant renovation et confirmation de celle d'Honorius III, du 2 may 1220, par laquelle, à la requête des abbé et couvent de Marmoutier, tendant à ce qu'il ne fût permis à qui que ce soit d'édifier, ny faire édifier aucune chapelle ny autel dans les paroisses dont ils ont le patronage, sans leur consentement, Sa Sainteté a accordé leur demande.

Item : d'une autre du même Clément VI, dudit jour et an, par laquelle il donne aux dits abbé et religieux le droit de patronage sur les chapelles ou autels qui pourraient se construire dans les paroisses dont ils auroient le patronage.

Arch. de l'Orne, H. 2,597. Note analytique du chartiste de Marmoutier.

N° 306.

14 Janvier 1472. — *Fief de la Marche et Haute-Justice, à Saint-Martin-du-Vieux-Bellême.*

Sentence du bailliage du Perche qui déclare que le Prieur et Couvent de St-Martin-du-Vieil-Bellême ont droit de haute justice en leur fief de la Marche, assis en la ville, paroisse de St-Martin, ainsy qu'il s'estend et poursiet, depuis la tour de la porte du Prieuré jusqu'au chemin passant par le milieu de la ville dudit Saint-Martin-de-Bellême, tendant au Gué-de-la-Chêne, par le côté de devers la forêt seulement, et les auctorise de refaire et réédifier la justice patibulaire dudit fief de la Marche, ainsy qu'elle étoit anciennement, sans rien y adjouter en aucune manière.

Arch. de l'Orne, H. 2,212, f° 33 v°.

Sentence confirmée par autre sentence du bailli du 21 juillet 1659 et par sentence du Parlement de Paris, du 13 juillet 1695.

Ibidem, f° 34.

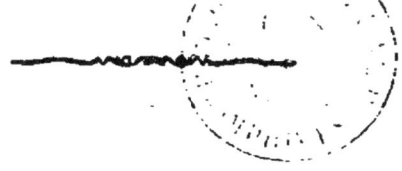

TABLES

DU

CARTULAIRE DE MARMOUTIER

pour le Perche

A

Aales, femme de Gervais de Let-Périer, 244.
Abiron, 3.
Aceline, femme de Hubert Pringault, 151.
Achard, Acardus, de Domfront, 4.
Adam Gautier, abbé de la Trappe, 282.
Adam Gerric, 155.
Adam de Buré, 81.
Adam de « Loscel », Loisscel, 51, 201.
Adélaïde, femme de Guérin, 22.
Agate du Fay, 75.
Agathe, femme de Colin Berdeloce, 105, 106.
Agathe, femme de Renaud Garnier, 254.
Agnès, dite Comtesse, femme de Hugue de Châteaudun, 28 (note).
Agnès, dite la Forthe, 184.
Agnès, femme de Eudes Gerbout, 252.
Agnès, femme de Jean de Chesates, 110, 112.
Agnès, femme de Jean de la Ranchère, 115.
Agnès, femme de Pierre Bourgouin, 287.
Agnès, femme de Pierre d'Espagne, 120, 121.
Agnès, femme de Robert de la Mare, 254.
Agnès la Brette, 85, 86.
Agnès Lapoybelle, 92.
Algardus « presbiter » (Alcadre), 19.
Aimé de Blois, moine de Marmoutier, 156.
Albert, abbé de Marmoutier, 18, 20.
Albert d'Eperrais, chevalier, 30, 31; — Moine de Marmoutier, 290.
Albert, témoin, 220.
Alençon, Alencesium, Alenchon, chef-lieu du dép' de l'Orne, 72; — Comtes d', 4, 8, 9, 10, 68, 70, 73, 74, 108, 109, 118, 119, 123, 189, 241, 282; — Bailliage d', 102; — Baillis d', 68, 101, 109, 118, 123, 124, 167, 237; — Echiquier d', 68.
Alexandre III, pape, 48; Bulle d', 48.
« Alberius thelonearius », 17.
Alice, femme de Colin Pinart, 249.
Alice, femme de Etienne Beroul, 226, 227.
Alice, femme de Gefroy Laloche, 218.
Alice, femme de Girard ou Giraud Leclousier, 170, 247, 248, 249, 250, 251, 252, 258.
Alice, femme de Guillaume ou Guillerme du Bois, 116, 184, 185.
Alice, femme de Guillaume Pinart, 250.
Alice, femme de Guillaume du Pont, 134.
Alice, femme de Guillerme Langlais, 252.
Alice, femme de Guillaume Reparel, 110.
Alice, femme de Jean Chopin, 228, 229.
Alice, femme de Philippe Caillard, 213, 214.
Alice, fille de Girard Leclousier, 248, 249.
Alice Lerol, 74, 111.
Alice, mère de Jeanne, fille de Jean du Moulin, 181.
Alice, sœur de Silvestre Lepleur, fille de Jean, 127, 237, 237, 238.
Alice, veuve de Pierre du Plessis, 184.
Allodia, voy. les Alleux.
Alnetum, voy. Launay.
Amauri de Corllout, 67, 107; — Censive de, 107.
Amesland, 10, 11.

Anne'-te, femme de Hémeri Chevalier, 129, 136, 137.
Amelotte, veuve de Raoul de Bellavilliers, clerc, 136 ; — Terres de, 136.
Amilli, Amillei, Amillaium, Amilie, Amilleium, ancien fief et château, en la c⁽ⁿᵉ⁾ de S⁽ᵗ⁾-Agnan-sur-Erre, c⁽ᵗᵒⁿ⁾ du Theil, 51, 72, 193, 201 ; — Seigneurs de, 51, 72, 193, 201 ; — Fief de, 72.
André de S⁽ᵗ⁾-Martin, frère de Jean de S⁽ᵗ⁾-Martin, 134.
André de Tries, 131.
André du Bois, 178.
André Herbelin, de la paroisse de Courcerault, 178, 180, 181, 185, 186, 195.
André, moine de Marmoutier, 82.
Angers, Andegavensis (d'Angers), et Andegavus (d'Anjou), ch.-l. dép⁽ᵗ⁾. Maine-et-Loire ; — Comtes d', 6, 7, 14, 15, 16, 19, 41, 42, 43 ; — Receveur du tonlieu de, 16 ; — Evêques d', 6, 7, 47 ; — Chanoines d', 43 ; — Collégiale de Toussaints d', 47 ; — Abbé d', 47 ; — Pagus d'Angers, 47.
Angleterre, Anglus, a, um (d'Angleterre), 28, 37 ; — Rois d', 9, 10, 11, 37, 40, 42, 41, 42, 43 ; — Reines d', 9, 10, 11 ; — Chancelier de Henri I⁽ᵉʳ⁾ d', 37 ; — Sénéchal d', 41.
Angot Blondel, de Nocé, 133, 266 ; — Héritage de, 133, 260.
Angot, doyen du Bellêmois, 145, 146, 147.
Angoulême : Engolismensis (d'Angoulême), chef-lieu du dép⁽ᵗ⁾ de la Charente ; — Evêque d'Angoulême, légat du Pape, 38, 40.
Anor, femme de Gervais, seigneur de Bellavilliers, 153.
Ansaud, de Chartres, 29.
Ansegist, père de Guillaume, 150.
Archembauld, moine de S⁽ᵗ⁾-Martin, 22.
Archembaud, neveu de Guérin le Clerc, 20.
Aremberge, fille de Guérin, 22.
Arnoul, archevêque de Tours, 6.
Arnoul, archidiacre de Sées, puis évêque de Lisieux, 37 (note), 40 (note).
Arnoul Barbin, 156.
Arnoul, frère de Robert II, seigneur de Bellême, 25.
Arnoul Thibout ou Tibout, 196, 197.
Arrault, bienfaiteur du prieuré de S⁽ᵗ⁾-Léonard, 24.
Asseline, femme de Geoffroi Taillebois, 95.

Auberie, femme d'Eudes Pinart, 251, 258 ; — Vigne de, 252.
Aubert, 156.
Aubert du Jarrier, 51, 201.
Aubert, serviteur de S⁽ᵗ⁾-Martin, 22.
Aubigni, c⁽ⁿᵉ⁾, c⁽ᵗᵒⁿ⁾ de Falaise ; — Gautier d', bailli d'Alençon, 123.
Aubri, doyen du Bellêmois, 217.
Aubri, prêtre d'Iversai (S⁽ᵗ⁾-Maurice-sur-Huisne), 174.
Aubri, prêtre de S⁽ᵗ⁾-Cyr et doyen, 45, 46.
Audo, évêque d'Evreux, 37.
Audouard (Aldoardus), Troussebotte (Trossaboth), 20.
Auguiengniez, terre en culture en la c⁽ⁿᵉ⁾ de Nocé ; — La terre, 226.
Aunaye, Ausneel, Moulin d', c⁽ⁿᵉ⁾, S⁽ᵗ⁾-Martin-du-V⁽ⁱᵉᵘˣ⁾-Bellême, 59 ; — Terre et étang d', 92.
Auneperce, Auneperce, 176 ; — Seigneurs d', 176.
Avesgaud, évêque du Mans, 4, 6, 7.
Avezé, Avescium, Avescium, c⁽ⁿᵉ⁾, c⁽ᵗᵒⁿ⁾ la Ferté-Bernard (Sarthe) ; — Seigneurs d', 46.
Axis, voy. Essai.

B

Ballon, Balado, Baleo, chef-lieu de c⁽ᵗᵒⁿ⁾ (Sarthe), 19, 25 ; — Seigneurs d', 25.
Barachin Coutail, témoin, 51, 201.
Barachin « de Tilio », 51.
Barthélemi, abbé de Marmoutier, 16.
Bassuin, chanoine, 10, 11.
Béatrice, femme de Geoffroi IV, comtesse du Perche, 34.
Beauchêne, Bella Quercus, surnom porté par des seigneurs de S⁽ᵗ⁾-Quentin-le-Petit, voy. ce mot, 209.
Beaudouin, archidiacre de Sées, 4, 22, 33.
Beaudouin, sénéchal du roi (dapifer), 17.
Beaudouin Fortin, 35, 36.
Beaufai, Belfai, c⁽ⁿᵉ⁾, c⁽ᵗᵒⁿ⁾ de Laigle, 25 ; — Seigneurs de, 25.
Beaumont, Bellus Mons, Beaumont-sur-Sarthe, ch.-l. c⁽ᵗᵒⁿ⁾ (Sarthe) ; — Seigneurs de, 11 ; — Vicomtes de, 24, 79.
Beauport, Bellus Portus, Maine-et-Loire ; — Eglise de, 47.
Beauvais, Belvacum, chef-lieu du dép⁽ᵗ⁾ de l'Oise, 39 ; — Concile tenu à, par Pierre de Léon, cardinal-légat, 39 ; — Evêques de, 26.
Bellavilliers, Berlavilla, Berle Viler, Beerlerviler, Belenviler, Bellavilers, Bellum Villare, Berlenviler,

c⁾ᵉ, c⁾ᵒⁿ de Pervenchères (Orne), 19, 33, 34, 136, 144, 147, 150, 231, 232, 223; — Dîmes de, 144, 147, 148; — Église S¹ᵉ-Marie de, 33, 34, 41, 48, 49, 145, 148, 149; — Patronage de, 150; — Presbytère de, 151, — Prêtres ou curés de, 19, 145, 146, 147, 148, 149, 150, 151; — Seigneurs de, 143, 145, 147, 150, 153; — Raoul de, clerc marié, 136, 231, 232; — Sceau de Rotrou de, 151, de Gervais, 153; — Anor, dame de, 153; — Fief de, 151.

Bellême, Belismo, Belismo Castro, Castrum Belismi, Bellissimum, Castellum Bellismum, Belesmum, Fortricia de Belismo, Chastel de Bellême, Fortalicium de Bellismo, Villa de Belismo, Castellania Belismi, puissante forteresse et chef-lieu de la maison de ce nom, aujourd'hui chef-lieu de canton (Orne), 1, 2, 3, 4, 5, 6, 8, 9, 12, 14, 19, 20, 21, 24, 25, 26, 27, 28, 32, 34, 35, 36, 38, 39, 44, 45, 47, 54, 58, 59, 62, 64, 75, 76, 83, 85, 86, 87, 87, 97, 100, 101, 102, 110, 112, 114, 115, 120, 124, 145, 146, 190, 200, 231, 261, 271, 278, 281, 282, 283; — Seigneurs de, 1, 2, 3, 4, 5, 6, 7, 8, 9, 10, 12, 15, 17, 19, 24, 25, 26, 27, 28, 32, 34, 38, 45, 46, 75; — Neveux de l'évêque Ives de, 17; — Cour de justice des seigneurs de, 25, 30; — Assises de, 79; — Tours du château de, 24; — Murs du château de, 4, 41, 49; — Prison du château de, 190, 242; — Capitaines de, 76; — Châtelains, gardiens du château de, 62, 76, 78, 124, 137; — Gouverneurs de, 124; — Vicomtes de, 125, 130, 186, 248, 263; — Sénéchal de, 146; — Cour de justice du roi à, 59, 101, 255; — Fief du comte d'Alençon a, 118; — Châtellenie de, 118, 124, 128, 133, 137, 218, 237, 268; — Gardes du sceau de la, 124, 126, 127, 128, 131, 137, 138, 139, 141, 183, 186, 188, 189, 192, 194, 241, 242, 243, 268, 272; — Sceau de 118, 124, 124, 127, 131, 138, 139, 187, 188, 191, 237, 238, 239, 242, 264, 269; — Lieutenant du roi à, 79; — Prévôt de, 4, 5, 12, 30, 35, 36; — Receveur de, 78; — Bourg de, 1, 20, 21; — Bourgeois de, 35, 63, 78; — Baillis de, 59; — Habitants de, 35, 39; — La halle de, 114; — Les foires de, 5, 12, 36, 44, 45; — Marchés de, 30, 63; — Fours de, 59; — Mesures de, 98, 153; — Us et coutumes de, 94, 99, 108, 256; — Viguerie de, 30; — Le Val de, 106; — Prés sous, 85, 86, 87, 110; — Étang du château de, 24; — Vignes de, 4, 89; — La vigne antique de, 89; — Forêt de, 60, 61, 97, 99, 100, 101, 102, 229; — Forestiers de, 61; — Franchises et usages de la forêt de, 61, 79; — Chemin le Comte à, 108; — Fossés le Comte à, 108; — Chapelles de, 3, 5; — Églises de, 38, 41, 47, 48, 49; — Prêtres de, 78; — Fonctions épiscopales, synodes à, 54, 55, 56, 57; — Léproserie de, 115.

Bellême, Église S¹-Pierre, Ecclesia S¹¹ Petri extra murum; Chapelle ou église de, 3, 5, 24, 33, 34, 41, 48, 49; — Paroisse de, 135, 144, 271; — Prêtres ou curés de, 12, 16; — Pré de la Coudre a Coudra, Corulo a, en la paroisse de, 135, 271; — Fief des « Haiz », en la paroisse de, 135.

Bellême, Église S¹-Sauveur, Ecclesia S¹¹ Salvatoris, in ipso Castro. Chapelle ou église de, 3, 5, 33, 34, 41, 48, 49, 77, 78, 108; — Prêtres ou curés de, 42, 45, 77; — Chapelain et fermier de, 77; — Clerc de, 77.

Bellême, Église S¹ᵉ-Marie de. B¹ᵃ Maria infra Castellum Bellismense, de Veteri Castello, de Veteri Castro; dite ensuite: Chapelle de S¹-Santin. Cette église fut Collégiale durant quelques années et redevint ensuite une simple chapelle; — Collégiale ou chapelle de, 2, 3, 43, 44, 45, 47, 48, 49; — Chanoines de l', 47; — Vignes et possessions de l', 44; — Foire S¹-Laurent, en faveur de l', 44, 45.

Bellême, le Vieux Château, Vetus Castrum de Belismo; aujourd'hui S¹-Santin, 3.

Bellême, Prieuré de, Prioratus de Belismo, Castri Belismensis. Après la donation de la Collégiale de S¹-Léonard à Marmoutier, les deux établissements de S¹-Léonard et de S¹-Martin-du-V.-Bellême furent réunis en un seul prieuré, dont le chef-lieu fut S¹-Léonard durant tout le XII¹ siècle et la première moitié du XIII¹ siècle. C'est pourquoi on les appela, pour simplifier, le prieuré de Bellême; et leur chef spirituel, le prieur de Bellême. Les indications qui suivent s'appliquent donc indistinctement à St-Léonard et à St-Martin-du-V.-Bellême, 18, 21, 48, 49, 55, 63, 64, 65, 81, 82, 84, 91, 92, 97, 97, 100, 102, 160, 205, 217, 218, 227, 250, 256, 259; — Prieur du, 21, 30, 32, 37, 42, 48, 49, 50, 53, 54, 57, 59, 62, 63, 81, 82, 83, 90, 93, 93, 94, 96, 100, 104, 105, 106, 145, 146, 147, 153, 160, 174, 183, 197, 199, 202, 203, 204, 206, 207, 209, 218, 219, 220, 245, 248, 249, 254, 259, 265, 278, 281, 282, 283; — Chapitre du, 54; — Moines ou religieux du, 5, 28, 30, 42, 49, 50, 51, 53, 54, 55, 59, 82, 83, 145, 148, 150, 160, 176, 199, 201, 216, 255; — Célerier du, 216; — Sacriste du, 216; — Serviteurs du, 198; — Fief du prieur du, 178, 180, 181, 182, 184, 194, 185, 196, 197.

Bellême, St-Léonard de, S^{us} *Leonardus de Belismo*. Collégiale, puis prieuré d'hommes O. S. B., dépendant de Marmoutier, 3, 4, 6, 7, 9, 10, 11, 18, 23, 24, 26, 27, 29, 30, 32, 33, 34, 35, 37, 38, 41, 43, 45, 48, 49, 51, 52, 69, 75, 76, 77, 78, 81, 83, 87, 88, 89, 91, 94, 95, 123, 145, 152, 153, 156, 170, 175, 176, 193, 200, 210, 225, 234, 283; — Consécration de l'église de, 6, 7; — Exemption de, 6, 7, 9, 10, 11, 12, 24, 25, 27, 28, 32, 34, 38, 41; — Chanoines de, 10, 11, 27, 38, 39; — Prieurs de, 29, 30, 36, 52, 60, 61, 62, 156, 175; — Libertés de, 12; — Moines ou religieux de, 12, 38, 60, 84, 173, 177, 210; — Cimetière de, 24; — Cloître de, 30; — Dîmes de, 81; — Foires en faveur de, 5, 12, 30, 36; — Granges et étables de, 24; — Pèlerinages à, 6, 9, 11, 57, 58, 64, 173; — Chapelle de, 64, 69; — Sacristain (Segrétain) de la, 75, 76, 77, 78, 270.

Bellême, Prieuré de St-Martin-du-V.-Bellême, Prioratus St Martini de V. Belismo, Obedientia de Belismo. Prieuré d'hommes O. S. B., dépendant de Marmoutier, en la com^{ne} de St-Martin-du-V.-Bellême (Orne), 14, 16, 21, 24, 30, 31, 33, 34, 37, 56, 57, 64, 69, 72, 73, 79, 96, 98, 104, 107, 111, 112, 113, 116, 118, 121, 122, 124, 125, 126, 127, 129, 130, 135, 136, 137, 138, 139, 140, 141, 144, 166, 179, 181, 186, 187, 188, 189, 191, 192, 193, 194, 197, 212, 214, 218, 222, 223, 226, 238, 240, 241, 242, 243, 249, 251, 255, 256, 263, 264, 268, 269, 270, 272, 273, 274, 276; — Prieurs du, 118, 121, 122, 123, 127, 129, 136, 142, 174, 175, 184, 196, 209, 210, 211, 222, 238, 243, 247, 260, 265, 274, 276, 288; — Moines ou religieux du, 22, 68, 79; — Fief du prieur du, 96, 98, 104, 110, 116, 117, 119, 120, 122, 124, 130, 134, 136, 137, 140, 142, 184, 185, 186, 187, 189, 213, 288; — Aqueduc du, 73; — Cimetière du, 31, 32; — Colombier du, 73; — Serviteurs du, 22.

Bellêmois, Pagus Castri Bellissimi, Territorium Bellismi, Belesmoys, petit pays, archidiaconé et doyenné dont Bellême fut le chef-lieu, 19, 22, 57, 127, 198, 263; — Archidiaconé du, 57, 58; — Archidiacres du, 45, 46, 55, 219; — Chevalier de l'archidiacre du, 45; — Doyens du Bellêmois ou du Bellême, 31, 45, 101, 103, 113, 145, 146, 147, 180, 207, 208, 209, 210, 211, 217, 220, 228, 258; — Paroisses du, 211; — Prêtres du, 57, 58, 69; — Clerc de l'archiacre du 46; — Habitants du, 127.

Benedicte, nièce des frères de Lei-Périer, 244.

Bénoite la Thiboude, sœur d'Arnoul Thibout, 107; — Héritage de, 107.

Beraut, moine et prévôt de St-Martin-du-V.-Bellême, 17, 17, 21.

Berault Minternis, 14.

Berd'huis, Berzilla, Berduix, c^{ne}, c^{on} de Nocé (Orne), 2; — Eglise St-Martin de, 2; — Curés de, 78.

Bérenger Chanu, 31.

Bérenger, moine de St-Martin, 22.

Bernard, 172; — Dîme de la terre de, 172.

Bernard, abbé de Marmoutier, 24.

Bernard de Bellême, moine de Marmoutier, 39.

Bernard, de la Ferté-Bernard, chevalier, 162, 163.

Bernard de St-Aignan, 16.

Bernard, évêque « Sancti Detuini », 37.

Bernard Loridon, 17.

Bernard, moine de Marmoutier, probabl. le même que le prieur de Bellême de ce nom, nommé ailleurs Evain, 199, 200; — Prieur de Bellême, 81, 174.

Bernard, sacriste de Bellême, 210.
Bernières, *Berneriæ*, c^{ne}, c^{ton} de Morteaux-Coulibœuf (Calvados) ; — Eglise de, 41 (note) et 42.
Beroul, Etienne, 226, 227 ; — Alice, femme de, 226, 227.
Berthe, mère de Lambert, 20.
Bertrand, Chapelain, 200.
« *Berzillis* », voy. Berd'huis.
Bezard, serviteur, 35, 82.
Biarz, voy. La Biardière, 263, 264.
Biharna, voy. Hamelin de Biharnis.
Bizou, *Bisoel*, *Bysoel*, c^{ne}, c^{ton} de Longni (Orne), 165, 207, 209, 241 ; — Habitants de, 165, 207, 209.
Blanche, mère de Saint Louis, reine régente de France, 64.
Blanze, 175.
Blois, ch.-l. dép^t Loir-et-Cher ; — Comtes de, 6, 7, 15 ; — Moine de Marmoutier originaire de, 156.
Blondel, l'étang de, aux environs de Bellême, 249.
Bodolensis, voy. le Bois du Boulai et St-Jean-de-la-Forêt.
Boécé, *Buxedum*, *Buxcellum*, *Boiseel*, c^{ne}, c^{ton} Bazoches-s.-Hoëne (Orne), 3, 5, 33, 34 ; — Eglise St-Aubin de, 3, 5, 33, 34, 41, 49, 143.
Boissi-Maugis, *Buxedum*, *Busselum*, *Boisse*, *Boisseium Maugis*, *Busseium*, *Boissiacum*, ancien prieuré de Marmoutier, c^{ne}, c^{ton} de Rémalart (Orne), 155, 156, 157, 158, 159, 160, 162, 164, 165, 166, 167, 168, 185 ; — Prieuré de, 156, 157, 160, 161, 162, 167 ; — Prieurs de, 156, 162 ; — Fief du, 165, 166 ; — Seigneurs de, 154, 155 ; — Eglise de, 155, 168, 171 ; — La Croix buissée de, 167 ; — Patronage, 156 ; — Cimetière, 155 ; — Rivière de, 164, 165, 166 ; — Dimes, 155, 160, 161 ; — Vignes, 167 ; — Four de, 166 ; — Habitants de, 164, 165, 166.
Bolletum, voy. les Boullaies.
Boumoulins, *Bona Molendina*, ancienne forteresse, aujourd'hui c^{ne}, c^{on} de Moulins (Orne), 205 ; — Curé de Ste-Marie de, 205.
Bonneval, prob. c^{ne} et c^{ton} (Eure-et-Loir), ou bien St-Aubin de, c^{ne}, c^{ton} de Vimoutiers (Orne) ; — Johan de, châtelain de Bellême, 124.
Borgoing (Gautier), chevalier, 150, 159 ; — Guérin, chevalier, 160 ; — Clos de, 166.
Bouchard, témoin, 81.
Bourges, ch.-l. dép^t du Cher, 78 ; — Voy. Robert de.

Bourget, sœur de Honorette du Noyer, 189.
Bourgette, femme de Robert Thubur, 183.
Bourgine, dite la Rousse, femme de Jean Millart, 119.
Bourgine, femme de Colin Lévêque, 110.
Bourgine la Thahure, 177.
Bozard, serviteur du prieuré de Bellême, 198, 199.
Bréthel, *Braitellum*, c^{ne}, c^{ton} de Moulins-la-Marche (Orne), 37 ; — Seigneurs de, 37.
Bretonaria, *Britonaria*, voy. la Bretonnière.
Bréval, *Bréherval*, c^{ne}, c^{ton} de Bonnières (S.-et-O.), 26 ; — Siège du château de, 26.
Bréviard, *Braiviardum*, *Brévial*, *Braival*, ancien fief, c^{ne} du Gué de-la-Chaîne (Orne), 15, 17, 19 ; — Seigneurs de, 17, 19, 80.
Brisart, 234 ; — Maison de, 234.
Brueria, voy. la Bruyère.
Brueriæ, voy. les Bruyères.
Buré, *Bari*, c^{ne}, c^{ton} de Bazoches-s.-Hoëne (Orne), 81 ; — Seigneurs de, 81.
Busnel, J., 77.
Buxeria, voy. la Boissière.
Buxus, voy. le Buisson.

C

Calixte II, pape, 10 (note).
Carrel de la Marre, 275.
Carrel, Fouque, bailli de Bellême, 59 ; — Nicolas, 253 ; — Robert, 25, 28.
Caluuuix, voy. Garinus de, 22.
Calx, voy. La Chaux.
Cammarcium, 29 ; — Prévôt de, 29.
Cantorbery (Angleterre), 28 ; — Archevêques de, 28.
Capella, voy. la Chapelle-Souef.
Carrouges, ch.-l. c^{ton} (Orne) ; chef-lieu d'une ancienne et très importante châtellenie ; — Famille de, 76.
Cenomannum, *Cenomannesis*, voy. le Mans, le Maine.
Chabu, 131 ; — Noé de, 131.
Chaillouet, c^{ne}, c^{ton} de Sées (Orne) ; — Seigneurs de, 41.
Chaillouet, *Chaillouy*, mesure, en la c^{ne} de Dancé, 214.
Châlons, *Catalaunensis* (de), ch.-l. dép^t de la Marne ; — Evêques de, 62, 85, 86, 87.
Champagne, province de l'ancienne France ; — Comtes de, 6, 7, 15, 221.

Champaissant, Campus Pascensjuxta Varinum, c⁻, c⁻ⁿ de Mainers (Sarthe); 102.
Chancenai, Chanceneium, Chancenayum, c⁻ⁿ d'Origny-le-Roux, c⁻ⁿ de Bellême, 234, 236, 237 ; — Fief de, 234, 236, 237.
Chandos, voy. Robert de.
Charaveriæ, voy. les Charavières.
Charles de Valois, frère du roi, comte d'Alençon et du Perche, 72, 73.
Charron, 259 ; — Le Clos Charron, 259.
Chartrage, Catharabia, prieuré de, près Mortagne (Orne). 259 ; — Vignes du prieur de, à Vaunoise, 259.
Chartres, Carnotum, Carnotensis (de Chartres), ch.-l. dép¹. Eure-et-Loir, 156 ; — Archidiacres de, 54, 55, 58, 157 ; — Chancelier de, 149, 245 ; — Chanoines de, 157 ; — Diocèse de, 120, 280 ; — Église de, 17 ; — Évêques de, 6, 7, 20, 168 ; — Bailli de, 101 ; — Habitants de, 20 ; — Prévôt de, 17, 37 ; — Abbés de St-Père de, 30, 54, 148, 149, 245 ; — Prieur de, 245.
Châteaudun, Castrodunum, ch.-l. arr. (Eure-et-Loir), 28, 29, 30 ; — Vicomtes de, 28, 29 ; — Prévôt des, 30.
Château-Gontier, Castrum Guntherii, ch.-l. d'arr. (Mayenne), 37 ; — Moine de Marmoutier, originaire de, 37.
Chemilli, Chemiliacum, Chemilleium, c⁻, c⁻ⁿ de Bellême (Orne), 30, 170, 230 ; — Seigneurs de, 30.
Chêne-Galon, Quercus Galonis, prieuré de, près Bellême (Orne), 258 ; — La loge de, 258, — Chemin de, à la forêt de Bellême, 258.
Chesales, voy. Geffroi des.
Chesneium, voy. le Chesnai.
Chessiæ, voy. les Chaises.
Chrétien, 30.
Chrétien, de l'Hospice, moine de Marmoutier, 81.
Chrétien, prévôt de Robert II, de Bellême, 5, 30.
Christiane, mère de Guillaume Thalhar, 180.
Chuisnes, c⁻, c⁻ⁿ de Courville (Eure-et-Loir) ; — Prieuré de, 11.
Cissé, Sisincum, Sise, Sisseyum, Sissé, Siseium, ancien fief en la c⁻ⁿ du Gué-de-la-Chaine, c⁻ⁿ de

Bellême (Orne), 34, 36, 92, 198 ; — Seigneurs de, 34, 36, 198 ; — Famille de, 127 ; — Moulin de, 112 ; — Pré de, 92, 93 ; — Gué de, 93.
Clausum, voy. le Clos.
Clément, dit Gallepie, 114.
Clément du Martelers, 212 ; — Terre de, 212.
Clément VI, pape, 288.
Clinchamp, Clincampus, Clinchamps, chef-lieu d'une ancienne et illustre seigneurie, c⁻ⁿ de Chemilli, c⁻ⁿ de Bellême (Orne), 15, 20, 31, 36, 93, 230, 231 ; — Maison de, 15, 20, 31, 36 ; — Fief de, 20, 93, 106, 114, 170, 230, 232 ; — Les Haies de, 261, 267.
Clopechat, Eclopechard, moulin de, en la c⁻ⁿ de Colonard, c⁻ⁿ de Nocé (Orne), 180.
Codretum, voy. le Coudrai.
Coitbicor, voy. Pierre de.
Coletum, voyez Renaut de.
Colette la Chemarde, 75.
Colin Augrin, 187 ; — Terre de, 187.
Colin Beedeleee, 105, 106.
Colin Borgère, 67, 107, 116 ; — Cessive de, 107 ; — Terre de, 116.
Colin Busson, 180 ; — Terre de, 180.
Colin Chassemoine, 67, 107 ; — Cessive de, 107.
Colin Chevalier, 75.
Colin de Pigne, 76.
Colin de Vaussé, clerc, frère condonné de St-Martin-du-V.-Bellême, 100, 125 ; — Fief de Provencé de, 109 ; — Hertage de, 130.
Colin des Couvail, 243 ; — Fief de, 243.
Colin des Gardes, 76.
Colin dit Guerrer, 165 ; — Maison de, 165.
Colin du Noyer, clerc, père d'Honorette du Noyer, 183, 189, 191.
Colin Durand, 114.
Colin Fardoit, 243 ; — Hertage de, 243.
Colin, fils de Colin Leprévost, 142.
Colin, fils de Raoul de Bel'avillers, 232, 230 ; — Terre de, 232.
Colin Gerbout, 107.
Colin Giraut, 214.
Colin Haie, 98, 99, 99.
Colin Harduin, 110 ; — Terre de, 110.
Colin Lelaceur, 135.
Colin le Pelletier, 164, 165 ; — Pâture de, 164.
Colin Lévêque, 110, 184.

Colin Pinart, 249 ; — Vi.ne de, 249.
Colin Rattier (Rater), 185.
Colin Ribouleau, 76.
Colin Sdeuet, l'aîné, 75 ; — Le jeune, 75.
Colin Vernet, 194.
Collis, voy. Guillaume de.
Colonard, Curtis Leonart, Curtleonart, Cortus Leonardi, Curia Leonardi, Curtis Lennardi, Colunnart, Colloanart, Corlunnart, Colonart, Coloennart, Corlonnart, Coulonart, cne, cion de Nocé (Orne), quelquefois appelée le Buisson, 33, 34, 173, 177, 178, 180, 181, 182, 183, 184, 185, 186, 187, 188, 189, 191, 192, 212 ; — Eglise St-Martin de, 33, 34, 41, 48, 49, 172, 173, 174 ; — Dîmes de, 81, 174, 176, 177 ; — Curés de, 174, 175, 176 ; — Seigneurs de, 172, 173, 173, 174, 175, 175, 176 ; — Prévôt de, 173 ; — Vigne de St-Pierre en, 175, 176.
Comtesse, voy. Agnès, 29.
Condeau, Condeellum, Condel, Condchel, Condeel, cne, cion de Rémalard (Orne), 25, 72, 171, 173, 193 ; Famille de, 15, 173
Constant, 39.
Constant Taillefer, 20.
Constantin de Ballon, neveu de Grandoux, 19.
Contres, Contrelli, cne, cion de Mamers (Sarthe) ; — Famille de, 16.
Corbonnais, Corbonensis pagus, petit pays qui eut d'abord pour capitale Corbon, anc. paroisse réunie à Mauves (Orne), puis Mortagne (Orne), et dont les seigneurs ont pris aux xe et xie sc le titre de comte de Corbonnais. Il y eut un archidiaconé de ce nom, comprenant d'abord toute la portion du Perche faisant partie du diocèse de Sées, et qui fut ensuite démembré par l'érection de l'archidiaconé du Bellêmois, 3 ; — Archidiacre du, 225 ; — Doyenné du, 217 ; — Monnaie du, 227.
Corbornium, voy. Jean de.
Cormes, Cormi, cne, cion de la Ferté-Bernard (Sarthe), 82 ; — Maire de, 82, 83.
Corrigiæ, la terre du clerc de, 134.
Cortais, 120 ; — Maison de, 120.
Corubert, Curte Perpedum, on a identifié ce nom Curte Perpedum, à Corubert, cne, cion de Nocé (Orne), 2, 4.
Corula, voy. Geoffroi, dit le Moine de.

Cotentin, Constantin, division territoriale qui comprenait l'ancien diocèse de Coutances, dépt de la Manche, 123 ; — Vincent Tancre, bailli de, 123.
Coudretum, voy. Le Coudrai.
Colentiæ, voy. Hugues de.
Courcerault, Curtis Sesalt, Corseraut, Courceraut, Courseraut, Coursseraut, cne, cion de Nocé (Orne), 156, 181, 182, 186, 195, 196, 197, 220 ; — Seigneurs de, 156 ; — Fief du prieur de Bellême à, 196, 197.
Courcy, Curceium, cne, cion de Morteaux-Coulibœuf (Calvados), 175 ; — Seigneurs de, 41, 175.
Courgeon, Corjon, cne, cion de Mortagne (Orne), 220.
Courmenil, Courmesnil, cne, cion d'Exmes (Orne), 41 ; — Eglise Ste-Marie de, 41.
Courthiou, Curtiolt, Curtult, Curtiel, Curthiot, Curthioh, Curteolt, Cortiolt, Cortiout, Cortial, Curteol, Courtiel, Curtis Thealdi, Curtillum, Courtiout, anc. pse réunie à Colonard, cne de Nocé (Orne), 2, 21, 33, 34, 91, 107, 143, 174, 186, 189, 197, 198, 216, 268 ; — Eglise Ste-Marie de, 33, 34, 41, 48, 49 ; — Villa de, 2, 4 ; — Seigneurs de, 176, 186, 189, 216 ; — Fief de, 186, 189 ; — Métairie de Gervais de, 180 ; — Fief du prieur de Bellême à, 197, 268 ; — Témoins de, 198.
Courtoulin, Curtis Osleni, Cultelecnum, anc. fief en la cne de St-Germain-de-la-Coudre (Orne).
Courville, ch.-l. cion (Eure-et-Loir) ; — Seigneurs de, 11.
Coutances, Constanciensis (de), ch.-l. dépt de la Manche ; — Archidiacre de, 54, 55, 56.
Coutart, 134 ; — Moulin des, 134 ; — Denis, 75.
Couvail, Ecouvaillerie, ancien fief en la cne de St-Ouen-de-la-Cour, cion de Bellême, 243 ; — Colin des, 243
Crapon, Crapo, ancien fief avec moulin, cne de St-Martin-du-V.-Bellême (Orne), 14, 117, 200 ; — Moulin de, 117. — Masure d'Alfred à, 15 ; — Vignes de, 15 ; — Seigneurs de, 200 ; — Famille de, 15, 200.
Croisilles, prob. l. dit en la cne de Berd'huis ; — Famille de, 75
Crucifixum, voy. Hugues du.
Culfroid, Cul Frait, métairie en la cne de Nocé (Orne), 185.

Cumont, voy. Hugues de.
Curbeium, voy. Frédéric de.
Curte Perpedum, voy. Corubert.
Curtis, voy. St-Ouen-de-la-Cour.

D

Daiville, lisez : d'Amilli, 72.
Dame-Marie, Domina Maria, c^{ne}, c^{ton} de Bellême (Orne), 70 ; — Ancien prieuré, dépendant de l'Abbaye de Jumièges, 70.
Dancé, Danciacum, Domziacum, Domceium, Domciacum, Danciacum, Dontiacum, Danceium, Dannceium, Dancé, Damceiacum, Damtiacum, c^{ne}, c^{ton} de Nocé (Orne), 2, 4, 31, 33, 34, 37, 68, 79, 127, 198, 199, 200, 201, 203, 204, 205, 206, 207, 209, 210, 211, 212, 213 ; — Seigneurs de, 127, 132, 203, 205 ; — Habitants de, 198, 199, 200, 204 ; — Eglise de St-Jouin de, 2, 33, 34, 37, 41, 48, 49 ; — Fief de, 4, 68, 79 ; — Moulin de, 203, 213, 214 ; — Bois de, 4 ; — Hébergement de, 207, 209 ; — Moulin de, 4 ; — Curés de, 202, 203, 209, 210 ; — Dîmes de, 81, 210.
Dangu, c^{ne}, c^{ton} de Gisors (Eure-et-Loir), 37 ; — Seigneurs de, 37.
David, fils d'Herbert de Let-Périer, 244.
Délicate, de la famille de Let-Périer, 244.
Denis « Carllat », 251 ; — Vignes de, 251.
Denise, femme de Raoul, dit Le Fèvre, 108.
Desertum, voy. le Désert.
Dive, Diva, ancien fief, près Mamers (Sarthe), 173.
Dol, Dolensis (de), ch.-l. c^{ton} (Ille-et-Vilaine), 141 ; — Jean Payen, clerc du diocèse de, notaire public de la curie de Tours, 141.
Domfront, Damfrons, ch.-l. arr^t (Orne), 4 ; — Familles de, 4 (voy. Achart).
Dorceau, Dorcel, c^{ne}, c^{ton} de Rémalard (Orne), 156 ; — Seig^{rs} de, 156.
Doucelle (famille de), bienfaitrice du prieuré de Vivoin, 24.
Dourdoigne, Dordonia, ancien fief en la c^{ne} de Dancé, 198.
Dreux, Drocensis (de), ch.-l. arr^t (Eure-et-Loir) ; — Comtes de, 45 ; — Archidiacres de, 157.
Dreu de Boissi, 160.
Dreu (Drogo), fils de Hilgot, 17.
Dreu ou Drogon, Barthélemy, bailli de Bellême, 59.
Dreu ou Drogon Male-Mouche, chanoine de St-Martin de Tours, père de Fouque, primicier du Mans, 39.
Drogon de Soiri, 10.
Drouard, 165 ; — Maison de, 165.
Drouet Herbelin, 186 ; — Héritage de, 186.
Durand, chambrier de Marmoutier, 39.
Durand Dessol, 67, 107 ; — Censive de, 107.
Durand, fils de Hardouin, 174.
Ductus, voy. le Douet.
Durand, prieur de Mamers, 278.

E

Eclopechart, moulin d', sur la Mesme, près Bellême (Orne), 115.
Emmeline, femme de Nicolas Quarrel, écuyer, 253.
Emmeloto Péletière, 255 ; — Vigne de, 255 ; — Sceau de, 255.
Engelbaud de Courthiou, 15.
Engelbaud, témoin, 81.
Engelran, meunier, 21.
Enguerrand, de Nocé, 175.
Enjorandus, voy. Engoerrand.
Epaney, Espanaium, c^{ne}, c^{ton} de Morteaux-Coulibœuf (Calvados) ; — Eglise d', 41, 42.
Eperrais, Sperreia, Esperantum Villa, Esperreia, c^{ne}, c^{ton} de Bellême (Orne), 17, 22, 30, 31, 145, 200 ; — Seigneurs d', 17, 30, 31, 200 ; — Guillaume d', trésorier de Toussaints de Mortagne, 145 ; — Chemin de Bellême à Eperrais, 22.
Eremburge, femme de Jean Pata, 107.
Ermenjarde, femme de Guérin Fontaine, 177.
Ernaud, archidiacre de Dreux, 157.
Ernaud de Nocé, moine de Marmoutier, 199, 200.
Ernaud de « Salcelo », 175.
Ernaud de Suré, 217.
Ernaud, évêque du Mans, 11.
Ernaud Gruel, 17.
Ernaud le Rat, 108 ; — Maison des héritiers de, à Bellême, 108.
Ernaud, serviteur de St-Martin, 22.
Ernoul Leteinturier, 254 ; — Vigne de, 254.
Ernoul (Hernulfus), prieur de St-Martin de Sées, 28.
Esbarcium, voy. la Biardière.
Escures (Raoul d'), 28 (note).
Escures, Curæ, ancien fief près de Sées (Orne), 202 ; — Famille d', 28, 202.
Esglessoem, près Bellême (Orne) ; — Fontaine et moulin d', 87 ; — Meunier d', 87.

Esnaël Neptune, 29.

Espaigne, Espanigneium, voy. Geoffroi, Odeline; — Pierre d', 113, 120.

Espardeille, Espardreille, voy. le Val de l'Espardeille.

Essai, Axis, Azeium, cne, cton du Mesle-s.-Sarthe (Orne); — Seigneurs d', 11.

Etienne, abbé de St-Père de Chartres, 157.

Etienne Chevecalle, 108.

Etienne de Boissi, 164, 166; — Grange de, 166.

Etienne de Mesoncelles, 166; — Terre de, 166.

Etienne de Pontleven, 143, 145, 145, 146, 148, 149, 150; — Personne de l'église de Bellavillier, 145, 146, 148, 149, 150.

Etienne de Villerai, écuyer, 193.

Etienne du Noyer, clerc, frère aîné d'Honorette, 183, 189.

Etienne, dit Jouchet, 111; — Censive de, 111.

Etienne, fils de Rotrou IV, comte du Perche, 201.

Etienne Fouque, prêtre, 124; — Terre de, 124.

Etienne, frère de Rotrou, seigneur de Bellavillier, 150.

Etienne Guitier, clerc, frère condamné de St-Martin-du-V.-Bellême, 166, 167; — Dîmes de, 166; — Pré de, 166.

Etienne, moine de Bellême, 216.

Etienne, moine de Marmoutier, 25, 155, 172.

Etienne, prieur de Perrières, 62.

Etienne Raoul, 123; — Clos de, 123.

Etienne Revel, 207; — Terre de, 207.

Etienette, femme de Robert Ginchu, 225.

Eude, abbé de Marmoutier, 37, 39, 40, 81, 198.

Eude, archidiacre, 15; — de Mortagne, 19.

Eude, archidiacre du Mans, 282.

Eude Bothard, 10.

Eude, chambrier, 29.

Eude II, comte de Blois, puis de Champagne, 6, 7, 15, 16.

Eude de Clinchamp, oncle de Gautier et de Guillaume, 29, 30, 31 (note).

Eude de (Poillé?), 25.

Eude d'Orgères, 229.

Eude « de Quincenro », 25.

Eude de St-Céneri, moine de Marmoutier, 39.

Eude de St Martin, 21.

Eude des Barres, 261; — Vigne de, 261.

Eude, fils de Landri, 172, 174.

Eude Fouqueut; — Vigne de, 96.

Eude, frère de Renaut Maille, 244.

Eude, frère de Thierri de Burecent, 80.

Eude, frère du roi de France Henri I, 14, 15.

Eude Gerbout, 252; — Vigne de, 252.

Eude Guitier, frère de Hémeri, 250; — Vigne d', 250.

Eude Mathon, 19.

Eude, moine de Marmoutier, frère d'Hervieu de Daucé, 198.

Eude, moine et prieur de St-Martin-du-V.-Bellême, 17, 17, 21.

Eude Pinart, 249, 251, 258; — Vigne de, 249, 251.

Eude, serviteur, 21.

Eudeline, femme de Johan Jaubuef, 76.

Eudin et Gillot les Gayoz, 73.

Eugène III, pape, 46.

Evain, prieur de Bellême, 198.

Evain de Sées, 28.

Evain, sacristain de Marmoutier, 32, 37, 39.

Evrard, moine de Bellême, 216.

Evrard II, abbé de St-Julien de Tours, juge par délégation apostolique, 246.

Evrard, chapelain, 29.

Evrard du Plessis, 29.

Evrard, fils d'Osenne, 155.

Evreciacum, voy. St-Maurice-sur-Huisne.

Evreux, Ebroicensis (d'Evreux), ch.-l. dépt de l'Eure; — Evêques d', 37; Archidiacres d', 220.

F

Fagitum Godehildis, voy. Le Fouteau, Le Hêtre de Godehilde.

Faia, voy. Hémeri de.

Falaise, Falesia, ch.-l. arrt (Calvados), 70.

Farelum, voy. Jean de.

Fécamp, ch.-l. cton (Seine-Inférre), 23.

Feillet, Folietum, ancien fief et château en la cne du Mage, cton de Longny (Orne), 157, 158, 159, 160; — Seigneurs de, 157, 158, 158, 159, 160; — Procuration des seigneurs de, au prieuré de Boissi-Maugis, 158; — Famille de, 158; Fief de, 160, 161.

Feritas, Firmitas, voy. La Ferté.

Ferraria, voy. la Ferrière.
Flumiaculus, voy le Petit-Ruisseau.
Foalla (Guillaume), habitant de Roullée, 283.
Foinart, pré de, près la Perrière, cne de Pervenchères (Orne), 93.
Fontenelle, Fontaneium, nom d'une terre en culture en la cne de Dancé, 200.
Foriniacum, voy. Hugues de.
Fovea, voy. la Fosse.
Foucault, abbé de St-Jean en-Vallée, 157.
Foucaut de Crapon, 14.
Foucault, fils de Frédéric « de Laziaco », 19.
Foucher, 172 ; — Dime de la terre de, 172
Foucher Biglaive, 15.
Foucher, chanoine de St-Martin de Tours, 39.
Foucher de Sées, 28.
Foucher, préchantre de St-Martin de Tours, 37, 39.
Foucher, seigneur de Fréteval, père d'Agnès, dite Comtesse, 28 (note)
Foulque, de Colonard, 175, 176.
Foulque, 156.
Foulque, archidiacre de Sées, 31.
Foulque, clerc de l'évêque Serlon, 31.
Foulque, comte des Angevins, 6.
Foulque de Colonard, 172, 173, 173 ; — Fief de, 172, 173.
Foulque « de Membriola ».
Foulque de Montfort, clerc, 39.
Foulque, évêque de Beauvais, 29.
Foulque, frère de Hervieu de Dancé, 198, 199.
Foulque, primicier du Mans, 39.
Foulque, prêtre de Colonnart, 176.
Foulque, scolastique de Sées, 42.
Fouquart le Loup, 163 ; — Terre, de 163.
France, Gallia, Franci, orum (de France), rois de, 4, 6, 7, 8, 14, 15, 17, 18, 25, 28, 40, 45, 46, 72, 123 ; — Reines de, 64 ; — Sceau de Philippe Ier, roi de, 8, 18 ; — Pairs de, 78 ; — Maison de, 14, 15, 45, 72, 73, 78 , — Connétables de, 17, 25 ; — Sénéchal de, 17, 25 ; — Chambellan, 17, 25 ; — Chancelier de, 25 ; — Bouthiller de, 25 ; — Chapelain, 25.
Frédéric « de Curbeio », 17.
Frédéric Hugo, chapelain, 176.
Fréteval, cne, cton de Morée (Loir-et-Cher), 28 ; — Seigneurs de, 28.
Froger, évêque de Sées, 175, 176, 217, 219.

Froger, prêtre, 174.
Frozier, 254 ; — Vigne de feu 254.
Fromond Crochet, 173
Fromond, abbé de Meaux, 39.
Fromond, prieur de Marmoutier, 32.
Fulbert, évêque de Chartres, 6, 7, 8

G

Galeran, archidiacre, 37.
Galeran, camérier du roi, 17.
Galerand du Pin, 176, 219, 220, 221 ; — Sceau de, 219.
Galon, évêque de Léon, 39.
Garia ou Guérin Roill, 192 ; — Héritage de, 192.
Garnier, abbé de Marmoutier, 45, 47, 81.
Garnier Gerbout, 107.
Garnier, notaire de Marmoutier, 39 ; — Moine de Marmoutier, 82.
Garnier le Forestier, 156.
Garnier, père de Gouffier, 155.
Garrel, 132 ; — Maison de, 132.
Gastine, Gastinella. Sa Maria de Gastinella, abbaye d'hommes O. S. A., au diocèse de Tours, 279, 280 ; — Abbés de, 279, 280 ; - Prieur de, 279, 280.
Gatho ou Gacho de « Vicheris », 51, 201.
Gaubert, prévôt « de Cammarcio », 29.
Gaudin le Charpentier, 25.
Gaudin, serviteur de Guillaume, prieur de Bellême, 198.°
Gauquelin, clerc, 173.
Gauscelin, moine de Bellême, 200.
Gautier, abbé de la Trappe, voy. Adam Gautier.
Gautier Caisnet, témoin, 200.
Gautier, connétable de France, 17.
Gautier d'Aubigni, bailli d'Alençon, 123.
Gautier de Contrelles, 16.
Gautier de la Boissière, 156, 156.
Gautier de Louzes, 277, 278.
Gautier des Mouts, 16, 19.
Gautier du Pin, chevalier, 18.
Gautier « filius Seinfredi », 17.
Gautier, fils d'Alexandre, 155.
Gautier, fils de Gautier du Pin, 19.
Gautier, fils de Guérin, 29.
Gautier, fils de Guillaume de Louzes, chevalier, 282.
Gautier, fils de Guillaume, témoin, 203.
Gautier, fils d'Hubert et d'Hodierne, 20.
Gautier, fils de Vivien, 154, 155.
Gautier « Freindericus ou Sindrerius », 19.

Gautier, frère de David de Boissi, 172.
Gautier, frère de Guérin, 22.
Gautier le Coq, 35.
Gautier le Roux, 14, 15, 19, 21.
Gautier Maulé, 173.
Gautier, métayer, 200.
Gautier, prêtre de Bellavilliers, 19.
Gautier, prévôt de Hugue de Châteaudun, 30, 82.
Gautier, prieur de S*t*-Léonard, 29.
Gautier Quesnel, 25.
Gautier Réchin, témoin, 200.
Gautier Travers, frère de Dreu, 17.
Gefrein de Villerai, 51.
Gefroy de Borbellen, 272 ; — Vigne de, 272.
Gefroy Laloche, 218.
Geffroy Turquelin, garde du sceau de la châtellenie de Bellême, 139.
Gefroy Lovet, clerc, tabellion, juré, 137, 138, 139 ; — Garde du sceau de la terre du Perche, 121, 183, 243.
Gelan, fils de Guérin Fontaine, 177.
Gélase II, pape, 40 (note).
Gémages, Gémayges, Gemmagiæ, Gemagiæ, c*ne*, c*on* du Theil (Orne), 72, 82 ; — Fief de, 72 ; — Seigneurs de, 82, 83, 146 ; — Famille de, 82 ; — Sceau de Guillaume de, sénéchal de Bellême, 146.
Geoffrelet de Nantes, moine de Marmoutier, 81.
Geoffroi, abbé de Marmoutier, 64.
Geoffroi, abbé de Vendôme, 39.
Geoffroi « Alisus », 25.
Geoffroi, archevêque de Rouen, 37, 38 (note), 40, 42.
Geoffroi Augrin, 187 ; — Terre de, 187.
Geoffroi, chancelier de Henri, roi d'Angleterre, 37.
Geoffroi, chapelain de Sées, 22.
Geoffroi Chevalier, 244 ; — Fief de, 244.
Geoffroi, chevalier de l'archidiacre, 45.
Geoffroi Chevalier, fils de Lambert de Braival (Bréviard), 80.
Geoffroi, comte d'Anjou, 14, 15, 16, 19.
Geoffroi IV, comte du Perche, 29, 34.
Geoffroi V, comte du Perche, fils de Rotrou IV, 62, 82, 83, 84, 201.
Geoffroi d'Amilli, 194.
Geoffroi d'Avezé, « de Avescio », 45.
Geoffroi de Brétliel, moine de Marmoutier, 37.

Geoffroi de Colonart, 175.
Geoffroi de Courthiou, 30, 198.
Geoffroi d'Escures, official de Sées, 202.
Geoffroi d'Espagne, 113, 114, 120.
Geoffroi de Guaigne, 252 ; — Vigne de, 252.
Geoffroi de l'Eschasserie, 211, 212.
Gervais de Lonné, 178.
Geoffroi de Nocé, clerc, oncle de l'héritier de Rocé, 132, 265.
Geoffroi de Prigné, 261 ; — Vigne de, 261.
Geoffroi de Vaunoise, écuyer, 258 ; — Métairie de, 258.
Geoffroi de Villerai, écuyer, sire de la Bourdonnière, 214.
Geoffroi de Villerai, frère d'Henneri, 51, 201.
Geoffroi des Alleux, forgeron de Nocé, 227, 228 ; — Terre de, 227.
Geoffroi des Biards, 263, 264 ; — Bail de deux pièces de vigne, 263.
Geoffroi des Chésates, 241, 242 ; — Hébergement de la Jendelière à, 241, 242.
Geoffroi dit Benoit, recteur de l'église du Pin, 100, 103.
Geoffroi dit le Moine de la Coudre, frère de Gervais le Friloux, 121.
Geoffroi dit Taillebois, 95, 96.
Geoffroi, doyen du Bellêmois, 100, 103, 210 ; — Vigne de, 256.
Geoffroi, écuyer d'Hervieu, de Dancé, 190.
Geoffroi, évêque du Mans, 283.
Geoffroi, fils d'Ernaud, 156.
Geoffroi, fils de Hugue de Nocé, 82.
Geoffroi, frère de Henneri de Villerai, 201.
Geoffroi, frère de Gouffier de Condeau, 173.
Geoffroi, frère de Guillaume, seigneur de Feillet, 158.
Geoffroi Gaulard, 190.
Geoffroi, gendre de Goufroi, 172.
Geoffroi Gerbout ou Jerbout, 88, 89.
Geoffroi La Coche, 184 ; — Héritage de, 184.
Geoffroi Larcorche, 97.
Geoffroi le Braconnier, 174.
Geoffroi ou Gefroy le Châtelain, clerc, garde du sceau de la châtellenie de Bellême, 137, 188, 189, 191, 192, 213, 218, 241, 242, 258, 272.
Geoffroi le Masnier, 135 ; — Pré et jardin de, 135.
Geoffroi Lesueur, 211.
Geoffroi, moine de Marmoutier, 153.
Geoffroi, moine de S*t*-Léonard de Bellême, 30.

Geoffroi Morel, 229, 230, 232.
Geoffroi Pelletier; — Vigne des héritiers de, 98.
Geoffroi, prêtre, 31.
Geoffroi, prêtre de St Pierre de Bellême, 45, 46.
Geoffroi, prévôt à Colonard, 173.
Geoffroi, prieur de St-Martin-du-V.-Bellême, 247.
Geoffroi, prieur de Bellême, 83, 93 ; — Seigneur de fief, 96.
Geoffroi, prieur de Marmoutier, 37, 39.
Geoffroi, serviteur de St-Martin, 22.
Geoffroi III, vicomte de Châteaudun, fils de Comtesse, 29.
Gérard de Loiselière (Louyselère), 140 ; — Masure de, 140.
Gerbaud l'Egaré, 82.
Gerbaud de St-Martin, 174.
Gerbaud le Lancier, 19.
Gervais, 119.
Gervais Calabre, écuyer, 170 ; — Prés de, 170.
Gervais de Beauchêne, 209.
Gervais de Cortiel (Courthiou), 180, 186 ; — Métairie de, 180.
Gervais de Lonré, oncle de Guillaume, 83.
Gervais de Marchenoir, 220, 278.
Gervais de Nocé, écuyer, 184, 185 ; — Fief de, 184.
Gervais de Prulai, 278.
Gervais de St-Quentin-le-Petit, écuyer, 208.
Gervais dit Bonvallet, 115 ; — Prés de, 115.
Gervais dit Borri, 214, 215.
Gervais dit Calabre, écuyer, 115 ; — Fief de, 115.
Gervais du Coudrai, clerc, 109.
Gervais du Heaume, 207 ; — Terre de, 207.
Gervais, écuyer, dit de Nocé, 111, 112, — Fief de, près la Calabrière, 111.
Gervais, évêque de Sées, 62, 114, 148, 149, 150.
Gervais, fils aîné de Gervais, seigneur de Bellavillier, 153.
Gervais, fils de Hémeri Chevalier, 137.
Gervais Guibert, 91.
Gervais Lebret, oncle d'Agnès de Chesates, 110, 113 ; — Oncle de Jeannette de Osenel, 113.
Gervais Propheton, 152, 153 ; — Maison de, 152.
Gervais et Protais (Saints), 57.
Gervais (Saint), fête de, 31.
Gervais, seigneur de Bellavillier, 143, 151, 153 ; — Sceau de, 153.

Gervais, sénéchal du comte Rotrou III, 34.
Gervais Trovel, 261, 264 ; — Vigne de, 261, 264.
Gervèse du Pré, 76.
Gervèse Feugeret, 75.
Gervèse, fils de Raoul de Bellavillier, 232, 233 ; — Terre de, 232.
Gervaise Malenfant, 75, 218 (note).
Gieffroy d'Amilli, 72.
Gieffroi de Sissé, 72.
Gilduin, archevêque de Sens, 7.
Gilduin, moine de Marmoutier, 37.
Gibouin, moine de Marmoutier, neveu de Guillaume, prieur, 200.
Gile de Langelerie (dame), 231 ; — Pré de, 231.
Gilette, femme d'Arnoul le Charron, 105, 106.
Gillebert Ade, curé de St Sauveur de Bellême, 77.
Gilles, recteur de la Chapelle-Souëf, 132, 265 ; — Vignes de, 132, 265.
Gilot Lecortillier, Le Courtiller, tabellion à Bellême, 75, 233 ; — Clerc de Geffroi Turquetin, 140.
Gillot Lequeux, 191.
Gilote, femme de Johan Gaipin, 267.
Girard, beau-frère de Thierri, 80.
Girard, collibert, 3.
Girard de « Diva », 173.
Girard de la Bruyère, 156.
Girard de Mont Folet, 29.
Girard des Gardes, dit Loigne, 75.
Girard Escu, 254 ; — Terre de, 254.
Girard, évêque d'Angoulême, légat du Saint-Siège, 38, 39, 40.
Girard, évêque de Sées, 12 (note), 27, 28 (note), 44, 44, 45, 46, 47.
Girard, fils bâtard de Hugues de Rocé, 17.
Girard, fils de Guillaume Bargnon, 274, 275, 276.
Girard, frère de Robert Chuchu, 225.
Girard Guigne, 29.
Girard l'Enfant, 15.
Girard le Roux, 29.
Girard Levesque, 60, 107 ; — Censive de, 107.
Giraut « moccolus », de Marmoutier, 25.
Giroie, dit Fortin, neveu de Gautier du Pin, 19.
Godefroi, chanoine de Sées, 22.
Godefroi, clerc, 28.
Godefroi de Neuilli, 156.
Godehilde, 200 ; — Le Hêtre de, 200.
Godehilde, femme d'Yves Ier de Bellême, 2, 3.
Godin Chevalier, tabellion à Bellême, 87.

Gombaut (Guinebaldus), de Ballon, 25.
Gonfroi, 172, 173.
Gontier, fils de Beraud, moine de Marmoutier, 171, 172, 172, 173.
Gosselin, évêque de Chartres, 168.
Gosselin le Parisien, moine de Marmoutier, 156.
Gosselin le Verdier (Vivaridarius), 36.
Gouffier de Villerai, 25, 31 (note), 200 ; — Moine de Marmoutier, 171 et note.
Gouffier, fils de Garnier, 155, 156.
Gouffier, fils de Hémeri de Condeau, 173.
Goubier de Dancé, 200.
Grandchamp, fief de, en la c^{ne} d'Origny-le-Butin, 232.
Grandoux (Gradulfus), fils bâtard de Gautier du Pin, 19.
Gridlou, connetable du roi Philippe Ier, 25.
Grillu, 170 ; — Pré de, 170.
Grimaud, médecin de Serlon, évêque de Sées, 31, 37.
Gruel, 7 ; — Voy. Ernaud.
Guérin Bouleau, témoin, 51, 201.
Guérin, chevalier de St-Cyr, 46.
Guérin Chevreuil, 166, 167 ; — Terre de, 166, 167.
Guérin Courvis, 10, 11.
Guérin « de Calumniis », 22.
Guérin de St-Martin-du-V.-Bellême, 21, 80.
Guérin de « Valia », 156.
Guérin, fils de Jean le Prêtre, 15, 17.
Guérin Fontaine, 177.
Guérin, frère d'Eude, moine et prieur de St-Martin, 21.
Guérin le Bastard, 17.
Guérin le Vavasseur, 222, 223.
Guérin, meunier du Pin, 222.
Guérin, neveu de Ives, évêque de Sées, 17.
Guérin, oncle de Hubert Chevalier, 175.
Guerin, sénéchal du Perche, 175, 200, 216.
Guérin, serviteur de St-Martin, 22.
Guerri, frère de Aubri, prêtre de St-Cyr et doyen, 45.
Gui, abbé de St-Père de Chartres, juge délégué par le Pape, 149.
Gui de la Taille, chevalier, 15, 25, 30, 200.
Gui « de Boslence », 155 ; — Voy. Orderic Vital, 11, 77.
Gui Chevreuil, chevalier, 160.
Gui de Menil-Erreux, 175.

Gui de Montpoignant, chevalier, sire de Vaupillen, 287.
Gui de « Soliaco », 175.
Gui, prêtre de Roullée, 284.
Gui, sénéchal du roi Philippe Ier, 25.
Guibourge la Thibourde, 195 ; — Terre de, 195.
Guiburge, sœur de Robert Chuchu, 225.
Guillaume, abbé de Chartres, 39.
Guillaume, abbé de Marmoutier, 31, 32.
Guillaume Achart, clerc, 98, 106, 107.
Guillaume, archevêque de Rouen, 52.
Guillaume, archevêque de Sens, légat du St-Siège, 156.
Guillaume, archidiacre de Sées, 45, 46.
Guillaume, archidiacre du Corbonnois, 225.
Guillaume archidiacre du Mans, 39.
Guillaume Bachelier, 105, 106.
Guillaume Bassir, 82.
Guillaume Blésois, 234, 237 ; — Terre de, 234.
Guillaume Brochart, 180 ; — Pièce de terre de, 180.
Guillaume Bonnet, 229, — Terre de, 229.
Guillaume Burgnon, closier, 274, 275, 276.
Guillaume Caudel, 256 ; — Terre de, 256.
Guillaume, chanoine, 10.
Guillaume Chauvigné, 264 ; — Terre de, 264.
Guillaume, chevalier de Dancé, 200.
Guillaume Chemart, 75.
Guillaume, clerc, 28.
Guillaume « Cochia », moine de Marmoutier, 25.
Guillaume Coraet, 66, 107 ; — Censive de, 107.
Guillaume, comte de Nevers, 17.
Guillaume, comte de Ponthieu, seigneur de Bellême, 32, 43.
Guillaume Crochet, clerc, 260 ; — Vigne de, 260.
Guillaume d'Aunai, 98 ; — Fief de, 98.
Guillaume de Beaufai, 25.
Guillaume de Bois-Géher, prêtre, 234 ; — Maison de, 234.
Guillaume de « Boiscel », 143.
Guillaume de « Burely », 142.
Guillaume de Courcy, sénéchal du roi d'Angleterre, 41 (note).
Guillaume de Dancé, prieur de Marmoutier, 200, 204 ; — Prévôt de, 204.

Guillaume d'Eperrais, trésorier de Toussaints de Mortagne, 145.
Guillaume de Gémages, chevalier, 82, 83, 140; — Sénéchal de Bellême, 140; — Sceau de, 140.
Guillaume de la Beuvrière, chevalier, 51, 201, 206.
Guillaume de la Bretonnière, 75.
Guillaume de la Bruyère, 172.
Guillaume de la Chapelle, clerc, 45.
Guillaume de la Chaux, 25.
Guillaume de la Colline, recteur de l'église de Bonsmoulins, 205.
Guillaume de la Ferté, 11.
Guillaume de la Vallée, moine de Marmoutier, 39.
Guillaume de Loüré, chevalier, 50, 82, 88; — Sénéchal, 83.
Guillaume de Louzes, chevalier, 278, 281, 282.
Guillaume de Mauchigni (Melchiniaco). 10.
Guillaume de Moulins-la-Marche, 31.
Guillaume de Pacé, moine de Marmoutier, 37, 39.
Guillaume de Préaux, 36.
Guillaume de St-Quentin, prêtre, recteur de Dancé, 209, 210.
Guillaume de Vallegeost, bienfaiteur du prieuré de Vivoin, 24.
Guillaume de Veisins, bailli du roi, 205.
Guillaume de Ville-Julène, 17.
Guillaume de Villerai, 51, 201.
Guillaume de Vivoin, 24, 28.
Guillaume de Voré, 51, 201.
Guillaume des Boes, 192; — Terre de, 192.
Guillaume des Chaises, chevalier, 207, 208, 209; — Fief de, 207, 209.
Guillaume des Hayes (Hais), clerc juré de Robert de Neuville, 124, 127, 128, 130, 183, 258, 260, 263, 264.
Guillaume des Mevaux, 192; — Fief de, 192.
Guillaume dit du Pont, 134.
Guillaume, doyen de Bellême, 222.
Guillaume, doyen de Toussaints de Mortagne, 225.
Guillaume du Buisson (de Buxo), clerc, 110, 116, 167.
Guillaume du Courtil, homme de St Martin, 210.
Guillaume du Pin, 39.
Guillaume du Plessis 75.
Guillaume, duc de Normandie, roi d'Angleterre, 10, 18.
Guillaume Durant, 83.
Guillaume et Denise, sa femme, habitants d'Origny-le-Reux, 275.

Guillaume, évêque de Châlons, comte du Perche, 62, 85, 86, 87.
Guillaume II, évêque du Mans, 286.
Guillaume, fils aîné de Gervais Prophéton, 152, 153.
Guillaume, fils d'Agnès la Brette, 85, 86.
Guillaume, fils d'Ansegist, 156.
Guillaume, fils de Dadon 82.
Guillaume, fils de Hémeri Chevalier, 137.
Guillaume ou Guillot fils de Girard Leclousier, 248, 249, 257, 258, 261, 262, 263, 267, 269, 270, 271, 272; — Acquêt de, au fief de Guillaume Mouchet, 262; — Frère condonné de St-Martin-du-V.-B., 269, 270, 271.
Guillaume, fils de Guérin, serviteur de St-Martin, 22.
Guillaume, fils d'Hubert et d'Hodierne, 20.
Guillaume, fils de Julien de Théval, 86, 87.
Guillaume, fils de Robert Chuchu, 225.
Guillaume Fortin, 83.
Guillaume, frère de Guillaume Payen, moine de St-Martin-du-V.-Bellême, 22.
Guillaume, frère de Hugues de Coulances, 17.
Guillaume, frère de Robert Chuchu, 225.
Guillaume Gaignart, 100, 101, 101, 102, 102, 103, 104.
Guillaume Galopin, 106.
Guillaume Guimont, 211, 212.
Guillaume Leber, 162; — Les arpents de, 162.
Guillaume Leberruyer, clerc, 183.
Guillaume le Brayer, 75.
Guillaume Lebret; — Vigne de, 96.
Guillaume le Breton, 210.
Guillaume Le Clousier, oncle de Colin et Gervèse de Bellavillier, 232, 233.
Guillaume le Closier, de Vaunoise, 117.
Guillaume Ledoré, 174.
Guillaume Leforestier, 251; — Vigne de, 251.
Guillaume Lefrilous; — Vigne de, 96.
Guillaume le Long, 17.
Guillaume le Maire, de Cormes, 82, 83.
Guillaume Lemere-Lefeuvre, 238.
Guillaume Le Quiller ou Leguiller, prieur de St-Martin-du-V.-Bellême, 183, 243.

Guillaume le Roux, 35.
Guillaume Leseuer, 228 ; — Terre de, 228.
Guillaume le Vavasseur, fils de Guérin le Vavasseur, 222.
Guillaume le Vayer, 19.
Guillaume Levilain, 06 ; — Censive de, 107.
Guillaume Lisiart, 195 ; — Héritage de, 195.
Guillaume Magne, 271.
Guillaume, maître des écoles de Parme, vice-chancelier de l'Eglise Romaine, 65.
Guillaume Malcherbe, 30.
Guillaume Mauger, évêque de Sées, 69.
Guillaume Menart, 210, 211.
Guillaume ou Guillerme, moine de Bellême, 216.
Guillaume, neveu de Ives, évêque de Sées, 17.
Guillaume Niver, clerc, 140.
Guillaume ou Guillerme Gallerant, clerc juré de Robert de Neuville, 131, 137.
Guillaume Petenout, 252 ; — Vigne de, 252.
Guillaume Pigace, 170 ; — Pré de, 170.
Guillaume Pinart, 250 ; — Vigne de, 250.
Guillaume Pios, 82.
Guillaume, prêtre, chapelain de la Chapellenie de la Chapelle (Sarcé), 46.
Guillaume, prévôt de l'église de Chartres, 17.
Guillaume, prieur de Marmoutier, 198, 199, 200.
Guillaume, prieur de Perrières, 37.
Guillaume, prieur de St-Martin du-Vieux-Bellême, 222.
Guillaume ou Guillerme, prieur de St-Léonard de Bellême, 30, 30, 31, 32, 36, 37, 118, 121, 122, 127, 129, 136, 174, 175, 187, 196, 238, 270, 274 276.
Guillaume Reparel, 130.
Guillaume Rosel, 82.
Guillaume Roussel, 252 ; — Vigne de, 252.
Guillaume Rufin, 156.
Guillaume Sarrasin, 82.
Guillaume, seigneur de Feillet, 157, 158, 159, 160 ; — Fief de, à Boissi, 160.
Guillaume, serviteur de Marmoutier, 200.
Guillaume, serviteur de St-Léonard de Bellême, 30, 31.

Guillaume (Willelmus), 1er, seigneur de Bellême, 3, 4, 5, 8, 9, 24, 27.
Guillaume Thabur, 180 ; — Héritage de, 180.
Guillaume, témoin, 200.
Guillemet du Fay, 75.
Guillerme Borgoing, écuyer, 167 ; — Hébergement de, 167.
Guillerme de Soyre, 212 ; — Terre de, 212.
Guillerme des Hayes, voy. Guillaume.
Guillerme du Bois, chevalier, 184, 185 ; — Héritage de, 184.
Guillerme Feisele, 163.
Guillerme Fouquaut, 130 ; — Vigne de, 130.
Guillerme ou Guillaume Gallerant, clerc, garde du sceau de la châtellenie de Bellême, 137, 138, 139, 187, 188, 189, 190, 191, 192, 241, 242, 268, 269.
Guillerme Langlais, 252 ; — Vigne de, 252.
Guillerme Salmont, 130 ; — Vigne de, 130.
Guillermo Vilet, 194.
Guillerme (frère, prieur de Bellême), voy. Guillaume.
Guillerme Lenére Le Gemire, 127.
Guillot de Lenzelerie, 231.
Guillot Le Porch, clerc juré de Geoffroi le Châtelain, 213.
Guillot Leseuer, 212.
Guillot les Brouers, frères 188.
Guillot Pagot, 213.
Guillot Sédile, 231 ; — Pré de, 231.
Guy, voy. Gui.

H

Haia, voy. La Haie.
Hamelin (dit Colin), 287 ; — Maison de, 287.
Hamelin « de Biharnis », 16.
Hamelin, évêque du Mans, 278.
Hamery Malherbe, 75.
Hamon Chevalier, clerc, garde du sceau de la châtellenie de Bellême et tabellion du Bec, 75, 78, 141.
Hamon Milet, 228, 229, 230.
Hardouin « de Isla », moine de Marmoutier, 25, 155, 171, 172.
Hardouin de Neuville, 37 (note).
Hardouin de Rocé, 172.
Hardouin, serviteur, 173.
Harduin, Tête de Fer, 156.
Hardree, chapelain, 31.
Harvise, fille d'Edouard d'Evreux, baron de Salisbury, épouse de Rotrou III, comtesse du Perche, 45 (note).

Hébrard, fils d'Osenne, 156.
Héloise, femme de Michel Lemercier, 215.
Héloise, fille de Gautier du Pin, 19.
Hémeri, archidiacre du Bellêmois, 42, 45, 46.
Hémeri Boutevillain, 174.
Hémeri de Auneperçé, 178.
Hémeri de la Beuvrière, chevalier, 162, 166 ; — Fief de, 166.
Hémeri de Condeau, 15.
Hémeri « de Faia » 15.
Hémeri d'Iversai, 175.
Hémeri de Provence, écuyer, 117, 130.
Hémeri de Vauberont, 138.
Hémeri de Vaunoise, écuyer, sgr du lieu, 253, 256, 257, 259, 260, 261, 262, 273 ; — Fief de, 256, 259, 261.
Hémeri de Vaunoise, chevalier, neveu de Nicolas, prêtre, 246.
Hémeri de Villerai, frère de Gouffier, 50, 51, 171 et note, 172, 175, 201, 278 ; — Fief de, 172.
Hémeri des Biards, 45.
Hémeri, dit Chevalier ou le Chevalier, 129, 136, 137 ; — Vigne et loge de, 130.
Hémeri Encoigeart, 252 ; Vigne de, 252.
Hémeri Gautier, 250 ; — Vigne de, 250.
Hémeri, prêtre, frère de Hilgot de la Ferrière, 216, 217, 217, 218.
Hémerie Augier, 191.
Hemmart des Chaises, 130.
Henri, archidiacre de Chartres, 54, 55, 56.
Henri, archidiacre de Sées, 45, 46, 217.
Henri, dit Cordier, 110.
Henri I, roi d'Angleterre, 37, 40, 42, 43 (note).
Herbelin de la Fosse, 183.
Herbelot Gace, 250 ; — Terre de, 250.
Herbert, abbé de Marmoutier, 48.
Herbert, archidiacre de Sées, 217.
Herbert de Courthiou, 174.
Herbert, fils de Gausmer, 19.
Herbert, fils de Bonneau, 29.
Herbert Héron, 19.
Herbert l'Asnier, 175.
Herbert Oart ou Oiart, 35, 82.
Herbert, prêtre, 28.
Herbrau, témoin, 81.
Heremburge, femme de Robert Chalu, 115.
Hernaud Aye, 259 ; — Vigne de feu, 259.

Hernaut Franceys, 193.
Hernaud, serviteur, 82.
Hernoul Barbin, 155.
Hernoul le Charron, clerc, 105, 106, 118, 131 ; — Pré de, 131.
Hermufel, Hermufetum Foresta, canton de la forêt de Bellême, 60.
Herpin, sous-maître des Écoles de St-Martin de Tours, 37.
Hersende, femme de Colin Durand, 114.
Herssant, femme d'Étienne le Plaideur, 127.
Hersende, femme d'Étienne Lepleur, 234, 238.
Hervé Crochet, chevalier, 184 ; — Fief de, 184.
Hervé de Bréviard, 15, 16, 17, 19.
Hervé de Mont-Gaudri, 17.
Hervé, fils de Robert de Pernant, 80.
Hervé le Bourgeois, 30.
Hervé le Coq, 20.
Hervée, 4.
Hervieu de Dancé, chevalier, 198, 199, 200, 203.
Hervieu le Barbu, témoin, 198.
Hervieu le Long, 16.
Hervieu le Vieux, père de Hervieu de Dancé et de Eude, moine de Marmoutier, lui-même moine de Marmoutier, 198, 199.
Hervieu, témoin, 200.
Heuse, voy. Olivier.
Hildebert Pelletier, 22.
Hildeburge, femme de Gautier, fils de Vivien, 155, 156.
Hildesinde, femme de Robert de Pernant, 80.
Hildiarde, mère de Roger Téhard, 175.
Hilduin, serviteur de Foucher, préchantre de St-Martin de Tours, 37.
Hilgot de la Ferrière, 45, 46, 216, 217, 217, 218.
Hodeburge, femme de Geoffroi des Alleux, 227.
Hoderarde, femme de Robert Cousin, 257.
Honorette du Noyer, femme de Guillaume Leberruyer, 183, 189, 190.
Honorius, pape, 38, 280, 288 ; — Bulles de, 280, 288.
Hospitium, moines de Marmoutier, originaires de, 81.
Heudon de Pommerai, 156.
Hubert, 150.
Hubert Aloris, 155.
Hubert Baubin, 82.
Hubert Gauvin, 106 ; — Vigne de, 106.

TABLES.   305

Herbert Eveille-Chien, comte du Mans, 6.
Hubert, célérier de Marmoutier, 25.
Hubert, chancelier du roi Philippe I, 25.
Hubert Chevreuil, chevalier, de la Bretasche, 85, 146; — Sceau de, 146.
Hubert de Vaunoise, 17, 22.
Hubert Eveille-Chien, 82.
Hubert, fils de Jean Chevalier, 175; — Dîme de, 175.
Hubert, fils de Normand de Colonart, 173, 174.
Hubert Hay, chevalier, 93.
Hubert Ignard, témoin, 51, 204.
Hubert Lhomme, 230; — Terre de, 230.
Hubert, neveu de Girard, évêque d'Angoulême et légat, 39.
Hubert Pringault, 151.
Hubert, évêque d'Angers, 6, 7.
Hubert « Usbertus », vicomte du Mans, 17.
Hugo du Crucifix, 83.
Hugo Maufé, 83.
Hugue, archevêque de Rouen, 46.
Hugue, archevêque de Tours, 47.
Hugue, archidiacre de Sées, 31.
Hugue, archidiacre du Mans, 39.
Hugue Barbin, 217.
Hugue, clerc, 28.
Hugue, chanoine de Sées, 22, 46.
Hugue, chanoine de Sées, scolastique, 22.
Hugue, clerc, prévôt de Chartres, 37.
Hugue, comte de Meulan, 17.
Hugue de Blanzé, 175.
Hugue de Bréthel, 37.
Hugue de Cissé, 34, 36, 198.
Hugue de Coutances, 17.
Hugue de Courcerault, 156, 230.
Hugue de Crapon, 210.
Hugue de Camont, écuyer, 163; — Fief de, 166.
Hugue de Forigné, 19.
Hugue de Lonné, 176, 216.
Hugue de Mont-Joyer, 17.
Hugues de Nocé, écuyer, seigneur de Nocé, 66, 67 (notes), 82, 90, 91, 146; — Chevalier, 146; — Fief de, 90, 91.
Hugue de Nocé, chevalier, 244; — Fief de, 244.
Hugue d'Epetrais, 17.
Hugue de Préaux, chevalier, 82, 210.
Hugue de Prace, 170.
Hugue de Rocé, fondateur du prieuré

de St-Martin-du-Vieux-Bellême, 13, 16, 16, 17, 18 (notes).
Hugues « de Roterio », 82.
Hugue du V.-Bellême, 22.
Hugue de Villerai, 216.
Hugue, évêque de Sées, 63.
Hugue, fils de Esnaut de Dancé.
Hugue, fils d'Etienne de Courtieu, 21.
Hugue, fils de Gosselin, 25.
Hugues, fils de Hémeri de Vaunoise, 240.
Hugue, fils de Sifroi, 31.
Hugue, frère de Robert II, seigneur de Bellême, 25.
Hugue le Franc, 25.
Hugue, dit Talbot, fils bâtard de Gautier du Pin, 19.
Hugue du Puiset, 17.
Hugue, fils de Guérin « Cuerii », 21.
Hugue, fils de Patrice, 15.
Hugue, frère de Gouffier de Gondeau, 173.
Hugue le Frère, 22.
Hugue, prévôt de l'évêque Serlon, 31.
Hugue, seigneur de Villerai, 198.
Hugue IV, vicomte de Châteaudun, 28, 29, 30.
Hugue, fils de Gautier, 29.
Hugue Noiret, archidiacre de Coutances, 54, 55, 56.
Hugue, homme de Berault, 14.
Hugue le Viandier, témoin, 51, 204.
Hungerius, conseiller d'Eude, frère du roi Henri, 15, 16.

I

Igé, Ygeium, cne, ctn de Bellême (Orne), 176, 215, 217.
Illiers, Hers, ch.-l., ctn Eure-et-Loir ; — Famille d', 75.
Innocent III, pape, 53; — Bulle d', 53.
Innocent IV, pape; — Bulles d', 65, 284, 285.
Isabeau, femme de Gaillot Pagot, 213.
Isabelle, femme de Geoffroi Morel, 230.
Isabelle, femme de Gervais Lebret, 110, 111, 113.
Isabelle, femme de Odin Renart, 230.
Isabelle, femme de Thomas Leduc, 222.
Isembard, moine de Marmoutier, 82.
Isembert de St-Martin, 172.
Ive, Ivo, 1er seigneur de Bellême, 1, 3, 5.

Ive II, fils d'Ive Ier, oncle de Robert Ier, 4.
Ive de Bellême, évêque de Sées, 15, 16 (note), 17, 19, 38.
Ive, évêque de Chartres, 26.
Ive, fils de Gaschon, 156.
Ivriciacum, Yvriacum, Yvreciacum, Ivrece, Yvreceium, Ivrecium, voy. St-Maurice-s.-Huisne : — Seigneurs d', 51, 175, 201 ; — Pierre d', curé de Bellavilliers, 151.

J

Jacquette, femme de Nicolas Leroi, chevalier, 73.
Jaille, Jailla ; il existe une gentilhommière de ce nom au nord de Mamers (Sarthe), 25, 30, 173, 200 ; — Voy. Guy de.
Jarnigouin, moine de Marmoutier, 82.
Jarriei, Jarriai, peut-être l. dit en la cne d'Origny-le-Roux ; — Seigneurs du, 51, 201.
Jean, abbé de Marmoutier, 69, 72 (note).
Jean Achart, 99.
Jean, archevêque de Rouen, 9, 10, 11.
Jean, archidiacre d'Hiémois, 176, 220.
Jean Bruière l'Ancien, 78.
Jean, chantre de Toussaints de Mortagne, 90.
Jean, chantre du chapitre de Sées, 31, 42.
Jean, chapelain du Pin, 220.
Jean, châtelain, receveur de Bellême, 78.
Jean Chopin, 228, 229 ; — Hébergement de, 228.
Jean Cuifroit, 210, 211.
Jean de Chesales, écuyer, 110, 112.
Jean de « Corbornio », moine de Marmoutier, 39.
Jean de Dancé, témoin, 200.
Jean de Dancé, écuyer, 132, 265 ; — Baillistre de l'héritier de Nocé, 132.
Jean de la Beuvrière, chevalier, 227 ; — Fief de, 227.
Jean de la Ferté, député du comté d'Alençon, 237.
Jean de Favet, prêtre, 118.
Jean d'Iversai, témoin, 51, 201.
Jean de la Colline, 107.
Jean de la Ferté, commis du roi, 116, 117, 118, 118.
Jean de la Ranchère, 115.
Jean de la Roche, 51, 201.
Jean de Lonré, chevalier, fils de Guillaume, 88, 89.

Jean de Moulons, 78.
Jean de Neuville, évêque de Lisieux, 37 (note).
Jean de Vaussé ou Vausé, prêtre, 109 ; — Fief de Provencé de, 109.
Jean de Villerai, chevalier, 132.
Jean de Villerai, oncle de Jean de Dancé, 265.
Jean de Vivoin, moine de Marmoutier, 37.
Jean, doyen de Bellême, 30.
Jean, doyen, 173.
Jean du Coudrai, 235.
Jean du Moulin, 180, 181.
Jean II, duc d'Alençon, pair de France, comte du Perche, etc., 78.
Jean Echallart, 263 ; — Emprunt de, 263.
Jean, évêque de Sées, 37, 38 (note), 40 (note), 42, 43, 47 (note).
Jean, fils de Hamon le Chevallier, 75.
Jean, fils de Lambert de Colonart, 172.
Jean Foques, 210, 211.
Jean Gaipin, 254 ; — Terre de, 254.
Jean Guarpin, 252 ; — Vigne de, 252.
Jean Guimont, 185 ; — Héritage de, 185.
Jean Guiter, 162 ; — Dîme de, à Boissi, 162.
Jean le Barbier, de Dancé, 68.
Jean le Breton, 110 ; — Terre de, 110.
Jean Lepleur, père d'Alice, 237 ; — Terre de, 237.
Jean le Rat, clerc juré, de Bellême, 104, 105.
Jean, maréchal de l'abbaye de Marmoutier, 37, 140.
Jean « Mellorest », moine de St-Martin, 21.
Jean Millart, 110.
Jean, moine de Bellême, 210.
Jean Pate, 107.
Jean Payen, clerc, du diocèse de Dol, notaire public, commissaire juré de la curie de Tours, 14.
Jean Peterel, prêtre, 78.
Jean Pichart, vicomte de Mortagne, gardien de la terre du Perche, 116, 117, 235, 236.
Jean, prêtre de Colonart, 174, 175.
Jean Prophéton, père de Guillaume, 154.
Jean Renart, 252 ; — Vigne de, 252.
Jean, père de Hugue de Rocé, 13.
Jean, prêtre, 34.
Jean, prieur du chapitre de Sées, 50.
Jean Sarrazin, moine de Marmoutier, 198.

Jean, serviteur, témoin, 21, 200.
Jean, trésorier du chapitre de Sées, 31, 42.
Jean Tuaust, 76.
Jeanne des Coutart, sœur de Colin Becdeloce, 105, 106.
Jeanne, femme de André Herbelin, 178, 180, 181, 185, 195.
Jeanne, femme de Bernard de la Ferté-Bernard, 162, 163.
Jeanne, femme de Colin Busson, 180.
Jeanne, femme de Drouet Herbelin, 186.
Jeanne, femme de Gervais Burri, 214, 215.
Jeanne, femme de Gervais Lefritous, 121.
Jeanne, femme de Guillaume Lisiart, 195.
Jeanne, femme de Guillaume, seigneur de Feillet, 158.
Jeanne, femme de Guillaume de Dancé, 204.
Jeanne, femme de Henri Cordier, 116.
Jeanne, femme d'Herbelin de la Fesse, 183.
Jeanne, femme de Jean Echaliart, 263.
Jeanne, femme de Jean Guimont, 185.
Jeanne, femme de Jean Guimont, 185.
Jeanne, femme de Jean Guiter, 162.
Jeanne, femme de Richer Thahur ou Tahur, 181.
Jeanne, femme de Mathieu Charuel, 215.
Jeanne, femme de Robert Calabre, 92, 93, 94, 95.
Jeanne, femme de Robert André, 230, 233, 239.
Jeanne, fille d'Eremburge, veuve Robert Thahur, 199.
Jeanne, fille de Jean de la Beuvrière, 227.
Jeanne, fille de Jean du Moulin, 180, 181 ; — Terre de, 180.
Jeannette, fille de Raoul de Osenel, 112, 113 ; — Part héréditaire de, 112.
Jeanne l'Achardo, 104.
Jeffroi Lenigleur, clerc juré de Robert de Neuville, 240.
Jehan Chevalier, garde des sceaux de la châtellenie de Bellême, 87.
Jehan Bouvait, clerc, garde du sceau de la châtellenie de Bellême, 104.
Jehan de Carrouges, capitaine de Bellême, 76.
Jehan Denisot, lieutenant de Louys Labbé, seigneur de Bouchigny, 79.

Jehan des Hars, 263, 264. — Bail de deux pièces de vigne, 263.
Jehan Feugeray, 75.
Jehane, femme de Gillebert Boullier, 76.
Jehan Hernays, seigneur de la Groussinière, 240.
Jehannot le Fauconnier, clerc, 194.
Jehanne, femme de Johan Feugeray, 76.
Jehanne, femme de Macot le Chastellain, 76.
Jensel, 137 ; — Terre de, 137.
Jérôme de « Lunru Brient », 176.
Jérôme Fortin, 36.
Jérôme (Geram) Bigot, 144.
Jésus-Christ, 57.
Johan Aliot l'Ainzné, 76.
Johan Aubin, dit le Pelletier, 76.
Johan Beaumont, 76.
Johen Béchel, 212 ; — Fief de, 212.
Johan ou Johanin Bellette, 137, 139.
Johen Dancine, 267 ; — Clos, 267.
Johan de Bonneval, châtelain de Bellême, 123.
Johan de Carrouges, chevalier, capitaine de Bellême, 76.
Johan de Croisilles, 75.
Johan de Dancé, 214.
Johan d'Illiers, 75.
Johan des Fossés, 243.
Johen des Fousses, 124.
Johan du Fay, 75.
Johan Gaignart, 76.
Johen Gaipin, 267 ; — Vigne de, 267.
Johen Gaulard (Geayllard, Goayller, Goellard), 190, 191.
Jehan Guestre, 75.
Johan Goailiart, 76.
Johan Guybourch, 75.
Johan Jambacf, 86.
Johen Larne ou Larue, clerc, 124.
Johen Larue, clerc, 243.
Johen Leclausier, 242 ; — Héritage de, 232.
Johan le Viandier, 76.
Johan Louel, 76.
Johan Marinis, dit Georget, 76.
Johan Pipon, 76.
Johen Renart, 267 ; — Terre aux Noirs feu, 267.
Johan Robeline, prêtre, 138.
Johan Rotreu, 75.
Johenne, femme de Hermoul le Charron, 118, 131.
Johenne, femme de Johen des Fossés, 124, 243.
Johenne, femme de Johen Gaipin, 267.
Johenne, femme de Sevestre Lepleur, 127.

Johenne, femme Robin Malenfant, 75.
Johenne, sœur de Colin Fardoit, 213.
Judas, 3.
Julien de Théval, mari de Agnès la Brette, 86, 87.
Julien des Coutart, 105.
Julien Nihart, 66, 107.
Julienne du Perche, sœur de Rotrou III, 36.
Julienne, femme de Garnier Gerbout, 107.
Julienne, femme de Gervais Calabre, 170.
Julienne, femme d'Hémeri de Provencé, 117.
Julienne, femme de Robert Hogot, 119.
Jumelli, voy. les Jumelles ; — Église des, 47.

K

Kalabreria, voy. la Calabrière.

L

Labbé, Louys, seigneur de Bouchigny, bailli du Perche et capitaine de Mortagne, 79.
La Barbette, 67, 107 ; — Censive de, 107.
La Beuvrière, Bevreria, Beuveria, Bevreria, ancien fief en la c⁶ de Dancé, c¹⁰⁰ de Nocé (Orne), 51, 102, 201, 206, 227 ; — Seigneurs de, 51, 201, 206, 227 ; — Fief de, 106, 227.
La Biardière, Esbarcium, Biarda, ancien fief, c⁰⁰ de St-Martin-du-V-Bellême (Orne) ; — Famille de la Biardière ou des Biards, 17, 45.
La Boissière, Buxeria, 155, voy. Gautier de.
La Botinière, lieu dit, probabl. en la c⁶ d'Origny-le-Butin, 228.
La Bourdonnière, ancien fief, près Chemilly (Orne), ayant appartenu à une branche de la famille de Villerai, 214 ; — Sire de, 214.
La Bretesche, La Brelasche, ancien fief en la c⁶ de Verrières, c⁰⁰ de Nocé (Orne), 90, 91 ; — Seigneurs de, 146, 100 ; — Sceau de Hubert Chevreul de, 146.
La Bretinière, étang de, en la c⁶ de St-Martin-du-V.-Bellême, 105, 106.
La Bretonnière, Bretonaria, Britonaria, clos de, en la c⁶ de Vaunoise, 75. — Famille de, 75.
La Bruyère, Brueria, ancien fief, auj. lieu dit en la c⁶ de St-Martin-du-V.-Bellême, 159 ; — Seigneurs de, 156, 172.

La Bursardière, Bursardère, hébergement sis en la c⁶ de Mauves, 223, 224.
La Calabrière, Kalabreria, ancien fief en la c⁶ du Gué-de-la-Chaîne, c¹⁰⁰ de Bellême ; — Seigneurs de, 93, 95, 115, 127, 170 ; — Sceau des, 94 ; — Famille de, 170 ; — Fief de, 114, 115.
La Chapelle-Souef, Capella, Capella Soeph, Capella Suavis, c⁶, c¹⁰⁰ de Bellême, Orne 45, 48, 216, 217, 265 ; — Église St-Pierre de, 48, 49, 217 ; — Chapelain de, 46 ; — Clercs de, 45 ; — Curé de, 132, 265 ; — Patronage de, 216, 217, 218 ; — Domaine de l'église de, 217, 218.
La Chaux, Calx, voy. Guillaume de.
La Claye, métairie, en la c⁶ de Gémages, c¹⁰⁰ du Theil, Orne, 72.
La Ferrière, Ferraria, Ferreria, seigneurs de la, 45, 46, 216, 217.
La Ferté, Feritas, Firmitas, voy. Jean de.
La Ferte-Bernard, Feritas Bernardi, ch.-l. c¹⁰⁰, Eure-et-Loir, 162 ; — Seigneurs de, 162, 163 ; — Dame de, 162, 163.
La Ferté-Macé, Feritas, ch.-l. c¹⁰⁰, Orne ; — Seigneurs de, 11.
La Fontenelle, Les Fontenelles, lieu dit dans les Brousses de Orennes, près Ceton, Orne, 160.
La Fosse, Forca ; il existe un lieu dit de ce nom en la c⁶ d'Appenay, c⁰⁰ de Bellême, 183. Voy. Herbelin de.
La Foutaye, lieu dit en la c⁶ de Colonard, 188.
La Galerande (Eudeline) ; — (Alin), 75.
La Groussinière, ancien fief et château, en la paroisse de Courgeoust, c¹⁰⁰ de Mortagne, Orne, 240 ; — Seigneurs de, 240.
La Guierche, c⁶, c⁰⁰ de Ballon, Sarthe ; — Seigneurs de, 70.
La Guilleise, 114.
La Haie de Roullée, Haia de Roolers, Essart, c⁶ de Roullée, Sarthe.
La Haie St-Léonard, Haia Sancti Leonardi, surnom donné à la Haie d'Aunai. Voy. ce mot.
La Haie d'Aunai, Haia Abieti, portion de la forêt des Ventes-de-Bourse, donnée par Roger de Montgomméri à St-Léonard de Bellême ; ce qui fit surnommer ce canton : La Haie St-Léonard. Cette portion de forêt a donné son nom à la paroisse

d'Aunai-les-Bois, c^{on} du Mesle-sur-Sarthe, Orne, 4, 33.

La Jendelière, Judelière, hébergement en la c^{ne} de St-Jean-de-la-Forêt, c^{ton} de Nocé, 241, 242.

La Loge ou Les Loges, Logæ, lieu dit en la c^{ne} de Vaunoise, c^{ton} de Bellême, Orne, 93; — Métairie des, 93.

La Loge, Logia superior, lieu dit en la c^{ne} de Vaunoise, Orne, 273.

La Lormère, vigne en la c^{ne} de St-Martin-du-V.-Bellême, Orne, 130.

La Marche, Marchia, ancien doyenné du diocèse de Sées, dont le chef-lieu était Moulins-la-Marche ; — Doyen de, 219.

La Marche, fief et haute justice du Prieuré de St-Martin-du-V.-Bellême, « assis en la ville, paroisse de St-Martin-du-V.-Bellême », Orne, 288.

La Mare, Mara, il y a un lieu dit la Mare plate, en la c^{ne} du Gué-de-la-Chaine, 254, 259, 273 ; — Voy. Carrel de, 254, 27.

Lambert de Bréval, 80.

Lambert de Colonard, père de Jean, 172 ; — Dîme de, 172.

Lambert, fils de Lancelin, 17.

Lambert, meunier, 174.

La Mesme, Maximus, ruisseau prenant sa source au Val, près Bellême, et allant se jeter dans l'Huisne, au-dessous de la Ferté-Bernard (Sarthe), 14.

Lancelin de Ige, 176, 217.

Lancelin du Fai, chevalier, 146 ; — Sceau de, 146.

Lancelin, chevalier, 30, 31.

Lancelin de Bellême, 35, 36.

Lancelin de Vendôme, clerc, 37.

Lancelin, moine de Marmoutier, 200.

Landri, témoin, 199.

Landri, 172 ; — Dîme de, 172.

Landri de la Tour, serviteur, 37.

La Perrière, Villa de Petraria, Petraria, ancienne châtellenie, aujourd'hui c^{ne} du c^{ton} de Pervenchères (Orne), 60, 93, 232, 234 ; — Doyen de, 234 ; — Garde du sceau de, 232 ; — Tabellions de, 233 ; Logis de l'évêque Mauger à, 69.

La Pichardière, l'Osche et le pré de la, en St-Martin-du-V.-Bellême (Orne).

La Pranderie, exploitation agricole, en la paroisse de St-Martin-du-V.-Bellême (Orne), 136.

La Ranchère, voy. Jean de.

La Renardière, hameau en la c^{ne} de Vaunoise, 267 ; — Famille Renart, 267.

La Renière, 124 ; — M^r de la, gouverneur de Bellême, 124.

La Ritocre ou Ruloire, moulin, près Bellême (Orne) ; — Moulin de, 78.

La Roche, Rupes, Ruppes, un ancien fief de ce nom existait en la c^{ne} d'Origny-le-Butin, 51, 138 ; — Seigneurs de la, 51, 138, 204, 230 ; — Fief de, 138, 230.

La Rochelle, Rochella, voy. Richard de.

La Roterière, Rotrière, Roterium, ancien fief, en la c^{ne} de St-Aubin-des-Grois, c^{ton} de Nocé (Orne), 82 ; — Seigneurs de, 82.

La Rouge, Rubea, c^{ne}, c^{ton} du Theil (Orne) ; — Prêtre ou curé de, 45.

La Rouselière, la Rousellière, propriété des seigneurs de Vaunoise, sur le côteau de Vaunoise, 260, 275.

La Sarthe, Sarta, rivière, 284.

La Tacherie, La Thacherie, fief ou vavassorie, chef-lieu familial d'une famille Thacheir, en la c^{ne} de Colonart, c^{ton} de Nocé, Orne, 179.

La Tahurière, La Tahurère, La Tahureire, bien familial d'une famille Tahur ou Thahur, indiqué comme fief dans la carte de Cassini, en la c^{ne} de Colonard, c^{ton} de Nocé, Orne, 178, 182, 185, 189, 195 ; — Hébergement et « fereschié » de la, 179, 180, 181, 182.

La Teboudière, Teboudère, lieu dit en la c^{ne} de Courcerault, Orne, 186.

La Torgearnesse, ruisseau en la c^{ne} de Chemilli, c^{ton} de Bellême, Orne.

La Touche, près Bellême, Tusca prope castrum Belisini, terre donnée par Achard de Domfront à St-Léonard de Bellême, 4.

La Trappe, Trapa, Trappa, abbaye cistercienne, arr^t de Mortagne, Orne, 84, 85, 90, 91, 252 ; — Abbés de, 84, 90, 90, 91, 282 ; — Vignes de, à Vaunoise, 252, 259.

Landres, Landæ, ancien fief et château, en la c^{ne} de Mauves, Orne, 223 ; — Fief de, 223.

Laubert « Part in Prada », 29.

Launay, Alnetum, ancien fief, en la c^{ne} du Gué-de-la-Chaine, c^{ton} de Bellême, Orne, 92, 98.

L'Aunaye-St-Martin, Alnetum S^{ti}-Martini, lieu dit en la c^{ne} de St-Martin-du-V.-Bellême, Orne, 21.

Laurent, grénetier de Mamers, 278.
Laurent, moine de Marmoutier, 32.
Lebigot, 117 ; — Maison de, 117.
Le Boidre, 106 ; — Vigne de, 106.
Le Bois du Boulai, Silva Bodolensis, bois aujourd'hui à peu près complètement essarté, qui couvrait au XIe siècle le territoire de la paroisse de St-Jean-de-la-Forêt, et une partie au moins de celle de Serigni, près Bellême (Orne). Un ancien fief, sur les limites des deux paroisses et sur le bord de la route de Bellême à Regmalard, porte le nom du Boulé-des-Murs, 2.
Le Bois Céher, Boschus Ceher, voy. Guillaume de.
Le Bois de Villereuil, Willeriolum, cne du Pin, cton de Pervenchères, Orne, 19.
Le Breton (famille des), seigneurs de Nocé, 13 (note), 110, etc.
Le Buisson, Buxum, ancien fief, en la cne de Colonard, cton de Nocé, Orne, 167, 184. Voy. Guillaume du clerc ; — Seigneurs du, 184, 185.
Le Chesnai, la Chesnaie, Chesneium, ancien fief, en la cne d'Igé, 252, 254, 262 ; — Hébergement du, 258.
Le Clos Moutier, Clausum Monasterii, lieu dit, probablement situé en la cne de Dancé, non loin de l'église, 202.
Leclousier (famille) ; — Gilles, 248, 249 ; — Girard ou Giraud, 170, 247, 248, 249, 250, 251, 252, 258 ; — Guillot, 230, 231 ; — Denise, femme de Guillot, 232, 261, 262, 263, 267, 269, 270, 271 ; — Jean, 261.
Le Coudray, Coudretum, anc. fief en la cne du Gué-de-la-Chaine, cton de Bellême, Orne, 109, 155 ; — Voy. Gervais du.
Le Desert, Desertum, ancien fief en la cne d'Appenai, cton de Bellême, Orne, 206, 208.
Le Douët du Frêne, Ductus Fraxini, petit cours d'eau en la cne de Roullée, Sarthe, 284.
Le Fay, anc. fief en la cne de Berd'huis, cton de Nocé, Orne ; — Sires du, 75, 146 ; — Sceau de Lancelin du, 146.
Le Fouteau (hêtre) de Godehilde, Fagitum Godehildis, lieu cité comme celui où Goafrier de Villerai avait reconnu la donation faite de la terre de Dancé au prieuré de St-Léonard. Il devait se trouver aux environs de Dancé et s'appelait le souvenir de la femme d'Yves Ier, seigneur de Bellême, 200.
Lefrilous, Etienne, 121 ; — Gervais, 121, 122 ; — Jeanne, femme de Gervais, 121 ; — Geoffroi, dit le Moine de la Coudre, frère de Gervais, 121 ; — Etienne, 122 ; — Agnès, sa femme, 122 ; — Alice, femme de Gervais, 122.
Le Gué de la Chêne, anc. lieu dit de la cne de St-Martin-du-V.-Bellême, auj. érigé en cne, cton de Bellême, 13, 288.
Le Heaume, Almetum, métairie, en la cne de St-Quentin-le-Petit, cton de Nocé, Orne, 205, 207, 227.
Le Hiémois, Pagus Oximensis, ancienne circonscription territoriale du diocèse de Sées, qui paraît avoir compris à l'origine toute l'étendue de ce diocèse. Le Corbonnais, le Bellêmois en ont été des subdivisions, 2, 3, 41 ; — Archidiacre de, 170, 220.
Le Maine, Pagus Cenomannicus, ancienne circonscription territoriale comprenant le diocèse du Mans, 2 ; — Comtes du, 6, 7 ; — Vicomtes du, 17.
Le Mans, Cenomannum, Cenomannensis (du Mans), ch.-l. dépt. de la Sarthe, 29, 38 ; — Primicier du, 30 ; — Diocèse du, 2, 68, 100, 102, 173 ; — Evêques du, 4, 6, 7, 11, 24, 53, 64, 65, 88, 103, 283, 285 ; — Official du, 65, 286 ; — Sceau de l'official, 104 ; — Chanoines du, 97, 100, 169, 170 ; — Archidiacres du, 30 ; — Préchantre de St-Pierre du, 39 ; — Doyen du, 25 ; — Monnaie du, 80.
Le Mesle-sur-Sarthe, Merula, ch.-l. cton, Orne ; — Seigneurs du, 16.
Le Moulin d'Eude de St-Martin, Molinum Odonis de Sancto Martino, en la cne de St-Martin-du-V.-Bellême, Orne, 21.
Le Moulin des Coulart, en la cne du Gué-de-la-Chêne, 105, 106, 134 ; — Famille des, 105, 106.
Le Moulin Foucher, Molendinum Fulcherii, La Fouquerie, un ancien fief, nommé La Fouquerie, existe aux sources de la Mesme, au N. de Bellême, 30.
Le Noyer, Nux, probablement St-Hilaire des-Noyers, ancienne paroisse réunie à Colonard, cton de Nocé, Orne ; — Famille du, 183, 189, 190, 191, 212.
Léon VIII, pape, 5, 6, 9.

Léonard (saint), abbé de Vandœuvre, auj. St-Léonard-des-Bois, Sarthe, 6, 9, 27, 57, 58, 64, 98, 148, 149; — Corps de, 6, 57, 58, 64; — Reliquaire de, 64, 60; — Autel de, 173; — Fête de, 9, 11, 98, 100, 148, 149, 188, 193, 226; — Processions de, 58; — Voy. Bellême, St-Léonard de.

Léonard Testart, 110; — Succession de, 110.

Léothéric, archevêque de Sens, 7 (note).

Le Petit Ruisseau, *Fluminiculus*, ruisseau prenant sa source à la Calabrière, c⁻ᵉ du Gué de-la-Chêne, Orne, et allant se jeter dans la Mesme (voy. ce mot), 14.

Le Pin, *Pinum*, Pin, cⁿᵉ, cᶦᵒⁿ de Pervenchères, Orne, 18, 19, 33, 36, 147, 178; — Seigneurs du, 18, 36, 176, 219, 220, 221; — Famille du, 19; — Église St-Ouen du, 33, 41, 48, 49, 147, 219, 220, 221; — Patronage de l', 219, 221; — Dîmes de l', 81; — Prêtres ou curés du, 100, 101; — Chapelains du, 219, 220; — Moulin du, 222.

Le Plaideur (Plodeours), Pledeur, Etienne, 127, 234.

Le Plessis, *Plesiacum*, le Plesseis, il y a un anc. lieu dit de ce nom en la cⁿᵉ d'Origny-le-Butin, cᶦᵒⁿ de Bellême, 75; — Famille du, 75, 184.

Lepleur, Etienne, 237, 238; — Silvestre, 236, 237, 238; — Marguerite, femme de Silvestre.

Le Font, Pons, voy. Guillaume du.

Le Prêtre, Jean, père de Guérin, 15.

Le Puiset, *Puteolus*, cⁿᵉ, cᶦᵒⁿ de Janville, Eure-et-Loir; — Seigneurs du, 17.

L'Erre, *Edra*, ruisseau qui passe au-dessous de Berd'huis et se jette dans l'Huisne, 2, 4.

Leroi (famille), voy. Nicolas, Geoffroi, Colin, Alice, Jacquette, 73, 74.

Le Huis dou Parc, ruisseau en la cⁿᵉ de Loares, 278.

Le Ruisseau d'Eperrais, *Sperreitum*, en la cⁿᵉ d'Eperrais, cᶦᵒⁿ de Bellême, 19.

Le Theil, *Tilium*, ch.-l. de cᵗᵒⁿ, Orne; — Seigneurs du, 51.

Le Val, *Va lis*, peut-être le Val, près Bellême; — Moine de Marmoutier, originaire du, 39.

Le Val de l'Espardeille, Espardeville, lieu dit en la cⁿᵉ de Boissi-Maugis,

cᶦᵒⁿ de Rémalard, Orne, 164, 165; — Pâtures du, 164, 165.

Les Alleux, *Allodia*, hameau de la cⁿᵉ de Nocé, 227; — Famille du nom des, 227.

Les Boes, en la cⁿᵉ de Colonart, cᶦᵒⁿ de Nocé, Orne, 192.

Les Boulaies, *Bolletum*, hameau en la cⁿᵉ de Nocé ou Dancé, 227.

Les Brousses ou Brasses de Qrennes, bois en partie auj défrichés, près la Ferté-Bernard, s'étendant sur les cⁿᵉˢ de Cherreau, Avezé, Ceton, 162; — Partage des bois, 163; — Lots aux usagers, 163; — Régime des bois, 163.

Les Bruyères, *Brueriæ*, hameau de la cⁿᵉ de Nocé, 227.

Les Chaises, *Chessiæ*, Les Cheses, ancien fief et château, en la cⁿᵉ de Vaunoise, cᶦᵒⁿ de Bellême, 117, 130, 263; — Seigneurs des, 207, 208; — Famille des, 202, 203; — Chemin des, à Vaunoise, 203.

Les Charavières, *Charaveriæ*, la terre des, en la cⁿᵉ du Gué-de-la-Chêne, cᵗᵒⁿ de Bellême, 80.

Les Chasseries, *Leschasserie*, l. dit en la cⁿᵉ de Dancé, 212.

Les Clos, les Cloz, herbages sis cⁿᵉ de Vaunoise, 275.

Les Faverniᵃls, clere des, 230.

Les Hayes, Les Haes, Les Hays, Sepes, en la cⁿᵉ de Condeau, cᶦᵒⁿ de Rémalard, Orne, 124, 126, 127; — Guillerme des, clerc du vicomte, 125, 126, 127, 128, 130, 183, 263, 264; — Masure sise en Condeau, 193.

Les Jumelles, *Jumelli*, cⁿᵉ, cᶦᵒⁿ de Longué, Maine-et-Loire, 47; — Église des, 47.

Les Maves, héritages sis aux, chargés de rentes annuelles au profit de St-Léonard de Bellême, 75.

Les Matelets, *Marteters*, ancien fief ou métairie, en la cⁿᵉ de Colonard, 212.

Les Prés, *Prato*, seigneurs des, 25.

Leschepays, Philippot, 75.

Les Hamelins, 130; — Vigne des, 130.

L'Espérance, *Sperantia*, ruisseau passant à Rocé, cⁿᵉ du Gué-de-la-Chaîne, Orne, 14.

Les Varandais, famille, 142.

Les Perier (famille); — Geoffroi de, 244; — Gervais de, 244; — Guillaume de, 244; — Herbert de, 244; — Aalès, fille de Guillaume de, 244; — Eremburge, femme de Her-

bert, 244 ; — Hodeburge de, 244 ;
— Legarde, femme de Guillaume de,
244.
Ligearde, femme de Colin Haie, 98,
99, 99.
Ligon, femme de Colin Baudoin, 75.
Lisiard, évêque de Sées, 49, 50, 57,
83, 144.
Loison du Raderei, 205.
Lorence, femme de Johanin Bellette,
137, 139.
Louis VI, roi de France, 40, 42.
Leschepoys, Gervais, 75.
Les Ventes de Bourse, *Silva Burse*,
cette forêt s'étend encore aujourd'hui sur plusieurs communes du canton du Mesle-sur-Sarthe. Orne,
4, 30, 33.
Let Périer, il y a, dans la c^{ne} de Vauncise, deux lieux dits : Haut et Petit-Poirier, 244 ; — Vigne de, 252 ; — Fief de, 252.
Lijarde, mère d'Osanne Leforestier, 251.
Lisieux, *Lisoii*, ch.-l. d'arr., Calvados, 4, 33 ; — Évêques de, 4, 11, 33, 37, 38 ; — Archidiacres de, 4, 33.
Livariacum, clerc de, 17.
Logeæ, voy. la Loge.
Loisail, *Loicel*, *Loissael*, c^{re}, c^{on} de Mortagne, Orne ; — Seigneurs de, 51, 201, 202.
Loizé, *Loziacum*, c^{re}, c^{on} de Mortagne, Orne ; — Seigneurs de, 19.
Loiseliere, *Loayselere*, seigneurs de, 140.
Longueraie, l'Ouche de, en Vauncise, 261.
Lonné, *Loonneium*, *Lonnée*, *Loenium*, ancien fief et château en la c^{ne} d'Igé, c^{on} de Bellême, Orne, 59, 176, 215, 216 ; — Seigneurs de, 59, 176, 216 ; — Fief de, 215 ; — Bois de, 59.
Lonré, *Longus Radius*, *Lonreium*, c^{re}, c^{on} d'Alençon O., Orne, 59, 88 ; — Seigneurs de, 59, 82, 83, 88 ; — Famille de, 83, 88 ; — Sénéchaux du Perche, 83 ; — Sceaux de la famille de, 89.
Lortiouse, terre, en la c^{ne} de St-Cosme-de-Ver, c^{on} de Mamers, Sarthe, 98, 100.
Losæ, *Lousæ*, voy. Loures.
L'Ouche du Marais, *Oscha dou Harnais*, en St-Martin-du-V.-Bellême, 109.
Louis VII, roi de France, 45, 46.
Lourson « Ursen » le Teigneux, 45.
Loures, *Lodosæ*, *Losæ*, *Lousæ*, B^a

Maria de Lousis, c^{ne}, c^{on} de Fresnaie-s-Chedouet, Sarthe, 3, 5, 33, 277, 278, 279, 281, 282 ; — Église Ste-Marie de, 33 ; — Prêtres ou curés (personnes) de, 278, 279, 280, 281 ; — Patronage de, 277, 278, 279, 282 ; — Possessions et revenus de l'église de, 278, 279, 280, 281 ; — Dîmes de l', 278 ; — Grange de , 281 ; — Seigneurs de, 277, 278, 281, 282 ; — Fief de, 278.
« *Loya* », *Prioratus de Loya*, Prieuré de l'Ouie, anc. prieuré en la c^{ne} de Roullée, Sarthe, 284.
Lucas de Ners, chapelain de Toussaints de Mortagne, 226.
Lucas le Maçon (*Lathomus*), frère convers de St-Martin, 193 ; — Masure des Haies à, 193.
Lucas Levillain, 137 ; — Maison et verger de, 137.
Lucette, terre de dame, 92.
Lyon, *Lugdunum*, ch.-l. dép. du Rhône, 285 ; — Séjour d'Innocent IV à, 285.

M

Mahile de Bellême, femme de Roger de Montgommeri, 4, 24, 26, 33.
Mabile, femme de Guillerme Lemère, 127, 238.
Macé le Tondeur, 75.
Macée de Pomeray, 75.
Macée Malenfant, 75.
Macot Huroz, 76.
Mahaut ou Mathilde, femme de Rotrou IV, comtesse du Perche, 221.
Maheut Bourgerée, 131 ; — Prés de, 131.
Maheust, femme de Vincent le Charron, 192 ; — Terre de, 192.
« Mahias », 35.
Mainier d'Avezé, 46.
Mainvilliers, *Mainviller*, hameau de la c^{ne} de Dancé, 213.
Malchiniacum, *Malcheiner*, voy. Marchenoir.
Mare, voy. La Mare.
Marchainville, *Marcherilla*, ancienne forteresse des comtes du Perche, auj. c^{ne}, c^{on} de Longny, Orne, 61.
Marchia, voy. la Marche.
Mamers, *Mamertum*, *Memerz*, ch.-l. d'arr., Sarthe, 121, 122, 123, 124, 132, 281, 265, 278 ; — Grenetier de, 278 ; — Prieurs de, 278 ; — — Voy. Durand, Laurent ; — Chemin de « Memerz à Belesme », 261 ; — Chemin de la maison Quarrel à, 265.

Marchenoir, Malchiniacum, Marcheineir, Malcheiner, ch.-l. c[ton], Loir-et-Cher, 16, 220, 278; — Seigneurs de, 16, 220, 278; — Voy. Gervais de.

Marmoutier, Mojus Monasterium Turonense, près Tours, Indre-et-Loir, célèbre monastère d'hommes, de l'Ordre de St-Benoît, 13, 15, 16, 18, 20, 21, 23, 24, 25, 26, 27, 29, 30, 34, 35, 36, 37, 38, 39, 40, 43, 44, 45, 47, 48, 49, 59, 64, 65, 71, 74, 83, 100, 102, 140, 147, 154, 157, 158, 159, 160, 161, 168, 171, 172, 173, 175, 198, 199, 206, 207, 209, 216, 217, 220, 221, 245, 246, 274, 280, 282, 284, 288; — Abbés de, 16, 18, 20, 24, 31, 32, 37, 39, 45, 46, 47, 48, 50, 63, 64, 65, 69, 70, 71, 73, 81, 84, 199; — Prieurs de, 17, 32, 37, 39, 198, 199, 200; — Moines de, 13, 16, 25, 37, 39, 43, 47, 63, 77, 81, 140, 155, 171, 172, 198, 199, 200; — Chapitre de, 24, 46, 73, 198, 199; — Le Roi de France, Père et Frère de, 37; — Céleriers de, 25; — Chambriers de, 39; — Chartiste, garde note de, 43, 288; — Notaires de, 39; — Sacristains de, 32, 37, 39; — Maréchal de, 140.

Marguerite, comtesse du Perche, 220, 221; — Sceau de, 220.

Marguerite, femme de Jean de Dancé, 132.

Marguerite, femme de Robert Le Fauconnier, 233.

Marguerite, femme de Silvestre Lepleur, 236, 237, 238. Voy. Lepleur.

Marguerite, mère de l'aîné héritier de Rocé, 133, 266.

Marie d'Illiers, dame de Francillers, 75.

Marie, femme de Colin Lepelletier, 164, 165.

Marie, femme de Guillaume Brochart, 180.

Marie, femme de Michel de Bizou, 207, 208, 209.

Marion, femme de Gefroy de Berbeyllon, 272.

Mariole, femme de Geoffroi le Mesnier, 135.

Martin; — Hébergement de, 200.

Martin de Leloine, bailli d'Alençon et de Chartres, 101.

Martin le Chambrier, 25.

Martin de l'Hospice, moine de Marmoutier, 81.

Martin (frère), prieur de Bellême, 105, 106.

Masselin d'Essai, 11, 28.

Matkelinus de Axe, voy. Masselin.

Mathieu Borgerée, prêtre, recteur de Reulée, 96, 118, 119, 121, 122, 123; — Vigne et loge de, 118, 119, 121, 122, 123.

Mathieu Charuel, 215; — Héritage de, 215.

Mathieu, clerc, neveu du prévôt Hugues de Chartres, 37.

Mathieu de « Labaee », 136; — Vigne de, 136.

Mathieu de Viantais, 254; — Fief de, 254.

Mathieu des Chaises, personne (curé) de Dancé, 202, 203.

Mathieu Merchier, écuyer, 109; — Fief de, 109.

Mathieu, meunier du Pin, 222.

Mathieu Pinçon, 259; — Vigne de, 259.

Mathieu Renart, 250.

Mathieu, seigneur de Montgoubert, 245.

Mathieu Thacheir, 179, 180; — *La Techerie*, hébergement de, 179.

Mathilde Borgerée, 118; — Pré de, 118.

Mathilde de Châteaudun, 29.

Mathilde, femme de Gervais Propheton, 152.

Mathilde, femme de Léonard Testard, 110.

Mathilde, fille de Beaudouin V, femme de Guillaume le Conquérant, 10.

Mathilde, fille de Henri I, roi d'Angleterre, femme de Geoffroi d'Anjou, 43.

Mathilde, sœur de Guillaume, seigneur de Feillet, 158.

Maurice, évêque du Mans, 63, 279.

Mauritania, voy. Mortagne.

Maures, Maurae, c[ne], c[ton] de Mortagne, Orne, 187, 223, 231; — Paroisse St-Pierre de, 223; — Chemin de, à Bellême, 251.

Maximus, voy. la Mesme.

Meaux, Meldensis (les), évêché et chef lieu d'arr., Seine-et-Marne; — Diocèse de, 11; — Abbés de, 39.

Melandre, voy. Meulan.

Membrolles, Membriola, c[ne], c[ton] d'Ouzouer-le-Marché, Loir-et-Cher, 29; — Seigneurs de, 29.

Menard de Dorceau, 156.

Ménil-Erreux, Menicricum, c[ne], c[ton] du Mesle-sur-Sarthe, Orne, 175.

Meniglaise, Meniglais, en l. c[ne] de Batilly, c[ton] d'Écouché, Orne, 176. Voy. Raoul de.

Menictin et son fils ainé, 240 ; — Fief bursal de, 240.
Merula, voy. le Mesle-s.-Sarthe.
Mesine, anc. l. dit, aux environs de Bellême, 50.
Mesoncelles, Mesoncellæ, ancien fief en la c⁰⁰ de Boissi-Maugis, c¹⁰⁰ de Rémalard, Orne, 165, 166 ; — Seigneurs de, 166 ; — Chemin de, à Boissi, 165.
Meulan, Melandræ, ch.-l. de c¹⁰⁰, Seine-et-Oise ; — Comtes de, 17.
Mézaux, fief, en la c⁰⁰ de Colonart, 192.
Michel Bouys, segrétain de S¹-Léonard de Bellême, lisez : Houys.
Michel de Bizou, 165, 166, 207, 208, 209, 241 ; — Hébergement de, 207 ; — Anniversaire de, 241.
Michel dit le Fèvre, de Rémalard, gendre de Raoul de Beaumont, 108.
Michel, fils de Hémeri Chevalier, 136.
Michel Houys, sacristain de S¹-Léonard de Bellême, 76, 77, 78.
Michel le Derrablé, clerc, familier de Robert Beaumei, chapelain, 77.
Michel Lemercier, 215.
Michel le Roux, 20.
Millerens, le chemin de, en la c⁰⁰ du Gué-de-la-Chêne, dans l'ancien fief de Rocé, 220.
Milon, « boutillier » du roi Philippe I⁰ʳ, 25.
Molendinum, voy. le Moulin.
Molinum, voy. le Moulin.
Molon, moine de Marmoutier, 82.
Montgaudri, Mons Gualdrici, c⁰⁰, c¹⁰⁰ de Perrenchères, Orne ; — Famille de, 17.
Montfort-le-Rotrou, Mons Fortis, ch.-l. c⁰⁰, Sarthe, 29, 216 ; — Seigneurs de, 29, 216.
Montgommeri, Mons Gomerici, nom féodal de la puissante maison de ce nom, qui a donné des seigneurs à Bellême, des comtes à Alençon, au Ponthieu et à l'Angleterre, et qui a laissé ce nom à deux communes du Calvados, S¹-Germain et S¹ᵉ-Foy-de-Montgommeri, 11, 32 ; — Seigneurs de, 11, 32 ; — Maison de, 4, 5, 8, 10, 14, 15, 16, 17, 19, 24, 25, 26, 27, 28, 30, 32, 33, 38, 43. Voy. Mabile, Robert, Ive, Guillaume.
Montgoubert, ancien fief et château, en la c⁰⁰ de S¹-Julien-sur-Sarthe, c¹⁰⁰ de Perrenchères, Orne, 245 ; — Seigneurs de, 245.
Mont-S¹-Michel, c⁰⁰, c¹⁰⁰ de Pontorson, Manche, 23.

Morand de Courci, 175.
Morand de Courthiou, 174.
Morin » de Merlai », 25.
Mortagne, Mauritania, Mortaigne, Moritania, ch.-l. arr., Orne. 55, 56, 57, 79, 116, 222, 225, 226 ; — Église S¹ᵉ-Marie de, 57 ; — Archidiacres de, 15 ; — Collégiale de Toussaints de, 90, 145, 146, 225 ; — Chantre de, 90, 90 ; — Doyen de, 225, 226 ; — Capitaine de, 79 ; — Vicomtes de, 116, 117, 124, 130, 186, 238, 240, 263 ; — Cour du roi à, 222 ; — Séjour de Jean, évêque de Sées à, 57.
Moulins-la-Marche, Molins, ch.-l. c¹⁰⁰, Orne, 31 ; — Seigneurs de, 31.

N

Nantes, Nannetensis (de), ch.-l. dép¹, Loire-Inf. ; — Moine de Marmoutier, originaire de, 81.
Neauphle-le-Château, Nielpha, c⁰⁰, c¹⁰⁰ de Montfort-l'Amaury, Seine-et-Oise, 26 ; — Seigneurs de, 26.
Neptia, femme de Robert Mâchefer, 82.
Nevelon, frère d'Agnès dite Comtesse, 28 (note).
Neuilli-sur-Eure, Nuilli, c⁰⁰, c¹⁰⁰ de Longni, Orne, 156 ; — Seigneurs de, 156.
Neuville, Nuefeille, c⁰⁰, c¹⁰⁰ de Sées, Orne, 124 ; — Famille de, 37 ; — Robert de, vicomte de Mortagne et Bellême, 124, 127, 130, 131, 186, 238, 240, 263.
Nevers, Nivernensis (de Nevers), ch.-l. dép. de la Nièvre ; — Comtes de, 17.
Nicolas d'Anilii, 51, 201.
Nicolas d'Aunai, 62.
Nicolas de Vaunoise, 50, 51, 83, 201, 246 ; — Chapelain des moines, 83.
Nicolas dit Leroi, vicaire de S¹-Martin-du-V.-Bellême, oncle de Bourgine la Rousse, 120.
Nicolas Guiter, 162 ; — Fief de, à Boissi, 162.
Nicolas Hugo, prêtre, 78.
Nicolas Leneveu, 78.
Nicolas Leroi, chevalier, 73, 141 ; — Maison de, 141.
Nicolas Leroy, prêtre, 141 ; — Maison de, 141.
Nicolas le Viandier, 51, 201.
Nicolas, moine de Marmoutier, 32, 37.
Nicolas, prieur du chapitre de Sées, 74.
Nicolas Quarrel, écuyer, voy. Carrel.
Nielpha, voy. Neauphle.

Nihart, possesseur d'une maison à Bellême, 89.
Nihard, serviteur, 138.
Nocé, *Noceium, Noceyum*, ch.-l. c^{ton}, Orne, 2, 176, 184, 214, 226, 227, 265, 266 ; — Seigneurs de, 66, 67, 82, 90, 91, 111, 112, 146, 176, 184, 185, 216, 244, 265 ; — Famille de, 82 ; — Fief de, 90, 91, 184, 185, 226 ; — Habitants de, 133, 227, 266.
Nogent-le-Rotrou, *Nogentum Rotrodi*, ancien château fort des comtes du Perche, aujourd'hui ch.-l. d'arr., Eure-et-Loir, 187, 202, 213, 214, 227 ; — Seigneurs de, 213 ; — Garde de la terre de, 213 ; — Abbaye de St-Denis de, 202 ; — Prieur, 202.
Normand, 171, 172.
Normand, archidiacre de Sées, 22.
Normand « Bolesnus », témoin, 173.
Normand, fils d'Ascelin, 19.
Normand, fils de Gontier, 172, 172, 173, 173.
Normand, fils de Raoul ou Rodolphe, 19.
Normand, moine de Marmoutier, 82.
Normands (incursion des), 8.
Normandie, *Normannia, Normannus* (de *Normandie*), province de l'anc. France ; — Comtes ou ducs de, 6, 7, 11, 23, 40, 42 ; — Incursion des Normands, 8.
Nux, voy. le Noyer.

O

Odeline, femme de Colin Lelaceur, 135.
Odeline, femme de Geoffroi d'Espagne, 113, 114, 120, 121.
Odeline, femme de Jean du Coudray, 255 ; — Instance en retrait lignager de, 255.
Odeline, femme de Jean Gaipin, 254.
Odeline, femme de Raoul de Beaumont, 107.
Odeline, fille de Hémeri Chevalier, 137.
Odereau, témoin, 220.
Odin Renart, 230, 267 ; — Terre de, 230, 267 ; — Voy. la Renardière.
« Œlelnus de Sagio » (Sées), 28.
Oger, fils de Hugues de Nocé, 82.
Olivier (frère), dit Heuse, moine de Marmoutier, 140.
Olivier Maleenfant, 75.
Olivier, prieur de St-Martin-du-V.-Bellême, 69.
Origni-le-Butin, *Origneyum, le Butim, le Boutin, le Botin*, c^{ne}, c^{ton} de Bellême, Orne, 228, 229, 230, 231, 232, 254 ; — Le pré de l'Epine à, 230 ; — Le Pré-Claus, la terre de l'Eschange, la terre de la Broce, en Origny-le-Butin et Vauncise, 230 ; — Vignes à, 230.
Origni-le-Roux, *Oreniacum, Orinniacum, Orichetum Ruphum, Origneyum Ruffum, Origney-Rufo*, c^{ne}, c^{ton} de Bellême, Orne, 33, 34, 234, 235, 236, 237, 275 ; — Eglise St-Pierre d', 33, 34, 41, 48 ; — Cimetière de, 234 ; — Le Clos de Lousant, 235 ; — Voie du Plessis à la Hopelidière à, 234 ; — Terre de Nuoc à, 238.
Orléans, *Aurelianæ*, ch.-l. dép^t du Loiret, 37 ; — Clercs ou prêtres d', 37, 142.
Osanne, femme de Guillaume Leforestier, 251.
Osbern, doyen, 220.
Oscha, voy. l'Ouche.
Osmond (saint), 28 (note).
Oudin Macgier, garde du sceau de la Perrière, 232.
Oury (*Ulricus*), 30.
Ouvre l'Œil, *Aperi Oculum*, village en la c^{ne} de St-Maurice-s.-Huisne, c^{ton} de Nocé, Orne, 171.
Oximensis pagus, voy. l'Hiémois.

P

Paciacum, 37, 39 ; — Moine de Marmoutier, originaire de, 37, 39.
Paris, *Parisii*, cap. de la France, ch.-l. dép. de la Seine, 72, 123, 285 ; — Séjour d'Innocent IV à, 285 ; — Moine de Marmoutier, originaire de, 136.
Paschal II, pape, 40 (note).
Patai, *Pataicum*, prob. ch.-l. c^{ton}, Loiret, 29 ; — Seigneurs de, 29.
Payen, 82.
Payen Beaudouin, 176.
Payen de Chemilli, 39.
Payen de St-Quentin, prévôt du comte Rotrou III, 12 (note), 35, 36.
Payen, fils d'Alric, moine de Marmoutier, 39.
Payen, fils de Beaudouin, 82.
Payen, fils de Gautier Vivien, 154, 155, 156 ; — Maison de, à Regmalard, 156.
Payen, fils de Gontier, 171.
Payen, fils de Hugue de Nocé, 82.
Payen Trochet, témoin, 198.
Peicele, André, 147 ; — Terre de, 147.
Perche, ancienne province de France, 28, 29, — Comtes du, 12, 28, 29.

34, 35, 36, 45, 50, 51, 60, 60, 61, 62, 72, 73, 74, 76, 81, 82, 84, 85, 86, 109, 116, 117, 118, 175, 176, 201, 216, 217, 237 ; — Comtesses du, 34, 35, 220 ; — Forêts du, 61 ; — Bailliage du, 109 ; — Bailli du, 79 ; — Vicomtes du, 76, 224, 225, 236 ; — Maison du, 29, 34, 36, 50, 81, 82, 216 ; — Monnaie du, 50, 144 ; — Sceau de la terre du, 116, 117, 225, 230, 288 ; — Sénéchal des comtes du, 34, 175, 216 ; — Sceaux du, 83, 84, 176, 220, 221 ; — Gardien de la terre du, 117, 121, 224 ; — Sceau de la terre du, 121, 224, 238, 240.

Peretum, probablement Perray, voy. ce mot.

Pernant, *Pernantum*, ancien f., c⁰ⁿ du Gué-de-la-Chaine, c⁰ⁿ de Bellême, Orne, 80, 122 ; — Seigneurs de, 80, 122.

Perray, c⁰ⁿ, c⁰ⁿ de Marolles, Sarthe, 198.

Perrières, *Petrariæ*, ancien prieuré, c⁰ⁿ, c⁰ⁿ de Falaise, Calvados, 37, 274, 276 ; — Prieuré de Perrières, 41, 69 ; — Prieurs de, 37, 69, 70, 71, 274, 276 ; — Église S¹-Viger de, 41.

Perrigny, *Perrigneium*, hameau de la c⁰ⁿ de S¹-Martin-du-V.-Bellême, Orne ; — Vigne de Mathieu de, 109.

Perrot Gaignart, 76.

Perrot Levesque, 137 ; — Clos de, 137.

Perseigne (Forêt de), *Persoquia*, forêt, sur la rive gauche de la Sarthe, entre Alençon et Fresnay-s.-Sarthe, 5, 33.

Perseigne, Abbaye de, *Persenia*, anc. abbaye du diocèse du Mans, c⁰ⁿ de la Fresnaye-sur-Chédouet, Sarthe ; — Abbés de, 282.

Petraria, voy. la Perrière.

Pétronille, de la famille de Let-Pé-rier.

Pétronille, femme de Arnoul Thibout, 196.

Pétronille, femme de Etienne dit Chevegalle, 108.

Phelippe Larue, 213.

Philippe Larue ou Larue, 121.

Philippe Caillart, 213, 214.

Philippe, de Preulai, chanoine de Toussaints de Mortagne, 115, 202.

Philippe I⁰ʳ, roi de France, 8, 17, 18 (note), 25.

Philippe VI, roi de France, 72.

Philippet Chemin, 76.

Pichart, vicomte et gardien de la terre du Perche, 224.

Pierre Bonne-Fille, 91.

Pierre Borgoing, 167 ; — Écuyer, 287.

Pierre Bourdet, clerc du diocèse d'Orléans, notaire public, 142.

Pierre Bourdon, serviteur de Marmoutier, 37, 199.

Pierre, chanoine de Chartres, 157.

Pierre Cussart, 75.

Pierre de « Goibicor », 140.

Pierre de Courthoust, 143, 176, 189.

Pierre d'Espagne, 120, 121 ; — Héritage de la Forestie à, 120.

Pierre d'Iversai, recteur de l'église de Bellavilliers, 151.

Pierre de Léon, cardinal, légat du St-Siège, 39, 40 (note).

Pierre, doyen du Thimerais, 157.

Pierre du Plessis, 184.

Pierre Girart, 180, 189 ; — Terre de, 180.

Pierre Guimont, 178, 179.

Pierre le Coq, 20.

Pierre le Drapier, 92, 93.

Pierre Marani ou Morani, 39, 199.

Pierre (saint), 5 ; — Pierre et Paul (saints et apôtres), 6, 48, 53.

Pierrot Bechebien, 76.

Pierrot Mouchart, 75.

Pigne ; — Famille de, 76.

Pilefer, 141 ; — Maison de, 141.

Plasieum, 29 ; — Seigneurs du, 29.

Poilleium, prob. St-Léger-s.-Sarthe, c⁰ⁿ du Mesle-sur-Sarthe, Orne, 25 ; — Seigneur de, 25.

Pommeville, anc. p⁰ⁿ auj. réunie à Occagnes, c⁰ⁿ d'Argentan, Orne ; — Église de, 41.

Pommeray, *Pommeray*, *Pommeroy*, La Pommeraye, en la c⁰ⁿ de Dame-Marie, c⁰ⁿ de Bellême, Orne, 75, 252 ; — Famille de, 75, 156.

Ponce Hubert, chambellan du roi Philippe I⁰ʳ, 25.

Pont de Magni, *Pons de Maingne*, pont jeté sur le ruisseau d'Epernais, sur lequel passait la route de Mortagne à Bellême, Orne, 152.

Ponthieu, *Pontivum*, circonscription géographique qui a formé le comté de Ponthieu, de l'embouchure de la Somme à celle de la Canche, ch.-l. Abbeville. Ce comté entra par alliance au XII⁰ s. dans la maison de Bellême ; — Comtes de, 32, 41 ; — Comtesse de, 41.

Pontlevin, *Pontleven*, ancien fief, en la c⁰ⁿ de Bellavilliers, c⁰ⁿ de Pervenchères, Orne, 143, 144 ; — Famille de, 143, 144, 145.

Porcher (Guillaume), habitant de Rouillée, 283.
Poulain « Boter », 278.
Poupard Pelletier, témoin, 198.
Préaux, Pratella, Praella, Preos, Pralu, c⁽ⁿ⁾, c⁽ⁱᵒⁿ⁾ de Nocé, Orne, 30, 82, 176, 216 ; — Seigneurs de, 30, 82, 176, 216.
Provencé, Provencecium, Provencé, Hébergement avec bois et vignes, en la c⁽ⁿ⁾ de St-Martin-du-V.-Bellême, Orne, 109, 127, 130
Prulai, Prulaium, Pruliacum, fief et château, en le c⁽ⁿ⁾ de Saint-Langis, cant. de Mortagne, Orne, 145. 278 ; — Seigneurs de, 278 ; — Philippe de, chanoine de Toussaints de Mortagne, 145, 202.

Q

Quarrel, maison de, 265. Voy. Carrel.
Quinquet (Dom Anthoine), religieux garde-nottes de l'abbaye de Marmoutier, 43.
Quennes, voy. *Les Brousses de.*
Quinceanum, 25 ; — Seigneurs de, 25.

R

Racaera, 156.
Radbod, évêque de Sées, 7 (note).
Radray. Radaretum, ancien fief et hameau, en la c⁽ⁿ⁾ de Condeau, 205 ; — Seigneur de, 205.
Raignard, clerc, chantre, 28.
Raimbard, moine de St-Martin, 20.
Raimbaud, frère de Guillaume, seigneur de Feillet, 158.
Raimbaut, serviteur, 173.
Raimbert, charpentier, témoin, 198.
Hainaut « du Colelo », 24, 25.
Hainaut de Nonestanville, 25.
Hainaut « Giardus », 25.
Rainfroi de Sées, 28.
Renulfe, chevalier de Serlon, évêque de Sées, 31
Raoul, abbé de St-Martin de Sées, 28.
Raoul Berai, 143.
Raoul, célérier de Bellême, 216.
Raoul, chevalier, 30.
Raoul, clerc, fils de Jean le Prêtre, 20.
Raoul Cœur de Loup, 273 ; — Vigne de, 273.
Raoul de Beaumont, 107, 108.
Raoul de Bellavillier, 231, 232, 233. — Clerc, 136.
Raoul de « Maurez », 278.
Raoul de Mesnilglaise, 176.
Raoul de Osenel, père de Jeannette, 112.

Raoul de Perray, témoin, 198.
Raoul de Rouen, 28.
Raoul des Prés, 25.
Raoul, fils de Jean le Prêtre, 19.
Raoul, frère de Robert Chuchu, 225.
Raoul Labadière, 250 ; — Vigne de, 250.
Raoul Leclesier, prêtre, 249, 250 ; — Vigne de, 250.
Raoul Maleherbe, 25.
Raoul, moine de Marmoutier, neveu de Guillaume, prieur de Marmoutier (ou de Bellême), 200
Raoul, moine de Marmoutier, 25.
Raoul Mordent, moine de Marmoutier, 37.
Raoul Oumont, 150 ; — Maison de, 150.
Raoul, prêtre, 250 ; — Vigne de, 250.
Raoul, prévôt de Foulque de Colonard à Sinisval, 173.
Ray, Rael, lieu dit en la c⁽ⁿ⁾ de Boissi-Maugis, c⁽ᵒⁿ⁾ de Rémalard, Orne, 165.
« Reboginus », 35.
Regimalard, Castellum Remalast, Regimalast Castrum, Remalart, ch-l. c⁽ᵒⁿ⁾, Orne, 108, 155, 156.
Régnard des Chaises, 117.
Régnart Poiheile, 204.
Régnard Testart, clerc, 118 ; — Pré de, 118.
Regnault, chanoine de Sées, 22.
Regnault du Moulin, 75.
Rémende Coustart, 75.
Renart Billart, 235 ; — Terre de, 235.
Renaud, prêtre, 31.
Renaut Chesnel, chevalier, 203.
Renaut de Château-Gontier, moine de Marmoutier, 37.
Renaut de Villerai, prieur de Bellême, 54, 59, 62, 90, 145, 147, 203, 204, 277, 278, 281.
Renaut, fils d'Agnès la Brette, 85, 86.
Renaut Garnier, 253.
Renaut Liberge, gage-plige 250.
Renaut Maille, prêtre, 244.
Renaut Mesgret, chanoine du Mans, arbitre, 169, 170.
Renaut, moine de Marmoutier, 25, 155, 171, 172, 173.
Renaut Pesat, 83.
Renaut Testard, clerc, 129, 131 ; — Pré de, 131.
Renier le Maçon, 14.
Rénier Ruffin, 35.
Restaud, 14.
Restaud, 20.

Réveillon, Ruaillon, c^{ne}, c^{tia} de Mortagne, 240.
Riants (Gilles de), seigneur de Villerai, 25.
Riboult (famille de), bienfaiteur du prieuré de Vivoin, 24.
Richard, 245 ; — Vigne de, 245.
Richard, chanoine de Sées, 22.
Richard, chanoine de Tours, juge délégué par le St-Père, 157, 158, 159.
Richard, chanoine de St-Maurice de Tours, juge par délégation apostolique, 145, 246.
Richard II, comte des Normands, 6, 7, 11, 23 (note).
Richard de Courcy, 41 (note).
Richard de la Rochelle, 24, 28.
Richard de Sentilli, évêque de Sées, 69 (note).
Richard Ier, évêque de Sées, 6, 7, 11.
Richart Gautier, clerc de Hamon, chevalier, 141.
Richard Guilier, de la famille de Let-Périer, 244.
Richard le Bouc, clerc, 245.
Richard Peignart, 230 ; — Pré de, 230.
Richard, prêtre (personne) de l'église de Louzes, 280, 281.
Richeude, femme de Geoffroi Larcorche, 97.
Richeude, femme de Jean de la Colline, 107.
Richeude, femme de Pierre Bounefille, 91.
Richeude, femme de Pierre le Drapier, 92.
Richeude la Corbelle, sœur condamnée de St-Martin-du-V.-Bellême, 140.
Rivaillon, moine de Marmoutier, 32, 156 ; — Prieur de Regmalard, 156.
Robert, 156.
Robert Ablafer, 36.
Robert, abbé de St-André en-Gouffern, 282.
Robert, abbé de Toussaints d'Angers, 47.
Robert André, 235, 230, 238 ; — Clos de Lousant de, 245.
Robert II, archevêque de Rouen, 84.
Robert, archidiacre d'Évreux, 220.
Robert Baulabène, 230 ; — Pâtis de, 230
Robert Beauzaei, chapelain de St Sauveur de Bellême, 77.
Robert Bougot, 75.
Robert Cabot, chanoine de Sées, 12.
Robert Calabre, chevalier, 83, 83, 94, 95. Voy. la Calabrière.
Robert Carrel, 25, 28. Voy. Carrel.

Robert, chanoine de Sées, 22.
Robert, chapelain de St-Cyr, 46.
Robert, chapelain du roi Philippe Ier, 25.
Robert Chuchu, 225 ; — Etal de, 225.
Robert Cousin, 257 ; — Droit de terrage de, 257.
Robert d'Alençon, comte du Perche, 74.
Robert II de Bellême, fils de Roger de Montgommeri et de Mabile, 4, 5, 8, 10, 24, 25, 26, 27, 28, 30, 33.
Robert III, comte d'Alençon et du Sonnois, fils de Jean Ier, comte d'Alençon et du Sonnois. Robert III a porté aussi le titre de comte de Sées, 277, 278, 282.
Robert de Bourges, curé de Berd'huis, notaire public impérial, 78.
Robert de Chandos, 37.
Robert de Clinchamp, 36.
Robert de Courtelin, 35.
Robert de Courtoulin, 156.
Robert de Courgeon, 220.
Robert de Dangu, 37.
Robert de la Haye, 37.
Robert de la Mare, 254, 259 ; — Vigne de, 254, 259.
Robert de la Roche, écuyer, 230 ; — Fief de, 230.
Robert de Neuville, écuyer, a vicomte de Mortagne et de Belesme », garde du sceau de la châtellenie de Bellême, 124, 127, 130, 131, 186, 238, 239, 240, 263.
R[obert] de « Osseel », procureur général de la terre du comte du Perche, 202.
Robert de Pernant, 80.
Robert de « Sigillo » clerc, 37.
Robert de Théval, chanoine de Toussaints de Mortagne, 90, 266.
Robert de Vieux-Pont, 141.
Robert de Villerai, 189, 191 ; — Fief de, 189, 191.
Robert de « Ychevilla », 142.
Robert des Loges ; — Métairie de, 93.
Robert « Dessae », 67, 107 ; — Censive de, 107.
Robert dit Chabu, 115 ; — Terre de, 115.
Robert du Désert, 206.
Robert du Moncel, clerc juré de la châtellenie de la Perrière, 233.
Robert, évêque de Sées, 9, 10, 11, 22.
Robert, fils aîné de Robert Mâcheter, 81.
Robert, fils bâtard de Gautier du Pin, 19.

Robert Ier, fils de Guillaume de Bellême, 4.
Robert, fils de Raimbaut, 17.
Robert, frère de Gosselin le Verdier, 36.
Robert, frère de Guillaume de Beaufai 25.
Robert, frère de Louis VII, comte du Perche et seigneur de Bellême, 45 et note, 48.
Robert, frère de Payen-Beaudouin, 82.
Robert Garrel, 130, 136; — Vigne de, 130, 136.
Robert Graphart, 82
Robert Hogot, 119.
Robert le Chien, 81.
Robert le Fauconnier, clerc des Favernils 233.
Robert Lemercier, 237 ; — Hébergement de, 237.
Robert le Peleur (maître), 184 ; — Héritage de, 184.
Robert le Roux, 28.
Robert le Sueur, 141 ; — Maison de, 141.
Robert Màchefer, 81.
Robert « Manda Guerram », frère de Hugue III de Châteaudun, 29.
Robert, préchantre de St - Pierre (le Mans), 39.
Robert, prêtre de la Borge, 45.
Robert, prieur de Bellême, 46, 81, 82.
Robert Prove, gage-plège, 259.
Robert Raut, écuyer, 68.
Robert Renart, 230, 254, 258, 261, 267 ; — Pré de, 230 ; — Vigne de, 254.
Robert Rognon ou Roygnon, prêtre, recteur de St-Ouen-de-la-Cour, 127, 129, 234, 235, 236, 237, 238.
Robert Ier, roi de France, 4, 6, 7, 11.
Robin Belocier, clerc de Rogier Bersal, 213.
Robin Ignard, témoin, 51, 201.
Robin Malenfant, 75.
Robin Olivier, 70.
Robine, femme Guillaume Chauvet, 75
Rocé, Rocetum, Rocæ, Rossay, Rozay, Roccium, Rosæ, Roceyum, ancien fief en la cne du Gué-de-la-Chaine, près Bellême, Orne, 13, 16, 17, 121, 122, 172, 228, 265 ; — Seigneurs de, 13, 16, 17, 132, 133, 172, 265, 266 ; — Fief de, 107, 229 ; — Famille de, 132, 133 ; Souterrain de, 13 ; — Vignes de, 14, 80, 118, 121, 122 ; — Masure Gombault de, 14 ; — Loge de, 118.

Rodolphe, fils de Hugue de Crapon, 200.
Rodolphe Oeil de Chien, 29.
Rodolphe, prieur de Bellême, 172 ; — Moine de, 28.
Roffec, ch.-l d'un siège épiscopal et comté en Angleterre, 28 ; — Evêques de, 28
Roger, archidiacre de Sées, 45, 46, 217 ; — Chanoine de, 22, 28.
Roger, frère de Robert II, seigneur de Bellême, 25.
Roger de Beaumont, 9, 10, 11.
Roger de Montgommeri, époux de Mabile, seigneur de Bellême, 4, 10 ; — Comte, 9, 10, 11, 20, 33.
Roger, doyen du Corbonnais, 217.
Roger, fils de Théhard, 174, 175.
Roger, frère de Robert de Chandos, 37.
Roger Ignard, 51, 201.
Rogier Bersal, garde du sceau de la terre de Monsieur Charles, à Nogent-le-Rotrou, 213.
Rome, Roma, Romanus (de Rome), capitale du monde catholique et ch.-l. du Souverain-Pontife, 53 ; — Papes, 5, 6, 9, 38, 46, 48, 56, 65, 77, 84, 157, 221, 245, 246, 284, 288 ; — St-Siège Apostolique, 70, 71 ; — Eglise de, 5, 6, 32, 65 ; — Cardinaux et légats du Pape, 38, 39, 40 ; — St-Siège de, 32, 34 ; — Palais de Latran à, 48, 65 ; — St-Pierre de, 53 ; — Cour de, 71.
Roterium, voy. la Roterière.
Rotrou, archevêque de Rouen, 217, 220, 221.
Rotrou III, comte du Perche, seigneur de Bellême, 34, 35, 35, 36, 81.
Rotrou IV, comte du Perche, 12, 28, 50, 175, 176, 201, 216, 221 ; — Sceau de, 176.
Rotrou de Montfort, 216.
Rotrou de Patai, 29.
Rotrou « de Hacueria », 156.
Rotrou de Bellavillier, chevalier, 145, 146, 147, 150, 151 ; — Sceau de, 151 ; — Prêtre, 146.
Rouen, Rotomagus, Rotomagensis (de Rouen), ch.-l. de la Seine-Inf., 11, 28, 37 ; — Archevêques de, 6, 7, 9, 10, 11, 37, 40, 42, 46, 52, 53, 84, 217 ; — Habitant de, 28 ; — Séjour de Robert, archevêque de, à Bellême, 85.
Rouland, prieur de St-Léonard de Bellême, 150, 175, 210, 219.
Roullée, Rohelers, Rotularii, Roulere, cne, cton de la Fresnaye-sur-

Chédouet, Sarthe, 33, 118, 282, 283, 284, 286 ; — Eglise de, 33, 282, 284, 285, 286 ; — Prêtres et curés de, 118, 284, 286.

Roux Legendre, 237 ; — Hébergement de, 237.

Rubea, voy. la Rouge.

Ruiamast, *Ruiamart*, en Perseigne, *Rougemare*. Cette terre, en Perseigne, donnée à St-Léonard de Bellême, dont le nom est d'une lecture un peu douteuse, me paraît devoir être identifiée avec Rougemare, écart de la paroisse de Rouillée, non loin de Villiers, c⁰⁰ de la Fresnaie-s.-Chédouet, Sarthe, 3.

Rupes, voy. La Roche.

S

S¹-Aignan, S⁰⁰ *Anianus*, p.-être c⁰⁰, c⁰⁰ de Marolles-les-Braux, Sarthe ; — Seigneurs de, 16.

S¹-Arnoul-sous-Exmes, S⁰⁰ *Arnulfus de juxta Oximas*, c⁰⁰, c⁰⁰ de Gacé, Orne ; — Eglise de, 41, 42.

S¹ Ceneri, S⁰⁰ *Cenericus*, ancienne abbaye et ancien prieuré, c⁰⁰, c⁰⁰ d'Alençon, Orne ; — Moine de Marmoutier, originaire de, 39.

S¹-Christophe-le-Jajolet, c⁰⁰, c⁰⁰ de Mortrée, Orne ; — Eglise de, 41.

S¹-Cosme de-Ver, S⁰⁰ *Cosma de Vair*, c⁰⁰ et arr¹, Sarthe, 98, 100.

S¹-Cyr, S⁰⁰ *Ciricus*, c⁰⁰, c⁰⁰ de Nocé, Orne, 46 ; — Prêtres ou curés de, 45 ; — Chapelains de, 40 ; — Chevaliers de, 46.

S¹-Fulgent, S⁰⁰ *Frogentius*, c⁰⁰, c⁰⁰ de Bellême, Orne, 30, 237, 245 ; — Chemin de Clinchamp à, 237.

S¹-Jean de-la-Forêt, S⁰⁰ *Joannes Baptista in silva quæ vocatur Bodolensis*, de *Foresta*, S¹ *Johen*, c⁰⁰, c⁰⁰ de Nocé, Orne, 2, 4, 33, 34, 192, 241, 242 ; — Eglise S¹-J., 2, 4, 22, 34, 42 ; — Fief du chapitre de Sées à, 241, 242.

S¹-Jean-en-Vallée, S⁰⁰ *Johannes de Valeia*, anc. abbaye près Chartres, Eure-et-Loir, 157 ; — Abbé de, 157 ; — Chantre de, 157.

S¹ Julien, S⁰⁰ *Julianus Turonensis*, anc. abbaye dans la ville de Tours, Indre-et-Loire, 157, 245 ; — Abbés de, 157, 158, 159, 245, 246.

S¹-Laurent-de Gâtine, S⁰⁰ *Laurencius de Gastina*, anc. chapelle en la c⁰⁰ de Boissi-Maugis, c⁰⁰ de Rémalard, Orne, 168, 169.

S¹-Martin de Sées, anc. abbaye en la ville de Sées, Orne, 28.

S¹ *Martin-du-Val*, S⁰⁰ *Martinus de Valle*, prob. S¹-Martin-du-Douet, r. à Dame-Marie ; — Eglise de, 41.

S¹-*Martin-du-Vieux-Bellême*, *Vetus Belismo*, S⁰⁰ *Martinus de Veteri Belismo*, *Villa S¹ Martini*, c⁰⁰ du c⁰⁰ de Bellême, Orne, 13, 16, 18, 22, 27, 30, 31, 32, 33, 34, 37, 54, 56, 57, 60, 62, 64, 67, 76, 82, 83, 85, 86, 87, 89, 92, 96, 98, 99, 103, 105, 107, 109, 110, 111, 112, 113, 114, 115, 116, 117, 118, 119, 120, 121, 122, 123, 124, 125, 126, 127, 129, 130, 131, 134, 135, 136, 137, 138, 139, 140, 141, 144, 166, 179, 181, 184, 186, 187, 188, 189, 191, 192, 193, 194, 197, 200, 212, 214, 218, 222, 223, 224, 226, 238, 240, 241, 242, 243, 249, 254, 255, 256, 263, 264, 268, 269, 270, 272, 273, 274, 276, 288 ; — Eglise de, 14, 16, 17, 18, 32, 33, 34, 35, 37 ; 48, 49, 64, 70 ; — Clercs de l'église de, 54, 126 ; — Vicaire perpétuel de, 52, 53, 62, 120 ; — Chapellenie de, 73, 74 ; — Cimetière de, 31, 32 ; — Presbytère de, 67, 107 ; — Prêtre de, 264 ; — Habitants de, 80, 134, 172 ; — Fief le Comte à, 131 ; — Prévôt de, 174 ; — Près le Comte, grands prés de, 110, 111, 112 ; — Vignes de, 110, 130, 136 ; — Prieuré de, voy. Bellême

S¹-Maurice-sur-Huisne, S⁰⁰ *Mauricius de Evreciaco*, *Ivriciaco*, *Yerriaco*, *Yurreciaco*, *Ivreccium*, c⁰⁰, c⁰⁰ de Nocé, Orne, 33, 34, 171 ; — Eglise de, 33, 34, 41, 48, 49, 171, 173 ; — Prêtres de, 174 ; — Dîme de, 174 ; — Seigneurs d'Iverssi, 51, 171.

S¹ *Ouen-de-la-Cour*, S⁰⁰ *Audoenus de Curte*, *Curtis*, S¹-*Ouen de la Cort*, c⁰⁰, c⁰⁰ de Bellême, Orne, 33, 34, 120, 243 ; — Eglise, 33, 34, 41, 48, 49 ; — Curés de, 120 ; — Fief des Courail à, 243.

S¹-Paul, S⁰⁰ *Paulus*, anc. château-fort des comtes d'Alençon, Sarthe, 178 ; — Voy. Thomas de

S¹-Pierre-sur-Dive, S⁰⁰ *Petrus supra Divam*, ancien monastère de, O. S. B., auj. ch.-l. de c⁰⁰, Calvados, 70.

S¹-Pol-de-Léon, *Leonensis* (de), anc. évêché, auj. ch.-l. c⁰⁰, Finistère, 39.

S¹-Quentin, S⁰⁰ *Quintinus*, c⁰⁰ du c⁰⁰ de Nocé, Orne, 12, 33, 34, 35, 208, 209 ; — Eglise de, 33, 34, 41,

172, 174; — Dîmes et prés de, 174; — Seigneurs de, 12, 35, 208; — Famille de, 209, 210.

St-Rémi-des-Monts, Montes, c^{ne}, c^{ton} de Mamers, Sarthe, 18, 19; — Famille de, 18, 19.

Ste-Gauburge, S^a Gauburgis, anc. prieuré dépendant de l'Abbaye de St-Denis, près Paris, c^{ne} de St-Cyr-la-Rosière, c^{ton} de Nocé, Orne, 70.

Ste-Gauburge-lès-Rouen, S^a Gauburgis prope Rothomagum, anc. abb près Rouen, S.-Inf, 37.

Salisbury, ch.-l. du comté de Wilts, Angleterre; — Baron de, 45.

Salceium, seigneurs de, 175.

Salomon de « Rael », 164; — Pâture de, 164, 165.

Saluste, homme de Gautier le Roux, 21.

Samolet, 231.

Sauteces, chemin de, 261.

Sèche-Terre, Sica Terra, anc. fief et hameau en la c^{ne} de St-Martin-du-V.-B., 59.

Sées, Sagium, Ses, Sagiensis (de Sées), ch.-l. de l'évêché de ce nom et c^{ton}, Orne, 28, 31, 42, 71, 241, 242; — Abbés de, 28; — Archidiacres de, 15, 22, 31, 41, 42, 45, 46, 217; — Chancelier de, 31; — Chanoines et clercs de, 22, 28, 42, 46; — Chantres de, 28, 42; — Chapitre de, 56, 70, 71, 241, 242; — Doyen du, 46; — Prieurs du, 28, 71; — Scolastique du, 22, 42; — Fief en St-Jean-de-la-Forêt au, 241, 242; — Sceau du, 57; — Diocèse de, 81, 102, 278; — Église de, 22; — Évêques de 6, 7, 9, 10, 11, 12, 14, 15, 17, 19, 22, 27, 30, 31, 37, 38, 39, 40, 41, 42, 43, 44, 45, 46, 47, 49, 50, 51, 52, 53, 54, 55, 56, 57, 62, 63, 64, 69, 70, 71, 72, 83, 144, 145, 148 149, 150, 175, 176, 217, 219; — Clerc des, 31; — Cour ecclésiastique des, 30, 31, 201, 202, 203; — Droits de procuration des, 69; — Médérin des, 31, 37; — Prévôt des, 31; — Sceaux des, 72; — Habitant de, 28; — Official de, 201, 202, 203; — Trésoriers de l'église de, 31, 42.

Sens, Senones, Senonensis (de Sens), archev., ch.-l. arr^t, Yonne; — Archevêques de, 6, 7, 158; — Archevêque de, légat du St-Siège, 158.

Sepes, voy. les Hayes.

Serigni, c^{ne}, c^{ton} de Bellême, Orne, 50.

Serlon, évêque de Sées, 28 (note), 30, 31.

Sevestre Lepleur (Lepicour), 127; — Voy. Lepleur.

Sifroi du Mesle, 16.

Sigefroi ou Sifroi, évêque de Sées, 7 (note).

Sigefroi des Biars, 16 (note).

« Sigemfredus de Esbiarcio », 17.

« Seimfredus clericus de Livariaco », 17.

Silvestre, évêque de Sées, 51, 54, 55, 56, 57, 58 (note).

Silvestre Lepledeur, 234; — Terre de, 234.

Silvestre ou Sevestre Lepleur, 236, 237, 237, 238; — Hébergement de, 236; — Terre de, 237.

Simon, abbé de Marmoutier, 73.

Simon Bellom, 235; — Terre de, 235.

Simon, clerc, 45.

Simon de Neauple-le-Chastel, 26.

Simon, diacre et clerc de l'archidiacre, 46.

Simon d'Orléans, clerc, 37.

Simon, évêque de Chartres, 169.

Sinisval, prob. Sinevaux, en la c^{ne} de Dancé, c^{ton} de Nocé, Orne; — Prévôt de, 173.

Sirot, André, prêtre, 100, 103; — Eude, chanoine du Mans, 97, 98, 100, 101, 102, 103.

Sisiacum, voy. Cissé.

Soiri, Soyre, famille de, 16, 212.

Soliacum, 175.

Sonnois, Vicaria Sagonensis, Pagus Sagonensis, petit pays, démembré du Pagus Cenomannicus, dont le chef-lieu paraît avoir été Saosnes, Sarthe. Il eut des comtes aux XIIe et XIIIe s^{es}, 2, 3, 19, 33; — Comtes du, 27, 278.

Sperreitum, voy. le Ruisseau d'Eperrais.

Suard ou Suhard Fouquaut, 132, 265; — Vignes de, 132, 265.

Suré, Suri, c^{ne}, c^{ton} de Pervenchères, Orne, 217.

Symon des Hantes, 264; — Vigne de, 264.

T

Tahur ou Thahur (famille); — Geoffroi, 178; — Guillaume, 180; — Mathieu, 106; — Michel, 177, 178; — Richer, 181; — Robert, 178, 183, 187; — Alice, fille de Robert, 187; — Alice, veuve de Robert, 198; — Bourgne la Thahure, 178; — Kremburge, femme de Robert, 182, 198; — Laurence, v^{ve} Robert,

196 ; — Laurence, fille de Michel, 178 ; — Macée, fem° de Guillaume, 180.
Tascher (famille des de), seigneurs de Rocé, 13 (note).
Téduin, homme de Gui de la Jaille, 173 200.
Téhard, père de Roger, 172, 174 ; — Dime de, 172.
Tessier, 165 ; — Maison de, 165.
Thébaut, fils d'Herlebaud, 29.
Théval, Tesval, Tesvallum, anc. pʳˢᵉ réunie à Mortagne, Orne, 86, 89 ; — Maître Robert de, doyen de Toussainte de, 90, 90, 226.
Thibaut dit Français, 92.
Thibaut, fils de Garnier, 82.
Thibaut, fils d'Herbault, 29.
Thibaut Moion, 156.
Thibaut, scolastique, 39.
Thierri, 80.
Thierri de Rurecent, 80.
Thierri de Rocé, 172.
Thierri, prévôt de St-Martin, 174.
Thimerais, Temerais, ancienne division du diocèse de Chartres, formant le pagus et la provⁱᵉ du, 157 ; — Doyen du, 157.
Thomas, comte du Perche, 60, 60.
Thomas de Main Viller, 213.
Thomas de St-Paul, 176, 220.
Thomas Leduc, 262 ; — Terre de, 262.
Thomas, moine de Bellême, 199.
Thomas Pasquier, 75.
Thomas, prieur de St-Denis de Nogent-le-Rotrou, 202.
Tilium, voy. *le Theil*.
Tiron, *Tyronium, Tironensis, Tyronensis (de)* : — Abbé de, 54, 55, 56, 169 ; — Moines de, 168, 169.
Tironneau, anc. abbaye en la cⁿᵉ de St-Aignan, arrᵗ Mamers, Sarthe, 63.
Torcharnesse, le Douet de, en la cⁿᵉ d'Origni-le-Butin, Orne, 229.
Tours, *Turonæ, Turonensis (de Tours)*, ch.-l. dép. d'Indre-et-Loire, 142, 284 ; — Archevêques de, 6, 7, 47 ; — Diocèse de, 280 ; — Chantres de, 157, 158, 159 ; — Official de, 157, 158, 159, 246 ; — Cour de justice à, 147 ; — Notaires de, 43, 66, 141 ; — Chanoines de St-Martin de, 39, 145 ; — Préchantres de, 37, 39 ; — Sous-maître des écoles de, 37 ; — Chanoine de St-Maurice de, 246.
Trapa, voy. *la Trappe*.
Triboul Perrot, clerc juré de Guy de Montpoignant, 287, 288.
Trichard (Geoffroi), 83, 87, 88.

U

« Ubertus », vicomte du Mans, voy. Hubert.
Ulger, évêque d'Angers, 47.
Ulger, receveur du tonlieu du comte Geoffroi, 16.

V

Vairon, André, 166 ; — Maison de, 166.
Vallegoost, seigneurs de, 24.
Vallis de Vilers, en la cⁿᵉ de Boissi-Maugis, Orne, 155.
Vallis Roelle, nom d'une terre aux environs de Bellême 93.
Valois, petit pays de l'Ile de France, érigé en duché et qui a donné son nom à l'une des branches de la maison de France (partagé entre les dépᵗˢ de l'Oise et de l'Aisne) ; Maison de, 72, 73.
Vauberont, 138 ; — Voy. Hémeri de.
Vaudron, Valderon ; — Terre de, 31.
Vaunoise, Valnoisia, Vaule Nocia, Vaunosia, Vallis Noissia, Vaunessᵃ Vallenosia, Valnoysia, Valnoise, cⁿᵉ cᵒⁿ de Bellême, 116, 201, 231, 233, 245, 247, 248, 249, 250, 251, 252, 253, 254, 255, 256, 258, 259. — St-Jacques-de-la-Chapelle ou église de, 54, 55, 56, 247, 255, 274, 261, 262, 263, 270, 272, 274, 275 ; — Seigneurs de, 50, 54, 76, 201, 246, 253, 256, 257, 258, 259, 260, 261, 262, 268, 275 ; Le Moustier de, 255 ; Fief de, 250, 251, 253, 258 ; — Clerc, chapelain des moines de, 83 ; — Dime de, 80, 247 ; Fief bursal à 274 ; Maison des moines de Bellême à, 247, 248, 249 ; Vignes de, 245, 245, 246, 247, 249, 250, 251, 252, 253, 254, 255, 256, 258, 259, 260, 261, 263, 264, 265, 267, 268, 270, 271, 272, 273 ; — Grange de, 275 ; — La haute Loge du Prieur à, 273, — Droits de pressurage à, 265, 266 ; Vendange de, 247 ; Dime du vin, 275 ; — Le Clos de Clinchamp à, 261 ; — Vigne de l'Heaume, de Ulms, à, 252 ; — Fief du prieur de Bellême à, 255, 272 ; — Le Clos de la Brétonnière à, 246 ; — Le Clos Charron à, 259 ; — Le Clos de, 248, 249, 251, 253, 254, 275 ; — Vigne des Clos à, 249, 250, 258, 259, 268, 271 ; — La Closerie de, 248 ; — La pièce de la Broce à, 267 ; — Le Closier de, 247, 248, 270, 274 ; — Le Clous Soüan d'Ancine à, 267 ; — La Vigne de Geof-

froi de Prigné, 261 ; — La Vigne d'Eudes des Barres, 261 ; — La Vigne de Gervais Trovel, 261 ; — La Vigne de Raoul Cœur de Loup, 273 ; — La Vigne du prêtre de Colonart, 261 ; — La Vigne de Denis-Guibert à, 273 ; — Le Clos-l'Abbé, 261 ; — Les Vignes de la Trappe à, 252, 259 ; — La Vigne du prieur de Chartrage à, 259 ; — Le Pessiau des Clez à, 262 ; — Vigne du curé de la Chapelle Souef, 265 ; — Vigne de l'Arne Gelousière à. 272.

Vaupillon : *Vaupilon*, c^{ne}, c^{on} de La Loupe, Eure-et-Loir, Châtellenie de 288 ; — Seigneurs, de 287.

Vaussé : *Vause, Vauseyum, Vausé*, prch. La Vaucerie, en la c^{ne} d'Igé, 109, 125. — Famille de, 109, 125, 126. — Herbege Colin de, 130.

Veisins ? Guillaume de, bailli du roi, 205.

Vendôme : *Vindocinum, Vindocinensis,* (de Vendôme), ch.-l. arr. Loir-et-Cher. — Abbé de la Ste-Trinité de O. S. B., 280, 281. — Vacance de l'abbaye de, 281. — Clerc ou prêtre de, 37,

Verneuil : *Verneulg*, ch.-l. c^{on}, Eure, 123. — Bailli de, 123

Verrières, c^{ne}, c^{on} de Rémalard (Orne), 194.

Vetus - Bellisimum, St-Martin-du-V.-Bellême, 22, 25. Voy. St-Martin.

Viantais, ancien fief en la c^{ne} de Chemilli (Orne) ; — Seigneurs de, 254 ; — Fief de, 254.

Vichères : *Vicherœ*, c^{ne}, c^{on} Nogent-le-Rotrou, Eure-et-Loir, 51, 201 ; — Voy. Gaston de.

Vieux-Pont : *Vetus Pons*, c^{ne}, c^{on} d'Écouché, Orne. — Cette commune a donné son nom à une illustre maison de Chevaliers Normands et Percherons ; — Seigneurs de, 11.

Viger (Wicherius), doyen du Mans, 25.

Vilers-en-Perseigne : *Villiers*. — Cette terre donnée à St-Léonard-de-Bellême doit être, je crois, identifiée avec Villiers, ancien manoir entre Louzes et Roullée, non loin de la forêt de Perseigne (c^{ne} de la Fresnaie-sur-Chédouet, Sarthe).

Villerai : *Villaretum, Vileroi, Villeray, Vireleyum, Vileroys, Vileraium, Virerail, Vileretum, Vilereium*, ancien château féodal, en la c^{ne} de Condeau, c^{on} de Rémalard, 25, 51, 79, 132, 171, 183, 198, 201, 265, 277, 278. — Serment prêté sur l'autel de l'église de, 51 ; — Fief de, 183, 187, 189, 191 ; — Famille de, 62, 171, 172, 278 ; — Seigneurs de, 25, 50, 51, 79, 132, 175, 189, 191, 193, 198, 201, 214, 240, 241, 248, 277, 278.

Vincent Tancre (sire) bailli de Verneuil, puis du Cotentin, 123, 124.

Viterbe : *Viterbium*, ville d'Italie ; — Bulle signée à, 280.

Vivien, frère de Guillaume, seigneur de Feillet, 158.

Vivien, père de Gautier, 154.

Vivoin : *Vivonium*, c^{ne}, c^{on} de Beaumont-sur-Sarthe, Sarthe, 24, 37 ; — Cartulaire de, 24. — Moines de, 24, 28, 37 ; — Prieuré de, 24.

Voies et Communications — Le chemin d'Eperrais : Via que ducit ad Esperantum Villam, 22 ; — Le Chemin royal : Cheminum regale, (Traverse de St-Martin-du-V.-Bellême) 96 ; — Le Chemin de St-Martin-du-V.-Bellême à la Forêt de Bellême, 99 ; — Le Chemin de Bellême à Mamers, 121, 122, 123, 124, 132 ; — Le Chemin de Bellême à St-Martin-du-V.-Bellême, 124 ; — Le Chemin de Bellême au Mesle-sur-Sarthe, 124 ; — Le Chemin de Bellême au Theil Tail, 141 ; — Le Chemin de Bellême à Nogent, 144 ; — Le Chemin du Pont de Magni à Bellavilliers, 152 ; — Sente de Mauves à Nogent-le-Rotrou, 187 ; — Chemin de Nogent à Nocé, 214, 227 ; — Chemin d'Origny le Butin à la Forêt de Bellême. 229 ; — Chemin de Mauves à Bellême, 231 ; — Chemin d'Origni le Roux à Bellême, 235 ; — Chemin du Petit Clinchamp à St-Fulgent des Ormes, 237, 248 ; — Chemin de Clèrè Galon à la Forêt de Bellême, 258.

Voré : *Voire*, ancien fief et château, en la c^{ne} de Rémalard, Orne ; — Seigneurs de, 51, 201.

Warinus Curvisus, voy. Guérin.

Ychevilla ? — Robert de, Moine de St-Martin-du-V.-Bellême, 142.

Yves, voy. Ive.